本书由中国博士后科学基金第10批特别基金（2017T100694）资助出版

40年来中国新诗的发展

（1978—2018）

张立群◎著

The Development of Chinese New Poetry in the Past 40 Years

（1978—2018）

中国社会科学出版社

图书在版编目(CIP)数据

40 年来中国新诗的发展:1978—2018/张立群著. —北京：中国社会科学出版社，2023.5
ISBN 978 - 7 - 5227 - 1265 - 9

Ⅰ.①4… Ⅱ.①张… Ⅲ.①诗歌研究—中国—当代 Ⅳ.①I207.22

中国国家版本馆 CIP 数据核字(2023)第 024281 号

出 版 人 赵剑英
责任编辑 郭晓鸿
特约编辑 杜若佳
责任校对 师敏革
责任印制 戴 宽

出 版 中国社会科学出版社
社 址 北京鼓楼西大街甲 158 号
邮 编 100720
网 址 http://www.csspw.cn
发 行 部 010 - 84083685
门 市 部 010 - 84029450
经 销 新华书店及其他书店

印 刷 北京明恒达印务有限公司
装 订 廊坊市广阳区广增装订厂
版 次 2023 年 5 月第 1 版
印 次 2023 年 5 月第 1 次印刷

开 本 710 × 1000 1/16
印 张 26.25
插 页 2
字 数 393 千字
定 价 139.00 元

目　　录

第四编　新世纪二十年诗歌

第五编 新世纪诗歌理论问题

引论　关于40年来中国新诗发展的几点思考

晚近的历史总是每隔一段时间就会被人重新整合、梳理一番。这一过程，就研究客体而言，是其已经获得了某些可以划分的依据或界限；就研究主体而言，常常基于某种叙述的冲动和把握的渴望。只不过，这种描述往往距离越近就越具有言说的难度：除了许多现象尚未充分展开、获得稳定的沉淀以外，个体观念与知识结构的及时更新也是一个问题。但言说晚近历史的意义和价值也正在于此，不同方式、不同角度以及细微、芜杂而又不失生动的记录，其实都为未来存留下了一份较为详尽的文献资料。

按照这样的逻辑，描绘20世纪80年代至21世纪前20年中国新诗的发展图景，首先要明确以下三个基本前提：其一，就历史而言，40年来中国新诗的发展作为中国当代新诗史的重要组成部分，无论从创作道路还是艺术风格演变来看，都与此前的“十七年诗歌”（1949—1966）、“文革诗歌”（1966—1976）迥然不同，可以成为一个相对独立的阶段。其二，就现实而言，40年来中国新诗的发展过程明显呈现了“告别革命”“回归自我”“走向世界”等特点，这些特点表明40年来中国新诗的发展已积累了丰富的艺术经验，期待进一步总结与思考。其三，就研究本身而言，将40年来的中国新诗作为研究对象，其主要目的是期待从这一阶段的历史中获得一些有意义、有价值的话题，从而为中国新诗理论建设和未来的新诗史写作与研究提供某些参考与思路。基本前提的确立有助于具体言说方式的建构，而本书采用年代史、主线论和具体现象与问题相结合的整体性论说思路，正与此有关。

一 “40 年来”的释义

（一）起止时间

正如现当代文学史上许多阶段的划分在具体时间上与完整的年代之间总存有一些出入，“40 年来”在本书中是一个概数，主要指 1978 年以来中国大陆四十余载诗歌的发展历程，其下限时间出于讲述的需要暂时设定为 2020 年年底。下限时间设定遵循十年一代的模式简单作结，表明“40 年来”仍处于一种开放式的状态、尚未获得相对稳定而完整的“闭合”。

将“40 年来”中国新诗发展的起点确定为 1978 这样特定的年份，主要与中国新诗的外部环境与内部发展都发生重大转变有关。从外部环境来看，1978 年社会文化生活的重大转变主要体现在“新时期”概念的出现与党的十一届三中全会的召开。自 1978 年 5 月 11 日《光明日报》上发表的著名文章《实践是检验真理的唯一标准》最早提出具有历史、社会意义上的“新时期”概念之后，文艺界便迅速作出反应，将“新时期”的概念“嫁接在文学这棵树上”[①]。在 1978 年 6 月 8 日《人民日报》上刊载的《中国文联第三届全委会第三次扩大会议决议（1978 年 6 月 5 日）》一文中，读者可以清晰地看到“新时期”的字样——

> 会议认为：文学艺术必须为工农兵服务，为社会主义革命和社会主义建设服务，在今天就是要为实现新时期的总任务服务……
>
> 会议决定在明年适当的时候，召开中国文学艺术工作者第四次全国代表大会，总结建国以来文艺战线正反两方面的丰富经验，讨论新时期文艺工作的任务和计划，修改文联和各协会章程，选

---

① 关于“新时期文学”概念的生成，本书主要参考了丁帆、朱丽丽撰写的《新时期文学》一文，后收入洪子诚、孟繁华主编《当代文学关键词》，广西师范大学出版社 2002 年版，第 151—159 页。

举文联和各协会新的领导机构。

与此同时，会议还“庄严地宣布”中国文联和中国作家协会等五个协会正式恢复工作，《文艺报》立即复刊。而后，在6月出版的《文学评论》（1978年第3期）上，周柯的文章《拨乱反正，开展创造性的文学评论工作》也提出了文学意义上的“新时期”概念。至1978年7月15日，复刊的《文艺报》（即1978年第1期）刊载的周扬的文章《在斗争中学习》，曾多次提到“新时期”的概念，并将“表现社会主义新时期的生活和斗争”，作为“我们革命文艺者的光荣而艰巨的任务”。此后，“新时期”便叠加在文学之上成为一个流行的说法，直至在1979年11月第四次文代会上周扬做的报告《继往开来，繁荣社会主义新时期文艺》中得到官方的权威认证，进而在回顾历史的过程中成为文学史分期的一个概念①。与“新时期”概念不断介入文学的现象相比，1978年年底在北京召开的中国共产党第十一届中央委员会第三次会议（简称“中共十一届三中全会”或“党的十一届三中全会”，时间：1978年12月18日至22日）无疑具有伟大的历史意义。这次会议确立“解放思想，实事求是，团结一致向前看”的方针，决定把全党的工作重点转移到社会主义现代化建设上来，并相继确立了思想路线上的拨乱反正、实行改革开放、恢复民主集中制传统等路线、政策。这一对未来中国社会、政治、经济、文化、思想都产生重大影响的会议，自然会对文学外部环境的改变起到了不可忽视的作用。

与外部环境相比，从内部发展来看，文联和作协等五个协会正式恢复工作以及众多重要刊物的复刊、创刊无疑为推动文艺的繁荣起到促进作用。在这一举措的推动下，诗歌创作的变化体现在一批老诗人

---

① 比如，在由丁帆、朱丽丽撰写的《新时期文学》一文中，作者在列举几种具体的看法之后，曾指出：“但达成共识的是，正是在1978年前后，当代文学空间发生了某种意义重大的变动，从而带动了整个文学格局和文学内质的转变。”见洪子诚、孟繁华主编《当代文学关键词》，广西师范大学出版社2002年版，第153—154页。结合这一论述，将“新时期文学”诞生定位于1978年无疑具有相应的合理性。当然，就新诗而言，将1978年作为“40年以来中国新诗”的起点进而成为一个分期概念，还有更为复杂的原因。

开始“复出”并发表作品，一批知青身份的青年诗人开始登上历史舞台，全国各地私印的小册子、传单和杂志成千上万、广泛流传，形成了1978—1979两年间民刊的繁荣时期。在此过程中，北岛、芒克等主编的文学刊物《今天》于1978年12月23日创刊，标志着中国新诗正在酝酿着一场深刻的变革，一个对中国新诗未来发展产生重大影响的诗歌浪潮开始形成。

综合以上两方面，将40年来中国新诗发展的起点定位于1978年显然是可以成立的。尽管这一确立就历史来看，似乎并未摆脱社会、时代、政治决定诗歌创作的机械分期模式，但多年的经验告诉我们：不了解特定时代的社会、政治、经济与文化，是不能深入而透彻地把握特定时代的文学创作的。正是由于时代语境的变化，诗歌创作观念、艺术风格才会产生相应的转折，诗歌史才会掀开新的一页。何况在以上所述中，我们也看到了在1978这个特定的年份，国家主题与诗歌大事也恰好实现了“历史的遇合”，而40年来中国新诗的发展也正是在时代与写作双重力量的相互作用下，开启了不凡的行旅。

也许只有如此，我们才能更为深刻地理解“改革开放40年中国文学”和“改革开放40年中国新诗”的提法，才能更为有效地理解包括诗歌在内任何一种文学样式的发展从来不是一个独立的过程。40年来中国新诗是在不断现代化、渐次全球化和接受网络技术洗礼的过程中完成自身的建构的，独特的成长经历决定其阶段划分在相对于时间的自然流程时，存有多种讲述方式的可能。但无论怎样，这种讲述期待一种言必有据，即它要在符合新诗艺术发展的同时充分考虑社会、时代等与诗歌有关的因素，而其划分的阶段越多便对研究者提出越高的要求。

与起点确定为1978年相比，将40年来中国新诗发展的下限定位于2020年，并不是因为这一年是一个特定的诗歌年份，而只是因为它在成为历史的同时正好与1978年构成了40年来中国新诗的历史，符合人们看待晚近历史的习惯。至于其更为深层的原因或许就在于在诗歌已失去往日轰动效应的背景下，使用十年为一个单位的纪年方式叙述起来会更为方便、有效。当然，如果将40年来中国新诗的发展理解为直至当下诗歌之意，并充分考虑研究者写作时间等因素，那么，2020年也自有其意义，而关于这一点，在稍后的论述中还会有所提及。

（二）阶段的划分与创作的图景

对于距离较近的历史划分往往因人而异，比如，采取一种宽泛的标准，我们完全可以将40年来中国新诗的发展在总体上分为前后两个阶段：第一阶段从1978年至1999年，第二阶段从2000年至2020年，其主要依据是从传统写作到网络时代的转变。与之相比，采取具体、详细的划分，会更有利于书写与阅读。本书出于行文的考虑、按照一般的惯例，采取具体、详细的划分（实际上与宽泛的划分并无任何矛盾之处），将40年来中国新诗的发展分为四个阶段，即笼统意义上的“80年代诗歌”“90年代诗歌”“世纪初10年诗歌”“新世纪第二个10年诗歌”。第一阶段的80年代诗歌，具体时间从1978年年底《今天》创刊至1989年3月海子去世，是开启新诗现代化、集体登场、激情洋溢、怀有梦想、众声喧哗的年代。第二阶段的90年代诗歌，具体从1990年算起直至1999年4月“盘峰诗会”的召开，是中国新诗进入市场化时代、在边缘处思索、诗艺沉潜、“个人化写作”时代。第三阶段从2000年至2009年，可称之为新世纪10年诗歌写作。这一时期中国新诗进入网络时代，网络技术使新诗各个层面都暴露出来，诗歌不断通过寻找话题维系自身的发展，当代诗歌的诗质、生产、阅读、传播、消费等均发生了相应的变化，诗歌开始呈现泛文化倾向。第四阶段从2010年至2020年，可称为新世纪第二个10年诗歌写作。这一阶段活动、现象、事件等成为记录当代诗歌发展的重要手段与方式，诗歌泛文化倾向显著、层次多元，而纯粹意义上的写作逐渐成为小众化、圈子化的行为，当代诗歌日益呈现无线索、无公共主题的特点，需要在历史化过程中进一步整合。

着眼于具体阶段划分，我们既可以看到“40年来中国新诗的发展”的某些阶段可以以具有标志性的“诗歌大事”或“诗歌事件”予以区分，其起止点虽与自然时序之间有一定出入，但却生动反映了依据诗歌自身发展进行历史分期的逻辑；同时也能清楚地看到越是晚近的诗歌越要借助简单的历史分期即外力作用，加以边界设定的问题。前者就其实质来说，是多年的沉积已为多年前的诗歌历史找到了某个“节点”，并以此获得了不断登临的“起点”。后者虽是权宜之计，但对于晚近诗歌讲述者来说，却不失为一种有效的描述方式。

与以线性思维方式将40年来中国新诗的发展划分为四个阶段相比，我们还可以从空间的角度审视其历史进程，进而以立体的方式勾勒出其创作图景。比如，如果从题材的角度划分，那么，40年来中国新诗的发展可以归纳出乡土诗、城市诗、“新边塞诗”、女性诗歌、少数民族诗歌等若干类别；从地域的角度可以得出东部、西部、东北以地区为单位及北京、上海等以省市为单元的若干诗群；以代际为标准可以得出朦胧诗、第三代诗歌、“‘70后’写作”、“‘80后’写作”、“‘90后’写作”等概念；等等。当然，无论出于何种角度的划分，作为“创作图景”的刻绘，都必将以重要诗歌现象、重要诗群和重要诗人为主要描述对象。不仅如此，在注重诗歌现象的发生、发展以及重要诗群、重要诗人的创作特点、转型的同时，还必须将历史、现实、文化、创作及其互动有机地结合在一起。唯其如此，才能描绘出40年来中国新诗发展图景的丰富性和深刻性。

二 “发展”的逻辑

对于文学史写作，韦勒克在《文学理论》中曾指出：“我们必须把文学视作一个包含着作品的完整体系，这个完整体系随着新作品的加入不断改变着它的各种关系，作为一个变化的完整体系它在不断地增长着”“历史只能参照不断变化的价值系统来写，这些价值系统则应当从历史本身中抽象出来。”[①] 韦氏的说法揭示了文学史写作过程中的发展逻辑和表述这种逻辑时持有的观念、原则。由此看待40年来中国新诗的历史，提取其发展的主线、揭示其内部推动的力量和若干关节点，自然成为书写这段历史的关键之处。

---

① ［美］勒内·韦勒克、奥斯汀·沃伦：《文学理论》（修订版），刘象愚、邢培明、陈圣生、李哲明译，江苏教育出版社2005年版，第306、308页。

为了能够全面揭示40年来中国新诗的发展趋势，本书拟从如下六个方面展开论述。

第一，后革命的视域。谈及“后革命”，人们总会不约而同地想到美国历史学家、汉学家阿里夫·德里克的《后革命氛围》一书。针对后殖民论全球皆然的态势，德里克提出“双重意义的‘后革命’（“以后”与“反对”）比‘后殖民’能更好地涵括后殖民论的前提和要求”，而“从时间上说，后革命能够更有效地传达后殖民性所描述的状况（换言之，历史分期［periodization］的问题）及其对这一状况的立场。”① 针对德里克提法设定的坐标刻度，并结合中国的具体历史情境，比如，将1978年向前、向后各推三十年，便不难发现一个可以称之为“后革命”的时期。即使这一设定以“历史后”的眼光来看，会与“新时期”“90年代”“世纪初”的时间阶段相互重合，但后革命的视域及其时间的确定却可以为我们带来某些全新的视角——“‘后革命’是一个含混的概念。它是一个既包含了革命内容、又囊括了革命之后新的价值意义的概念。同时，它还是一个我们无法准确地给出它的内涵与外延的概念。这是一个过渡年代的象征性概念，是一个革命之后无法确定时代内涵的模糊性辞藻。”②

“后革命”时期的中国诗歌首先从告别“革命”、反思“历史”展开自身的文化逻辑。随着1978年以后，中国逐渐告别了革命时代的激进状态，进入一个务实的现代化建设时期，包括诗歌在内的文学也逐步纳入“新时期文学”这一历史阶段。从以艾青、邵燕祥、昌耀、彭燕郊等一批“归来者”重返诗坛，到一大批继承现实主义创作手法的青年诗人竞相登场，反思“革命”的历史，关心社会问题，重视诗的社会干预作用就成为这一时期的诗歌主潮。与文学史上著名的“伤痕文学”“反思文学”相一致的，尽管，此时“文革”已宣告结束，但“革命”和“历史”强有力的惯性仍然制约着当时文学的思

① ［美］阿里夫·德里克：《后革命氛围》，王宁等译，中国社会科学出版社1999年版，第83—84页。

② 任剑涛：《后革命时代的公共政治文化》“前言”：“后革命与公共文化的兴起”，广东人民出版社2008年版，第1—2页。

维观念，上述现象表明，所谓“告别革命”同样存在一个时间与方式的问题。

历史进入 80 年代，“朦胧诗”浮出历史的地表为当代诗歌在一定程度上带来了“现代意识”。以北岛、舒婷、顾城、杨炼、江河等为代表的“朦胧诗”群高扬理想和个性的旗帜，他们或者冷峻傲岸，或者委婉幽深，或者技巧精致，或者奔放沉雄的风格，是对“文革”同时也是诗坛长期形成的诗歌观念、审美倾向、抒情方式以及语言风格的一次反省和“清算”。他们以大胆的、义无反顾的叛逆姿态，表现了一代青年心灵探寻的生命历程。在他们的笔下，诗人与现实之间的从属关系“第一次”获得了当代意义上的重新建构，他们将诗人的写作看作某种具有思想独立意义的严肃性工作，从而使诗歌成为一种特有的生存方式。而在“朦胧诗”历史深入开掘的过程中，“白洋淀诗群”和民刊《今天》的出现，又使“朦胧诗”的历史与“文革”时期的“地下诗歌”接续起来——既然诗的“历史”从未因贫血而赋予读者“苍白的想象”，那么，面目逐渐清晰的“历史”也必将带给我们坚守的信念和人性的尊严。“朦胧诗”作者与广大读者在“知青”以及“校园学生”之间的“共性”，决定了这一浪潮的启蒙意识和未来意识，而“朦胧诗”的前辈后于“朦胧诗”者为人所熟知，则体现了铭刻于“历史界碑”上的名字，会有怎样的曲折甚至坎坷。

相对于“朦胧诗”，“第三代诗歌”浪潮的出现对于 80 年代诗歌乃至 90 年代的诗歌发展无疑具有重要的意义。“第三代诗歌”又名“新生代诗歌”“后朦胧诗”，作为文学史层面的一个概念，是指于 80 年代中期在中国诗坛崛起的一场激进的诗歌运动。对于“文革”之后的诗歌写作而言，“第三代诗歌”是继“朦胧诗”之后当代诗歌的又一次“断裂”，但这次“断裂”的结果却使中国新诗在“去政治化”的过程中，走向了世俗的现实生活和个体意义上的诗学，并在 90 年代诗歌公共主题日益缩减的时空状态下，得到了长足的发展。

按照南帆的说法，在“革命话语”不再是解释一切、产生深刻转折的前提下，“意识形态的脉络”也“骤然显出了分歧甚至矛盾的一面”“历史驶入了一个开阔地带，坐标的重新设定成为一个不可回避的问题。"[①] 这一结论对于经济的历史驱动力越来越得到普遍认可的年代，极有可能成为体味后革命时期的一个有效的注脚。在21世纪初关于诗歌"底层写作"、"道德伦理"以及重审"诗歌与社会"关系的呼声中，人们不难察觉一种后革命的资源正在重组与利用。这是一个相似于历史又有别于以往诗歌历史的阶段，至于其经验的提供与容留正是我们认知"历史"的逻辑起点。

第二，"现代性"的意识与"先锋"的品格。将40年来中国新诗的发展冠以"现代性"之名是不会有什么问题的。40年来中国新诗无论就主题演变还是艺术手法的超越态势，都生动地再现了一种"现代性"的观念：从"朦胧诗"到"第三代诗歌"的超越式轨迹、女性诗歌浪潮的涌起；90年代的"个人化写作"、身体诗学；21世纪以来的"底层写作""代际划分"……诸种诗歌现象之间的超越、断裂甚至对抗，使这一阶段的中国新诗呈现出典型的"现代性"品性。而与此同时，作为一个有用的概念，"现代性"可以以其强大的历史整合功能和不断现代化的趋向，将中国新诗的历史与现实、世界与本土、文化与艺术、现代与后现代等系列不同的问题联系在一起，衍生出新的理论话题。此外，"现代性"还可以填补后现代批评实践后遗留的话语空间，并弥补甚或拯救后者已显疲惫的叙述态势，而在当代中国，"现代性"话语出现在后现代话语之后（这一点，与西方理论界显然是不同的），也在一定程度上证实了两者之间理论互补的关系。

"现代性"话语引入中国当代新诗发展的逻辑之后，如何从诗歌艺术自身思考"现代性"的问题自然会使"现代性"变得更加具体。显然，文学意义上的"现代性"思考很容易让人想到"美学现代性"或"审美现代性"及其相关的问题。不过，随之而来的问题则是40年来中国新诗的"审美现代性"是否像西方一样是在反思社会现代性的过程中滋生的呢？对此，笔者以为要立足于中国当代社会的实际予以思考。以"朦胧诗"为例，其鲜明的反思色彩、人道主义情怀和现代意识当然可以作为40年来中国新诗"现代性"的重要源头，但是

---

① 南帆：《后革命的转移》，北京大学出版社2005年版，第40页。

否这样的特性就决定“朦胧诗”与当时社会现代化进程形成对峙状态呢？历史地看，“朦胧诗”渴望摆脱的只是此前沉重的历史及其造成的艺术桎梏，从1978年之后解放思想已成社会思想主题的语境来看，“朦胧诗”无疑是和社会思想保持了一致性。即使“朦胧诗”在发展过程中遭受了一定程度上的坎坷，但没有主流社会文化的容纳与允许，“朦胧诗”的火焰只能长眠于地下，而“朦胧诗”后中国诗坛波澜壮阔的景象也不会形成。“朦胧诗”的例子其实告诉我们：在中国语境下，“审美现代性”几乎从来都是和社会现代性结合在一起并具有相当程度的一致性。“审美现代性”不过是以内在的艺术冲动推动中国新诗的发展，而中国新诗在发展过程中种种外在的表象正是在“审美现代性”催生下折射社会现实的结果。

“审美现代性”在40年来中国新诗发展中呈现的品性，很容易使人想到“先锋”的概念。由于先锋诗歌的概念在90年代以后的诗歌批评中曾被多次使用并得到较为详尽的阐释，本书不再重复。这里，只想就先锋的前卫意识、叛逆性、探索求新的精神谈及它与审美现代性的“契合”。尽管，文学艺术上的“先锋”从未有过严格的界定，它只有在相对于历史和传统时才具有时间和实践上的意义，但从“先锋”一词古今之义的不同（这一点包含着“艺术先锋”诞生的时间及其文化语境）特别是“先锋”是在针对理性主义美学观念基础上产生的现代文艺的角度上看，“先锋”或“先锋派”显然可以作为审美现代性诞生以来的各种前卫艺术及其理论体系的统称。然而，“先锋”从不是具体的现代派，它其实是指不断打破具体现代派之间那种超越、破坏性的动力。“先锋”的如上特性决定一旦某种现代视野中的写作或某一种现代派呈现出体制化、经典化的倾向时，它便开始走向先锋的对立面。不但如此，“先锋”不断指向未来的特性，又使其拒绝历史、传统、现在并时时对自身构成威胁。由先锋的特性看待40年来中国新诗中可以被称为先锋诗歌的创作（群体），其俨然可以称为这一时期内中国新诗发展的主力。当然，先锋诗歌的独立品格也决定它只能是少数人的艺术，而此时，那种可以笼统称之为“个人化写作”的概念也必将应运而生。

第三，“个人化”的趋向。对于诗歌来说，“个人化”的说法其实不应让人感到陌生。诗歌的本质属性就需要抒发自我、展现个性、诉说心灵。在这一基本前提下，“个人化”被提出自然相对于历史上“自我”的萎缩甚至丧失。从整部新诗史的发展趋向来看，由“集体意识”写作转向“个人意识”写作既是历史转折的结果，同时，也是诗艺叛逆的结果。早在1981年，孙绍振就在《新的美学原则在崛起》一文中写道：“当个人在社会、国家中地位提高，权利逐步得以恢复，当社会、阶级、时代，逐渐不再成为个人的统治力量的时候，在诗歌中所谓个人的感情，个人的悲欢，个人的心灵世界便自然会提高其存在的价值。社会战胜野蛮，使人性复归，自然会导致艺术中的人性复归，而这种复归是社会文明程度提高的一种标志。”① 至1988年4月，唐晓渡在其删定的论文《不断重临的起点——关于近十年新诗的基本思考》中，结合“朦胧诗”为主的诗人创作指出——

> 这批青年诗人的早期创作首先应该从社会学或心理学，或社会心理学的角度来认识。在这个意义上我们看到，“个人”是怎样在历史的断层上，从“人民”这一群体概念中分化出来，从而不是依据某种普泛的、在频繁的使用中已经充分钝化甚至具有欺骗性的思想观念，而是依据个体的生命经验和创造才能重建诗的可能性。这种“个人化”现象的发生所具有的革命性，是在与传统诗歌意识的剧烈冲突中呈现出来的，它同时划出了二者之间的明确分野……
>
> “个人化”更深刻的意义就在于此。它使我们真正回到了自身，回到了那个使一切矛盾冲突得以发生，在探求矛盾冲突的解决过程中不断被异化，又不断寻找过程；为生命的自发性而苦恼困惑，又不懈地试图将其转化成自觉状态的自身。“个人化”意味着自我的解放！另一方面，它又使个人的负荷成几何级数地增加了。他现在比以往任何时候都更加明确地意识到，他和自然、

① 孙绍振：《新的美学原则在崛起》，《诗刊》1981年第3期。

> 社会、历史、文化、他人和自我处于怎样的一个机体之中，它们又是怎样地彼此对峙而又彼此渗透，彼此冲突而又彼此补充，彼此分裂而又彼此包容。这里选择和放弃只有一步之遥，而自由和责任必须同时承担。①

正是出于历史和现实的辩证思考，唐晓渡才能注意到“个人化”写作的意义及其可能承担的重荷。他的论述告诉我们：1978 年以来的中国新诗已经找回了久违的“自我”，而其解放的意义在回归诗歌自身的认知下，将得到充分的释放。历史地看，唐晓渡在 80 年代末期的言论在 90 年代得到了印证。而就“发展”的角度讲，“个人化”的意义在于诗人个体形成一个又一个诗歌单元，他们通过自我探索构成了中国新诗的创作网络，丰富了中国新诗的艺术构成。同时，在客观保持个性的前提下，“个人化写作”与自由、自律及先锋并不遥远。

第四，题材、方法的多元。源于历史、社会思想和生活的转变，同时，也源于写作认识的转变、创作资源的更新，40 年来中国新诗在题材、方法上不断呈现多元的姿态。以题材为例，40 年来的中国新诗已涉及历史、文化、现实、地域、乡土、城市、生命、情感等各个方面；而以方法为例，40 年来的中国新诗则在其发展过程中，依次经历了现实主义的深化、现代主义的恢复与继起和在外来文学资源影响下，触及后现代创作诸方法等阶段。题材、方法的不断更新与日趋多元，自然会为 40 年来中国新诗勾勒出斑斓的图景。其中，值得一提的是，“女性诗歌”的出现俨然可以作为题材、方法多元态势中最为醒目的一环。它不但拓展了诗歌表现领域，同时，也丰富了诗歌表现的技法、意象及氛围。当然，从更为广阔的视野中看，“女性诗歌”的兴起还会在聚集一支创作队伍或曰一类创作群体的过程中，沟通传统与现代、文化与现实。此外，则是“女性诗歌”可以和西方女性主义理论和创作的过程中丰富当代新诗的理论批评。与“女性诗歌”相比，“城市”

---

① 唐晓渡：《唐晓渡诗学论集》，中国社会科学出版社 2001 年版，第 31—32 页。其具体写作时间见文末。

题材在90年代以来新诗写作中的盛行同样也具有丰富诗歌表现内容、拓展理论批评视野的意义。上述两种写作倾向就批评的角度来看，已经使中国新诗与当代社会文化紧密地联系在一起了。

与对具体写作的影响相比，题材、方法的多元同样还会在具体诗人身上得到体现。纵观40年来中国新诗的创作，在同一个诗人身上呈现题材、方法的多样性的现象是屡见不鲜的。而从不同角度着眼于具体的创作之后，上述倾向往往会变得更加明显，这些现象恰恰可作为社会生活对于诗歌创作影响的具体表现。

第五，口语的盛行与网络的兴起。从某种意义上说，口语的盛行是80年代中期“第三代诗歌”登上诗坛的结果。由于“第三代诗歌”急欲通过摆脱“朦胧诗”的启蒙、英雄的姿态，进而以集体登场的方式形成新一轮的“造山运动”，所以，从口语的角度解构“朦胧诗”的传统，便成为其创作上的显著特色之一。结合80年代以来中国新诗发展的态势可知：专注口语无疑对当代诗歌创作产生了巨大的影响。一方面，口语使诗歌与生活的关系更为紧密，从而使诗歌的表现领域更为广阔、题材更为多样；另一方面，口语也会因过于贴近生活而影响诗意的提升，这是一个问题的两个方面，至于其如何走向必将会影响中国新诗未来的面貌。

与口语的盛行相比，网络诗歌的兴起自然会涉及写作、发表的媒介及其内在的运行机制等多方面问题。自网络诗歌于90年代末期出现以来，新诗创作、发表、阅读、接受及其思维方式和权利问题都发生了相应的改变。作为后现代科技进步的结果，网络诗歌生动地再现了消费时代的大众文化与文学创作图景。就长远角度来看，其适度改变中国诗歌发展的某些格局是肯定的。何况，对于“80后”的诗人来说，网络写作、传输、投稿、发表早已司空见惯，而近年来网刊、网络评选、各大诗歌网站林立、网络诗歌年度选本、传统诗歌刊物为网络诗歌开辟版面也证明了这一点。当然，网络目前存在的问题是“网络诗歌”的概念似乎还未有定论，大致与21世纪同时起步的网络诗歌存在时间还很短，因此，将其作为一股不可忽视的力量并加以发展的眼光来看或许更为恰当。

第六，走向文化的诗学。当代中国新诗在发展过程中逐步呈现出的“泛文化”态势在90年代之后表现得日趋明显。从女性诗歌涉及性别文化，城市诗涉及消费文化、空间理论，网络诗歌涉及大众文化，以及诗歌的“身体现象”“代际现象”“底层现象”“经典化问题”等可以发现，社会文化对诗歌的扩张以及思维观念的改变已深刻地影响了诗歌创作等多方面的问题。当代诗歌的世俗化、消费化、娱乐化倾向，以及与其他文学体式的交融，甚至是诗歌批评的助力，都使其不再是一个简单的文学问题。当然，走向文化的诗学之后，围绕诗歌而产生的话题是否会因过度表演而远离诗歌的本质，也随即成了一个新的话题。而在上述诸问题可能存在的交流与碰撞之间，中国新诗发展的契机以及如何重新认知的逻辑正孕育其中。

三 行进中的思索

在十年前一本描述30年来中国新诗发展的书中，笔者曾自信满满、煞有介事地谈及了“当代的‘构想’”，进而从20世纪文学视野、文学创作方法等角度，将1978年以来的中国新诗称为“中国当代新诗”。如今回想起来，当时“现代文学60年”的提法、部分学者关于现代文学史分期的思路与想法，肯定对笔者产生了影响[①]。但在十年之后，笔者却不敢轻易做这样简单的结论与判断。如今的谨慎甚至胆怯倒不是怕受到他者的批判，主要是担心贻误读者尤其是初入此行的青年学子。从1949年中华人民共和国成立，当代文学已有70年的历史，远远超过现代文学30年，但在具体场合中，当代文学的起点与跨度并未受到来自学术研究本身的挑战，这一切似乎都在说明：在不断行进的历史中确定“当代”，不仅是个实践的问题、方法的问题，而且其强有力的依据必须由历史本身提供。

当然，这样说并不意味着“当代”的问题不能进行深入的思考。从上文所述的因具体历史过短而以创作方法为依据得出的“现代文学

① 见张立群《阐释的笔记：30年来中国新诗的发展（1978—2010）》“引论”，辽宁大学出版社2011年版，第5—11页。

60年”，和进入21世纪之后，一直有学者以20世纪文学视野涵盖现当代。传统意义上的现代文学、当代文学分期确实越来越呈现出某种问题，而一旦持有这样的思路后，我们又总能从创作方法、网络时代等角度找到某种依据。是以，至少从目前来看，单一化的结论恐怕仍会顾此失彼、难以让绝大多数人信服。

也许，在几十年直至百年之后，回过头来再看20世纪中国文学的历史，今日处于纠葛状态的“现代”“当代”都已不再是什么问题，但站在今天的立场上，“现代”特别是“当代”的魅力就在于此——没有批评意义上的“当代”，就不存在“当代”的历史，在持续行进的过程中，从来就不存在确切意义上的“当代”！由此回望20世纪以来中国文学的历史，我们是否可以这样说：一直有两个“现代”，一个是传统的、30年跨度的“现代”；另一个是现代化意义上的“现代”，在使用后者时将其下限时间算到目前为止也完全可以说得通。同样地，已经有两个“当代”，一个是传统的、70余载跨度的“当代”；另一个是不断行走的和“现代化”同一意义的“当代”，后者与传统意义上的“当代”存在时间上的张力。在此前提下，对“现代”尤其是“当代”的言说，就有两种甚至两种以上的界定方式。至于在具体言说时究竟采取哪一种说法，就成为一个个体的问题，而对于像本书所言的“40年来中国新诗的发展”，属于特定时段的文学研究，其完全可以因为时段的设定而仅就本身展开研究，从而避开更多文学史时间概念的“束缚”，并以自由、从容的方式为文学史诸问题研究提供些许经验。

在整体思考40年来中国新诗发展的轨迹之余，如果着眼于具体的“行进”，那么，40年来中国新诗的发展还包括诗人创作意义上的贯通以及阶段划分的问题。北岛、舒婷、杨炼、西川、王家新、欧阳江河、于坚、韩东、臧棣等的诗歌创作，均有贯穿两个甚至是三个年代的现象（当然也有那种一闪而过的诗人）。为此，40年间的许多诗人究竟具体从属于哪个年代，主要应当看其哪个年代的创作影响最大。当然，以文字来描述这种现象，许多诗人的创作可能会复杂许多。正如一个诗人的代表作写作时间和发表时间可能存在一定时间差一样，而当代诗人似乎又有反复修改自己作品及其写作时间的偏好，所以完全精准描述一些跨年代诗人创作本身就是一个很难两全的课题。本书在遇到这一现象时，一般采取置于某个年代集中言说的方式，这当然会在某些文字中“涨破”相应的阶段，但似乎也是无可奈何的事情。

40 年了，我们要说的话肯定还有许多……

第一编

“重访”80 年代

第一章　1980年代诗歌潮流的演进方式

无论从世纪初的眼光回首历史，还是从已有的研究出发，以“80年代以来”的方式，看待近40年的诗歌历史，都可以在一定程度上成立[①]。当然，以这样的时间范围进行论述并非要有意忽视“文革”结束至80年代之间的历史。鉴于任何一次历史的“转折”与“连接”总很难呈现泾渭分明的界限，从而使理想中的历史分期常常处于前后矛盾的状态。作为一种策略，这里的“时间跨度”只是出于诗歌艺术的完整性，比如创作风格的连续性、创作方法的一致性、区别于以前诗歌创作以及造成的显著影响等来考察，以及避开“新时期诗歌”这一过于笼统并带有强烈意识形态倾向的概念[②]。

一　“80年代诗歌”及其生存状况

1976年“文革”结束，使诗歌创作以及诗歌“想象”逐渐真实起来。然而，如果只是考察此后一段时间内的诗歌创作和诗歌发表，可以看到的是，对于历史记忆的清理仍然是一个过程。这不但为“复出的诗人”“归来者”之类的诗歌史称谓的出现奠定了基础，同样地，

① “世纪初文学”概念的出现使20世纪中国新诗的历史划分，有了新的可能。体现在晚近的诗歌史书写上，洪子诚、刘登翰的《中国当代新诗史》（修订版），程光炜的《中国当代诗歌史》，都以“80年代诗歌”的方式，论述了这一阶段的历史。

② 作为一个显著的事实，“新时期文学”及其更为具体的提法，如“新时期诗歌”等，随着“世纪初文学”“新世纪文学”概念的出现正不断处于被“忽视”的态势。究其原因，除了源于“新时期”提法过于笼统，无法涵盖不断处于行走状态的历史之外，“新时期”是以政治标准的方式介入文学史的分期，也是其被“忽视”的重要原因。

也为年青一代诗人浮出历史的地表，获得了历史的机遇。这种由于历史的原因而造成的迅速而频繁的登场及其之间的代际差异，无疑为考察 80 年代诗歌潮流的演进方式，提供了参照的可能。

构成日后 80 年代诗歌写作阵营的诗人，主要来自两个诗歌“群体”：即一类是“复出”的诗人，另一类是“青年诗人”。“复出”的诗人，主要显示了当代一体化时代特别是“文革”时代的历史遭遇。因此，从广义的角度上讲，“复出”的一代并不仅仅是“归来的一代”，其中还包含着对更早历史记录的重新书写：40 年代的“中国新诗派”，50 年代因“胡风集团”而遭受牵连的“七月诗派”，1957 年反右斗争中的“右派分子”，都可以被视为“复出的一代”，只不过，这些诗人在“文革”结束重新进行创作时，都在主题、情感上表达了一种“归来者”的身份和反思意识。然而，由于年龄的限制和诗歌观念上长期遭遇“桎梏”，“复出”一代的绝大多数诗人都“后劲不足”，而少数保持创作活力的诗人，则更多体现为对某种历史思维的拒斥以及自我的不断超越。相比较而言，“青年一代”诗人则发挥了巨大的诗歌想象空间，他们的出现特别是“潜在写作”的重新问世，填补了“文革”时代苍白的诗歌历史。当然，这些在年龄、写作价值取向并不一致的“一代”很快由于“朦胧诗”及其论争的出现而呈现出“断裂现象”，此后的诗歌必将向“多元姿态”予以展开。

与诗人相继“复出”、浮现相适应的是，诗歌的阅读和发表也呈现出一种新的态势。与五六十年代相比，80 年代正式出版的诗歌刊物有相当数量的增加。除《诗刊》《星星》诗刊在“文革”结束后较早复刊外，针对当时诗界乃至文艺界本身走向繁荣的景象，各地也相继通过不同形式创办诗歌刊物。此外，各种综合类文学刊物大都开辟一定版面，以及 1981 年唯一的诗歌理论刊物《诗探索》的创办，均为 80 年代诗歌的繁荣和发展起到推动作用。与正式期刊刊发诗歌作品相呼应的，是非正式印刷品（即“民刊”）在 80 年代的盛行。这种在 80 年代常常以“油印”“手抄本”形式出现的“刊物”，既在一定程度上接续了现代文学史上的同类现象，也可以在一定程度上视为某种“民间”权利留下的时代“见证”：这种可以视为写作与正式发表之间的

“中介物”，同样具有无法忽视的诗歌史意义。以著名的《今天》为例，它的出现以及日后显著的位置，不但使这种“发表”方式得以流传，而且，还在日后的诗歌交流和阅读接受中，比如80年代中后期特别是90年代诗歌，起到了重要的“典范作用”。

二　论争中“超越”：80年代诗歌整体的推进动力

80年代诗歌潮流首先是通过论争的方式整体向前推进的，而新老两代诗人在艺术追求上的不同以及如何看待外来文化因素则是论争的内在动力。随着思想解放运动掀起高潮和改革开放方针的确定，国内的社会、文化环境得到了明显的改善，对诗歌写作和诗艺探索的热情也逐渐高涨起来。针对《诗刊》《诗探索》等刊物以较大篇幅介绍、推出青年诗人的作品而掀起的高潮，长期处于“潜在状态”的写作得以公开，研讨的介入自然起到了不可忽视的推动作用。自诗人公刘将因看到顾城的《无名的小花》而将“感到颤栗”的感受发表、提出问题之后[①]，围绕青年诗人创作而进行的讨论与争鸣，就成为当时诗歌界的一个“热点话题”。1980年5月7日，在《光明日报》上发表的由评论家谢冕撰写的《在新的崛起面前》，是拉开80年代第一次诗歌论争的重要“导线”。而后，围绕谢冕、孙绍振、徐敬亚相继发表的三篇文章：《在新的崛起面前》《新的美学原则在崛起》《崛起的诗群》，即所谓的“三崛起”而进行的论争，都为“朦胧诗”的出现并迅速走向高潮，起到了不可忽视的作用。不但如此，如果以历史的眼光加以审视，围绕“朦胧诗”产生的正反两方面的论争，都最终使“朦胧诗”产生的影响远远超出诗歌创作本身所能抵达的高度与广度。值得注意的是，尽管，“朦胧诗”这个名字本身存有很大程度上的不确切性，但它的命名却并不来自它的拥护者，而是它的反对者。当时，一篇名为《令人气闷的“朦胧”》[②]的反驳文章，恰好为所谓的“朦胧诗”进行了命名。

---

① 公刘：《新的课题——从顾城同志的几首诗谈起》，《星星》1979年复刊号。

② 章明：《令人气闷的“朦胧”》，《诗刊》1980年第8期。

无论从诗歌艺术的演变，还是从历史经验的角度上，“朦胧诗”的出现都不是偶然的，它既可以视为中国现代主义诗歌潮流在“沉默”四十余载后的一次复苏，同时，也是一批富有时代气息的青年诗人在不断反思苦难经历、重新审视传统文化和较早接受外来诗歌潮流影响的必然结果，而对上述内容所持的不同立场也正是“朦胧诗”频频遭到批评的重要原因。1984 年之后，随着徐敬亚的《崛起的诗群》遭到严重批评，“朦胧诗”后期代表诗人杨炼、江河等接受“寻根文化”的影响逐渐转向“文化史诗”，“朦胧诗”在尚未完全充分发展以及主要诗人不断分化中趋于瓦解，诗坛进入了一段相对短暂的沉默。1985 年2 月，当艾青、公刘、公木等18 位老诗人还在中国作家协会第四次会员代表大会上为出版社、文学刊物等各个方面对诗歌的“冷漠”和“轻慢”加以抱怨的时候①，一场比“朦胧诗”来势更为猛烈的诗歌运动已经悄然开始了。

“新生代”诗歌或曰“第三代诗歌”“后朦胧诗”是 80 年代诗歌第二次规模巨大的诗歌潮流。虽然，这次诗歌运动并没有过多地与“朦胧诗”代表人物发生正面的“交锋”，但他们在《诗歌报》和《深圳青年报》联合推出的“中国诗坛 1986 年现代诗群大展”中，以“集体出击”的方式从学习“朦胧诗人”到最终“pass 北岛”却是一次不折不扣的诗歌“争鸣”。程蔚东的“别了，舒婷北岛”②、韩东“指斥”北岛为“政治动物”③，都使他们从一开始就表现出了与“朦胧诗”彻底决裂的姿态。对于这样一批普遍接受过高等教育又自认长期身居边缘位置，既带有明显的“平民意识”又没有沉重历史负担的后起诗人来说，能够在文化活跃和可以质疑一切的年代里，告别具有浓重贵族化气息和现实批判色彩的“朦胧诗”，无疑是件值得欢呼雀跃的事情。而从“论争”的角度上，1983 年对“崛起论”的批判和 1986 年“兰州诗歌会议”对青年诗人创作的争论，也以间接的方式为

① 程光炜：《中国当代诗歌史》之“中国当代诗歌年表”，中国人民大学出版社 2003 年版，第 405 页。

② 程蔚东：《别了，舒婷北岛》，《鸭绿江》1988 年第 7 期。

③ 韩东：《三个世俗角色之后》，《百家》1989 年第 4 期。

“新生代”的出场准备了“历史条件”。当然，“新生代诗歌”所代表的日常生活、凡夫俗子式的审美观念，虽体现了 80 年代中期以后中国文坛不可扭转的趋势，但过度的关注语词与生活俗事却使他们的诗歌创作在“超越”中走向了另一极端。因此，一个后果则是，“新生代诗歌”在对宣言痴迷和语词激情的内耗中同样也没有持续很久，而对历史的漠视、解构崇高则使他们许多“流派”在刚刚完成“群像展览”之后，就匆匆地分化瓦解。到 80 年代末，随着海子的辞世，“新生代”诗歌已基本结束，至于《诗歌报》月刊再度举行的“1989 实验诗集团展示”，则成为“新生代”诗歌一次集体的告别。

三 主体的位移：由“群体”走向“个人”

80 年代诗歌在创作内容上还呈现出明显的由“群体”走向“个人”的倾向，而且，这种倾向还对 90 年代诗歌创作产生了不容忽视的影响。“新生代诗歌”的出现虽然在表面上使 80 年代诗歌明显呈现为前后两个不同阶段，但区分 80 年代诗歌前后的差异性，却更多体现在写作内容与主体意识的变化。

“朦胧诗”作为新时期文学启蒙的重要源头，虽然以独特的艺术特质区别于以往的诗歌创作，但作为一种内在的精神气质，“朦胧诗人”的写作却与历史的经验密不可分。由于后来被指认为“朦胧诗人”的写作前身与“白洋淀诗群”创作的审美观念有关，所以，“朦胧诗”在很大程度上就成为冲破历史地表的一次集体行为。作为“白洋淀诗群”这一产生于“文革”时期知青群落的后继者，“朦胧诗”不仅对“文革”极左文艺思潮表现出一种反叛的姿态，而且，在继承“地下诗歌”火焰的同时，还对诗坛长期以来形成的诗歌观念、抒情方式等写作模式进行了一次历史的“清算”与反思。因此，“朦胧诗”虽然是一个“独立”的文学现象，但在深层意义上，朦胧诗却与“白洋淀诗群”在创作上存在共同点。他们都是在整体反思国家、民族命运中，表现了一代青年对人与现实关系的认识，而他们在诗中表现的鲜明的历史责任感以及渴望介入历史的强烈主体情怀，也反映了与历史传统的相通之处。

“朦胧诗人”及其创作对历史的热情，特别是鲜明的政治视角，使其诗歌创作往往呈现出一种“文化的整体反思性”和“大我”意识。尽管，作为艺术上的一次“反叛”，“朦胧诗”似乎不合乎时代的“主旋律”，但从沉重的历史感、文化精神的角度上，“朦胧诗”所表现出来的“群体意识”并未与“朦胧诗”之外的创作在精神气质以及主体意识形成不可逾越的鸿沟。北岛诗歌在怀疑、否定中表达出的“觉醒者”对于理想世界的争取，顾城诗歌对纷乱社会的记录与“一代人”式的反思，舒婷诗歌对社会重大主题的主动承担，以及江河、杨炼在80年代以强烈的“自我意识”探寻民族历史和文化传统，都与当代的时代精神息息相关，因此，作为一次因年龄代际、写作技巧以及论争等获取“诗名”的一代，“朦胧诗”无论相对于前代，还是“当代”①，从历史的角度来看，都是幸运的。

与“朦胧诗”相比，“第三代诗歌”虽然集体登场，并在口号声中超越了前代，但却在现实演变中难以掩饰这种行为的“策略”意义。“新生代”的许多诗人都曾直言不讳地承认自己最初阅读“朦胧诗”时的心灵震撼，因而，他们这种出于“策略”的考虑便在最终形成了一种历史的扬弃，在抒情的变异和“去意识形态化”的过程中，“第三代诗歌”的“个人性”或许就在于“‘第三代’诗人们不像朦胧诗人那样经历过噩梦般的悲愤年代，对朦胧诗人那种干净坦荡的英雄主义倾向、那种深入骨髓的忧患意识与使命感格格不入。他们不愿做朦胧诗歌唱者那样‘类的社会人’，他们无意代表时代，也无意代表他人，他们只代表自己”。与此同时，“第三代诗歌”的出现还预示着一种“平民意识”的觉醒，以及从朦胧诗的“类型化情思阴影下走出，迅速向人的生命存在状态的顿悟与袒露回归”②。这样，在带有某种后现代幻象的写作倾向中，“第三代诗歌”就在关注“此在”中走向了一种“个体的诗学”。他们对生活、事态具象细腻入微的书写，

---

① 所谓“当代”，主要是指在80年代“朦胧诗”展开的过程中，“朦胧诗”之外的同时期诗歌，基本上是以多元写作的姿态展开的，而其中，“政治性的抒怀”“集体式的书写”一直在一定时期内占据主流。

② 罗振亚：《朦胧诗后先锋诗歌研究》，中国社会科学出版社2005年版，第45、46页。

以及在拒绝历史的过程中，都充分展示了“自我”的意识。尽管，在声势上，“群体意识”在他们那里从未匮乏过。

四 艺术的流变：不断走向“现代”与“融合”

80年代诗歌潮流，作为文艺复苏和思想解放的产物，从更为广阔的文化视野中俯视，是接续了一度中断的现代主义诗歌潮流，并不断在接受外来文化的过程中，显现出与世界诗歌艺术的“对话”状态。自“朦胧诗”以喷发“地下潜流”的方式，以“独特”的表达方式，进入“现代”层面，80年代诗歌就基本按照“自主的身份”进行演变。以为“朦胧诗”呼号的“三崛起”为例，三个“崛起论”层层递进，到1983年徐敬亚写作《崛起的诗群——评我国诗歌的现代倾向》时，对“现代主义”的“不可扼止”，“新倾向的艺术主张和内容特征”、“一套新的表现手法正在形成”以及对“新诗道路发展的必然”① 等论断，已充分印证了“朦胧诗”的“现代特征”以及“现代主义”在创作界和批评界逐步深化的轨迹。而作为一个整体的趋势，80年代初期文艺界对“现代派”艺术的关注②，也使这种论断可以在正反两面上得到呼应。因此，作为一个耐人寻味的结果则是，对“朦胧诗”以及“崛起”的指责与批判，都在事实上推进了80年代诗歌“现代化”的历史进程。

与“朦胧诗”的整体意识和反思相比，“第三代诗歌”则更多体现了一种“现代”意识，而且，如果只是从其追求“平面模式”，讲求代“本我”立言的非英雄意识、反崇高以及专注语词的表现来看，“第三代诗歌”在某种程度上也体现了提前进入“后现代”的种种表征。当然，作为一个整体的发展态势，80年代诗歌在写作上，都体现了一种对诗艺技巧和修辞的注重，这既是80年代诗歌不断融入“现代意识”的结果，同时，也是诗歌艺术不断提升、融合的结果。在此过

---

① 徐敬亚：《崛起的诗群——评我国诗歌的现代倾向》，《当代文艺思潮》1983年第1期。

② 比如，在当时产生较大影响的就有高行健《现代小说艺术初探》，花城出版社1981年版；徐迟《现代化与现代派》，《外国文学研究》1982年第1期；冯骥才、李陀、刘心武《关于“现代派”的通信》，《上海文学》1982年第8期，等等。

程中，“第三代诗歌”只是以“时代契合”的方式，扮演了一次“反叛的先锋”。

80 年代诗歌在演进过程中，不断走向“现代”与“融合”的趋势，不但为其演进阶段的划分在一定程度上确立了依据，而且，也为一种文化交流视野中的历史评价塑造了“原型”。在 80 年代诗歌热闹繁荣的表象背后，除了包含对“历史”的反思与写作上的“接续”，更为重要的，还包含如何吸纳外来文化质素进而呈现出一种“超越”乃至“颠覆”的意识。这一点，在关于“朦胧诗”的论争，以及重新审视“第三代诗歌”的写作、部分理论主张以及“流派身份”各异时会表现得十分明显。事实上，“80 年代”作为一个具有特别意义的时间阶段，它的“特别”主要就体现为从“文化复苏”到“文化转型”时代“角色”的迅速转变上。随着 80 年代中期外来文化信息涌入速度的加剧，类似西方种种流派的写作方式在中国文坛上竞相登场，这种以几年时间就把西方几十年的“东西”匆匆实践了一遍的行为，自然会造成不一样的效果。因此，它的迅速演化也必将遮蔽一些潜在于诗歌内部的问题，而随着时间的推移，这种同样以“迅速”“断裂”方式处理遗留问题的行为，比如语言问题、叙述的方式等，也期待着历史的再度回应。

五　多元化诗歌格局的形成

在“新生代诗歌”对“朦胧诗”超越的过程中，80 年代诗歌大致以“朦胧诗”的偃旗息鼓而被划分为两个阶段。从诗歌的审美观念和写作的心态意识上讲，“朦胧诗”的结束、“第三代”的兴起，除了体现在主体的位移、“现代”意识的演变，还与抒情方式的改变有关。比较“朦胧诗”时期的诗歌写作场景，“第三代诗歌”虽流派纷呈、姿态各异，但却无法掩饰在追求生命感、真实感的同时，诗歌“抒情方式”从激昂走向平实的整体发展趋势。在比较《回答》、《一代人》与《有关大雁塔》、《你见过大海》等经典作品的抒情气质和心态意识中，不难发现：通过写作而渴望把握的“真实”正发生着内容与程度上的“双重变异”，而这种变化已经折射出诗人身份的认同也同样发生着改变。“新时期文学”特别是“新时期诗歌”激昂的情感抒发，高贵的气质以及鲜明的政治色彩，已为某种复杂的、冷静而客观的写作精神所代替。当然，这种诗歌启蒙意识和责任意识的弱化，在不同地域、写作关注点不一的诗人群落中，仍然以另外的形式予以“继承”，这种趋势，与 80 年代中期之后，各种写作均发生一定程度的深化，多元姿态的写作格局在文坛逐渐形成是一致的。

随着部分“朦胧诗人”相继移居国外，现代主义诗歌在变异中向前发展。江河、杨炼等适应“文化寻根”而进行的“文化史诗”创作，可以视为“朦胧诗”在分化前的最后一次努力。但即使在“第三代诗歌”登场并迅速占据诗坛的时代，另外一类创作也是无法忽视的。在这一阶段，部分老诗人仍然在进行创作并对青年诗人的种种实验保持理解的态度。在他们的创作之中，往往体现为一种“历史再反思”之后，创作主题上的集中以及自我意识的介入。自 80 年代初期，以支边青年和军人为主体的“新边塞诗歌”在西部兴起，到 80 年代中期，这些诗人的大部分已为诗坛所瞩目，昌耀、杨牧、章德益、周涛等已经成为迥别于“朦胧诗”“第三代诗歌”的写作流脉；而从“地域性”的角度上说，“乡土诗”的兴盛虽与作者的“下乡”，情感上的“忧郁”有关，但生活氛围的改变特别是创作上的自主，已经使这种创作逐渐转化为歌咏自然、乡土和表现南北地域差异的又一“主旋律”。至 1987 年，所谓“新乡土诗派”在“第三代诗潮”下的生长，又造成这一类写作在一定程度上出现了“新质”。当然，上述诗歌创作在某种程度上仍然可以视为对“朦胧诗”主体精神的一种呼应。然而，无论就意象经营，还是表达主题上，他们都与一种“现实主义”的不断深化有关。这样，随着时间的推移，80 年代诗歌正向更为广阔的写作空间迈进。

第二章 “朦胧诗”现象

以接续历史后的“起点”为线索，阐述“朦胧诗”的发展，主要基于“朦胧诗”在新时期中国文学史上的位置和影响。在“文革”结束后的一段时期内，当文学创作还处于百废待兴、曲折徘徊的状态时，“朦胧诗”以其大胆怀疑和艺术叛逆的姿态，成为新时期以来中国文学思想启蒙的重要源头。作为一个历史的“起点”，“朦胧诗”的开启之功和未来的召唤意识曾对新时期文学的发展产生了深远的影响。当然，“朦胧诗”之所以能够在80年代初期冲决历史的禁锢，发出振聋发聩之声，还在于其接续了“文革”时期“地下诗歌”的资源、经验。随着历史的发掘和进一步的清理，“朦胧诗”的“前史”也逐渐清晰起来，而“朦胧诗”作为一块接续历史之“起点”的界碑，也因此得到了进一步的证实。

一 “地下诗歌”的涌动与《今天》的诞生

“朦胧诗”与“地下诗歌”的历史关联，已有的较具代表性的当代新诗史、当代文学史一般在叙述两者关系时都有所涉及，这样的叙述既与历史发展的顺序一致，同时，也与“地下诗歌”资料的逐步发掘和进一步清理的时间有关①。本书由于将40年来中国新诗作为一个

① 比如由程光炜著的《中国当代诗歌史》，中国人民大学出版社2003年版；洪子诚、刘登翰合著的《中国当代新诗史》（修订版），北京大学出版社2005年版，都采用了这种叙述方式。

独立的阶段专门研讨，不再过多涉及此前的具体的诗歌历史，故此采用直接从“地下诗歌”讲起的方式，进而描绘“朦胧诗”的历史全景。

（一）食指的发现与地位的确认

在80年代“朦胧诗”及其代表诗人（如北岛、舒婷、顾城、江河、杨炼）为广大读者熟知的背景下，食指的重新发现与地位的确认是颇具历史意义的一项工作。

食指，本名郭路生，1948年生于山东朝城，祖籍山东渔台县，5岁时随父母迁居北京。1968年12月20日离开北京，赴山西杏花村插队。1973年被确诊为精神分裂，1975年病愈。90年代诗歌史地位得到认可。在赴山西的列车上，食指创作了他的名篇《这是四点零八分的北京》。这首诗和在这一时期创作的《相信未来》等，成为食指最重要的作品。它们曾在当时成千上万的青年中间广泛流传，成为“文革地下文学”中一道重要的风景[①]。“文革”后期与“文革”结束后，食指还有《疯狗》《热爱生命》等引起读者关注的作品出现。

将食指称为“文革诗歌第一人”并不过分。诗人多多在《被埋葬的中国诗人（1972—1978）》一文中认为食指“是70年代以来为新诗歌运动趴在地上的第一人”。[②] 杨健在《文化大革命中的地下文学》一书中称食指为“文革中新诗歌运动的第一人”。[③] 林莽在《并未被埋葬

① 比如，据后来有的回忆文章记录，“郭路生的名声和诗歌很快传遍了方圆百里。附近公社及大队的北京知青纷纷来拜见诗人，和他谈诗，使我们杏花村快成了诗圣朝拜地了。……郭路生的诗很快如春雷一般轰隆隆地传遍了全国有知青插队的地方。他的诗不但在陕西内蒙广为传抄，还传到遥远的黑龙江兵团和云南兵团。于是，不断有人给郭路生写信。”戈小丽：《郭路生在杏花村》，载廖亦武主编《沉沦的圣殿——中国20世纪70年代地下诗歌遗照》，新疆青少年出版社1999年版，第68页。

② 多多：《被埋葬的中国诗人（1972—1978）》，载于《开拓》1998年第3期。后收入廖亦武主编《沉沦的圣殿——中国20世纪70年代地下诗歌遗照》，新疆青少年出版社1999年版。后以《1970—1978北京的地下诗坛》为题，收入刘禾编《持灯的使者》，该书2001年曾于香港牛津大学出版社出版，后于2009年在广西师范大学出版社出版，该书出版时此句为“是七十年代以来为新诗歌运动伏在地上的第一人”。据洪子诚考证，该文原题即为《1970—1978北京的地下诗坛》，见《中国当代新诗史》（修订版），第200页的注释。本文依据廖亦武主编《沉沦的圣殿——中国20世纪70年代地下诗歌遗照》，新疆青少年出版社1999年版，第196页。

③ 杨健：《墓地与摇篮——文化大革命中的地下文学》，朝华出版社1993年版，第92页。

的诗人——食指》一文中写道："在那个没有诗歌的年代，他写出了影响了一代诗人的诗歌作品，称食指为新诗潮诗歌第一人是恰如其分的。"[①] 宋海泉在回忆文章《白洋淀琐忆》中认为"谈到当时的诗歌，不能不说到郭路生。有人评价郭路生为文革诗歌第一人，应该说这是一个恰当的评价"。[②] 此外，在后来许多研究者眼里，食指还被视为朦胧诗人的"一个小小的传统"。而这一看法，正是建立在多多等诗人相关言论的基础之上的[③]。

尽管，品读食指与芒克、多多等人的作品，可以明显察觉其中的差异，但透过食指《相信未来》《这是四点零八分的北京》中那些充满激情、自我和真诚的诗句，人们可以明显感受到联结于他们前后创作之间的，是一种因独特个人经验、真实的人性及渴望与时代碰撞而形成的"传统"。此外，就具体诗艺而言，食指的创作在具有鲜明的浪漫主义特色之余，还因具体的表述而带有象征、隐晦式的寓意——

当蛛网无情地查封了我的炉台，
当灰烬的余烟叹息着贫困的悲哀，
我顽固地铺平失望的灰烬，
用美丽的雪花写下：相信未来！

——《相信未来》

这些诗句隐含的情感经验，显然因其潜在的感染力而成为那个时代具有相同命运的青年一代的共同体验。稍后于食指起步的诗人正因读到这些诗行而激动不已，并延续这一精神向度以更为激进的方式开辟自己的诗歌道路。[④]

---

① 林莽：《并未被埋葬的诗人——食指》，《诗探索》1994 年第 2 期。

② 宋海泉：《白洋淀琐忆》，《诗探索》1994 年第 4 期。

③ 见李宪瑜《食指：朦胧诗人的"一个小小的传统"》，《诗探索》1998 年第 1 期。其中，作者曾引用了多多的话："要说传统，郭路生是我们一个小小的传统。"

④ 比如，林莽在《并未被埋葬的诗人——食指》一文中就有"他的后来者们，朦胧诗的早期作者们正是沿袭了这一点，才成为了开一代诗风的代表人物"的说法。而就很多相关材料提供的证明也可知，北岛等人在写诗之前，曾不同程度地受到过食指诗的启蒙。

（二）知青文艺沙龙的影响

按照杨健《墓地与摇篮——文化大革命中的地下文学》和后来的《中国知青文学史》中的说法，“文革”期间的知青文艺沙龙形成于跨校际、城区的红卫兵串联。“在1968年，‘红卫兵—知青’开始了自觉的读书活动，沙龙成为讨论和交流书籍的重要场所。随着上山下乡的开始，读书活动随之也在农村展开。在城市沙龙和偏远乡村，到处可以看到‘红卫兵—知青’读书、讨论的场景。广泛的读书活动，为红卫兵的思想解放和知青群体的形成，提供了重要的思想资源。”① 当时，在北京较有影响的就有赵一凡沙龙、张郎郎沙龙、徐浩渊沙龙等。其中，赵一凡沙龙以赵一凡为中心，主要致力于当时各种文学作品的收集、整理，然后再将其传播出去，当时的郭路生、依群以及后来的“白洋淀诗群”，都与赵一凡有过接触，他也因此被称为“同新诗歌运动渊源最深、联系最广泛、最密切，影响最大的人之一②。”张郎郎沙龙是1964年“太阳纵队”解散后，以张郎郎为核心形成的文艺沙龙，其成员有王东白、甘恢里等人，牟敦白、郭路生也先后参加③。对这一沙龙的历史追溯可以牵连起“X诗社与郭世英之死”和“太阳纵队”④，以及食指名作《相信未来》的成因⑤。这一沙龙在1968年秋天，张郎郎入狱后转入地下。徐浩渊沙龙在1968—1972年间比较活跃。当时，在沙龙中已出名的诗人依群的创作，被多多认为“带有浓厚的象征主义味道”“所受影响主要来自欧洲，语言更为凝练。可以说依群是形式革命的第一人。”⑥ 依群的诗歌创作促进了沙龙诗歌的现

---

① 杨健：《中国知青文学史》，中国工人出版社2002年版，第127—128页。

② 杨健：《墓地与摇篮——文化大革命中的地下文学》，朝华出版社1993年版，第87页。

③ 杨健：《中国知青文学史》，中国工人出版社2002年版，第133页。

④ 关于这两个沙龙及当事人的经历，可分别参见牟敦白的《X诗社与郭世英之死》和张郎郎的《“太阳纵队”传说及其他》，后收入廖亦武主编《沉沦的圣殿——中国20世纪70年代地下诗歌遗照》。

⑤ 分别见杨健《墓地与摇篮——文化大革命中的地下文学》，第92页；杨健《中国知青文学史》，第139页。主要是指张郎郎因“太阳纵队”等问题被审查，后设法逃脱、到南方躲避，在同沙龙朋友分手之际，在王东白的本子扉页上写下“相信未来”。食指为此写下了《相信未来》。

⑥ 多多：《被埋葬的中国诗人（1972—1978）》，廖亦武主编《沉沦的圣殿——中国20世纪70年代地下诗歌遗照》，第197—198页。

代主义转向，这一倾向在“白洋淀诗群”的重要诗人岳重、多多进入沙龙后走向高潮①。

知青文艺沙龙的出现就运行方式而言，属于自发组织的民间行为，相对于当时的主流文艺，知青文艺沙龙属于地下的、非主流的。不过，正是这些地下的、非主流的民间文艺组织，开启了未来新诗潮的源头。从文艺沙龙的组织、成员和主要活动来看，它们的特点首先在于大多产生于著名学者、艺术家、高级知识分子以及高干家庭之中。由于这些家庭的青年子弟往往具有常人所不具备的信息渠道等优越条件，所以，文艺沙龙的产生便具有相应的历史背景。

在“文革”地下文艺沙龙中，书籍和文学创作的流传是最重要的活动形式之一。以当时北京的文艺沙龙为例，沙龙中除了传播“文革”前出版的、多为灰皮的“内部书”（又称“灰皮书”），还开始流传由内部书店印刷发行、只供高干阅读的“黄皮书”，这些书就内容上看不仅包括《新阶级》等政治读物，还包括《在路上》《麦田里的守望者》等文学读物②。至于交流形式除了传阅之外，还包括手抄本。其中，手抄本这种形式对于当时文学创作的传播、交流和保存具有重要的意义，上述提到的食指的诗，赵一凡对各种文学作品的收集、整理，都属于这种形式。至于这种阅读对于日后诗歌创作产生的影响，白洋淀诗人宋海泉在“这种读书活动对日后诗坛的影响是巨大的，它通过日后的诗歌创作逐步显示出来”的前提下，曾归纳为四点：“第一，主体与价值的转换”“第二，注重感性与个人体验”“第三，怀疑主义与荒诞”“第四，形式的语言的探索”③。

（三）“白洋淀诗群”的创作

与当时北京文艺沙龙交流密切，并成为日后朦胧诗摇篮的是“白洋淀诗群”的创作活动。

---

① 这一说法见杨健《中国知青文学史》，第 204 页。

② 关于当时沙龙中的“灰皮书”、“黄皮书”及文学读物，许多文章都有记录。其中，列举、分析得较为全面的可以参考萧萧的《书的轨迹：一部精神阅读史》，收入廖亦武主编《沉沦的圣殿——中国 20 世纪 70 年代地下诗歌遗照》。

③ 宋海泉：《白洋淀琐忆》，《诗探索》1994 年第 4 期。

随着1968年冬上山下乡的热潮在全国范围内铺开，以初、高中学生为主力的红卫兵一代迅速完成了知识青年的身份转变，奔赴全国各地。1969—1976年间，一批来自北京的中学生到河北保定白洋淀一带的村庄落户。他们在交流中逐渐形成了一个诗歌群体，即为“白洋淀诗群”。当时，白洋淀诗群的主要成员包括岳重（根子）、姜世伟（芒克）、栗世征（多多）、孙康（方含）、张建中（林莽）、宋海泉等，他们在当时主要通过阅读、创作朗诵诗歌、交换诗歌的方式进行活动。在他们的创作中，可以明显感受到国外诗歌资源的影响，而其中很多作品已具有现代主义倾向。

按照陈默的说法，“白洋淀诗群”的形成，“与其人文环境、地理位置有关。白洋淀距北京不足二百里，各种新思潮的萌芽会很快传导过来。70年代初，北京青年‘地下阅读’黄皮书热潮同时在白洋淀展开。除去被查封的《奥涅金》、《当代英雄》、《红楼梦》等外，这些青年还读到了刚刚译出供‘批判’用的《麦田守望者》、《带星星的火车票》、《在路上》、《娘子谷及其他》及一些现代派诗作。这些自由不羁的灵魂诉说，使他们饱享了偷食禁果的快乐，也开启了他们的心智。此外，白洋淀水乡人性刚正，与兵团、农场的管理干部相比，更少被当时无所不在的‘阶级斗争’之弦所统摄。无论‘红五类’还是‘黑五类’，在这里都得到了相对宽松的生存环境。正是在这种特殊的人文、地理环境下，使分散于白洋淀周围各村落的文学青年，创作、交流并形成了那个时代特殊的探索性诗群①。”结合后来多位当事者的回忆文章来看，上述分析无疑是正确的②。白洋淀诗群的创作真正产生影响应当在1972—1973年间，这种影响不仅表现在白洋淀诗群的代表诗人加入北京文艺沙龙后获得诗名，还体现在一批未到此插队但常赴白洋淀以诗会友的文学知青的到来。这些人包括甘铁生、北岛、江河、彭刚、史保嘉、郑义、陈凯歌等，其中，北岛与芒克的结识促成了日

---

① 陈默：《坚冰下的溪流——谈“白洋淀诗群”》，《诗探索》1994年第4期。

② 具体可参见《诗探索》1994年第4期“当代诗歌群落”栏目下由宋海泉、齐简、甘铁生、白青、严力五人写的文章。

后《今天》的创刊，而作为一种群体的划分，他们在一些研究者那里也被视为广义的"白洋淀诗群"成员或应该被纳入"白洋淀诗群"之中[①]。

在"白洋淀诗群"中，芒克、多多、根子是最重要的诗人。芒克（1950— ），原名姜世伟，生于辽宁沈阳，后全家迁至北京。1969—1976 年在白洋淀插队。1970 年开始文学创作，1978 年和北岛创办《今天》。著有诗集《心事》（《今天》丛书）、《阳光中的向日葵》、《芒克诗选》等。在这一时期主要的作品有《致渔家兄弟》《城市》《天空》《十月的献诗》等，具有洒脱、放荡的气质。由于自 1973 年起与多多开始诗歌竞赛，"相约每年年底：要像交换决斗的手枪一样，交换一册诗集"。所以，多多开始研究芒克的诗，芒克也因此被多多称为"自然诗人"，"生命力是最令人欣慰的"[②]。

多多（1951— ），原名栗世征，生于北京，1969 年到白洋淀插队。1972 年开始写诗，曾自言青年时代与岳重形影不离，"如果没有岳重的诗（或者说如果没有我对他诗的恨）我是不会去写诗的"[③]。同年与岳重（根子）一起加入徐浩渊沙龙，视徐浩渊为自己的精神导师。后曾旅居荷兰十余年，著有诗集《阿姆斯特丹的河流》《多多诗选》等。在这一时期有《回忆与思考》（5 首）、《蜜周》、《万象》（14 首）、《致太阳》、《手艺》等。具有清醒的理智，是白洋淀诗群中从一开始写作就具有独特个性气质的诗人。

岳重（1951— ），笔名根子，生于北京，1969 年与芒克、多多一起到白洋淀插队。1972 年以歌手身份加入徐浩渊沙龙。这一时期有《三月与末日》《白洋淀》《橘红色的雾》《深渊上的桥》等作品。1973 年夏天，由于诗作受到有关部门审查而停止了写作。目前只有

---

① 见陈默的文章《坚冰下的溪流——谈"白洋淀诗群"》。此外，程光炜著的《中国当代诗歌史》也持这样的看法，见该书第 250 页。

② 多多：《被埋葬的中国诗人（1972—1978）》，廖亦武主编《沉沦的圣殿——中国 20 世纪 70 年代地下诗歌遗照》，第 199 页。

③ 多多：《被埋葬的中国诗人（1972—1978）》，廖亦武主编《沉沦的圣殿——中国 20 世纪 70 年代地下诗歌遗照》，第 198 页。

《三月与末日》《白洋淀》《致生活》三首诗留存。多多曾将岳重的诗品称为“非人的，磅礴的”，将其形象总结为“叼着腐肉在天空炫耀”，其诗被介绍到沙龙后，曾被徐浩渊断言为：“岳重为诗霸，岳重写了诗没有人再可与之匹敌。”[①] 这些说法一方面反映了当时沙龙对于岳重诗的共识；另一方面也反映了其作品的震撼力，岳重的诗也因此被认为“在依群之后开启了白洋淀诗群的现代主义走向”[②]。

（四）《今天》的诞生

随着“文革”结束特别是 1978 年文学内部与外部形势的变化，北岛、芒克等“觉得应该寻求一种更有力的形式表达内心的声音，结论是应该办一份文学刊物”[③]。1978 年 12 月 23 日，由北岛、芒克和黄锐等人主编的《今天》在北京创刊。该刊开始以墙壁粘贴的形式流传，后改成油印本形式出版，至 1980 年被有关部门停刊，前后共出 9 期。《今天》以发表诗歌为主，同时也发表译诗、小说、评论文章。主要撰稿人有北岛、芒克、顾城、江河、舒婷、多多、严力、方含等，基本都属于后来朦胧诗的中坚人物。“文革”期间的白洋淀诗群由此演变为“今天派”，标志着中国新诗正酝酿着一场深刻的革命。在创刊号的《致读者》中，他们曾宣告——

> 历史终于给了我们机会，使我们这代人能够把埋藏在心中十年之久的歌声唱出来，而不致再遭到雷霆的处罚。我们不能再等待了，等待就是倒退，因为历史已经前进了……
>
> “四·五”运动标志着一个新时代的开始。这一时代必须确立每个人生存的意义，并进一步加深人们对自由精神的理解；我们文明古国的现代更新，也必将重新确立中华民族在世界民族中的地位。我们的文学艺术，则必须反映出这一深刻的本质来。

---

① 多多：《被埋葬的中国诗人（1972—1978）》，廖亦武主编《沉沦的圣殿——中国 20 世纪 70 年代地下诗歌遗照》，第 198 页。

② 这一说法见杨健《中国知青文学史》，第 241 页。

③ 唐晓渡：《芒克访谈录》，收入廖亦武主编《沉沦的圣殿——中国 20 世纪 70 年代地下诗歌遗照》，第 342—343 页。

今天，当人们重新抬起眼睛的时候，不再仅仅用一种纵的眼光停留在几千年的文化遗产上，而开始用一种横的眼光来环视周围的地平线了……

我们的今天，植根于过去古老的沃土里，植根于为之而生，为之而死的信念中。过去的已经过去，未来尚且遥远，对于我们这代人来讲，今天，只有今天！

从《致读者》中可以看到，《今天》对于民族命运、个人责任有着强烈的使命感，他们对于传统充满挑战，对把握现在充满信心。这些满怀个性、激情之声的诗作，后经青年们的传播而产生了重要影响。他们的作品在 80 年代初期经历文学界的激烈争论，变成了声势浩大的朦胧诗运动。

值得指出的是，北京的"今天派"也曾受到贵州黄翔等诗人的影响。黄翔（1941— ），生于贵阳。在 60 年代初期至"文革"时期曾与哑默等人形成诗歌沙龙。1978 年 10 月，黄翔等几位贵州诗人抵达北京，在王府井大街张贴诗歌大字报《启蒙：火神交响诗》。之后，在不到半年时间里，他又几次到北京张贴诗歌，产生强烈反响，对"今天派"的出现给予了很大的鼓舞①。黄翔等人诗歌活动的发掘，使"文革"时期地下诗歌和"今天派"出场的历史，更加丰富了。

二 "朦胧诗"的出现及"三个崛起"的论争

1979—1980 年间，《今天》诗人的作品已开始广泛流传，产生了重要的影响。一些正式出版的文学期刊，也开始有选择地刊发他们的作品。1979 年 3 月，由中国作家协会主办的《诗刊》刊发了北岛发表于《今天》创刊号上的《回答》，之后，4 月号又登载了舒婷刊于《今天》的《致橡树》。1979 年 10 月，《星星》复刊号在头条位置，发表顾城的"抒情诗 19 首"，并配有公刘的评论文章《新的课题——从顾城同志的几首诗谈起》。1980 年 4 月，《诗刊》又以"新人新作小

① 洪子诚：《朦胧诗新编》"序"，长江文艺出版社 2004 年版，第 9 页。

辑”的形式，发表多位青年诗人的作品，这使《今天》所引领的新诗潮影响进一步扩大。在此期间，《安徽文学》《芒种》《丑小鸭》《上海文学》《萌芽》《青春》《长江文艺》《福建文学》等文学刊物，也开始陆续发表舒婷、顾城、江河、杨炼等青年诗人的作品。青年诗人的影响不断扩大，由此引发了诗歌界对于这类创作的争论。

最早关于朦胧诗讨论的文章可以从公刘的文章《新的课题——从顾城同志的几首诗谈起》算起。在文章中，“复出”的诗人公刘对顾城的诗歌创作基本上持理解、宽容的态度，但基于业已形成的观念，他又主张：“至于青年们的诗歌创作活动，要真想避免他们走上危险的小路，关键还是在引导。要有选择地发表他们的若干作品，包括有缺陷的作品，并且组织讨论。既要有勇气承认他们有值得我们学习的长处，也要有勇气指出他们的不足和谬误……”① 公刘先生的“防危险、重引导”的话从一开始就意味着有关“朦胧诗”的论争将在不同代际、不同观念的群体中展开。

1980 年，福建的文学刊物《福建文艺》（后改名为《福建文学》）从第 2 期开始，围绕舒婷的创作开辟“新诗创作问题”的专栏，进而展开长达一年之久的“新诗发展道路”的讨论。该讨论邀请了数十位诗论家、诗人参与，随着讨论的深入其涉及的领域也逐渐扩大，并对本时期诗歌产生了一定影响。1980 年 4 月，全国诗歌讨论会在广西南宁召开，会议围绕以北岛、顾城、舒婷等为代表的青年诗人创作展开了激烈的讨论，并将问题集中在青年诗人创作的评价以及新诗的发展道路上。至 5 月 7 日，谢冕在《光明日报》上发表了南宁诗歌讨论会上的发言《在新的崛起面前》。文章以“开始在更广泛的道路上探索——特别是寻求诗适应社会主义现代化生活的适当方式”为依据，将有争议的青年诗人称为“新的探索者”，认为对于这些“古怪”的诗，不要“沉不住气”“急着出来加以‘引导’”，“主张听听、看看、想想，不要急于‘采取行动’”。文章在发表后，引起强烈反响。

① 公刘：《新的课题——从顾城同志的几首诗谈起》，《星星》1979 年复刊号，后为《文艺报》1980 年第 1 期转载。

1980 年 8 月，《诗刊》第 8 期发表了章明的文章《令人气闷的"朦胧"》。文章将"少数作者大概是受了'矫枉必须过正'和某些外国诗歌的影响，有意无意地把诗写得十分晦涩、怪癖，叫人读了几遍也得不到一个明确的印象，似懂非懂，半懂不懂，甚至完全不懂，百思不得一解"的诗歌创作称为"朦胧体"。这一称谓一般被视为"朦胧诗"概念的由来，此后，朦胧诗的提法流行开来并延续至今。历史地看，"朦胧诗"的命名是不科学的，这也是后来很多诗人、研究者质疑的一点：除了从批评文章的角度承认命名本身就带有一种贬义之外，"朦胧诗"的说法及其包括的代表诗人也没有涵盖《今天》诗人及其创作内涵的全部。然而，朦胧诗的提法依然为广大读者所认可，这反映了文学史命名历来具有约定俗成的权利。

继谢冕的《在新的崛起面前》一文之后，1981 年 3 月《诗刊》第 3 期在配发"编者按"的前提下发表了孙绍振的文章《新的美学原则在崛起》。该文在接续谢冕文章提法的基础上指出："与其说是新人的崛起，不如说是一种新的美学原则的崛起。"这种"新的美学原则"在孙绍振看来，是以"崛起的青年对我们传统的美学观念常常表现出一种不驯服的姿态"为标志，具体包括青年诗人"追求生活溶解在心灵中的秘密""艺术中的人性复归""与传统的艺术习惯作斗争"的"艺术革新"等方面的特点。"编者按"在归纳孙文特点的同时则认为："当前正强调文学要为人民服务、为社会主义服务，以及坚持马克思主义美学原则方向时，这篇文章却提出了一些值得探讨的问题。我们希望诗歌的作者、评论作者和诗歌爱好者，在前一阶段讨论的基础上，进一步对此文进行研究、讨论，以明辨理论是非"。孙绍振的文章在发表后遭致多篇文章的批评。至 1983 年，《当代文艺思潮》第 1 期发表了徐敬亚的长文《崛起的诗群——评我国诗歌的现代倾向》①。这篇文章以更为系统、深入和理性的姿态，全面分析了"新诗现代倾向的兴起及背景""新倾向的艺术主张和内容特征""一套新的表现手法正在形成""新诗发展的必然道路""新倾向的发展前景及对诗的断

① 徐敬亚的文章注明初稿时间为"1981 年 1 月"，其初稿文章据说有 4 万余字。

想”共五方面内容，并以“带着强烈现代主义文学特色的新诗潮正式出现在中国诗坛，促进新诗在艺术上迈出了崛起性的一步，从而标志着我国诗歌全面生长的新开始”为开端，直接打出现代主义的旗帜。由于谢冕、孙绍振、徐敬亚三篇文章在题目上的共同之处，后来被人合称为“三次崛起论”或“三个崛起”。三篇文章对于本时期新诗潮的发展起到了巨大的推动作用。当然，它们激进的姿态，新的观念立场，也招来不同方面的批评。除了前面列举的批评文章之外，在1983年精神“清污”运动中，程代熙、郑伯农、柯岩等的文章已经超出了学术讨论的范围，并将“崛起论”的批评上升为政治性批评。其结果是徐敬亚在1984年3月5日《人民日报》上发表文章《时刻牢记社会主义文艺方向——关于〈崛起的诗群〉的自我批评》，公开“检讨”①，才算告一段落。

值得补充的是，在1980—1981年朦胧诗初期的论争中，艾青、臧克家的文章作为朦胧诗的反对一方，无疑是有代表性的。艾青、臧克家在这一时期都写过一系列批评朦胧诗的文章，比如：1981年《河北师院学报》第1期刊登了臧克家的《关于“朦胧诗”》，5月12日上海《文汇报》刊登了艾青的文章《从“朦胧诗”谈起》，等等。这些文章对于朦胧诗都采取了批判的态度，而且，有些措辞是极为激烈的，两位现代著名诗人也因此被视为朦胧诗的压制者。这一看法就相关当事人的回忆来看，或许有些出入。以艾青为例，据艾青的夫人高瑛回忆：北岛在1976年就曾拜访艾青、求教诗歌，两人这样的关系一直从1976年持续到1981年。两人关系的破裂始于1980年7月23日艾青在《诗刊》社举办的“青年诗作者创作学习会”的谈话，在“关于写得难懂的诗”时提到北岛的《生活》，后被黄翔理解为压制青年诗人，并写了《致艾青的公开信》，后几经曲折，才促使艾青写了《从“朦胧诗”谈起》②。由这

---

① 具体经过及内容，可参见洪子诚、程光炜编选《朦胧诗新编·“朦胧诗”纪事》，长江文艺出版社2004年版，第328页。

② 关于艾青的事例，可参见程光炜《艾青传》，北京十月文艺出版社1999年版，第515—520页。此外，还可参考洪子诚、程光炜编选《朦胧诗新编·“朦胧诗”纪事》，长江文艺出版社2004年版，第327页。其中包括黄翔等更为激烈的言辞。

一事例看待艾青对待朦胧诗的态度，双方可能存在措辞上的误解。而这一点，由于艾青的地位和当时朦胧诗处于激烈的论争阶段，可能会更加醒目。不过，就双方对于诗的“懂与不懂”的态度来看，其观念上还是存有差异的。

三 “朦胧诗”历史版图的确立

对于“朦胧诗人”的身份确定问题，同样可以纳入一个“历史的过程”。1985 年初，由老木编选的《新诗潮诗集》上、下两册印行出版，勾勒了“新诗潮”的创作版图。同年底，由阎月君等编选的《朦胧诗选》由沈阳春风文艺出版社出版，上述版本是一次长期积淀过程的“呈现”①。不过，就入选者的内容而言，却仍显一种认知上的差异：《朦胧诗选》中并没有收入诗人多多的作品，同样，对于参与创办《今天》的芒克在编选时收入的作品也并不多。北岛、舒婷、顾城以及江河、杨炼的“位置”已属于“核心诗人”之列，这种局面直到 21 世纪初《朦胧诗选》再版（2002 年）特别是《朦胧诗新编》出版时才得到另一种新的“历史排序”②。

在 80 年代后期到 90 年代很长一段时期内，“五人格局”的“朦胧诗”模式一直是众多文学史、诗歌史著作的基本认定方式③。这一点，一旦对应同一时期特别是后来的“朦胧诗选本”，就会产生相当大的差异。也许，这种“模式”在 80 年代出现并不为过，因为这与历史的清理和历史后的再认识有关。多多在写于 1988 年的文章《被埋葬的中国诗人（1972—1978）》中，曾以“我所经历的一个时代的精

---

① 比如，1982 年辽宁大学中文系就曾编印过由阎月君、梁芸、高岩、顾芳编选的《朦胧诗选》的油印本，这在某种程度上是后来阎月君等编选《朦胧诗选》的雏形，但比较而言，后来的版本，没有属于“九叶诗派”的杜运燮，加入许多年轻的诗人如孙武军、曹安娜等，这表明“朦胧诗”的确认，同样是一个汰变的历史过程。

② 洪子诚、程光炜编选：《朦胧诗新编》，长江文艺出版社 2004 年版。其中，芒克、多多的诗作均有所收入，而且，数量较多。

③ “五人格局”在很大程度上与北京作家出版社 1986 年出版的《五人诗选》有关。《五人诗选》收录了北岛、舒婷、顾城、江河、杨炼的诗，这在很大程度上确证了他们就是“朦胧诗”的“代表诗人”。

英已被埋入历史，倒是一些孱弱者在今日飞上天空。因此，我除了把那个时代叙述出来，别无他法”① 的叙述，拒绝了这种“模式”。多多的叙述使“朦胧诗人”的确定与“地下诗歌”的挖掘保持了一种互动的状态。然而，影响“朦胧诗人”身份确定的因素或许还远不只是这些。

从某种意义上说，“朦胧诗”“五人格局”及其保持的效力是一种“历史的幸运”。这一点，甚至要从“朦胧诗”概念和“今天派”概念这些基本的问题说起。即使单纯分析“朦胧诗”，这一常常被视为从“反向”命名的概念也有本身的指代差异。一个颇为耐人寻味的现象是，在《令人气闷的“朦胧”》一文中，涉及评判的“典型”②，就很少有人将其纳入“朦胧诗”的行列之中。因此，在将“朦胧诗”普遍看成一个青年群落之后，谁的适时而出与“被承认”势必会对这一历史秩序的构造产生不可忽视的影响。而事实上，“朦胧诗”命名是否科学或者使用其他的命名进行替代或许已并不重要，“朦胧诗”从不是一个诗歌流派，而是一个具有阶段性的历史过程，在这一过程中，食指的诗、“白洋淀诗群”、“传统意义”上的“朦胧诗群”以及其他一些相关诗人，正一起构成今天视野中的“朦胧诗”。

“朦胧诗”的历史版图得以“确立”之后，其整体的艺术性也逐渐凸显出来。不过，无论从《今天》还是“朦胧诗”自身的角度，作为一次整体性的描述，“朦胧诗”艺术仍然是一个“历史性”话题。除了源自一个特定时代的历史语境之外，“朦胧诗”艺术还是清理历史和代际传承的结果。显然，“朦胧诗”是一代青年压抑已久后真实的声音，这种与时代“反叛”而构成的诗歌艺术潮流，虽然可以由于其本身的暗示、象征甚或“朦胧”，而成为一种极具现实性的现代性特点，但其意义特别是“异质性”更多是在于对“当代诗歌”艺术传统模式的突破。这种在一定时期内形成的强烈历史冲击，在某种意义

---

① 多多：《被埋葬的中国诗人（1972—1978）》，廖亦武主编《沉沦的圣殿——中国20世纪70年代地下诗歌遗照》，第195页。

② 指《海南情思》尤其是第三首《夜》的作者，即女诗人李小雨。

上只是“自我疏离”之后，进行语言叙述和诗意想象的结果，因此，“朦胧诗”对于当代诗歌进行的艺术性填充，首先就根源于一种“自我的发现”和“自我的承担”。

“朦胧诗”的出现，以一种鲜明的人道主义色彩和人性的回归的方式，将时代意义和精神价值，以“反思历史”和激情崇高的形式表达出来，这一思想内核使其成为新时期以来中国当代文学启蒙主义思潮的重要源头。然而，作为一个历史序列和代际影响在特定语境下产生的意义，“朦胧诗”已在很大程度上超越了艺术的层面，是以，一旦将其纳入艺术的视野中，“朦胧诗”自身存有的“缝隙”与“断层”也就很快显露出来。

四 “朦胧诗”代表诗人的创作

北岛（1949— ），原名赵振开，原籍浙江湖州，生于北京。曾当过建筑工人、编辑。民刊《今天》主要创办人之一。现居海外。曾著有诗集《陌生的海滩》《北岛诗选》《北岛顾城诗选》《太阳城札记》《北岛诗歌集》等。另有小说《波动》，随笔集《失败之书》等。

北岛是朦胧诗论争中最具争议的一位诗人。其写于70、80年代之交的作品，主要表达了一种怀疑和否定的精神，并由此投射出对理想世界的渴望与期待。《回答》以哲理的叙述和悲剧者的抗争精神，在书写

> 卑鄙是卑鄙者的通行证，
> 高尚是高尚者的墓志铭。

之对比强烈的“名句”之后，大声疾呼“我——不——相——信”，其中充满了一位“觉醒者”抗争过程中，内心的剧烈冲突，这种风格在《日子》《宣告》等作品中也同样有所体现；与“觉醒者”形象相呼应的是，北岛诗歌在带有沉重历史反思的色彩之余，往往表达一种对正义的坚守和对苦难的承受，《结局或开始》《一切》等作品，常常以“痛感”的方式，表达一位诗人的良知和内在的精神世界，当然，

其中也不乏流露出浓重的悲观主义情绪。《太阳城札记》最后一首《生活》，由于只有一个字“网”，成为诗歌史上最短的一首诗，但却在冷峻的氛围中呈现出另外一种深刻。

在艺术上，这一时期的北岛诗歌主要体现为以下几点特色：其一是冷峻的风格，这与北岛诗歌的思想性往往超越情感有关，但却无形中加重了诗歌的质感和力度；其二是使用象征、比喻、对比等手法，完成诗歌结构的跳跃与切换。上述特点使北岛的诗歌在一定时期内，常常出现某些“类型化”了的象征性意象。它们不但带有明显的价值判断倾向，也容易在强调对比的过程中显出生硬的痕迹，不过，这并不影响阅读时“冲突”与“力量”的体验。

80 年代初期，北岛的写作由于朦胧诗的论争而出现过中断。因而，再次提笔其风格相对内敛许多，同时，在内容上走向复杂层面也是诗人自我意识的结果。但是，那种历史的意义以及受难者的悲剧情境，仍然是常常萦绕于北岛诗作中的氛围。到 80 年代末期之后，北岛开始旅居国外，这种生活环境的变迁使他作品中人与世界的关系更为复杂，诗艺也变得丰富、成熟许多。去国时期北岛的诗歌首先反映了他对流亡的体认和新生活的适应与调整。《在路上》《乡音》《无题》等属于这一类作品。去国时期的北岛另一重要的心态就是通过品读“失败”而获得诗艺和生命的救赎。《关于永恒》《背景》《边境》《晴空》等，大量涉及“失败”的命题。组诗《白日梦》是北岛至今最长的一部作品，也是最能体现历史和现实在这位诗人身上留下深刻印痕之作。

顾城（1956—1993），生于北京。1969 年随父亲下放山东农村，70 年代中期回到北京。著有诗集《舒婷　顾城抒情诗集》《北岛顾城诗选》《黑眼睛》《顾城诗集》《海篮》《顾城诗全编》，以及小说《英儿》等，1988 年赴新西兰讲学，后隐居激流岛。

顾城很早就表现出诗歌的才能，其诗集收入最早的作品，标明的时间说明当时写作的顾城还不满十岁。由于幼年就亲身经历了社会的急剧动荡，所以，他早期的诗句更多集中在对纷乱社会的反映和自我体验的表达。随着写作的不断推进，顾城的诗歌开始偏重于“感觉”

的表达。闻名的《一代人》，全诗仅有两行，十八个字——

黑夜给了我黑色的眼睛
我却用它寻找光明

但由于构思的精巧而具有凝重的“雕像感”，既包含对特定时代历史的批判，又包含对未来的信心，所以，成为一直各界所称誉并不断援引的作品。顾城诗歌的“感觉”与其善于敏感地捕捉细节、融入个人的生命体验有关。在短诗《远和近》等作品中，“你，/一会看我，/一会看云。//我觉得/你看我时很远/你看云时很近”，所表达远近的感受实际与某种存在感受有关。由于它朦胧地表达了现实世界中人与人之间的“距离感”，而在不同论者眼中成为正反两方评价的争议性作品。

在意象营造上，顾城常常避开习以为常的方式，追求意象的新奇。顾城的许多作品都流露出他对大自然的喜爱，这在很大程度上体现出他对生命的热爱。海洋、蓝色等都是顾城经常使用的意象，但更为重要的是，顾城常常可以在这些意象中提炼奇特的想象，并达到出人意料的艺术效果。进入 80 年代的顾城，还因吟唱“我是一个任性的孩子”的诗句，而拥有“童话诗人”的称誉。“我想画下早晨/画下露水/所能看见的微笑/画下所有最年轻的/没有痛苦的爱情”近乎梦幻的诗句，虽以童话般的纯净世界体现了诗人心目中生命的理想光辉，并冲淡其诗中乃至隐藏在灵魂深处的苦闷，但另一方面，却表明顾城的诗歌开始与现实世界之间呈现一种“疏离关系”，同时，这种“浪漫主义”也往往造成其诗歌在表达“纯净之美”时，带有一种偏执的幻想意识。然而，现实人生范畴毕竟不是诗的世界，所以，顾城的诗在不断营造童话世界的同时，也必然要面对自我与现实世界的紧张关系。因而，诗歌中的幻灭意识、悲剧色彩也开始逐渐加剧。对于 1987 年出国之后的创作，顾城越来越显示出对归宿、命运等问题的难以排解，当然，这一点，也在某种程度上可以归结为儿时形成的“心理”与处理社会实际和生活实际问题之间的矛盾。最终，由于诗人长期与现实隔绝，一味沉浸在自己的主观世界之中，造成精神分裂，1993年，顾城在新西兰激流岛杀害妻子谢烨之后自杀。

舒婷，原名龚佩瑜，1952年生于福建。曾下乡插队，后返城当工人。70年代开始诗歌创作，1979年开始发表诗歌作品。曾先后出版诗集《双桅船》《会唱歌的鸢尾花》《始祖鸟》等，另有《舒婷文集》3卷。

如果说1979年《致橡树》的发表，预示着诗人创作高峰期的到来，那么，在此之前的早期创作阶段中，舒婷笔下的诗歌更多体现的是一种具有浪漫主义色彩的抒情气质，而且，这种带有强烈"主体情怀"的抒情却更多展现了特定时代语境下一代青年的失落、孤寂与歧路彷徨。在舒婷较早的诗作《致大海》中，诗人一方面感叹大海的力量可以埋葬多少"足迹""风帆"；但另一方面，却以对比的方式妄图在美丽的海滨寻找着"初恋并肩的踪影？"以及感慨"冷清"、"死一般严峻"中"多么寂寞我的影"，而由此萌生的理想与现实的矛盾，同样也在诗人常常以对比、质疑甚至直言质问的《珠贝——大海的眼泪》《船》《人心的法则》等作品中予以表达。而《悼——纪念一位被迫害致死的老诗人》则是通过对主人公"你"的书写、礼赞与升华，抒发了一种"理想中的启蒙"——"诗因你崇高的生命而不朽，生命因你不朽的诗而伟大。"

1979年对于舒婷而言，是一个重要的年份。这年4月，《致橡树》在《今天》发表之后，被《诗刊》转载不但标志着舒婷诗歌创作高峰期的到来，而且，也从某个侧面预示了诗人在北京结识其他几位朦胧诗人之后，诗歌艺术风格发生了质的变化。随后，1980年《福建文学》围绕其作品展开长达一年的争论，更是使其作为朦胧诗群之主要代表诗人的地位得以认可。尽管，从"朦胧诗"整体群落上看，舒婷在艺术创新层面上略显不足，不过，这却成就了她拥有更多读者、非议最少，最先得到"主流诗界"承认的事实。

高峰期的舒婷面对当时的社会和诗歌发展的态势，当然愿意直面现实生活，而事实上，《这也是一切》《祖国，我亲爱的祖国》《一代人的呼声》等发表之后也确实得到了读者的激赏，不过，由于作者写作的内部世界和外部世界并不统一，即一方面，现实生活召唤她面向社会；但另一方面个性感情却驱使她要朝向内心世界的事实，却使这种题材式的写作无法成为舒婷的擅长。相对而言，通过细腻的笔触揭示自我的情感体验和动人的心理世界却是舒婷这一时期最为突出的风格特征。《致橡树》《神女峰》《双桅船》《会唱歌的鸢尾花》等出现在这一时期引人瞩目的作品，都无疑是一种带有个人理想主义色彩的情感抒发。其中，《双桅船》在使用一种“互文结构”的基础之上，将“你”与“我”、“帆”与“岸”以“别离—相遇”的方式结合在一起，从而在融入比喻、象征等修辞手段的过程中展现了“朦胧诗”的艺术特征。而从另一个方面上讲，成熟期的舒婷还在向现代主义写作倾向转化的过程中，以独特的女性体验和性别意识为新时期以来女性诗歌的勃兴带来了开启意义。在《致橡树》《神女峰》《惠安女子》《会唱歌的鸢尾花》等可以看作一组序列式的作品中，舒婷对女性意识的张扬是全方位的：这里不但有《致橡树》似的女性人格独立的宣言，而且，也有《神女峰》《惠安女子》似的对女性命运的关切和对传统女性观念的批判；而相比较而言，写于 1981 年秋天的长诗《会唱歌的鸢尾花》无论从抒情主人公的身份转变，还是对个人经验的展现如爱情、事业、欲念以及最终的提升，都说明诗人希望在抒情话语中融入社会性内涵的现实性趋向。当然，就此时的创作看舒婷诗歌的艺术特征，不难发现，接受泰戈尔、何其芳、戴望舒等创作影响的舒婷与现代诗歌史上 30 年代现代派诗歌写作方式较为趋近，而不断在诗歌中化用传统题材中的意象和渗有浓厚的古典诗词之风，更是她诗歌可以易于接近读者的重要原因。

《会唱歌的鸢尾花》完成后，舒婷曾搁笔三年之久，而后的诗歌创作更多的是淡化前期强烈社会性、使命感之后的一种个体人生经验的书写，此时，诗人的感情状态已经趋于平静，而从诗歌的形式上看技巧也更趋向于“现代”和成熟。不过，随着现实生活日趋复杂以及诗人并未较好地处理自我写作上的转接与明显的超越，因而，多次展现旅德场景之后的舒婷创作日益减少，而不断出现的散文创作正是诗人创作的另一种延续和写作趣味的转移。

杨炼和江河是常常被列到一起的“朦胧诗人”，这主要源于他们有某些共同的创作倾向。杨炼（1955— ），生于北京，“文革”后期曾在北京郊区插队。著有诗集《太阳，每天都是新的》《荒魂》《幽居》《杨炼作品：1982—1997》等。是朦胧诗人中善于以“史诗意识”进行创作的诗人。他总是从历史发展和民族文化的角度审视现实，这种独特的抒情方式和感知方式，造就了他作品的雄浑基调和沉郁悲壮的英雄气质。

早在80年代初期，杨炼的作品就逐渐从现实关怀转向对更为深广的民族传统文化和生命意识的“寻觅”。《大雁塔》《诺日朗》《半坡》《敦煌》《与死亡对称》等大型组诗的出现，都体现了杨炼试图从“自然、历史、文化、现实”角度建构现代史诗的渴望。《大雁塔》以“自我物化”的方式，进行了沉重的历史叩问和英雄主题的书写——

我被固定在这里
山峰似的一动不动
墓碑似的一动不动
记录下民族的痛苦和生命

全诗由五个部分构成，其中，“位置”“遥远的童话”“痛苦”“民族的悲剧”“思想者”的排序，就已经体现了作者“驾驭”历史、提升主题的线索；《诺日朗》以九寨沟的一座山峰及瀑布的命名为“原型”。全诗同样是以《日潮》《黄金树》《血祭》《偈子》《午夜的庆典》5个相对独立的片段组成，描述了人类史前生命的萌动和生命的起源，当然，贯穿其中的还有诗人惯有的抒情方式、历史意识以及地域色彩，这种创作主体的独特认知方式，即使在回望新诗的历史时，也会体现为一种空前的盛况，不过，由于作者在许多作品中过分偏重了对文化、历史的反思，因而，常常造成诗作感性意识的减弱。

80年代末期，杨炼开始了“世界性漂流”，足迹遍及欧美各地。这使国内读者对于杨炼90年代之后的创作并不十分了解。90年代末到21世纪初，杨炼的作品集开始在国内出版，主要作品有诗集《大海停止之处》《叙事诗》，散文与文论集《鬼话·智力的空间》《一座向下修建的塔》等。在这些作品中，我们看到“漂流”与“流亡”和“死亡主题”常常联系在一起。这种融合心态和记忆的成分成为杨炼创作中难以释怀的部分，并延续至今。而随着理解的深入，杨炼也借此建立了自己关于“本地中的国际”与“后锋”写作的认同。

江河（1949— ），原名于友泽，生于北京。“文革”时期在插队期间开始写作，曾出版诗集《从这里开始》《太阳和他的反光》等。

江河的作品由于80年代初期的“歇笔”而前后存有差异。初期的作品如《纪念碑》《祖国啊，祖国》《没有写完的诗》等，由于涉及重大主题和现实题材，因而，往往在抒情之余，较为鲜明地体现出作者把握历史、介入社会的创作意图。这些作品往往呈现出较为鲜明的抒情色彩和理想精神，并注重结构的经营和视角的变化、组接，这在一定程度上使江河的作品比“同类型诗人”的作品更容易为人所接受。但江河作品更为引人瞩目的则是另一类关于历史文化主题的作品，其重要代表作是长诗《太阳和他的反光》。全诗以中国古代神话为原型素材，分设十二章。整部长诗以全景式的方位和画面，立体的历史构思，再现了现代人的理性认识以及民族的生命形态和文化精神。与杨炼文化诗不同的是，《太阳和他的反光》期待的是从诗歌材料本身探寻深远的文化内容，因此，在局部叙述上，理念化倾向和往日的激情正被某种平静的气质所取代——

他战累了，躺在旷野休息
秋后的战场并不太冷
他的头葬在山里，鹰毛覆盖
光荣随鹰背苍茫远去

——《刑天》

他已面临黄昏，他的脚印
形同落叶，积满了山道

他如山的一生老树林立
树根、粗藤紧抓住岩石
野花如雨溅在草丛
阳光总是那么平静

——《移山》

从刑天、愚公移山等甚或故事本身进行客观甚至“英雄迟暮”般的叙述，使组诗本身在带有今天色彩的同时，闪现着人性的光辉和自我的理解，当然，这在某种程度上，又使作品没有超出题材及其原型的限制。

杨炼和江河的作品，虽仍常常作为朦胧诗的内容，但他们在作品中体现的文化倾向，却使其很容易和其他朦胧诗人区别开来。因而，从某种意义上，他们的创作可以视为朦胧诗的另一写作浪潮，并直接指向了后来的“文化寻根”运动。

除上述“代表诗人”外，在80年代被视作“朦胧诗人”或者“今天派”作者的，还可以包括严力、梁小斌、林莽等。梁小斌，1955年生于安徽合肥。1979年开始发表诗作，著有诗集《少女军鼓队》等，在80年代初期，曾以《雪白的墙》《中国，我的钥匙丢了》引起人们注意，其主人公总是以一位“少年追寻者”的形象出现，而隐含在作品中的社会历史内容同样体现了特定时代的痕迹。林莽（1949— ），原名张建中，祖籍河北徐水。早年在北京读小学、中学，1969年到白洋淀插队。同年开始诗歌创作，1975年回北京。主要作品有《林莽的诗》《林莽诗选》《记忆：一九八四—二〇一四诗选》《林莽诗画集》《林莽诗画》等。白洋淀插队经历几乎填满了林莽全部的青春记忆。同时也为其日后创作积累了简单而又丰厚的精神资源。林莽曾自言1984年是其诗歌写作自我调整后的新起点①。为了能够全面了解这种有意的调整，我们有必要注意林莽作为诗歌理论家的身份。以一个当代新诗潮见证者和参与者的身份，对短短数年、诗坛便经历几个阶段

① 林莽：《记忆：一九八四—二〇一四诗选》“前言”，作家出版社2015年版，第1页。

进行反思，这种自省意识当然与林莽诗人兼理论家的身份密不可分。但更为可贵的是，林莽同样也对自己的诗歌创作进行了思考。但相对于20 世纪 80 年代喧嚣热闹的诗坛，林莽还是过于沉稳、低调了。这是人们在很长时间内对林莽诗歌认识不足或曰不够全面的重要原因。在林莽同代诗人如北岛、杨炼、多多等 90 年代以后海外诗歌创作不断引起研究者关注、可作为独立的对象或阶段加以研讨的前提下，林莽的诗歌虽由于自身的特质、受众度等原因未能及时拓展出新的生长点，但这种情况在某种程度上只能说我们对其整体创作关注得不够或者说还未找到有效的、合理的命名与角度。

第三章　现代性的延伸与"第三代诗歌"

"第三代诗歌"或曰"新生代诗歌"、"后新诗潮"以及"后朦胧诗"①，作为一个文学史概念，是指于20世纪80年代中期在大陆崛起的一场激进的诗歌运动。对于"文革"之后的中国新诗而言，"第三代诗歌"是继"朦胧诗"之后当代诗歌的又一次"断裂"。在80年代初期完成断裂中跨越的历史使命之后，"朦胧诗"在社会思潮的外部压力和不断被整合于社会政治范畴的过程中，开始逐步落潮；"朦胧诗人"及其写作上的分化、重组乃至历史的瞬间"沉默"，都期待着一场新的诗歌潮流涌入诗坛，只是这次诗歌浪潮似乎过于迅猛，因此，在某种近乎"敞开与遮蔽"的状态之中，"第三代诗歌"包容的错综复杂的阐释空间，比其前代更具诗学层面上的"现代"意义，而其创作演变和艺术影响，直至今日仍在延续。

一　观念的转变与艺术倾向

（一）历史场景与"观念的转换"

"第三代诗歌"从诞生、发展到高潮，充分体现了80年代文化

---

① 值得指出的是，陈旭光在《秩序的生长——"后朦胧诗"文化诗学研究》中，认为"后朦胧诗"因其外延过于宽泛而比"朦胧诗"的概念含混得多。"后朦胧诗"包括很多命名，"但它们有一个共同之处：即它们都是以'朦胧诗'的概念作为对立面的逆向思维活动的产物。顺承这一思路，我们把崛起于80年代中期至90年代中期这十余年来的诗歌统称为'后朦胧诗'"。陕西人民教育出版社2002年版，第5页。上述观点在其具体论述中，可以发现"后朦胧诗"作为一种潮流包括"第三代诗歌"，但其与后现代主义文化之间却存在"无法逾越的话题"。见该书第40页。

氛围的特点。即使从另一流行命名“后朦胧诗”的“后”之前缀进行考察，“第三代诗歌”也明显带有一种认知上的策略，以及妄图在“后”之前缀下，告别以往的写作，进而凸显后现代莅临本土的历史场景（至少可以视为一种后现代的转型）。但“第三代诗歌”或曰“后朦胧诗”与“朦胧诗”在整体上的一致性和延续性，却使其在诗歌艺术上和美学追求上并不具有绝对意义上的分野。从当时具体的语境加以考察，外来文化的刺激以及对“现代主义”和“后现代主义”在认识上的“混同”与“杂糅”，都使“后朦胧诗”从一开始就带有一种“徘徊的状态”。而这一视点，一旦指向更为广阔的历史文化空间，则势必会产生一组对比式的诗歌图景：“朦胧诗”由于过多承载了社会政治意义，最终在审美功用中丧失了自己的言说空间；而“后朦胧诗”则由于较少的历史负担而更具言说上的自由，所以，它可能采取一种延续甚至是激进式的反叛姿态，但源自文化记忆和文化政治上的动力，毕竟无法摆脱特定的历史文化场景，在一面面张扬颠覆与解构姿态的变革旗帜纷纷下坠之后，回归艺术本身和艺术自律式的乌托邦情结，依旧是其难以逾越的界限。

“第三代诗群”普遍接受“朦胧诗”的影响，而后才从“校园”中揭竿而起，以今天的眼光来看已不再是什么新鲜话题。尽管，在“pass 北岛”，“打倒北岛”之后，“第三代诗歌”还有诸多理论主张为自己进行申辩，但“第三代诗歌”不破不立的登场策略显然隐含着某种心态意识[①]，纵然这次登场很快就由于“自我的内耗”而瓦解了内部的元素。自 1986 年 10 月，《深圳青年报》和《诗歌报》联合推出了“中国诗坛 1986 现代诗群体大展”，数十家自称“诗派”的社团及其“刊物”，从自发、自办、自印的方式突围至公开，以大学生为主体的种种先锋诗、实验诗，就成为最可代表这股潮流实绩的创作。显而易见，无论从身份意识，还是心态意识而言，“第三代诗歌”时代

① 唐晓渡：《“朦胧诗”之后：二次变构和“第三代诗”》，《唐晓渡诗学论集》，中国社会科学出版社 2001 年版，第 77 页。

遭遇的“社会—文化境遇”已不同于“朦胧诗”时代①，至于由此引申的“个人化写作”“平民意识”，正在90年代之后中国新诗写作中不断得到印证。

对于将“第三代诗歌”整体看作“后现代性”蔓延的结果，以及由此引发的诗歌审美变革与崇高的解构，必须以历史的眼光加以辨识。“第三代诗歌”流派众多，身份各异，如果仅从与“日常生活”建立有效联系，与抒情气质特别是以往的浪漫主义写作模式保持距离，在诗歌风貌上呈现“反崇高”“反意象”“口语化”倾向的标准而言，那么，以“他们”“非非主义”“莽汉主义”等为主的社团持续展开的诗歌线索，无疑是“第三代诗歌”与“后现代”相通的理论基点；不过，如果将“第三代诗歌”看作“朦胧诗”之后青年先锋诗写作的整体，特别是将“第三代诗歌”看作与“实验诗”“新生代诗”“后朦胧”诗歌相互置换的概念时，那么，“反崇高”“反意象”“口语化”等特征显然不是第三代诗歌的全部。事实上，无论是“第三代诗歌”还是“后朦胧诗”，一直是一个众多流派、社团混合的概念——四川虽然以诗歌大省的身份，出现了“莽汉”和“非非主义”，但以石光华、杨远宏、宋炜、宋渠为等代表的“整体主义”，以及以廖亦武、欧阳江河为代表的“新传统主义”，却在取材和创作方法等方面，更多地接受了杨炼“文化史诗”的影响，从而在创作上呈现了“现代史诗”和“文化诗”的写作路向；除此之外，在“海派文学”的诞生地

---

① 唐晓渡在《“朦胧诗”之后：二次变构和“第三代诗”》一文中曾以图表的形式指出：

	“朦胧诗”	“第三代诗”
社会—文化境遇：	大一统背景下的意识形态对抗；文化关禁下的有限选择；价值的紧张危机；道德的人格化、心灵化。	多元趋势中的意识形态解体；文化开放中的多种选择可能；价值的松散悬浮；道德的商品化、物化。
心态	更多诉诸人道、人性的思辨和抒情力量；追求自由的崇高感；普遍怀疑中的积极维系；反抗异化的悲剧意识。	更多强调个体生命的原生状态；承受自由的失重感；自我中心造成的责任脱节；悬置异化的“中空”意识。

《唐晓渡诗学论集》，中国社会科学出版社2001年版，第77页。

上海，还有“海上诗群”“撒娇派”等诗歌社团①，上述诗歌社团在某种程度仍然继续着现代主义的艺术态度。将浪漫主义精神和某些“古典主义”的纯净气质相结合，这些都使“第三代诗歌”在“后”之前缀的范畴下，反映了“现代观念”的艺术投影。

“第三代诗歌”作为一个整体，由于自身的成分，虽最终呈现为在“现代”与“后现代”之间徘徊的艺术状态，然而，从“超越”的角度审视“第三代诗歌”，却不难在“个人化写作”这一理论视点下，发现“第三代诗歌”某些较为独特的艺术观念。在“第三代”风起云涌的浪潮中，人们大致可以在“pass”和“别了，舒婷北岛”的言论中读出，新一代青年诗人如何无法理解和接受“朦胧诗”的本质精神，以及那种沉重的政治责任感和道德伦理意识。“第三代诗歌”在急于摆脱历史文化记忆和社会政治出现新质的共谋下，从一开始就使其卸下历史的重负，并在激进的姿态中显示了更为自由的言说空间。在他们的诗歌观念中，并非已经彻底解构了乌托邦，只不过，这种乌托邦已从社会历史意义层面滑落到文化、艺术乃至语言上的乌托邦，至于由此透露的诗人心态即为期待回归艺术审美、回归个体的言说方式，以及拒斥诗意的政治承担。

怀着对政治权力失衡的记忆和横加于写作上的权力形式，“第三代诗歌”的超越意识和诗意理想竟然来得如此急切与强烈。以诗人韩东的言论为代表，除了那句著名的“诗到语言为止”妄图通过清除诗歌语言上过量的非本体性沉积而还原生命诉求，与“朦胧诗”形成相应的对立之外，他在《三个世俗的角色之后》中，对于多年来中国诗歌所承担的政治的角色、文化的角色、历史的角色的析分，更是以“去政治化”“去功利主义”的方式，将诗歌引向了个体意义上的诗学本身②。不过，由于韩东的论述乃至包括“第三代诗歌”本身的兴起

---

① 这些当时生活在上海的诗人，包括孟浪、刘漫流、王寅、陆忆敏、陈东东、宋琳、默默、郁郁、张真等；其中许多诗人也在《他们》上发表作品，因而，有时也会被归入“他们”之中。组诗诗社有《海上》《大陆》《撒娇》等，故有上述称呼。

② 如韩东在《三个世俗的角色之后》中，就曾结合北岛的创作这样阐述他对“政治的角色”的理解：“可以说整个诗歌运动都暗含着这样的内容和动机。我们的努力成了一 （转下页）

与运转，都与80年代中期的“叙述转向”、“方法论热”、“文化反思热潮”甚或“后现代主义与现代主义混同”的文化语境密切相关，所以，所谓“第三代诗歌”的走向生活、走向语言以及走向诗歌本身，都以某种紧迫感、混同感的方式表现其个人的理想主义心态。而所谓在1986年“两报大展”中瞬间出现的数百家诗歌流派，同样以“集体退场”的方式成为历史，更说明了激情催生的诗人心态以及裹挟其中的功利意识、历史压抑感，在厚重与沉积方面上竟然如此地匮乏。或许在“第三代诗歌”营造的“理想高于艺术”、“语言、技巧高于内容”的过度表演中，我们所能体味到的除了一种个人化的叙事之外，再有的就是新诗正在一种近乎“眼高手低”的书写中走向了文化的世俗化情境。

（二）观念的述析及历史的呈现

针对“第三代诗歌”宣言的“反叛与挑战”①，或许，只有结合其具体观念才能得到澄清。在历史与现实转换的过程中，任何一种写作姿态都包含着复杂的因素及其理论断层。正如谢冕先生评判“后新诗潮”时指出：“当今诗学最为令人不解的现象是它的不可捉摸的秩序的混乱：一方面，许多有志之士在着力倡导诗的崇高与美，另一方面，一批诗的新生代却确定以非崇高倾向作为追逐的目标；……一方面，人们在惊呼诗对于现实生活的漠不关心的远离，一方面，诗人却对此种惊呼表示冷淡，他们潜入内心的隐秘，对生命的神

（接上页）种政治行为或个人在一个政治化的社会里安身立命的手段。虽然充满风险，我们还是这样做了。在中国，政治上的成功总比艺术上的成功来得容易。这是我们血液里的经验。……诗歌运动的危险隐藏在历史事件中。我们不可能从跌倒的地方爬起来，并借此一跃，除非我们永不跌倒。我们不再相信屈服过的人生。我们要摆脱作为政治动物的悲剧就必须不再企图借此发迹。”见吴思敬编选《磁场与魔方》，北京师范大学出版社1993年版，第202—204页。

① 如由尚仲敏执笔的《大学生诗派宣言》中，有“当朦胧诗以咄咄逼人之势覆盖中国诗坛的时候，捣碎这一切！——这便是它动用的全部手段。它的目的也不过如此：捣碎！打破！砸烂！它绝不负责收拾破裂后的局面。”“它所有的魅力就在于它的粗暴、肤浅和胡说八道。它要反击的是：博学和高深。”“它的艺术主张：a. 反崇高……b. 对语言的再处理——消灭意象！……c. 它无所谓结构，它的总体情绪只有两个字：冷酷！冷得使人浑身发烫！说它是黑色幽默也未尝不可！”见徐敬亚等编《中国现代主义诗群大观1986—1988》，同济大学出版社1988年版，第185—186页。

秘产生兴趣；一方面诗歌在追求语言的高雅乃至生奥，一方面却有意地使诗的语言俚俗化……”① 谢冕对“后朦胧诗”表现的“混乱”与“矛盾”态势的论述，在部分“第三代诗歌”推进者那里同样得到某种回应，比如，徐敬亚在强调“第三代诗人”时，就既有——

> 北岛的“人”和第三代的“凡人”显然大不相同。前者主要是与“英雄”、“卑鄙者”对立的，他要做的是干干净净、坦坦直直的人。而第三代人的“凡人”则并不那么干净，他们也不想成为那么干净。他们崇尚真实，他们首先想活得好一点儿。……他们就是这样地在北岛打倒了“英雄”之后，再一次把北岛打倒，把“人”打倒，把“人”的体面和虚荣打倒。……他们显然把诗也“看透了”。他们将一切都当做偶像打倒（包括自己），然后冷笑着溜走。他们嘲笑时代嘲笑别人也嘲弄自己，他们似乎什么都不是了，他们灵魂里只剩了一缕本能之烟袅袅上升。②

同时，又有“它击碎了中国新诗近 70 年来最具叛逆意识的朦胧诗后，把讨伐的斧子对准了整个现存的诗歌秩序，乃至整个现存的文化秩序”，“这是一个继五四、朦胧诗两大破坏过程的继续，它终于使现代诗与中国语言在总体上达到了同构、一致与溶合，造成了几十年来诗的最舒展时期”的说法。来自诗论家、亲历者兼倡导者的论断，都说明了“第三代诗歌”无法使用同一标准给予衡量。

当然，如果仅就“第三代诗歌”在“后现代性”的“敞开与遮蔽”层次进行理论探讨，那么，选择“第三代诗歌”的“代表流派”展开论述或许不失为一种可行的策略。以常被提到的“他们”为例，韩东们真正的创痛其实是来自某种权力失衡的记忆，这使他们对横加

---

① 谢冕：《美丽的遁逸——论中国后新诗潮》，《文学评论》1988 年第 6 期。

② 徐敬亚：《圭臬之死——朦胧诗后》（上、下），《鸭绿江》1988 年第 7、8 期。

于诗歌之上的任何权力形式都表现得极为敏感与警惕。[①] 由于痛感于以往时代的权力对于诗歌艺术的戕害、歪曲与挤压，包括当时由于“朦胧诗”的遭遇而对于进入体制与历史的“绝望”感受，所以，力求为诗歌争取一方较为宽绰与自由的书写空间，就成为“他们”较为突出的写作倾向。在“他们”与韩东的诗歌观念中，不难看到：一方面是激进的反抗姿态；另一方面则是对诗歌艺术的冷静与自持。在写于 90 年代以后一篇追述“他们”的文章中，韩东曾言：

> 当时在命名问题上普遍存在着耸人听闻的想法，反传统观念是一致倾向，即便这个传统是为了反对的目的而臆造出来的。最后我决定用《他们》作为刊名……这个词透露出那种被隔绝同时又相对自立的情绪也让我喜欢。而且“他们”没有分外的张扬。至今，我仍很满意这个刊名。[②]

这种对艺术变革的手段及其限度保持必要的克制与清醒的反省，在激进的文化语境中明确而实际，这使人们在感受“他们”那些带有消解姿态的作品时（即使是韩东的《有关大雁塔》《你见过大海》），虽可以以“开启后现代”的立场给予命名，却由于将诗人的“个体生命”确立为诗歌的唯一标准之后，而很难以诗歌以外的概念去解释诗歌。在“诗人的语感一定和生命有关，而且全部的存在根据就是生命……所以我们说诗歌是语言的运动，是生命，是个人的灵魂、心灵，是语感，这都是一个意思”[③] 的果敢判断下，韩东的名言“诗到语言为止”，正是以清理语言上过量沉积的政治、文化、历史的踪迹达到生命的还原。因此，在反叛传统和坚守诗艺的双重前提下，以韩东为代

① 比如，韩东在《三个世俗的角色之后》中，就曾认为三个世俗的角色，即“政治的角色、文化的角色、历史的角色”，“就是对肉体的证明，诗歌作为精神的出路却不在此。我们扮演三个或者更多的世俗角色，但诗人却是另一个世俗角色之外的角色”，因此，必须彻底被拆解与抛弃，《百家》1989 年第 4 期。

② 韩东：《“他们”略说》，《诗探索》1994 年第 1 期。

③ 于坚、韩东：《在太原的谈话》，《作家》1988 年第 4 期。

表的“他们”的观念，正以一种现实的可操作性实现了后现代精神与现代性诉求本身的有益的平衡。

与“他们”相比，“非非主义”和“莽汉主义”同样体现了后现代面孔下的现代性“迷踪”。“非非主义”在出场时曾以理论的辉煌让人耳目一新，怀着对“前文化”和恢复人类生存的原初活力的憧憬，“非非”以诗歌语言为中心的理论，使其在“反价值”“反文化”的旗帜下，不自觉地走向了自我找寻和自我批判。在“创造还原”、对语言的“三度处理”和批评方法的“四清除”原则之下，“非非主义”的“面对自身，它不以表现艺术之外的意义为目的，它以自身为目的”[①]，明显带有结构主义和现代心理学的某些观念。而事实上，“前文化”一旦成为一种目的，现实世界的“文化”就必然会在推演和投影中得到延伸。诗歌与诗人当然是一个复杂的集合体，不过，当其一旦被处理为“结构本能”，并在“一度结构的投射到语言为止：诗人却还要以语言为材料，在原构现实之上创造一个新现实——超原构世界。这便是艺术的创造”[②]。那么，这种归纳程式便割舍了艺术创造的多样性和复杂性。所幸的是，周伦佑所坚持认为的“非非”是且仅仅是一场诗歌艺术运动，其主要指向与真正的旨趣所在也确实以诗歌为限，因此，“非非主义”的结果，就成了一场不折不扣的语言乌托邦行为，它的结构性使其很难从“现代”的投影中完全超拔出来。

而“莽汉主义”体现的则是与“非非主义”不同的一种“行为”极致。作为“莽汉”的宣言：“……诗人们唯一关心的是以诗人自身——‘我’为楔子，对世界进行全面地、最直接地介入。”[③]“莽汉主义”的宣言使“莽汉们”成为一种不折不扣的“行为主义诗学”，这使其在“第三代诗歌”中显得特立独行，行为耀眼；由于“莽汉”坚持流浪途中的“莽汉主义”：“‘莽汉主义’幸福地走在流浪的路上，大步走

① 周伦佑、蓝马：《非非主义诗歌方法》，《打开肉体之门——非非主义：从理论到作品》，敦煌文艺出版社 1994 年版，第 319 页。

② 周伦佑：《变构：当代艺术启示录》，《打开肉体之门——非非主义：从理论到作品》，敦煌文艺出版社 1994 年版，第 227 页。

③ 见《现代诗内部交流资料》（民刊）1985 年第 1 期。

在人生旅途的中途，感到路不够走，女人不够用来爱，世界不够我们拿来生活，病不够我们生，伤口不够我们用来痛，伤口当然也不够我们用来笑”，所以，“莽汉主义”“没有时代背景也没有历史意义，英雄好汉也没有背景和意义”①。显然地，“莽汉”的精神是以文化抽象的方式揭示了一种“普遍性”和“广泛性”，“莽汉”将“‘莽汉’一词在实际生活中常被‘莽汉’诗人及另外的朋友们放之四海”，将李白等古代诗人称为“老莽汉”，现实生活中的“张莽汉、王莽汉”“小莽汉”，以及“垮掉一代”的“洋莽汉”，“莽汉主义”均将其视为“同路人”，而从归根结底的角度上说，“莽汉”“要的就是古人那种无法无天、好酒好色的刺鼻味儿和骨子里的幽默态度。‘莽汉主义’可以来自任何时代和任何人类生存的地域，因而它可以走到任何时代和地方②。”“莽汉”的“莽汉式行为”及其“大大咧咧”的态度，必将促使一种“非主体”“反主体”的行为得到展开，同时，他们“诗人们自己感觉‘抛弃了风雅，正逐渐变成一头野家伙’，是‘腰间挂着诗篇的豪猪’”③，也使其很难确立一种“历史的主体”，自然，这种“行为主义”的态度也影响到了他们写作上的“语言的态度”。

（三）后现代面孔下的现代性变革

“第三代诗歌”的“后现代”倾向，以及“提前踏入后现代”的说法④，当然，还可以从其他方面，比如：同一时期的女性诗歌得到印证。但“第三代诗歌”的“后现代”在更多的情况下，却在于一种理论的强加和事后的论证。在激情昂扬的80年代，过度的个体激情以及由此而产生的思维断层、历史缺场的空虚感，都是文化记忆遭遇历史的形式感进而产生“排空意识”的重要前提。对于“第三代诗歌”呈现的所谓“后现代观念”而言，“在中国当代的历史语境之中，一种后现代话语展开的基本困难并非是中国没有一个‘后工业’的物质

---

① 李亚伟：《流浪途中的“莽汉主义”》，《豪猪的诗篇》，花城出版社2006年版，第214页。

② 李亚伟：《英雄与泼皮》，《豪猪的诗篇》，花城出版社2006年版，第228页。

③ 徐敬亚：《圭臬之死——朦胧诗后》（上），《鸭绿江》1988年第7期。

④ 比如，在孔范今主编的《二十世纪中国文学史》下册中，就有“‘新生代诗’：提前踏进‘后现代’”的提法。山东文艺出版社1997年版，第1439—1451页。

基础，而是在于因为缺少一个宽松的意义空间而导致的思想本身的自省维度与回旋余地的匮乏，由此也就导致了思想范式本身得不到历史经验的具体规定而成为一种空洞的悬浮物"[①]。在本书探讨的"第三代诗歌"诗学观念的变革中，"他们""莽汉主义""非非主义"虽然就不同角度，发挥了后现代性的某种可能；但是，这并不能证明"第三代诗歌"本身的全部"后现代"精神，这种往往停留在文化层面上的变革是历史本身的结构性缺陷导致的结果——这使"第三代诗歌"的"后现代性"不能超出文化甚至是诗学话语自身的意义限制，因而，也就很难从根本上触动与改造当时的诗歌观念。

当然，在"第三代诗歌"的发展过程中，一个潜在的事实是，"第三代诗人"群仍然期待在摆脱文化记忆和思想启蒙的范式之外，树立一种自我的理论结构。从"他们"开启的意义和价值，"非非主义"与"莽汉主义"的语言结构和"行为主义"，"后朦胧诗"仍然"结构"着特定历史场景下的"乌托邦"。在超越为旨归的艺术理想下，"第三代诗歌"在"相信写作"和"对语言的怀疑"中，解脱了中国现代诗歌在写作上的绝对价值标准的"束缚"；然而，正如臧棣所言："无论怎样先锋的艺术意识，都不能代替具体的自足的本文操作。后朦胧诗的写作困境之一在于，它自身总是不断陷入一种艺术和艺术品之间的脱节状态。"[②] 如果循此路径看待"后朦胧诗"的形成和发展，那么，"后朦胧诗"必将在"意识、行为、观念"预先于社会文化，批评透支写作以及文化传统对写作潜在制约的前提下，成为一种多重视域下的"写作现象"。

无论怎样，"第三代诗歌"的态势甚至批评的态势毕竟重组和积淀出了一些基本的诗学观念模式，这不但反映出当代文化本身富有的弹性与脆弱的一面，同样，也深刻反映出当代诗学观念本身的演进趋势。除了"消解崇高的零度抒情""反意象化的写作模式""反讽和黑

---

① 张大为：《"现代性"与"后现代性"的错综——论中国当代先锋诗歌观念的演进》，《文艺评论》2006 年第 3 期。

② 臧棣：《后朦胧诗：作为一种写作的诗歌》，《文艺争鸣》1996 年第 1 期。

色幽默的语言狂欢"等，可以成为指涉"第三代诗歌"文本表征的习惯性用语之外，"第三代诗歌"也在丰富诗歌的表现技法，使诗歌成为一种更加切近人生以及切近人的感性生命的艺术形式。从发展的角度来看，"第三代诗歌"创作的方式以及"民间策略"、"民刊策略"等，会在90年代诗歌普遍陷入"冷风景"中，得到重新的阐释和进一步的延伸，而在当时，"第三代诗歌"相对于当代诗歌的裂变却可以使其以凡夫俗子式的叛逆者形象颠覆诗歌语言上的价值及道德判断，此后，写作似乎再也没有什么不可逾越的障碍。

二 "第三代诗人"创作简论

(一)"第三代诗人"版图概述

无论从何种角度，"第三代诗歌"的登场都明显带有"集体造势"的倾向：一方面，"集体出击"使"第三代诗歌"声势浩大，人数众多；但另一方面，"集体"特别是为"集体"而进行的"群像式展览"又难免人员混杂，作品良莠不齐。

随着"朦胧诗"的逐渐退潮，诗坛的写作空间相对开阔起来。这为一批有感于"朦胧诗"壮阔场景的青年一代提供了"机遇"。作为整体上由"高校学生"组成的"诗歌团体"，"第三代诗人"首先受惠于"朦胧诗"的种种经验，汲取长处；但前辈俨然已成"经典化"的姿态和"近距离"，又使他们必须采取超越乃至反抗的策略，因此，从某种意义上说，选择集体登场除了可以明晰一种"代际界限"，更为重要的，其中还隐含着权利意识。

"第三代诗歌"敏感而幸运地登上历史舞台，还与80年代中期前后中国当代社会文化语境的变化有关。在80年代前期种种写作沉重反思历史的意识降低之后，社会生活的主题也逐渐从强烈的历史意识和政治情怀中摆脱出来。着眼于经济发展和对外开放的政策，都使社会文化带有一种强烈的现实性精神。当然，走向"当下""责任感"视点的"下沉"，也往往使生活琐碎和世俗的一面迅速呈现出来。由此考察"第三代诗人"的身份特征，"文革"时期"历史记忆"的相对浅淡，也很难使其保持悲壮而崇高的殉道者情怀。这一点，一旦同各式写作迅速更迭，文学主题终于让位于艺术的趋势结合起来，势必造成一种诗意回归的行为，因此，各式各样明显带有解压甚至无所顾忌的宣言、口号甚至“流派”就竞相散布开来。

“第三代诗歌”登场之际，也是“现代派”不断深化、活跃的阶段。这一时期，对外开放使20世纪西方各流派诗歌逐渐进入本土文化语境之中，“第三代诗歌”站立在“朦胧诗”的起点之上，加之自身的文化程度，可以很快拓展阅读、思考和写作的范围，这不但是前辈诗人无法比拟的，而且，对于后来新诗写作以及艺术上的多元融合，也起到不可忽视的作用。但“第三代诗歌”却不是一蹴而就的，从各地大学生自办诗歌刊物、自印诗集，到选择大规模“哗变”的方式迅速登场，“第三代诗歌”以有别于“朦胧诗”的地域性行为，汇集着自己的力量。但在总体上说，“第三代诗歌”在口号先行的过程中，很长一段时间内还面临着不被接受的状态，但这或许也不失为后来他们渴望登场甚至“暴力登场”的另一潜在原因。

以历史的眼光来看，“第三代诗歌”及其策划者本身都带有鲜明的主体意识和文化权利意识。不过，这种意识在一分为二的审读之后，也不难察觉：它也会对“第三代诗歌”本身带来某种“伤害”。无论是遴选标准的松弛，还是妄图“正名”的心理，都使“第三代诗歌”在“两报大展”出现之时，就呈现出泥沙俱下的状态。当然，如果没有较为全面、细致的文字记载，“第三代”上演的诗歌“战国时代”也很难为人所铭记，尽管，从事后的结果看，“第三代诗歌”的“历史遗失”远比“历史遗留”超出许多。

艺术上超越、反抗和作为史料的记录勾勒出“第三代诗歌”的版图。相对于“朦胧诗”以北方（北京）为主的地域形态，“第三代诗歌”主要集聚在东南沿海地带和西南地带。这一以“南方”为主的地域形态，除了与地域自身对诗歌的影响有关之外，还可能与文化接受和远离政治中心的潜在影响有关。事实上，南方从不缺乏诗歌的文化传统以及新生的土壤，但这种视点的位移在很大程度上与艺术的“还原”和区域的“束缚”有关，而从“第三代诗歌”最终的“诞生地”，比如：所谓“两报”所在区域来看，这种猜测与言说也不是无迹可寻的。

除较为著名的“他们”、“海上诗群”和“撒娇派”，以及“非非”、“莽汉”等四川“第三代诗人群”之外，北京的“圆明园”、“海子现象”以及“女性诗歌”等也同样是“第三代诗歌”版图不可或缺的重要组成部分，而且，这种核心部分的确定，也使“第三代诗歌”在所谓“口语化”“反崇高”“反意象”等“习惯性”感知之外，获得了更为广阔的阐释空间。

（二）“他们”和南京诗人

“他们”是一本民间文学刊物，同时也是以《他们》为阵地的“诗歌群体”①。这一诗歌群体，在80年代中后期到90年代都产生过重要影响。《他们》的前身，按照韩东的说法，可以追溯到1983年韩东“在西安搜集一些诗歌作品编辑成册”而印出的《老家》。1984年末韩东在南京筹办《他们》，直到1985年初出刊。“韩东是这份刊物实际上的主编和‘灵魂’人物，他对诗歌的理解和个人趣味对刊物有很大的影响。”② 对于最后决定用《他们》作为刊名，韩东曾以“比较难于回答”的论调认为：“当时在命名问题上普遍存在着耸人听闻的想法，反传统观念是一致倾向”，但“直觉上的喜爱是肯定的，还有我正在读美国女作家奥茨的同名小说。这个词透露出的那种被隔绝同时又相对自立的情绪也让我喜欢”③。从1985年至1995年，《他们》一共出过9期。主要刊发诗歌，也有小说、评论和画作。主要作者包括韩东、于坚、小海、吕德安、丁当、普珉、小君、于小韦等，先后在上面发表诗作的还包括翟永明、杨克、王寅、陆忆敏、朱朱、张枣、伊沙等诗人。《他们》没有发表过纲领和宣言，其“成员”散布在全国各地，许多在《他们》上面发表的作品及其作者，彼此之间的诗歌旨趣也不尽相同。在发表于1994年的一篇回顾性的文章中，韩东曾总结为：“他们仅是一本刊物，而非任何文学流派或诗歌团体”；“作为

---

① 韩东：《〈他们〉略说》，《诗探索》1994年第1辑。

② 小海、杨克编选：《他们——〈他们〉十年诗歌选1986—1996》“后记”，漓江出版社1998年版，第246页。

③ 韩东：《〈他们〉略说》，《诗探索》1994年第1辑。

限制,《他们》所提供的自由是针对艺术倾向或艺术方式的";"《他们》是面对读者而非艺术史的"以及"《他们》的理论含义"等共四点,而对于最后一点,韩东则更为详细地阐述为——

> a. 回到诗歌本身是《他们》的一致倾向。"形式主义"和"诗到语言为止"是这一主张的不同提法……
>
> b. 回到个人……
>
> c. 回到为自己或为艺术为上帝的写作。这是一种写作态度,有别于写作方式。①

"回到诗歌本身""回到个人"等艺术主张,体现了"他们"在抵制理论干预的同时,强调"个人"与现实世界的联系方式,不过,在某种程度上,这种主张也往往在自视甚高的表达中体现了一种"实践性的理论"。毋庸置疑的,"他们"的写作路向特别是对"语言使用"的重视,在"第三代诗歌"中显得十分突出。这种常常外化为干净、具体语言形态的写作策略,如"日常口语""还原生活本相"等,对于开启"朦胧诗"后中国当代诗歌的"转型",具有不可忽视的推动作用。

韩东,1961 年出生于南京,8 岁时曾随父亲小说家方之"下放"农村。1982 年山东大学哲学系毕业。著有诗集《吉祥的老虎》《爸爸在天上看我》,是"第三代诗歌""他们"的主要代表诗人之一,曾编辑民刊《他们》9 辑。进入 90 年代之后,主要从事小说创作,系"晚生代"小说的代表人物,并发起过"断裂"行为。在 90 年代,出版的小说集包括《西天上》《我们的身体》《我的柏拉图》等。现居南京。

韩东在写作道路上曾受到"朦胧诗"的影响,但很快就以转变风格完成了对前者的"反叛"。作为 80 年代"第三代诗歌"的佼佼者,韩东的《有关大雁塔》《你见过大海》,在某种程度上,已经成为阐述"第三代诗歌"的范本。其中,

① 韩东:《〈他们〉略说》,《诗探索》1994 年第 1 辑。

有关大雁塔
我们又能知道些什么？
我们爬上去
看看四周的风景
然后再下来

——《有关大雁塔》

既可以视为对已有“朦胧诗”作品精神意蕴的“人为解构”，也可以视为对“朦胧诗”艺术手法同时也是“现代诗歌艺术”的一次挑战。这种强调平庸生活和琐碎场景的“日常性”结构方式，汇合“你见过大海”之后“就是这样人人都这样”式的近乎“无聊”的态度，无疑对“朦胧诗”及其之后的诗歌产生了巨大的“冲击”。虽然，对此韩东曾表示出近乎无可奈何的态度①，但从结果上看，似乎也确然代表了韩东写作的某些特质：以解构式的“反写作”，巨大的语言能指膨胀却从不影响诗歌自身的清晰、朴素效果，从日常的生活细节中提取陌生的诗性体验，等等。

90 年代韩东的作品相对于自己其实并不算少，而且，语言也更加简洁，但在更多的时候，却为他的小说创作所湮没。《爸爸在天上看我》集中收录了韩东 90 年代的诗歌。其中，闻名的《甲乙》以近乎“互文”的方式，揭示了一种属于 90 年代日常的生活状态。其叙述的特点不但在很大程度上延续了 80 年代“第三代诗歌”的艺术风格，而且，不时闪现在叙述中的反讽、冷静还明显带有小说写作的痕迹。《爸爸在天上看我》是作者写于 1997 年的一首“回忆之作”，但就其文本效果而言，却侧重自身的感受以及近况自喻——

我因为爱被杀身死，变成了一具行尸走肉

① 比如，韩东曾言：“当年《有关大雁塔》发表以后，我的诗歌写作似乎再无意义。尽管我自认为诗越写越好，别人却不买帐。由此我知道所谓‘代表作’的有力和可怕。”见韩东《我的柏拉图》之“序言”：“我的中篇小说”，陕西师范大学出版社 2000 年版，第 1 页。

再也回不到九五年的夏至了——那充满希望的日子
爸爸，只有你知道，我的希望不过是一场灾难
这会儿我仿佛看见了你的目光，像冻结的雨
爸爸，你在哀悼我吗？

这当然可以视为从属于“温柔的部分”[①]，但“温柔的时代”毕竟“过去了”，同样还有“热情的时代过去了”，在“成熟的人需要平安地生活”的 90 年代，韩东的写作更多体现了一种“陌生人”的视角，而为此进行的“讲述”也同样“平静”。[②]

于坚（1954— ），生于云南昆明。70 年代当过工人，1984 年毕业于云南大学中文系。70 年代开始创作。1984 年与韩东等创办《他们》，系“他们”阵营的主将之一。著有诗集《诗 60 首》《对一只乌鸦的命名》《一枚穿过天空的钉子》《诗歌·便条集》《于坚的诗》等，另有随笔集和诗论集《棕皮手记》等，晚近出版的《于坚集》5 卷，可以看作诗人创作的一次总结。

80 年代的于坚曾以《尚义街六号》以及“作品某号”系列，成为“第三代诗歌”中的代表人物之一。对于自己的诗歌创作，于坚始终保持着独立的意识和极高的理想，当然，这种倾向与诗人对诗歌以及“诗人”本身的认识密不可分[③]。《尚义街六号》等作品的叙述方式，曾产生过“前所未见”的诗歌影响，由此生发的或者说留存给读者的是一种朴素、直接、还原事物本真和生活本来面目的口语写作，而作者却以一个近乎“局外人”的身份，冷静地俯视诗歌之内的语言

---

① 见作者同题诗，写于 1985 年，韩东：《爸爸在天上看我》，河北教育出版社 2002 年版，第 19 页。

② 上述内容包括在韩东 90 年代的两首诗《机场的黑暗》与《讲述》中。

③ 比如，在《于坚的诗》“后记”中，于坚曾写道：“诗是存在之舌，存在之舌缺席的时代是黑暗的时代。诗是无用的，任何企图利用诗歌的时代，我们最终都发现，它正是诗歌的敌人。但如果一个时代将诗人视为多余无用之辈，那么这时代也同样是一个地狱。上帝死了，据说。但我知道诗人活着。作为人类的一员，诗人在我们中间。如果诗人也死了，那才是真正是世界的末日。”人民文学出版社 2000 年版，第 399—400 页；而在《世界在上面诗歌在下面——回答诗人朵渔的 20 个书面问题》的访谈中，于坚则直言：“我的野心就是成为经典”。于坚：《诗集与图像》，青海人民出版社 2003 年版，第 284 页。

场景。

进入90年代之后，于坚的诗歌并未出现明显的“断裂”性趋势，这使他成为“第三代诗人”中很少能保持以往创作风格和创作势头的诗人之一。不过，相比较而言，90年代于坚对日常生活朴素诗意的提炼和语言的驾驭却更趋于自然和成熟。《对一只乌鸦的命名》《一枚穿过天空的钉子》等作品，以

像一位刚刚登基的君王
锋利　辽阔　光芒四射

——《一枚穿过天空的钉子》

的方式，重视语言的张力以及由此可以产生的强烈效果；系列组诗《事件》、长诗《0档案》《飞行》同样是于坚实验的结果。其中，《0档案》是90年代诗歌中受到广泛关注的作品。整首长诗以反思当代人生存处境为线索，辅之以“模仿档案格式”的独特构思和形式，充分展示了长诗对于当代生活的容纳空间和力度。对此，有研究者曾结合“舞台版本”认为：“《0档案》的摹拟性是多层次的”“《0档案》凸显了公共书写/话语的暴力”“它成功地将形式、语言和意义有机地融构结合。《0档案》的寓意是多重的，既是对当代中国特殊生存情境的讽喻，也是对现代人类共同处境同情的理解，更是对诗本质的反思与展示。”[①] 由于《0档案》以“复制”的手法，将个人经历进行“档案”的罗列，它极具后现代的实验形式，必然会在诗歌本体层面上，引起众说纷纭的理解和评价。

相对于以往的诗歌写作，于坚曾提出“诗歌精神的重建”[②]。但作为一种历史性的结果，“重建”是以“拒绝隐喻”的方法进行实践的。“诗不是一种观察生活的方式，它本身就是一种方法”，“并非所谓的

---

① 奚密：《诗与戏剧的互动：于坚〈0档案〉的探微》，《诗探索》1998年第3期。“舞台版本”主要指北京导演牟森将《0档案》改编成舞台剧。

② 主要指于坚文章《诗歌精神的重建——一份提纲》，《于坚集》之“卷5”《拒绝隐喻》，云南人民出版社2004年版。

后现代，我拒绝隐喻的目的是重建语言的游戏规则。只有一种能指的汉语，能够去除对存在的遮蔽”①，“拒绝隐喻”与于坚强调诗回到真实的“日常生活”以及“解放读者”有关，这当然只是一种相对意义上的实践主张，并对诗人日后的诗学主张产生重要影响。不过，结合诗人自身的创作而言，这种写作不妨在挑战“诗歌想象”的前提下，成为丰富诗歌写作、构建诗歌空间的某种可能。

除韩东、于坚外，可以视为“他们”群体并在八九十年代均产生一定影响的诗人，还包括吕德安、小海等。吕德安，1960 年出生。早年毕业于福建工艺美术学校。曾在福建省外文书店工作多年，90 年代初期曾去美国两年，后回国，为自由撰稿人。曾被韩东以“福州的吕德安是一个幸运的诗人没有什么不幸的事情”② 的描述方式而成为“他们”的成员之一。曾先后出版诗集《南方以北》、《纸蛇》（自印）、《另一半生命》（自印）、《顽石》、《适得其所》等。除诗歌外，还从事绘画创作。

吕德安是一个不断追求诗歌变化的诗人，而重视诗歌的叙述和内在的艺术结构则是其诗歌的主要特征。《狐狸中的狐狸》《日出时回家》《裸体》等作品总是以一种对比的结构进行诗歌的叙述。发表于《他们》上的短诗《父亲和我》：

我们刚从屋子里出来
　　所以没有一句要说的话
　　这是长久生活在一起
　　造成的
　　滴水的声音像折下的一支细枝条。

　　像过冬的梅花

---

① 于坚：《拒绝隐喻——一种作为方法的诗歌》，《于坚集》之“卷 5”《拒绝隐喻》，云南人民出版社 2004 年版，第 133 页。

② 韩东：《〈他们〉略说》，《诗探索》1994 年第 1 辑。

父亲的头发已经全白
但这近乎于一种灵魂
会使人不禁肃然起敬。

依然是熟悉的街道
熟悉的人要举手致意
父亲和我都怀着难言的恩情
安详地走着。

以近乎没有修辞的方式，朴素自然的口语，舒缓的节奏，表达隐藏于人类心灵深处的亲情。雨的形象间歇和两代人之间的现实距离，但即使是无话也是由于熟悉而造成的。周遭的环境既有举手致意的熟悉，也在无形中蕴含着深厚的家园意识，而隐含在诗中那种和雨一样忧郁的色彩不但增添了诗的味道，还让人能够在味道之间体会到诗人朴素而圆熟的技巧。

进入 90 年代中期以后，吕德安相继创作了《曼凯托》等长诗作品，并再度在其中展现了关注日常生活，平淡、恬静的艺术风格。随着时间的推移，诗人的语言日渐趋于质朴，但其语言的技巧乃至阅读的魅力却日益加强。《预感》《无题》等作品往往会给人回味良久的感觉；而不为所谓的诗歌潮流所动，并始终坚持诗歌艺术上的探索则正是诗人能够不断保持旺盛创作生命力的重要原因。

小海，原名涂海燕，1965 年生于江苏海安县。毕业于南京大学中文系。1979 年开始写作，在海内外发表诗作千余首。曾和杨克一起编选过“《他们》十年诗歌选”，2003 年以“精选”的方式出版诗集《必须弯腰拔草到午后》，现居苏州。

小海在 80 年代就因为参加“他们”的活动，而很早为读者所熟识，《真实的爱情》《愤怒和怜悯》都是这一时期较具特色的作品。当然，这一时期小海的创作也涉及《村子》这样的题材。进入 90 年代之后，小海主要致力于“村庄和田园”系列诗歌的创作，组诗《田园》《村庄》《北凌河》等，都是小海在 90 年代引人瞩目的作品。对此，小海认为：自己的作品之所以反复出现“村庄与田园”的意象，是由于“这是对八十年代写作的调整，也是一种延续。我的想法是希望诗歌能够与自己的国家和自己所处的时代建立一种对应关系，使自己真正成为这个国家的诗人”①。“北凌河”、“村庄”、“田园”和以故乡“海安”为原型的“意象”，既在某种程度上象征着“宿命与流逝”，也是诗人试图将村庄、祖国、人的命运结合在一起，希望自己能够适应这个时代的结果。这种认知态度，不但体现了诗人的自省意识，也在某种程度上体现了诗人写作上的自觉②。

“他们”80 年代的创作，对于“南京地域”的诗歌起到了十分重要的影响，这种影响持续到 90 年代，便是一些“新”的诗人为人所熟识。21 世纪初，韩东曾以“年度诗丛”的形式编选了“八十年代卷”和“九十年代卷”两种，其中大部分都与“他们”有关，于小韦、朱文、鲁羊、刘立杆、吴晨骏、杜马兰等诗集的出版（其实，在某种意义上，是对过去的一次总结），对于重新认识“他们”的全貌和“诗歌历史”，以及十余年来的南京诗歌起到不容忽视的作用。除上述诗人外，90 年代逐渐为诗坛所瞩目的“南京诗人”还包括朱朱、庞培、叶辉、代薇等。

朱朱（1969— ），江苏扬州人，上海华东政法学院毕业。现为上海三联《书城》杂志批评编辑。曾出版诗集《夏天和其他的季节》《枯草上的盐》等。在早年朱朱的作品例如诗集《夏天和其他的季节》中，不难发现诗人年少时的炫目、夸张的写作风格。不过，这种态势很快为新的诗歌风格所取代。随着《一位中年诗人的画像》完成，诗人正以揭示变换时期诗人贫困的处境以及反叛的情绪，讲述“中年诗人”这一具有公共象征意象的生活经历以及思想认识上的汰变。组诗《枯草上的盐》一共包含五首短诗，其中，“枯草上的盐”的题目主要是来自第一首《厨房之歌》的一节：

---

① 小海：《回答沈方关于诗歌的二十七个问题》，收入小海诗集《必须弯腰拔草到午后》，河北教育出版社 2003 年版，第 285 页。

② 可参见小海《面孔与方式——关于诗歌民族化问题的思考》，《诗探索》2000 年第 1—2 辑。

刮除灶台边的污垢，
盒子被秋天打开的情欲也更亮了，
我们要更镇定地往枯草上撒盐，
将胡椒拌进睡眠。

在这首描写厨房生活的作品中，我们可以看到朱朱正以深入生活的方式观看隐含于琐碎、平庸的日常生活中的亮光。“厨房”虽然平淡无奇，但它既可以使我们远离“街上的救护车”和“山前的陵墓”，也可以“像野鸭梳理自己的羽毛”，而“要更镇定地往枯草上撒盐，将胡椒拌进睡眠。”则充分说明诗人要在滋味贫乏的生活中发现诗歌的味道。在2000年，朱朱还写出了组诗《清河县》，这首由多个片段组成，并具有“改写”倾向的作品同样也产生了一定的影响。

（三）“非非”、“莽汉”以及四川的“第三代诗人”

四川的诗歌写作和诗歌活动，在80年代初期就表现出活跃的态势。进入80年代中期之后，新的诗歌观念和写作方式，逐渐在探索中趋于成熟。除后来普遍引人瞩目的“非非”“莽汉”之外，对于四川“第三代诗歌”而言，还包含其他社团和“主义”。80年代中期前后的“新传统主义”和“整体主义”，在某种程度上可以视为后期“朦胧诗”中文化寻根诗的延伸和变异。“新传统主义”的代表人物主要包括四川的廖亦武和欧阳江河。其主要主张是“追求当代诗歌的历史感”。廖亦武的《大循环》《巨匠》、欧阳江河的《悬棺》等，都与杨炼的作品具有相似的文化结构，但其中也隐含着某种叛逆者的色彩。“整体主义”最早成立在1984年，以四川的石光华、宋炜、宋渠、杨远宏等为主。他们的创作大都以“统一”的方式，试图体现与传统东方文化、艺术精神的气韵相通。石光华的《结束之遁》，宋炜、宋渠兄弟的《大曰是》等，基本都循此路径。在上述作品中，巴蜀的远古习俗、神话传说和自然风貌常常被诗人的创作所重现，这往往使这些作品在体现高远境界的同时，具有地域风俗色彩。

除上述两个“诗歌群体”之外，四川此时活跃的诗人还包括翟永明、萧开愚、柏桦、孙文波、钟鸣、张枣等诗人，他们在这一时期就已经写出了可以代表自己的创作，进入 90 年代之后，其中的许多诗人越来越为诗坛所瞩目，并逐渐成为 90 年代诗歌的中坚力量。

与“新传统主义”和“整体主义”的“文化诗”写作相异的，是“莽汉”和“非非”对文化进行的反叛和颠覆。“非非”是四川“第三代诗歌”中最具影响、持续时间最长的一个“群落”。1986 年 5 月，周伦佑、蓝马、杨黎等编辑印行了名为《非非》的“诗歌交流资料”，介绍他们的诗学理论、代表作品和成员构成。后来，还相继以《非非年鉴》以及其他形式印行了关于“非非主义”的介绍。先后在《非非》上发表作品的，除编选者之外，还有何小竹、尚仲敏、吉木狼格、小安、叶舟等。“非非主义”在出场时曾以理论的辉煌让人耳目一新，其理论主张和诗歌实践的核心，是“前文化”的“还原”，这包括经由“感觉还原”“意识还原”“语言还原”而抵达的“创造还原”，以及对语言的“三度处理”和批评方法的“四清除”。“非非”以诗歌语言为中心理论，并通过“语言诗学”的构建进行文化的超越、批判。其理论作品包括蓝马的《前文化导言》，周伦佑、蓝马的《非非主义诗歌方法》，周伦佑《变构：当代艺术启示录》《反价值》；等等，这些理论倡导及其文本实践，使“非非主义”在 80 年代，带有不折不扣的语言乌托邦色彩。

周伦佑，1952 年生于四川西昌。70 年代初期开始创作。1986 年和蓝马、杨黎共同创办诗歌民刊《非非》，开始受到诗坛注意。此后一直担任《非非》主编，著有诗集《在刀锋上完成的句法转换》《周伦佑诗选》等。周伦佑的理论虽对“非非”的知名起到推动作用，但其中也常常隐含着矛盾之处，这一点，在某种程度上也影响到他个人的创作。《想象大鸟》《自由方块》《头像》《刀锋 20 首》都是特色各异的作品。从总体上看，周伦佑的作品具有强烈的情感意识。进入 90 年代之后，周伦佑曾一度倡导“红色写作”，但此后，基本已停止了写作。

杨黎，1962 年生于成都。1980 年开始写作，诗集《小杨和马丽》可以视为诗人多年写作的一次总结。在“非非”时期，杨黎最著名的作品是《冷风景》（即《街景》），这首献给阿兰罗布 - 格里耶的诗，时间和季节只是为了不动声色地呈现"事物"的原生态，而意义和情感却达到了某种"还原"的程度。这种写作方式还体现在《撒哈拉沙漠上的三张纸牌》《高处》等作品之中。其中，《高处》以我、A 与 B 相互的关系，将一种特殊的生存状态揭示出来：A 与 B 既是若有若无，又是近乎荒诞的，它在近乎无意义的状态中实践了"非非"的"超语义"的表现主张。

"莽汉"诞生地是四川南充。其主要成员李亚伟、万夏、马松都就读在这里的一所大学。从 1984 年起，他们和胡冬等一起，写出了一批"反叛、好斗而又颓废、哀伤的情绪"① 的作品。对于"莽汉"一词的"思想由来"，李亚伟认为："如果说当初'莽汉'们对自身有一个设计和谋划，那就是集英雄和泼皮于一体，集好汉和暴徒于一身"，而"'莽汉'这一概念从一开始就不仅仅是诗歌，它更大的范围应该是行为和生活方式"②。

对于"莽汉"所要"捣乱、破坏乃至炸毁"的各种写作，可以从他们玩世不恭的态度、随意的口语中得到证明。这是"诗人们自己感觉'抛弃了风雅，正逐渐变成一头野家伙'，是'腰间挂着诗篇的豪猪'，认为诗就是'最天才的鬼想象，最武断的认为和最不要脸的夸张'"③ 的结果，而他们的愿望"就是要翻山越岭，用汉字拆掉汉字，要大口大口吃掉喜玛拉雅山"。④

在"莽汉"的写作中，李亚伟的《中文系》曾有广泛的影响。李亚伟，1963 年出生，1982 年开始诗歌创作，现居北京，曾出版诗集《豪猪的诗篇》等。《中文系》是融合现实生活和"中国文学"于一体的创作，其中，大面积引用的效果是造成作品具有强烈反讽效果的因素之一。但这一时期最能体现作者"莽汉"精神的或许是《我是中国》这样以"替换"方式，表达平常、琐碎的诗篇。除李亚伟外，胡冬的长诗《我想乘上一艘慢船到巴黎去》也是"莽汉"的代表性创

---

① 李亚伟：《英雄与泼皮》，《豪猪的诗篇》，花城出版社 2006 年版，第 225 页。
② 李亚伟：《英雄与泼皮》，《豪猪的诗篇》，花城出版社 2006 年版，第 224 页。
③ 见《现代诗内部交流资料》（民刊）1985 年第 1 期。
④ 李亚伟：《流浪途中的"莽汉主义"》，《豪猪的诗篇》，花城出版社 2006 年版，第 219 页。

作。“我想乘上一艘慢船到巴黎去”，去看看凡高、波特莱尔、毕加索，当然不是仅仅要“进一步查清楚他们隐瞒的家庭成分”，其目的是要在“享受巴黎”和购买大批商品之后“衣锦还乡”——

去最好的疗养地享受日光浴蒸气浴
去最好的花店买一大捧郁金香
我要穿上最新式的卡丹时装
然后带着兴奋带着黄种人的英俊面容
坐快班直接回到长江黄河流域
我要拥抱母亲拥抱姐妹拥抱我的好兄弟
这一刻我也没有半点眼泪
骨节相当粗大完整的朋友们
会心地拍拍我的肩头

胡冬在诗中确立的“巴黎形象”，其实仍然是一种“中国形象”，因为在追慕西方的同时，“中国”依然是诗人要回归的中国。

对于“莽汉”的写作，许多论者常将其与美国“垮掉派”的金斯伯格的创作联系在一起，指出他们之间的前后关联。但对此，李亚伟的回答则是“第一次读到‘垮掉一代’作品是在 1985 年夏天”，这使得他们虽对“洋莽汉”的“绝作感慨不已”①，但两者之间的影响关系也就无意中成为一种“契合”。客观地说，“莽汉主义者”是一次行为主义诗者，他们的创作与“嚎叫”不同，但这不影响他们本身是倾慕西方，反“现存文化”的群落。“莽汉主义”存在的时间也很短暂，到 1986 年夏天，作为一个“潮流”的“莽汉”已经宣告解散。

（四）“海上诗群”与上海诗人

于“第三代诗歌”中产生的“海上诗群”从一开始似乎就不是这一诗歌运动的“主流”，这在某种程度上与其“理论宣言”和写作倾

① 李亚伟：《英雄与泼皮》，《豪猪的诗篇》，花城出版社 2006 年版，第 228 页。

向有关。“海上诗群”在充分体现上海文化地域特色的同时，主要显示了关注城市人生活及其精神处境的向度，而从诗艺的角度也鲜明体现了“古典主义”倾向。此时在上海的诗人大致包括孟浪、刘漫流、王寅、陆忆敏、陈东东、默默、郁郁等，他们写作的作品同样被视为“第三代诗歌”的一部分，但却往往不如上述“诗群”那样“外露”。由于当时这些诗人组织的诗社有《海上》《撒娇》等，因而有了“海上诗群”“撒娇派”之名目。当然，最为重要的还是“海上诗群”，同时，这也是最能代表这一时期“上海诗歌”的群体。“海上诗群”在倒置“上海”之后，并未殆尽都市文明带来的一切。从某种意义上说，他们的创作是一种“城市诗”。他们的诗虽也常常有口语、平民化的倾向，但更为重要的却是一种谨慎、优雅的贵族气息，这种气息在 90 年代同一地域写作中仍然占据重要的位置。

孟浪，本名孟俊良，浙江绍兴人，1961 年生于上海。1982 年毕业于上海机械学院（现名为上海理工大学）。曾与徐敬亚、吕贵品合编《中国现代主义诗群大观 1986—1988》，1995 年之后移居美国。出版诗集《本世纪的一个生者》《连朝霞也是陈腐的》《一个孩子在天上》《南京路上，两匹奔马》等。

孟浪的诗简洁凝练，但作为一种内在的气质却很厚重。或许正是有感于“人们互相在失去/手与手的相握才那么频繁。”（《失去》）孟浪才总是带有选择性地“珍惜”那些平常而又有深意的“意象”，并在融入哲学式的冥思的同时，体现某种传统感悟中的荡气回肠。1995 年出国之后，孟浪一直坚持着写作和诗歌的“公益性事务”。而——

把雷声运过来
把雨点运过来
把祖国留在洁白的云端

但祖国仍要在我的怀中
一刻也不离去
像一个孩子

太需要关心

——《怀抱中的祖国》

或许正是这位异乡诗人的心灵表达。

王寅和陆忆敏是一对"夫妻诗人"。王寅1962年生于上海。1984年毕业于上海师范大学中文系。做过教师、编辑、记者，现为某报记者。2005年花城出版社出版的"忍冬花诗丛"将《王寅诗选》列为其中之一，收入其大部分作品。

王寅的诗歌，气质高贵、独特，其写作总是自觉地指向一个特定的区域。从早期的《想起一部捷克电影但想不起片名》到21世纪初的《白色的海洋》，王寅总是用平静的叙述，实践自己自然、飘逸的写作。90年代的王寅虽仍然坚持这种风格，但外在形象上似乎尖锐了一些，批判声音也相应增加。《访问者》《复活的骨头》都使王寅的作品增加了更多"黑暗"的思考。当然，这一点，似乎也与诗人坚持对诗歌的回答，"永无答案"才是"更接近完美的可能"①，显然的，既然"努力探寻的结果"只能是越陷越深、"陶醉其中"，那么，"过程"就远比"答案"更加重要。

陆忆敏，1962年7月生于上海，后毕业于上海师范大学中文系，其作品曾被选入大量诗歌选本。从写作时间上看，陆忆敏无疑属于新时期女性诗歌的"先驱者"，但由于其发表的作品数量少，以及个人的写作风格，所以，陆忆敏的诗歌并没有像其他同期女性诗人那样得到广为流传；而注重作品的精品程度以及精练、节制的风格也使其诗歌往往无法拥有众多的追随者。长期以来，久居上海以及接受地域的影响常常使陆忆敏诗歌中呈现富有上海里弄色彩中的事物，如：阳台、灰尘、花园甚至天气，在诸如《老屋》《你醒在清晨》《街道朝阳的那面》《出梅入夏》《我在街上轻声叫嚷出一个诗句》，以及大量以时间为标题的作品中，陆忆敏总是习惯使用近乎克制但又晶莹剔透的语言、

① 王寅：《复得的诗歌》，《王寅诗选》"诗歌随笔"部分，花城出版社2005年版，第237页。

比例均衡的结构形式，让人感受到一种类似词的长短句式节奏以及自我领受的独特情怀。而在《美国妇女杂志》等作品中，陆忆敏则一边描绘着多姿多彩的画面；一边浸染着女性的悲哀：一群“生动”的女士，竟然在无人领略的过程中成为孤单的流浪者，而隐含在“她们”客观化描述的背后，则是诗人于激愤的诘问中建立女性自我意识的一种渴望。此外，与上述带有鲜明女性意识的作品同期出现的主题还有《死亡是一种球形糖果》《可以死去就死去》《温柔地死在本城》《罐头人》等表现的死亡意识。当然，在陆忆敏的创作当中，古典的情怀以及隐含在生命中的光明意识似乎在她的整体创作中所占的比重更大。

陈东东，1961 年生于上海，1984 年毕业于上海师范大学中文系。80 年代初期开始诗歌创作，曾是诗歌民刊《作品》《倾向》《南方诗志》的主要编者，著有诗集《明净的部分》《海神的一夜》《夏之书·解禁书》等，另出版有随笔集《词的变奏》等。

陈东东的创作从一开始就体现出明净、清澈的气质。早期的创作如《诗篇》《远离》《雨中的马》等，蕴含着古典诗歌的韵致。这些作品大都体现了一种梦幻、追忆和唯美主义的倾向。这一点，在以“海派文学”诞生地为背景的前提下，常常具有较为独特的个性意识。而事实上——

雨中的马也注定要奔出我的记忆
像乐器在手
像木芙蓉开放在温馨的夜望
走廊尽头
我稳坐有如雨下了一天

我稳坐有如花开了一夜
雨中的马。雨中的马也注定要奔出我的记忆
我拿过乐器
顺手奏出了想唱的歌

——《雨中的马》

所包含的“曲调”，也于流畅的音乐性中，将词和结构安排到近乎精到的极致。

由于80年代末期，陈东东在与西川等创办《倾向》的时候，曾经提出过“知识分子精神”，所以，他在90年代也常常被视为这一阵营的重要诗人之一，而且，这种评价或许也并不取决诗人自己的看法。90年代陈东东的创作虽仍然延续了80年代的路径，但更多在写作中趋同一种现实性和时间意识。《病中》、《生活》以及长诗《炼狱故事》等，都是“穿越”现实所得，当然，在某种程度上，它们也可以视为诗人不自觉“反抗”现实的结果。

（五）北大诗歌与“诗人之死”

“第三代诗歌”由于自身的地域性和距离“中心”远近的因素，在南方显得十分活跃。但这并不是说“朦胧诗”退潮之后，北方的诗歌陷入“沉寂”。一般来说，以黑大春、刑天、大仙等为代表的北京“圆明园诗群”也是“第三代诗歌”不可或缺的组成部分。他们的创作以时间追忆和家园意识为特点，这使当时北京已成废墟的皇家园林“圆明园”成为提供现实的“具象”。除此之外，在这一时期，一批有着北大求学经历的年轻诗人，如海子、骆一禾、西川（关于西川的创作，一般都被安置于90年代诗歌创作群体之中，这一点同样也适合于欧阳江河）等，也逐渐登上了诗坛。

海子，原名查海生，1964年生于安徽怀宁县高河查湾。1979年15岁的海子考入北京大学法律系，大学期间开始诗歌创作。1983年毕业之后在中国政法大学哲学教研室任教。1989年3月26日在山海关自杀。去世前，自印诗集多部。去世之后，经友人整理出版诗集《土地》《海子、骆一禾作品集》《海子诗全编》《海子的诗》《海子诗全集》等。

海子去世时，只有25岁。身后留下的作品主要包括三部长诗《土地》、《弥赛亚》、《遗址》和300首抒情诗，此外还有诗剧以及诗学札记等，其中《太阳·七部诗》包括了他的长诗，但并未完成。这使海子的诗歌主要包括抒情短诗和“史诗”、“大诗”两个方面和前后两个阶段。海子早期的名篇《亚洲铜》《阿尔的太阳》从一开始，就体现了海子诗歌的某些特点：抒情性、植根于土地的文化视野、宗教意识、家族意识等[1]，这在某种程度上折射出海子日后写作中的“文化精神取向”。海子的抒情短诗简洁、流畅。少年乡村的经验在某种程度上造就了海子诗中单纯、质朴的世界，它们常常由麦子、村庄、月亮、天空、少女等意象构成，并在延展的过程中，闪现着浪漫的精神和人性的光辉。海子的写作曾被称为“冲击极限”，这种描述还包括“从1986年起”，“他的写作从晚上七时至早七时，如此循环往复。他在写作的速度和压力中创造，也有时是等待创造力爆炸前的纯然的劳动”[2]。海子近乎超负荷的运转必然会使其在投入诗歌世界的过程中，承载巨大的压力，同时，热爱诗人荷尔德林，也并不仅仅让海子懂得“‘安静地’‘神圣地’‘本质地’走来”，还让诗人懂得“诗歌是一场烈火，而不是修辞练习”[3]。因此，在“面朝大海，春暖花开”的“季节”，诗人同样感受的还有——

在春天，野蛮而悲伤的海子
就剩下这一个，最后一个
这是一个黑夜的孩子，沉浸于冬天，倾心死亡
不能自拔，热爱着空虚而寒冷的乡村

——《春天，十个海子》

海子虽然写过不少抒情短诗，但对于“抒情”认识的改变和“伟大的诗歌”的向往，却使海子转向了对“真正史诗”的“考虑”[4]。对于

---

① 关于《亚洲铜》的解析及其思想精神，可参考奚密《海子〈亚洲铜〉探析》，《当代作家评论》1993年第6期。

② 骆一禾：《冲击极限——我心中的海子》，张玞编《骆一禾诗全编》，上海三联书店1997年版，第857页。

③ 海子：《我热爱的诗人——荷尔德林》，西川编《海子诗全集》，作家出版社2009年版，第1072、1071页。

④ 关于这种转变，主要参考了骆一禾的《我考虑真正的史诗》（海子《土地》代序）；以及海子《诗学：一份提纲》中的部分论述，可分别参见张玞编《骆一禾诗全编》和西川编《海子诗全集》。

"真诗""大诗"的创作，海子曾以但丁、歌德、莎士比亚的写作为"构造、造型力"并"身体力行"，"他不辍地研究史诗和文人史诗的各种文体，收集家乡的故事、传说以提炼大诗所需的事件'本事'，他结合了伟大生命的传记及范畴史以为构造因素，锤炼了从谣曲、咒语到箴言、律令的多种诗歌语体的写作经验"①。在这些被合称为《太阳·七部诗》的作品中，海子以"一个中国当代诗人的梦想和愿望"，探求个人的体验与人类文化精神的融合，他希望在自己的诗学中"表达一种隐约的欣喜和预感"，这就是"当代诗学中的元素倾向与艺术家集团行动集体创造的倾向和人类早期的集体回忆或造型相吻合"②。对于这样执着甚至不合时宜的写作，许多诗人、评论者都持一种怀疑、批评的态度，而站立在世纪之交的"历史后"立场上，同样质疑的还有海子的"冲击极限"的激情式写作。

在海子自杀的两个月后，他的挚友骆一禾在未来得及与西川一起将海子的诗稿整理完毕，就因长期积劳成疾而辞世。骆一禾，1961 年生于北京，1979 年进入北京大学中文系，开始写作。毕业后到《十月》杂志任诗歌编辑。去世后，张玞编辑了《骆一禾诗全编》由上海三联书店出版，收入作者的全部短诗、长诗《世界的血》和诗论等。

由于诗歌的"特殊原因"，骆一禾经常会被和海子放在一起研讨，而事实上，两者也确有类似的创作经历。早期的骆一禾也是以抒情诗的方式进行创作，他以青春、生命、爱入诗，但与海子比较，则更显沉静和内敛。后期，骆一禾开始追求诗歌的高远之境，同样十分重视长诗的写作。《世界的血》《大海》是骆一禾精心创作的两部长诗，它们也同样建立在对于世界、人类、生命的思考与把握之上，但由于个性的差异以及意象的选择，骆一禾的长诗往往更能显现抒情长诗平和、舒缓的叙述特点。

---

① 见骆一禾《我考虑真正的史诗》和《冲击极限——我心中的海子》中的相关论述，张玞编《骆一禾诗全编》，上海三联书店 1997 年版。

② 海子：《诗学：一份提纲》，西川编《海子诗全集》，作家出版社 2009 年版，第 1048、1052 页。

骆一禾的诗歌理论也与海子有很大的差异。骆一禾的诗歌主张深刻体现了传统文化的熏陶和“古典”的气质，他的“情感本体论的生命哲学”，是因为“清明地意识到：当我写诗的创造活动淹没了我的时候，我是个艺术家，一旦这个动作停止，我便完全地不是。也就是说，生命是一个大于‘我’的存在，或者说，生命就是这样的生成”①。骆一禾的主张可以使他以克制、平和的方式，看待诗歌和诗人本身，同样也使他可以怀着虔诚的态度进行写作的同时，获取诗歌的力量，“诗歌是这样构成了世界的一种背景的，它作为世界的构成因素而关心着世界、意义和人生”②。因此，骆一禾必将期待以循序渐进的方式，实践诗歌的理想。从这个意义上，与其说骆一禾与海子志同道合，倒不如说两者在共同的诗歌理想中形成了较为完整的互补。

海子、骆一禾特别是前者在90年代来临之前的去世，曾引起强烈的反响。海子身后，他的写作曾在一时被大量复制，这使“麦子”意象成为一种连锁反应。但是，作为一个极为特殊的现象，“诗人之死”却远未停止。进入90年代，“诗人之死”还包括戈麦、顾城、徐迟、昌耀的自杀。戈麦，原名褚福军。1967年生于黑龙江萝北县宝泉农场。1985年考入北京大学中文系，同年开始尝试创作。毕业后曾被分配到《中国文学》杂志社工作。1991年9月24日自沉北京西郊万泉河。去世之后，西渡曾编有《戈麦诗全编》出版。戈麦在短短6年的创作生涯中，留下了大量作品。“诗歌应当是语言的利斧，它能够剖开心灵的冰河。在词与词的交汇、融合、分解、对抗的创造中，一定会显现出犀利夺目的语言之光照亮人的生存。诗歌直接从属于幻想，它能够拓展心灵和生存的空间，能够让不可能的成为可能。”③ 上述短论大致可以视为戈麦的诗歌观念，但忧郁、厌世以及“难以描述的矛盾”，却使戈麦在成为一个“谦逊的暴君”的同时，悲观失望，“末日”“死亡”是戈麦诗歌中反复出现的主题和意象。

---

① 骆一禾：《美神》，张玞编《骆一禾诗全编》，上海三联书店1997年版，第833页。
② 骆一禾：《火光》，张玞编《骆一禾诗全编》，上海三联书店1997年版，第854页。
③ 戈麦：《关于诗歌》，西渡编《戈麦诗全编》，上海三联书店1999年版，第426页。

“连续式”的诗人之死，震动了90年代的诗坛。一时间，人们进行了各式各样的猜测，而研究者也纷纷著文，从各种（理论）角度进行评说。但无论怎样，诗人之死都不是一个“普遍现象”，这使那种妄图将众多诗人的离世纳入一个“框架”内进行研讨的策略，不能产生令人信服的效果。从某种意义上说，诗人之死与写作都源自一种“观念行为”，它往往与诗人的性格、心理、经历有关，在不涉及诗人本身之外以及疾病等因素时，“诗人之死”或许确实是一种“与任何人无关”的取舍。因此，在充分联系“生存道德”“他者关系”的前提下，任何一种盲目赞扬和贬低都不是客观的做法。与此同时，所谓“声名鹊起”“环境变迁”也不足以泯灭生命的痕迹。或许，与其身后聚讼纷纭，不如在生前或至少从写作的角度给予公正的评判。当然，一旦诗人之死“冲破”个人的界限，则需要从另外的层面审视“死亡”及其反应了。

第四章　蔚为大观的西部诗歌现象

西部诗歌，作为一个按照地域划分的诗歌现象，主要包含了中国西北部、西南部广大地域的诗歌创作。西部是一个各民族杂居、具有鲜明地域特色和民族风情的地区。鉴于其地域和历史的原因，自古以来，西部诗歌一直以“边塞文学”的身份，呈现出一种独特的面貌。“边塞”的壮丽风光、奇异的山川景色，不但赋予了诗歌写作苍凉、雄浑甚至神秘的色彩，而且，由于边塞不断的征战以及移民的涌入，也容易让人联想到沙场驰骋、壮怀激烈的英雄情怀。20世纪50年代，随着中华人民共和国的成立，开发、建设西部作为一项极具历史意义的活动拉开了自己的序幕。激情洋溢的建设生活，除了吸引大批建设者从四面八方涌来，还吸引了许多诗人热切的目光。不过，由于特定时代的文化背景，这些诗人的审视目光、抒情方式以及主体身份，都决定了他们的写作与“后来者”之间存在重大的差异。进入新时期之后，曾经于60年代来到西部并长期居住于此的诗人开始崭露头角，成为当时诗坛“朦胧诗”之外一支不可忽视的力量并延续至今。

一　昌耀与青海诗歌

昌耀（1936—2000），本名王昌耀，原籍湖南省桃源县。1950年4月入伍，不久随军北上并于1951年春赴朝鲜作战，1953年因在元山附近负伤离开部队。1955年6月在河北省荣军中学完成高中学业之后报名参加大西北开发，后因诗作《林中试笛》被打成右派，此后仅以

“赎罪者”身份辗转青海西部荒原从事农垦，至 1979 年春落实政策之后始得平反。80 年代中期之后，曾先后出版诗集《昌耀抒情诗集》《命运之书》《昌耀的诗》《昌耀诗文总集》等。

昌耀是一个独具生命魅力并极具艺术创造力的诗人，但由于种种原因，其诗歌价值似乎并未完全得到认知。无论就个人生命历程还是诗歌的精神历程来考察，昌耀的诗歌都与他流放青海的经历有关，在青海从事农垦的沧桑岁月对昌耀的诗歌创作乃至诗人的一生都起到了至关重要的作用①。正如诗人在一篇回忆的文章中写到的那样：“这是一个对于我的生活观念、文学观念发生重大影响的时期。我以肉体与灵魂体验的双重痛苦，感悟了自己的真实处境与生存的意义”②，青海的生活不但影响了昌耀诗歌的主题与意象，而且，也造成了昌耀诗歌冷峻、孤独的质感。

在写于 1957 年的《高车》一诗中，初到青海不久的昌耀，便以不同于时代主流诗歌创作的写作方式，显现了一种从现实场景向历史空间的推移。在短短八行的叙述中，昌耀通过将西北各地那种普遍使用的“大木轮车”，与北方草原上曾经有过的“高车族”部落进行双重叠加的方式，体现了诗人对英雄的一种礼赞。复出之后的昌耀，继续着高原的抒写。完成于 80 年代初期的长诗《慈航》和《雪，土伯特女人和她的男人及三个孩子之歌》，不但融合着诗人的经历，而且，也深刻反映了一位踏荒而来的青年如何找到自己生命与爱情的归依，以及“慈航”中灵魂的“超渡”。在以上创作中，昌耀总是通过人称使用上的对比以及感悟生命后的“时间意识”③，将那个“摘掉荆冠”青年的坎坷经历，融入一个民族的历史与现实之中，他从不对个体的苦难历程进行简单的评判，而是在倾心于爱和生命这些既古老而又新鲜话题的过程中，揭示一种理想的渴求。尽管，上述作品使昌耀迥然

---

① 比如，燎原在《昌耀诗文总集》“代序”《高地上的奴隶与圣者》一文中，就曾以个人生命处境和精神行程的角度来考察，将昌耀的诗歌创作分为四个区段，而这四个区段均与诗人流放青海并最终定居青海有关，见《昌耀诗文总集》“代序”，青海人民出版社 2000 年版，第 3 页。

② 昌耀：《一份“业务自传”》，《诗探索》1997 年第 1 辑。

③ 程波：《试论昌耀诗歌中的“时间意识”》，《诗探索》2000 年第 3—4 辑。

有别于同时期的主流创作，但由于地域的原因，昌耀曾在相当长时间里成为当代诗界的“边缘人”。即使在80—90年代相当长的一段时间里，昌耀的诗也并没有为诗界所认可。自然，他的诗也很少有结集出版的机会。直到1986年，昌耀才由于“机缘”而出版了他“跨度有28年之遥”的第一本诗集《昌耀抒情诗集》，并不久得以增订再版。1994年第二本诗集《命运之书》出版时，昌耀的诗仍然没有为广大读者所“熟识”，不过，幸运的是，始终“不失达观”并将艺术看作“是真诚的事业。我们唯应更真诚一些”[①] 的昌耀，还是由于其诗歌的独特而逐渐为人所熟知。在诗人逝世之后，青海人民出版社于2000年7月出版了《昌耀诗文总集》；2002年，北京人民文学出版社在“蓝星诗库”中出版了《昌耀的诗》，可视为对这位一生孤独、寂寞的诗人的慰藉。

在艺术价值上，昌耀诗歌的独特性，主要体现在远赴边陲之后，本质上的理想主义和英雄情结没有受到当代“主流诗歌”创作的影响与侵袭。由于长期居于“边缘”，理想与现实经历的差距，已经使昌耀的作品带有了某种发自心灵深处的“孤独感”。尽管，昌耀的诗中总是通过怀乡人、朝圣者、东方的勇武者、赶路者等抒情主人公形象，诉说着荒原之上的航程，但高原的“生命体验”，无法从现实中实现的“梦”，以及“人生不解的苦闷”，却常常可以让其在“无话可说激情先于本体早死”（《生命体验》）中体验到无法排解的“孤独”。此外，高原上独特的景观，高原民族的世俗生活，也往往使昌耀的语言带上一种神秘、孤寂、苍凉的色彩，这样，在感伤与孤独，奇特的想象以及语言奇险之余，昌耀的作品总是具有某种原生态性质的生命质感，而这些，也正是他“最恒久的审美愉悦又总是显示为一种悲壮的美感，即便是在以开朗的乐观精神参与创造的作品那里也终难抹尽其乐观的亮色之后透出的对宿命的黯然神伤”，“生命本身原已定义为一

---

① 昌耀：《〈昌耀抒情诗集〉再版后记》，《昌耀诗文总集》，青海人民出版社2000年版，第419页。

种悲剧精神的奋争”[1] 之诗歌观念的集中体现。

90 年代，作为昌耀诗歌创作的最后一个时期，主要体现了诗人对生命本质的一种思索。在经历多年的诗意求索之后，昌耀已经在“怀旧”之中，体验到可以“慨叹”与“自挽”的质素，这使昌耀的作品在更多时候显现出一种彻悟的信息。《20 世纪行将结束》《一十一支红玫瑰》作为昌耀最后阶段的作品，均与宗教和死亡相关，而这一点，在回顾诗人曾经的——

> 是的，也许我会宁静地走向寂灭，
> 如若死亡选择才是我最后可获的慰藉
>
> ——《致修篁》

之后，或许可以想象：只有理解诗人的痛苦与无望的死，才能理解这位纯洁而高尚的诗人。

除昌耀之外，属于青海诗人阵营的还有白渔、马丁、桑格多杰等。白渔（1937—　），原名周问渔，生于四川富颂，1958 年大学毕业之后到青海从事地质工作。50 年代中期开始写作，主要写诗，曾先后出版诗集《帆影》《江河的起点》等。他的诗作多取材于地质题材和游历生活，其中又主要以歌唱青藏高原的壮丽风光以及雪域高原各族人民生活为代表。代表作《长江源的花》《青海湖鸟岛》等，均是以热情的笔调，显现着诗人对祖国这片土地的深情与挚爱。马丁（1959—　），撒拉族，生于青海省循化县，80 年代初期开始发表作品，曾出版诗集《家园的颂词与挽歌》。他的诗作，无论是作为“家园”的“颂歌”，还是作为一曲“挽歌”，都具有浓郁的生活气息，显示着高原雪域的今昔变化，欢乐与忧愁。桑格多杰（1936—　），藏族，生于青海贵德县。60 年代开始发表诗作，主要作品有《敬一杯喜庆的美酒》《喳曲卡的传说》《这边是你的家乡》等。进入 80 年代以后，先后出版诗集《牧笛悠悠》《云界的雨滴》等。其作品主要通过歌咏青

---

① 昌耀：《诗的礼赞》，《昌耀诗文总集》，青海人民出版社 2000 年版，第 392 页。

藏高原特别是藏族同胞的生活，表达对祖国和民族的挚爱，因而，极具民族色彩。

二　新疆的“新边塞诗”

新疆诗歌，特别是80年代初期出现的“新边塞诗”，除了与新疆特有的风光有关，还与一种传统的文化记忆以及读者的认知程度有关。由于在新时期较早为诗坛所认可，“新边塞诗”的称谓不胫而走，使新疆诗歌在当代西部诗歌中，常常显示出一种传统意识和身份意识。当然，这种“身份意识”在详细考察新疆诗人群落的经历之后，似乎会更具一种独特性。自新时期以来，闻名于诗坛的新疆诗人总是与迁徙、流浪的经历有关，而旅人的身份、地域差异的眼光，又往往影响到新疆诗歌自身的艺术特质。这种“写作倾向”，直到今天似乎还在新一代青年诗人身上得到延续。

杨牧（1944—　），原名杨模，生于四川省渠县，50年代末期开始发表作品。60年代自行到新疆寻找职业，并结识诗人艾青，此后20余年时间里一直在新疆生活。“文革”结束之后重新投入创作，并因1979年在《诗刊》上发表大型诗剧《在历史的法庭上》而受到瞩目。1983年主持召开有国内近两百位诗人出席的“绿风诗会”，为西部诗歌的崛起作了舆论和组织上的准备。次年，在新疆石河子创《绿风》诗刊，并出任主编。80年代末期调入四川省作家协会，后任《星星》诗刊主编等职。曾先后出版诗集《野玫瑰》《复活的海》《夕阳和我》《雄风》《边魂》《荒原与剑——杨牧边塞诗集》《杨牧文集》等。

坎坷的人生、旅居新疆的生活无疑为杨牧的创作带来了灵感，同时，也为杨牧的诗歌经常显现的“拓荒者”形象以及大西北的“雄奇”奠定了基础。在“大西北，是雄性的”、“没有柔弱，只有亢奋”（《大西北，是雄性的》）的认知中，西北的风物，如：阳关、玉门关、冰山、大漠、毡帐、断崖等，都被广泛地融入诗人的创作之中。在诗人的细致观察和生活体验中，西北那多姿多彩的自然风光，也正以一种雄浑、豪放的抒情风格得以体现。在《草原》、《火焰山》、《神秘的塔克拉玛干》、《鹰和放鹰的老人》、《东风，南风，向北！向西!》、《游牧者》、《汗血马》以及长诗《边魂》等作品中，诗人总是通过一种理性与情感结合的方式，抒发自己对现实与理想的认识。而由这种“以西北长天为衬景”并逐渐引起诗坛和读者普遍关注的创作，在杨牧充满激情的描述下即为——“人们终于给了一个宽怀大度而又小心翼翼的默许：‘新边塞诗’!”①

然而，值得注意的是，复出之后的杨牧首先是以“青年的形象”“青春的感受”表达“拓荒者”的激情以及对时代的理解的。在写于80 年代初期的《我是青年》《我骄傲，我有辽阔的地平线》《我在处女地上说》等作品中，类似“既然这个特殊的时代/酿成了青年的特殊的概念，/我就要对着蓝天说：我是——青年!”不但成为铭记历史的印记，也成为“走向未来的信念”与承担社会责任的精神“支撑”②。当然，这种明显带有历史记忆的创作，也极易造成在过分强调社会意识的同时而显得艺术表现力不足。整体格调上的理念化特别是倾向于宏大主题与粗犷、雄壮情感的直抒胸臆，不但使杨牧的创作与当时已经出现的“朦胧诗”式的表达明显区别开来，而且，还使杨牧的创作无论就创作理念，还是表达方式，都难以摆脱一种历史的既定模式。到 80 年代末期，随着诗人生活环境的变迁以及创作上逐步转向散文，诗人的写作风格也发生了一定的转变，但无论就叙事长诗、系列组诗，还是诗剧创作来看，杨牧的诗歌创作前后已明显呈现出一种“完整性”，而不断在诗中呈现的边塞意象、社会意识以及叙述上的显露，则是贯穿诗人创作始终的几个重要方面。

周涛（1946— ），祖籍山西，启蒙于北京。少年时代随父母迁入新疆。1969 年毕业于新疆大学中文系，1979 年入伍，开始在军队从事专业文学创作。现为新疆军区创作室主任，少将军衔。曾先后出版诗集《八月的果园》《神山》《野马群》《幻想家病历》《英雄泪》《周

---

① 杨牧：《我们在衔接中开拓上升——新边塞诗抒怀》，［芬兰］奚梅芳编《杨牧文集》“下卷”，重庆出版社 2003 年版，第 769 页。

② 杨牧：《保持一颗赤子之心》，［芬兰］奚梅芳编《杨牧文集》“下卷”，重庆出版社 2003 年版，第 753 页。

涛诗年编》等多部诗集。

作为部队诗人，同时也是新边塞诗的代表诗人之一，周涛的诗总是带有一种强烈的现实使命感。或许正是深刻感受到——

太阳每天都升起
升起在积雪的慕士塔格
然后沉落在死亡之海

——《塔克拉玛干沙漠》

也许没有比这儿更遥远的地方了
我的位置就在这里
这个祖国最边远的角落

——《我的位置在这个边远的角落》

所以，在周涛的诗歌中，总能领略到一种个体命运与时代主题紧密结合的价值观，而这一点，在诗人80年代初期的作品中表现得十分明显。

随着80年代逐渐受到“朦胧诗”潮流的影响，周涛的诗歌开始发生变化。早年大量华美、流畅、充满激情并常常对仗工整的句子开始变得深沉与内敛。大致从1982年的《纵马》《野马群》等作品开始，周涛的诗歌逐渐开始了对诗歌高度、精神气质的追求。系列组诗《神山》、长篇巨制《山岳山岳丛林丛林》，是80年代周涛最为引人瞩目的作品。其中，《神山》以融合埃利蒂斯、聂鲁达、泰戈尔、艾青等中外诗歌大师的诗句为契机，巧妙地将人的尊严、英雄气质和神山的群像、生命的雄奇与生命结合起来，形成一幅力与美的画卷。长诗《山岳山岳丛林丛林》完成于1986年年底，2000多行，是一首对战争、死亡和生命进行沉思的作品，其悲怆的挽歌意识、普世主义情怀以及史诗般的品格和国际性视野，使周涛的创作达到了前所未有的深度与广度。进入90年代之后，周涛的创作兴趣逐渐转向了散文。这一转型在部分研究者和诗人眼中曾被看作诗的延伸和拓展。在这一时期，他仅完成了《项羽》《渔父》两首诗，而于21世纪初出版的《周涛诗年编》可以视为诗人多年来写作的一次完整的总结①。

在艺术上，周涛的诗雄浑、大气，具有较为浓郁的英雄气质和苍凉之美，属于西部独有的神山与圣湖，是其写不尽的艺术之源。在具体的意象使用上，他喜欢以边地的风物、景色入诗。在《伊犁河，我常常怀念你》《伊犁河》《边城》《巩乃斯大草原》《野马群》等作品中，周涛总是通过对边塞风光的亲历和理解，抒发自己的感受，从而开掘生存与发展的生命韧性。这使他的诗在冷峻、悲壮之余，往往呈现出强烈的历史感与纵深感。同时，对诗歌以及语言驾驭上的敏锐感觉，又常常使诗人的写作在视野宏大之余，带有一种独具特色的空灵之感和细节上的生动的韵致。

周涛在写作上的特征，不但使其迥然有别于“第三代诗歌”，同时，也使其与“新边塞诗派”的其他诗人区别开来。多年来，他一直思考现代诗歌的出路并深入实践，这种交织于其创作中的多义性、多层次构成，不但为诗人后来能够较为从容地驾驭日常生活题材，以及种种幽默甚至略带荒诞的叙述出现营造了契机，而且，也在很大程度上，使其创作具有了深入开掘的空间与可能。

章德益（1946— ），生于上海，祖籍浙江吴兴县。1964 年在上海中学毕业之后支边新疆建设兵团。1965 年开始诗歌创作，“文革”中搁笔 7 年，1972 年又开始诗歌创作，至 1978 年以后进入创作高潮期。1980 年调入新疆文联工作，任《新疆文学》诗歌编辑。曾先后出版诗集《大汗歌》（与龙彼德合著）、《绿色的塔里木》、《大漠和我》、《生命》、《西部太阳》、《黑色戈壁石》、《光的赞歌》以及诗歌合集《边塞三人集》等。现已退休回上海老家居住。

和杨牧、周涛相比，章德益“西部诗”在风格雄浑豪放这一点上是相似的，但章德益诗歌的容纳视野却更显开阔：大漠戈壁、黄土生命、西部太阳、西部山脉、高原雪域等，都一一展现在他的笔下；不

---

① 指《周涛诗年编》，解放军出版社 2005 年版。不但以编年的方式将周涛的诗歌汇编到一起，而且，还配有大量的诗人照片与关于边塞风景的照片，因此，可以视为关于诗人创作的一次完整的资料编写。

但如此，章德益在诗歌写作中总是突出“自我”的介入与情感的直接抒发，这往往又使他的诗歌在构思与叙述的过程中带有一种个性浪漫主义色彩。他总是通过使用诸如《我与大漠的形象》《我应该是一角大西北的土地》《地球赐给我一角荒原》《我自豪，我是开荒者的子孙》《人生，需要这么一个空间》《我神往的地平线》的题目，将“自我”以及对诗艺的认识与西部的景物结合在一起，进而表现一种积极乐观、奋发向上的精神。于是，西部的风物在他的笔下也就有了主观的人性化色彩。比如，在《我与大漠的形象》中，诗人就曾以“大漠有了几分像我”的书写，写出“大漠与我”之间，在“在各自的设计中/塑造着对方的形象”。当然，在明确章德益的诗歌精神与80年代那种昂扬、乐观的情绪一致的同时，必须指出的是，诗人对现实生活的清醒认识以及寄予的思考。在《大西北，金色的史话》中，诗人的“大西北/你决不只是一个地理名词/你是历史与现实的象征/你是人类不断远征的最高启示”，正是诗人自觉正视现实之后的结果。不过，由于这种理性化的思考易于同章德益诗歌中壮丽、雄浑的诗歌意象特别是极度宣泄的浪漫激情产生“张力”，因而，进入80年代后期，章德益的诗歌创作明显从对大自然外部描写的感受抒发中，转向对人生哲理的思考以及自然奥秘的探求。这不但使诗人的艺术表现发生了变化，而且，也使其诗歌风格转向了内敛、沉思和某种自信与幽默。

李瑜（1946— ），生于重庆，长于武汉，1964年赴新疆支边，从此长期生活在新疆。1972年以一首呼唤黎明的小诗《开镰歌》走上诗坛。曾先后出版诗集《准噶尔诗草》《啊，伊犁河水漂白了我的军衣》《战争与城》《汗血马》《为了爱情，巴格达不嫌远》《黑罂粟·上卷》《黑罂粟·下卷》等。

李瑜诗歌创作与其独特的经历有关，李瑜曾自言“浪迹了大半个中国，一生大部分光阴是在天山北麓的风雪和浓荫中度过的”，“爱与死的永恒主题，和他结下了不解之缘”①。而在评论者眼中，李瑜的经

① 李瑜：《黑罂粟·上卷》的“扉页·作者小传”，新疆大学出版社1998年版。

历则是"后来，他又意外地生活在被现代文明腌制过的城市。置身于这样一个高度工业化、生活的角落无不充斥着现代信息的城市，他似乎更能切身地体验到新旧文化撞击所带来的寂寞"，这种由"精神主体，同时与新旧两种文化隔膜着，惶惶然无所皈依"的"寂寞心态"①，自然对李瑜的创作产生了重大的影响。

早期，李瑜也曾经写过与支边经历相关的"垦荒诗""开拓者之歌"，这一点，在他早期的诗集《准噶尔诗草》《啊，伊犁河水漂白了我的军衣》中有所体现。但很快，呈现于李瑜诗歌中的现实性，就为他寂寞心态以及生命式的歌唱所融入。《战争与城》《汗血马》的从西部原始生命感中出发，关注战争与历史；《为了爱情，巴格达不嫌远》以"长长的炼狱"方式构筑起的"爱的王国"，都使李瑜的创作有着不同于其他"西部诗人"的婉转淡雅。在诸如组诗《汗血马》（4首）、《战争与城》的系列作品中，无论是表现"战地风景"，还是呈现历史的传奇，李瑜总是以含蓄而宁静的叙述方式，表达最纯真的美和善良，而在《黑戈壁有暴风雪》等爱情作品中，李瑜更是常常以回避激烈情绪的方式，书写着一曲曲情感之歌。

《黑罂粟·上卷》与《黑罂粟·下卷》，可以视为诗人创作生涯的总结性之作，同时，也是最能表现诗人创作主体倾向的作品。在这两部诗集中，作者以吟唱西部风情的"行吟诗"的方式，"对于新疆大地以地理方位为框架，从历史、人文、民俗、风景和个人经历与社会事件等多向方位"上，进行了"一次全景式的诗歌扫描"②。其中，"上卷"主要集中于北疆的地域风情与牧歌情调的抒写，而"下卷"则转向了南疆的历史寻踪和今昔之变。这种在题材内容上与地域文化和自然风光切近，但在风格上却常常出人意表的写作，在某种意义上说，是诗人有意回避现实矛盾的心态呈现，而它出现在90年代的诗歌写作之中，必然会以其独特性而具有不容忽视的意义。

---

① 张小平：《寂寞心态：李瑜诗歌的印象世界》，《黑罂粟·下卷》"代序"，新疆大学出版社1998年版，第8页。

② 燎原：《黑罂粟·上卷》"序"，新疆大学出版社1998年版，第10页。

曲近（1958— ），原名付学乾，河南内乡人，长于新疆。80 年代初期开始诗歌创作，曾先后出版诗集《敲响手鼓》《与鹤同舞》《精神苦胆》等。曲近的作品主要集中在表现西部风情和传统文化阐释两个主要方面，其中，后者更为引人瞩目。《敲响手鼓》之《回声》辑，全是“古”字系列的作品，其中《古歌》《古寺》《古道》《古宅》《古韵》等作品，都是以现代精神审视历史，在历史和现实之间抒发诗人的议论和感受，具有较为鲜明的社会意识。《与鹤同舞》是曲近 20 世纪末出版的一本诗集，其中许多作品的主体倾向虽没有改变，但视野无疑却扩大了许多。在“绍兴老酒”“断桥”“悬棺”“十面埋伏”等意象之中，曲近总是透过更为广阔的意象抒发“圣土之忧”，即使在描述西部风情的作品中，诗人也更多集中于爱、美式的浓郁的牧歌情调，显然，这种创作反映了诗人在写作风格上的一种转变。

三　陕甘板块

“陕甘板块”或曰“陕甘诗人群”，虽因地域因素可以具体划分为两个群落，但是，两者还是具有共同之处。陕甘两省在地域上彼此相连以及历史文化的原因，常常会因黄河以及黄土地而气息相通，这一点，体现在两者可以在较为独特的地域文化特别是“乡土诗”上找到一种共性。当然，对于甘肃诗歌而言，其边塞的历史传统以及浓郁的“敦煌风格”①，往往使其作品在某种程度上与新疆的诗歌创作有相近之处；而陕西诗歌则常常体现为一种来自黄土地的色彩和民歌风格。

（一）甘肃诗人群

“甘肃诗人群”可以包括林染、李老乡、何来、姚学礼以及叶舟、阳飏、高凯、古马、娜夜、牛庆国等年青一代。

林染（1947— ），生于河南汝南，童年在河南的平原小村度过。“文革”中支边到河西走廊西端军垦农场，曾在黑戈壁上生活了十二

---

① 比如，何休在其著作《从西部诗坛刮起的绿色风暴——中国西部诗群大观》中，就曾以奇异的“敦煌派”来命名当代甘肃诗歌，这种以地域文化来命名一个地区诗歌的论断，尽管需要检验，但并不失为一种理论方法，中国文史出版社 2004 年版，第 142—143 页。

年。后调至甘肃酒泉《阳关》文学杂志社任诗歌编辑，有诗集《敦煌的月光》《林染抒情诗选》《相思路》，以及儿童诗《国花国树歌谣》《漂流瓶》等多部。

作为一位常年生活在西部的诗人，林染的创作虽同样是以西部的生活与风物为写作主题，但其写作的视野却偏重于对西部人文景观和新生活图景的展示。他总是力图以一种“高视点、广角度”的写作方式，审视大西北的历史、现实和未来，从而在“探求‘西部诗’特殊的审美情调和时代氛围”① 中，“透视东方民族的文化心理和现代意识”②。在《哦！我的戈壁》《白雪的祁连山还在呼唤》《在古尔班通古特大漠彼岸》等作品中，林染总是以赋予胡杨树、骆驼刺、瀚海戈壁、枣红马等普通意象以象征意义的方式，显示西部世界的瑰丽多奇。与此同时，在具体的行文中，林染常常将强烈的情感和自我体验融入写作之中，这种质朴真率、浓郁深沉的风格，使林染的诗作具有一种独特的审美情调。

当然，更为重要的是，林染还在《敦煌的月光》《敦煌飞天歌》《开凿敦煌第 493 号洞窟》等系列奇幻、多彩的作品中，寄托了对开发西部、复兴民族文化的崇高理想。在《敦煌飞天歌》中，诗人曾借助传说中“飞天”的形象，满怀激情地礼赞“沙漠的女儿”，这种乐观、浪漫的写作，不但具有社会现实性，而且，还蕴含着诗人对未来的深切渴望。除上述作品之外，系列组诗《在东方沙漠里》《塔里木河的波涛》等，均是充分体现诗人写作风格，并产生重大影响的作品。进入 80 年代后期，随着社会发生巨大的文化转型，林染以转向散文写作和考古学研究的方式结束了他的诗歌创作。这使他的诗歌创作在整体上基本保持了前后统一的格调，并进而成为研讨西部诗歌的一个典型。

何来（1939— ），生于甘肃定西。少年时代就对文学产生了浓

① 何休：《从西部诗坛刮起的绿色风暴——中国西部诗群大观》，中国文史出版社 2004 年版，第 143 页。

② 栖风：《喷薄在东方沙漠的壮丽思情——林染简论》，《绿风》诗刊社编《西部诗人十五家》，1987 年。

厚的兴趣。1959年考入西北师范大学中文系，大学期间以发表《烽火台抒情》《我的大学》等诗作而闻名。80年代中期调至甘肃省文联工作，曾任职于《飞天》杂志。

何来很早就在诗坛崭露头角，但其创作的旺盛期却在进入80年代以后。在这一时期，诗人先后出版了《断山口》《爱的磔刑》《卜者》《热雨》《侏儒酒吧》《何来诗选》等诗集，展示了一个归来诗者的强大创作能力。《边关，震颤的古钟》以边地的风物，追忆往昔，将古钟飘荡的巨响与历史的深邃和精神的内蕴结合在一起，显示了诗人对一种雄壮悲凉的追求。《先驱者最后的信息》借美国“先驱者10号”飞离太阳系的事实，以第一人称的口吻与地球对话，不但充分展现了诗人的想象力和艺术才华，更为重要的是向宇宙宣告了人类的精神追求和人类自身的价值。《爱的磔刑》是何来80年代最重要的长诗作品，在这部历时两年的作品中，诗人把俄罗斯诗人阿赫玛托娃作为一个交谈者，叙述着“无告的心曲”和“究竟是什么在锯着我们的灵魂……”的独特感受。在《一个迷乱的暮春在断裂的悬崖上》《被果实压断的枝干关于祖国的话题》《在普希金开始流放的地方挖掘我们不朽的部分》等系列篇幅中，阿赫玛托娃和何来共同经历的灾难岁月中的风云变幻和人生世相的斑驳陆离正是他们痛苦、迷茫但却可以进行心灵沟通的重要原因。然而，对于过去的坎坷旅程，诗人在回望中虽然带有几多惆怅和辛酸，但超越一切苦难之后，诗人正以俯视的眼光看待包括自己在内的一切生命，因而，《爱的磔刑》就在沟通阿赫玛托娃、夸父、普罗米修斯等历史人物的同时，以受难灵魂自我剖析的方式，沟通了整个人类的情感，自然，它作为悲剧文学给读者的震撼力是非常强大的。

进入90年代之后，诗人的写作风格开始向多元化的方向发展，或沉郁回荡，或超脱诙谐，甚或带有荒诞意味的创作，使其诗歌始终保持着鲜明的时代特征与独特的艺术个性。长诗《侏儒酒吧》将被物欲扭曲的人性，被廉价出售的人的尊严甚至还有为吸引顾客而频繁彰显的生理缺陷一一展现出来。从而以直接面对商品时代人们精神与心理上的荒芜，显示了诗歌惊人的力度和诗人对人类内心世界和现实生活的双重关注。此外，在 90 年代，何来较为重要的作品还有无题长诗《未彻之悟》，主要是借助诗歌方式感悟诗歌自身，以及试图由此探索人生与诗歌之间的奥秘。

李老乡（1943—2017），有时也作老乡，本名李学艺，河南省伊川县人。1965 年开始诗歌创作，曾先后著有诗集《春魂》《老乡诗选》《野诗》《野诗全集》。长期担任《飞天》文学杂志社诗歌编辑、编审等职。

作为在 80 年代初，倡导“西部诗”的发起者之一，李老乡的“西部”诗歌作品除了展现了西部的地域色彩之外，更为重要的，是在诗歌中融入强烈的个人体验与生命意识。《废墟上的石柱》是对独立者力量的一种刻画；《光芒中的渴望者》则在跋涉于沙漠烈日“光芒中的渴望者”身上寻找着生的象征；而在《西照》《背起身影的人》等作品当中，诗人更是以他惯常喜爱的“天空”“鹰”的意象，将诗人自己的理想、信念，如“想必仍在扼守诗的残局”“叹夕阳未能照我异峰突起”等，融入诗歌作品之中。

但老乡在创作上为人瞩目的更在于他的“野诗”以及由此而产生的“野诗体”。在《野诗》中，诗人曾经写道：“老乡的野诗没有节奏/跟随太阳的哥儿/四处流浪/常在落日的地方借宿/常能分享大千世界/那种悠悠的苍茫//当暮霭里出动的长城/成了我的诗里/最为冗长的句子/一行读不断的绝句/竟使我苍凉的双肩/从此耸起了悲壮”。的确，老乡的“野诗”首先就在于它具有“西部诗”的苍茫与悲壮；但“野诗”之“野”更在于其语言的独特性以及由此而生的“野气十足”和幽默诙谐。《语言响马》以短短 10 行诗，将一个穿越历史、幽默大气的“不是元帅只是末将”的“语言响马”刻画得淋漓尽致；而在《天伦》中，诗人则以一种饱经生活沧桑的夸张描写，书写出现代社会中的平凡人性。此外，在“野诗”中还有占重大比例的大胆而直接的情诗。在《猎爱》《嘎吱嘎吱的红靴子》《癫狂》《黑妻，红灯笼》等作品中，诗人那质朴、大胆甚至是粗野的情感抒发，不但没有降低诗歌的品位，相反是以出人意表的效果提高了作品的阅读旨趣。

从诗艺的角度上看，老乡的“野诗体”非常注意诗意化的经营策略。《闪电中的花园》《篝火的动感》等作品无论从语言，还是结构角度上，都体现了诗人的锤炼功夫。而在《雅极》《疏影》《白马与棹剑》《不曾论剑》《净界》等作品之中，剑、梅花、白马以及侠士的豪情等属于另一世界的意象，频频出现于诗人的作品世界之中，这充分表明诗人对传统诗学的理解以及传统题材的驾驭，其哲理禅意的表达能力也由此可见一斑。

姚学礼（1948— ），生于甘肃平凉，自学成才。其创作颇丰，有诗集《泾河龙》《姚学礼海外诗选》《色卦》《柔土》《水篮》《广成子传》《中国古二月》《山气》等多部，另有诗论集《姚学礼文论集》《隔岸观潮——姚学礼海外文论集》等。现居平凉，是西部诗人中有一定国际影响的诗人。

综观姚学礼的诗歌创作，主要集中在“乡土诗”和“旧题新作”的“文化诗”这两个方面。姚学礼长期植根于陇东乡土，这在他写于六七十年代的《兰花花》《大西北》等作品中就已然得到了明显的体现。进入新时期以来，姚学礼一度致力于“新乡土诗”的理论倡导与创作，其描写陇东风情、人物的创作，如《这陇东的故事》《庄稼人坐在尘土里》《平凉》《那年陇东》《西风那个吹》《姚学礼》等作品，常常以客观冷静的叙述，将作者的主观情感蕴涵其中；然而，这种带有调侃并不失幽默的作品，是为了展现一幅幅真实的农村生活图景，以及社会变化给农村带来的种种际遇。

当然，更能体现诗人传统文化底蕴并为诗人带来国际声誉的却是那些翻作旧题的“文化诗”。自1990年在国外出版了第一部“古情诗”集《色卦》[①]，姚学礼又先后以“古情诗《色卦》阳本”、“古情诗《色卦》阴本”的方式出版了《柔土》《水篮》，而后，姚学礼又有《广成子传》等作品问世，这些作品特别是《色卦》系列不但为诗人赢得了“新花间”的称号，同时，也构成了姚学礼的“文化诗”系列，它们大都取材于中国传统文化中的人物形象特别是女性人物，而寄寓其中的不仅包括作者对东方古典美的追求，还包括作者对文化的

① 姚学礼：《色卦》，新加坡赤道风出版社1990年版。

感悟与沉思。结合上述创作，可以看出：姚学礼善于将乡土文化意识和现代精神融为一体，展开丰富的想象力，将个人的情感涵盖于“历史文化”和乡土农村之中，从而显现出真实的心灵悸动和人文关怀，自然，这种探索也必将会呈现一片新奇而独特的艺术世界。

（二）陕西诗人群

梅绍静（1948— ），女，原籍重庆。1969 年作为知青从北京到陕北延安农村插队落户，在延安生活了 15 年。1971 年发表处女作。1990 年调入《诗刊》编辑部任诗歌编辑，曾先后出版诗集《唢呐声声》《她就是那个梅》《女娲的天空》《莫望落叶风天》等多部。

虽然梅绍静生活几经辗转，并最终离开了陕北，但她的生活与创作的根基却始终围绕在那片土地上。陕北的人物风情和艰难的岁月，无疑带给诗人最初的创作灵感。她总是不自觉地把自己的情感，融入雄浑的“黄土地”，并在关注农民命运的过程中，揭示一种本色的人性美。在那些曾为诗人带来声誉的作品，如《我的心儿在高原》《唢呐声声》《她就是那个梅》《日子是什么》等系列诗作当中，梅绍静总是以“乡土”的视角，展现一段人们无法忘怀的历史。其中，《唢呐声声》是以倾听“唢呐声声”而完成的一曲朴素的“招黄土地之魂”的作品；《她就是那个梅》是献给陕北母亲的一曲深情的颂歌，但与同类题材作品，如艾青的《大堰河，我的保姆》、叶延滨《干妈》不同的是，《她就是那个梅》通过急促又不失亲切的对话，揭示了一段不寻常的命运以及泥土般质朴的母爱，整首作品语言调皮、灵活，洋溢着一种博大、祥和的气氛，让人在阅读之后充满温暖与感激之情。

由于梅绍静常年居住陕北，其创作能够在语言和形式上自觉融入民歌体和泥土气息。她的诗，情绪热烈，曲调纯真又略带悲凉，有浓郁的陕北民歌风味。《日子是什么》明显借助信天游的形式，三言两语就勾勒出农村的生活图景和真情实感。这种情绪饱满、诗意浓烈的写作，在对陕北农民生存状态进行淋漓尽致表达的同时，使诗人在 80 年代中期成为“新时期乡土诗”的重要诗人之一。不过，随着当代诗歌潮流整体的不断深化，这种本色、纯真的写作便在诗意的想象力和诗意空间的拓展上，显示出一种相对的“狭窄”，因而，尽管之后诗人又出版了《女娲的天空》《莫望落叶风天》等诗集，但无论在思想表达还是艺术表现上，都由于创作巅峰期已过而没有引起类似早期那样的反响。

刁永泉（1945— ），生于陕西勉县，现居汉中。60年代开始写诗，70年代末崭露头角[①]。已出版诗集有《梦湖的鹿》《山谣》《梦游者》《神·鬼·人启示录》《情感与理解》《回归家园》等多部。

刁永泉诗歌内容涉及广泛，写作形式多种多样。哲理诗、田园诗、赠答诗、现代诗以及歌谣、旧体诗词均有涉猎，并都产生一定影响。然而，在纵观诗人“古典”与“现代”兼容的创作风格，特别是“诗人”将自我定位于“被迫在真实的凡人世界追寻诗所渴慕的圣境，寄托既真实又神圣的情感，寄托爱”[②] 之后，则不难理解所谓“一个纯粹的诗人”如何将其创作构成“一个近乎自足的世界，像神圣一样自足”[③]。在《现代古城》《天籁》《朝圣者》《旅人》等作品中，诗人的“天边那永存的圣迹/恋念着一颗虔诚的心/那美丽的图纹标满启示和预言”（《朝圣者》）的描写，正是《旅人》中“连着出发和归宿的是一行长长的足迹”的心灵写照。除此之外，刁永泉还通过《古栈道夜行》《黄土印象》《黄土》等作品以及“歌谣”的形式，创作了大量描写地域、乡土的诗歌，均体现了诗人始于自然的现代精神与古典气质，而隐含其中的形式化探索，也同样可以给人带来种种启示。

耿翔（1958— ），陕西永寿人．有诗集《岩画：猎人与鹰》《望一眼家园》《母语》《西安的背影》《众神之鸟》等。《西安的背影》是耿翔至目前为止，最为厚重的一本诗集，整部诗集由《大陕北》《大秦腔》《大黄河》三部分组成，集中体现了诗人植根于黄土地，对乡土、人民的挚爱。其中，以系列组诗《东方大道：陕北》为代表的

---

① 关于刁永泉写作的经历，主要参考了刁永泉《诗缘》，刁永泉《情感与理解》“自跋”，香港天马图书有限公司1999年版，第119—121页。其中，20世纪70年代初期几年是诗人创作的“空白期”。

② 刁永泉：《最后的诺亚方舟》，刁永泉《情感与理解》“自序”，香港天马图书有限公司1999年版，第2页。

③ 张大为：《美神朝圣者穿过暗夜的空谷——刁永泉论》，《诗探索》2001年第1—2辑。

作品，风格淳朴而情感浓烈，在带有浓郁乡土气息的同时，不失厚重的历史感和鲜活的生命感。也许，“在陕北/多情的是我的手足/完全为着民歌动弹”，已深深地渗入了诗人的骨髓，所以，陕北的风物、秦腔的粗犷与温情，才会在耿翔的笔下显得如此生动而多情。当然，这种写作追求在某种程度上也限制了诗人的创作视点。

除上述几位诗人外，陕西诗人还包括李汉荣、渭水、商子秦以及秦巴子等。李汉荣（1957— ），陕西勉县人。他的诗歌创作选材较为广泛，既有对乡土、亲人的歌唱，也有超乎现实的想象。诗集《母亲》《想象李白》分别以一整部诗集描写一个人物的形式，书写了母亲和李白，但表现手法却是截然不同的。其中，前者主要是一种现实性、回忆性的书写，而后者更多是在追忆李白的过程中，显现了作者对于自由的向往和一种全新的时空观与人生观。渭水（1950— ），原名周抗美，陕西西安人，有诗集《诞生》《静夜写意》《渭水抒情诗选》等。渭水的有些作品，注重民族意识和地域气质的表现，《安塞腰鼓》以生动形象的描写和激荡的氛围，充分展现了黄土高原人民在艰难困苦中，征服一切的顽强生命力和乐观向上的精神，而把这种“从远古飘来，飘向未来”的鼓声，喻为“这是一种精神、一种象征、一种力量”之后，这种精神也就转化为对中华民族精神品质的一曲颂歌。除礼赞民族精神之外，在渭水的作品中，还有一种很现代的超越意识，《俯视》是对宇宙时空观念和大千世界生命存在的思考，而《我们相逢在延河桥上》则是通过对“两代人”的书写，重新审视历史的变迁与沉浮，其中，蕴含着作者较为深入的现实性思考。商子秦（1949— ），生于陕西宝鸡，祖籍河北，有诗集《这一带》《回声》等。他的诗常常带有一种反省意识，代表作《狼孩》通过承认“我是狼孩，我吃过狼奶”，深刻反映了那个特殊年代里人性的异化，以及和“今天”人性重生的过程，带有较强的自我批判意识。在反思过去之后，商子秦的许多作品又转向了现实社会、平凡的人们以及地域文化，《擂鼓人——西秦社火剪影》《清晨，我发动了轻骑……》《壁画前的沉思》等作品，无论就自我的感受，还是升华现实的意蕴，都感情真挚、淳厚，风格朴实、自然。

四 西南诗人群

地理意义上的“西南诗人群”，主要包括四川（含原重庆）、云南、贵州、西藏等省的诗人。这同样是一个民族身份、风俗习惯复杂多样的地区，而且，由于地域之间生活环境的差异，在西南地区还存在诗人不断迁徙的现象。不过，就整体角度上看，由于自然条件、历史文化以及人口等因素，四川一直是诗歌创作较为集中的省份之一。

（一）四川诗人群

鄢家发（1946— ），生于重庆万州区（原四川省万县），大学毕业后曾相继在油田、学校、报社工作，70 年代初期开始发表作品。1980 年到《星星》工作至今，曾先后出版诗集《蝴蝶帆》《寂地》《边地雪笛》《永恒的漂泊》《回望与歌谣》《散落的烛光》《雪蝴蝶》等多部。

由于自幼受到三峡谷地大自然山水的浸润，鄢家发的诗歌从一开始就体现出强烈的视觉印象和鲜明的画面感。他总是最大限度融合自我的主观感情和理性思考于山水之中，并在注重语言的精练、音节的和谐与形式的统一中追求诗情画意的统一。鄢家发在 80 年代前期的创作，色彩较为明朗。诗集《蝴蝶帆》采用动静结合和镜头组接的手法，在勾画一幅幅形象逼真、意境深远的民俗风情画之余，具有强烈的抒情效果。但真正引起诗坛瞩目并为之带来声誉的，却是诗人在 80 年代后期至 90 年代的诗歌创作。在这一时期的诗歌创作中，鄢家发明显感受到了时代社会以及中国诗坛所发生的变化，他不再从容地寄情于山水，而是以一名现代都市生活的“梦游者”身份，进行着精神的漂泊与流浪。在这一写作观念的驱使下，一种独具特色的“高原情结”出现了。

在《高原深谷》《高原谷地之夜》《高原溪河的石头》《高原的云》《西北的太阳》《边地鼓声》等作品中，鄢家发笔下的“高原意象”质朴、苍凉、雄浑，并不乏沉重的历史感和现实感，它是融合着强烈生命体验之后的一次灵魂书写。不但如此，这种纯净的声音及其基调还在于它对诗人全部写作流程所产生的重要意义，在“我写高原，我想找回我内心的家”[①] 的写作与体验中，鄢家发所感受到的那种明显带有流浪、放逐色彩的诗意，不但存有生活的本原和生命的超越意识，而且，这种放逐流浪同样也是“作家灵魂的旅程，是苦难坎坷之旅，是精神之旅，也是朝圣之旅”[②]。

90 年代之后，鄢家发漫游了川西高原、雪山、草地，在彝族和藏族地区，他全身心地以流浪的方式投入了大自然的青春与宁静之中。在“放逐写作”的观念指引下，《遥远的瓦候河》《羔羊与火焰》《远去的沧桑》《莲花如云》《我读到的一段祷词》等作品当中，鄢家发的写作不但成为灵魂归宿的写意，也在远离现实喧嚣的过程中，进入一种近乎“禅意”的状态，在《古寺正午》《野云》等作品中，诗人正以白云下鲜艳颜色的对比，背景的由近及远以及动静结合的方式，将一种充满禅意的心境通过“独行者”的视角呈现出来。而行吟者孤独的求索以及“寂地风光”的冷峻甚或忧郁，正是鄢家发心灵漂泊并成为西部诗人一个独特个案的必然结果。

张新泉（1941— ），原名张新荃，生于四川富顺县。“文革”结束后开始崭露诗坛，后一直在出版社和《星星》诗刊杂志社任编辑，曾先后出版诗集《男高音和少女的吉他》《野水》《人生在世》《宿命与微笑》《鸟落民间》《在低处歌唱》等多部。

少年时代就开始在波涛汹涌的沱江边上做拉船纤夫喊风的经历，使张新泉的诗歌从一开始就有“川江号子”的豪迈气质，并在西部诗歌中独树一帜。在《喊风》《拉滩》《那是最惬意的俯仰》《补帆》等作品中，张新泉将笔触集中在与船工们共同奋斗的生活经历上，而那种生命力舒展的雄浑壮阔，击浪者的坚韧、顽强，就在于嘹亮、沉重的歌声与“惬意的俯仰”。

80 年代末期，随着社会生活的变迁，诗人的视野和诗的题材更加广阔。于 1992 年出版的诗集《人生在世》无论就命名，还是具体的

---

① 鄢家发：《后记：写给自己的一些话》，诗集《散落的烛光》，大众文艺出版社 1999 年版，第 206 页。

② 鄢家发：《放逐写作》，收入随笔集《回望与歌谣》，中国三峡出版社 1997 年版，第 40 页。

叙述，均体现出一种新的写作风格。其中，《过江之鲫》一诗以形象的描写，生动地反映了现实中人们的生存状态：在这里，诗人那幽默又略带一点嘲讽的描写，正是以清醒的历史意识感触现实生活的结果。而像《日子是命运摊开的手掌》《日子都一样》《红豆》等作品，则是通过对命运高视点的审视，含蓄地表达了一种人生的自觉与人性的呼唤。

值得注意的是，面对90年代诗歌写作的现状，张新泉总是保持着一种积极坚韧的姿态，他从不回避历史与现实。在《如今的鸟都飞得很低》《逃亡之鸟》等反思性作品中，张新泉在以“如今的鸟都飞得很低”的方式，揭示一些诗人生活上的平庸、空虚和创作上的乏味之后，呼唤那些关在笼子中的“鸟”，能够逃亡出去，重新扇起翅膀，而这，正是诗人的写作始终能够保持高品位的重要原因。

梁平（1955— ），生于重庆。80年代初期开始写诗，曾先后任《红岩》杂志、《星星》诗刊杂志主编等职务，出版过诗集《拒绝温柔》《梁平诗选》《巴与蜀：两个二重奏》等。

梁平的诗，自然、洗练，节奏舒缓，注重来自诗人自身的力量。阅读他的作品，首先必须明确的是，地域文化对诗人的影响无疑是深刻的。以“水”的意象以及与此相关的意象为例，从“水”出发，梁平的诗歌不但具有一种诗意的寓言和象征，而且，也是诗人以此营造“水边故事”的重要前提。在《似水》《生肖属羊》《1955年12月12日》《逆水》《船长》《细说》《江上，坐守黑夜》等作品中，梁平总是以“水”的洗礼以及流逝诉说着对生命的理解，诗人希望的是以水来清洗这一切，并最终获取生命的纯净。

其次，梁平的诗歌总是期待以一种“故事性”来揭示他对现实生活的理解，这种常常在其作品中体现为层次感、生存状态的写作，是梁平诗歌区别于他者的重要内容。在对传统写作和现代意识进行整合之后，《一条蛇与我等身》《归期冷冻》《子夜》《复制》《我们》等作品所表达的城市意识，正是梁平诗歌的另一突出特点，而出版于21世纪初的《巴与蜀：两个二重奏》则在很大程度上，可以视为上述特点的延续。

除上述诗人外，四川诗人还包括李钢、杨然以及新一代诗人李元胜等。李钢（1951— ），原籍陕西围城，生于济南。1979 年开始发表诗作，曾出版诗集《白玫瑰》《李钢诗选》等。由于少年时的水兵生涯，在李钢的作品中，总能出现与此相关的内容。《蓝水兵》、组诗《玛瑙河的水手》、《水兵日记》以及大量描写海洋的作品均可以视为与这段经历有关。退役后，李钢定居重庆，生活环境的改变使其作品中出现了大量具有地域色彩的意象。这一点，在组诗《西部苍茫》中得到了集中的体现。而就作品的整体风格来看，李钢的作品仍然属于受传统影响较深的写作，注重整体布局的宏大和浓郁的抒情，始终是诗人偏重的叙述的方式。杨然（1958— ），生于成都，现居四川邛崃，常年从事教育工作。已出版诗集《遥远的约会》《雪声》《千年之后》《寻找一座铜像》等，此外，还有诗合集《五人诗选》。虽然，早在 80 年代，杨然就已经写出了大量优秀的作品，如《寻找一座铜像》《中秋月》《海之门》等，但相对于“朦胧诗”和“第三代诗歌”，他的创作似乎并未被诗坛认可。进入 90 年代，杨然诗歌的意义正以迥别于时代写作风格的方式逐渐呈现出来，体现在具体创作中即为对“大诗”的驾驭。《人民万岁》《人民》《千年之后》《空空的青春之碑》《我就是黑脸杨然》等作品，均以含义深刻的忧患意识和发自内心的自我宣言，表达了诗人对社会责任的道德承担。至于因乡村中学校长兼诗人身份的一封“致本刊信”即《呼吁调整教科书中的诗歌教材》，而引起的 1999 年《星星》诗刊全年开展的“下世纪学生读什么诗？——关于中国诗歌教材的讨论”，则在某种程度上可以视为诗人责任感的延续。

（二）其他西南诗人群

西南诗人群除了四川、重庆的诗人之外，还包括西藏、贵州、云南等省的部分诗人。

马丽华（1953— ），女，山东济南人。1970 年参加工作，1976 年山东临沂师专毕业之后，马丽华怀着“奔向离太阳最近的地方”的激情，自愿支边入藏。在那里，她吸收着雪域高原丰富而独特的营养，成为新时期涌现出来的第一批优秀青年诗人，后曾一度调入《西藏文学》任编辑，有诗集《我的太阳》等。

马丽华的诗，在思想内容上，集中体现在抒写自我理想情感和表现雪域高原藏民生活两个主要方面。其中，前者由于以言志和激情的抒发为主，所以，往往充满了“一代人”特有的浪漫主义情怀。组诗《我的太阳》以象征性的描写与浪漫抒情相结合，将太阳在男性化之后进行了女性的自我倾诉：作品通过“等待日出”“日出”“正午”“日暮”等几个时辰对太阳感受的描写与歌咏，寄托了诗人对爱情、理想与人生的向往与追求；而组诗《朝圣者的灵魂》则深情抒写了诗人自愿走向高原，勇往直前的悲壮情怀。在展现雪域高原和藏民生活方面，马丽华的写作虽同样具有强烈的情感，但更注重对现实生活以及理想追求的关注。组诗《百年雪灾》、短诗《在八月》《九月雪》《夜歌》等，通过对雪域高原的自然景观、风雪之旅、“人神共在”以及世界屋脊迟来的“春八月”的描写，将青藏高原特有的美妙而神奇、令人迷醉的境界进行了爱与生命的展示。

在艺术表现上，除了奔放的激情、充满浪漫主义色彩之外，马丽华的写作还有惊人的真率与想象的奇特，而那些表现藏民生活和雪域神奇的作品，往往还带有魔幻现实主义的成分。

魏志远（1952—　），四川成都人，70 年代支边去西藏，80 年代于诗坛崭露头角。曾任《西藏文学》诗歌编辑，1986 年调至《星星》诗刊，有诗集《雪野》《感动过我们的怎能忘怀》。

《雪野》集主要记录了诗人在西藏的生活历程。代表作《给羌塘草原》以抒写诗人对羌塘草原及牧民的理解过程，表达诗人的心灵是如何与雪域高原融合为一体的；《艰难的跋涉》通过牦牛转场的跋涉历程，突出了藏族牧民与大自然的抗争以及他们不畏艰险和饥寒的意志。这一时期的创作充分体现了雪域高原的特点，有着强烈的现实精神和凝重的色调。返回四川之后，魏志远的诗歌由于生活环境的改变，发生了很大的变化，其写作内容与情感抒发更多集中在生命的感悟上。《有一种语言是属于你的》《感动过我们的怎能轻易忘怀》等短制，均带有这方面的特点，不过，从整体的艺术成就和个性特征上看，却没有前期创作那样独特鲜明。

李发模（1949— ），贵州绥阳县人。“文革”结束之后崭露诗坛，曾先后出版诗集《呼声》《偷来的正午》《有人醒在我梦中》《花间一壶酒》《魂啸》《李发模叙事诗选》《如网的掌纹》《诱惑与禁忌》《醉仙》《揣你在心中》《人生四季风》《第三只眼睛》《李发模诗选》《遵义之歌》等十余部。

因 1979 年第 2 期《诗刊》刊载的长诗《呼声》而走上诗坛的李发模，从一开始就体现出直面历史的现实主义精神，这一点，与当时文坛“伤痕”与“反思”风气盛行有着密不可分的关系。作为一部叙事长诗，《呼声》通过一个爱情悲剧故事而呈现诗人对现实的关注，饱含激情；而其产生的强烈反响也在很大程度上影响了诗人后来的诗歌走向。善于叙事诗写作，无论写社会、人生，还是爱情，都有着坚韧的性格和不屈的情感体验，贯穿着李发模全部诗歌的创作历程。除此之外，李发模还擅长爱情诗歌题材的创作，诗集《偷来的正午》以及大量爱情题材的作品，都呈现出诗人婉约与柔情的一面。当然，随之而来的则是李发模诗歌偏重细腻的抒情、词语的提炼以及对女性命运的关注。阅读李发模的作品，总会为其独特的语言感觉以及所谓的“野山之气”① 而体味到一种新鲜感。当然，上述风格也在某种程度上限制了李发模诗歌拓展的空间。

廖公弦（1937—2003），本名廖华钊，贵州绥阳县人。1956 年开始发表作品。出版过诗集《山中月》《美人醒来》《廖公弦诗选》，另有电影、剧本、小说多种。

廖公弦诗歌写作从一开始就显现了接受古典传统影响的一面。在五六十年代当代诗歌处于“颂歌”模式的背景下，廖公弦以明快的节奏、清新真率的韵味，写出了有别于时代艺术主潮的《壁中太阳》《秋耕曲》《太阳雨》《山中月》等作品。进入新时期之后，廖公弦继续坚持以诗、词、曲、民歌熔为一炉，用最明快的语言、最鲜明的节奏写诗。《天地安详》一诗，不但诗意晓畅明白，而且，节奏明快且

① 李嘉谚：《李发模论》，收入林莽、谢建平主编《他从山里走来——李发模其人其诗》，中国文联出版社 2000 年版，第 167—168 页。

富于变化，将生活的快乐以天籁自然的和谐展现得淋漓尽致，充分体现了诗人一向偏重正面抒情和对任何事物都易于触发诗性的写作特点。贵州诗人除李发模、廖公弦之外，还有罗绍书。罗绍书（1933— ），贵州黔西人。1951 年参军，60 年代初期毕业于贵阳师范学院中文系。后任《山花》杂志编辑部主任、副编审。1955 年开始发表作品，主要作品集包括《浅刺微讽集》《美刺集》《西南风情录》，理论集《美刺诗论》，选编诗集《中国百家讽刺诗选》《外国百家讽刺诗选》等。

第五章　多元写作姿态的展开

在80年代诗歌发展道路上，围绕社会主题和抒发政治情怀的创作一直是引人瞩目的潮流。"文革"的结束使"伤痕"与"反思"的因素嵌入诗歌创作之中，而且，如果仅就文学史日后的命名，诗歌层面的同类创作或许来得更早些。部分亲历历史的诗人深感"文革"中触目惊心的苦难记忆，以热情激荡的笔调投入诗歌创作之中。这种创作态势出现在历史交替的变动时代并隐含着"公共主题"和群众的阅读心理，所以在一段时期内产生了巨大的社会反响。不过，在80年代中期之后，随着新潮诗以及各种先锋实验的出现，无论从青年诗人的创作心理还是读者的接受心理，当代诗歌的写作都在一定程度上发生了变化，即使悬置所谓"后朦胧诗"自身的"造山运动"，其他诗人的写作也在不自觉间发生着改变，这使得这一时期的诗歌写作具有了一种"多重的文化视野"。

一　李瑛新时期的诗歌写作

李瑛（1926—2019），河北丰润人，1943年开始写作，是中国当代诗歌史上极少的能从青春少年写到耄耋之年，坚持终身写作的诗人。新时期以来出版诗集有《难忘的一九七六》《早春》《在燃烧的战场》《我骄傲，我是一棵树》《李瑛诗选》《南海》《李瑛抒情诗选》《春的笑容》《望星》《美国之旅》《战士们万岁》《江和大地》《李瑛国际题材诗歌选》《青春祝福》《红豆》《月亮谷》《日本之旅》《多梦的西高原》《山草青青》《睡着的山和醒着的河》《纸鹤》《生命是一片叶子》《远方》《黄昏与黎明》《我的中国》《情歌和挽歌》《李瑛近作选》等。

李瑛 1945 年考入北京大学中文系，边读书边从事进步学生运动。1949 年参加中国人民解放军，随军南下，完成了由学生向战士的身份转换。此后，李瑛在部队的身份主要是记者、编辑，直到解放军总政治部文化部的领导。但不管地位如何变化与升迁，李瑛始终认同的身份是战士，这从他以部队为题材的 13 本诗集中精选出的一部诗集题为《战士们万岁》，就可以看出来。他热爱部队，热爱战士，他的诗是战士们的心声，他是当之无愧的战士诗人。

在“十七年”和“文革”期间，文艺界所奉行的“文艺为政治服务”的路线、“政治第一、艺术第二”的文艺批评标准，再加上记者、编辑作为意识形态排头兵的特殊要求，李瑛的诗歌创作呈现了一种较为复杂的状态。一方面，李瑛这一阶段的诗歌鲜明体现了主流意识形态的要求，反映现实，弘扬主旋律，体现了当时的时代精神。在今天看来，也带有那个时代的局限，诗人的自我形象由淡化到消失，融入一个阶级的、部队的“大我”中去了。艺术风格上也由早期强调意象化、象征化，带有某种现代主义的色彩，向现实化、生活化、明朗化转移。但另一方面，李瑛骨子里的对诗的尊重，对诗歌把握世界方式的独到理解，又顽强地在他的作品中表现出来。这体现为李瑛的诗与当时主流提倡的民歌体格格不入，号称战士诗，却不是部队中大量文盲或半文盲的战士所能欣赏的诗，而是充满细腻的抒情和鲜明的意象，依然带有浓厚的知识分子的审美趣味的诗。

李瑛在“文革”中也备受整肃，但他毕竟是在部队，加之“解放”较早，“文革”后期，1972 年人民出版社出版了《枣林村集》，1973 年人民文学出版社出版了《红花满山》，这两部诗集均写作于“文革”之前，与“文革”时的“红色造反诗”和“四人帮”搞的“批林批孔”诗、歌颂江青的《西沙之战》等截然不同，以清新的气息，得到了读者的喜爱。在“文革”中新诗集极少出版的情况下，这两部诗集以庞大的发行量传播了诗歌，并滋润了一代年轻人的枯涩的心田。

1976 年 1 月 9 日清晨李瑛听到周恩来总理逝世的消息后，陷入极大的悲痛之中。他想用诗歌把自己对总理的热爱和怀念表现出来，直到1月12日夜间，诗人才确定以长安街送灵的场面为突破口。他说："由于'四人帮'的迫害，人们不能去和总理遗体告别，也不许进行追悼活动：成千上万的人来列队送灵，是有巨大的典型意义的。它既是为总理送灵，也是向'四人帮'示威，它最能本质地反映'人民的总理人民爱'这个真实，我心头流动的这种感情是典型的感情，是和广大人民群众相通的，所以我就想着重写这个场景。"① 在找到了突破口之后，诗人的创作情绪被进一步唤起了，仅用三个夜晚就顺利地完成了《一月的哀思》的初稿。然而这首长诗在"四人帮"时期却只能压在箱底，直到粉碎"四人帮"后，才得以公开发表。难能可贵的是，在这样一首歌颂周恩来总理的诗歌中，不像一般的作者单一写周总理的丰功伟绩，而是把自我融入其中，在特定背景下呈现了诗人的自我形象，这在通常的政治抒情诗中，是十分少见的。也正是由于诗人在长街送别周总理的百万人群中彰显了自我，这发自肺腑的声音才能使天地动容。读着由泪水凝结而成的诗句，人们不能不感受到强烈的情绪冲击，并引起心灵的共鸣。《一月的哀思》在粉碎"四人帮"以后被广泛传诵，成为拨乱反正时代最有影响的诗歌作品之一。

1980年，李瑛写出《我骄傲，我是一棵树》，这是一首颇有惠特曼色彩的"自我之歌"：

> 我骄傲，我是一棵树，
> 我是长在黄河岸边的一棵树，
> 我是长在长城脚下的一棵树；
> ……

这是在历经了人的个性被扼杀、个人的声音被集体的声浪所淹没的年代后，在新时期迸发出的人的颂歌，也标志着李瑛诗歌自我意识

① 李瑛：《我是怎样写〈一月的哀思〉的》，《李瑛诗文总集》第十三卷，中国文联出版社2010年版，第50页。

的觉醒，“我”不再是没有头脑的传声筒，而是正直的人格和自由的心灵的美好载体。这样的张扬自我，在阶级斗争扩大化和“文革”的年代是难以想见的

在李瑛晚年出版的一部重要诗集《生命是一片叶子》中，收入了他于1992—1994年间所写的110首诗。也许是离休了，“无官一身轻”，诗人抛开了形形色色的社会面具，不再让诗负载过重的政治的或其他方面的使命，在读者面前袒露出他的孩子般真诚的内心。风格上则在保持了李瑛式的细腻明净的同时，又增添了几分童趣。这种创作上的“衰年变法”，是诗人具有终身写作能力的重要标志。

这种变化并非突然发生，而是进入新时期后就渐渐开始了。比如诗集《南海》中所收的《纸船》，其中许多诗句完全有别于李瑛前期的政治抒情，而是有意衔接了泰戈尔、冰心一路的充满童心的呼唤，显示了李瑛多方面的诗学渊源。李瑛是诗坛的一棵常青树，继推出诗集《生命是一片叶子》之后，诗人进一步向生命深处开掘。李瑛曾写过一首诗《我们用什么哺育诗歌》，其中说：“用血里的铁锻打钉子/用骨头里的磷点燃油盏/用钉子和油盏/建造诗歌/当然，还要有一把苦荞米粥喂养/还须搅拌泪的辛酸、汗的盐碱/必要时，还须跑回过去的岁月/把丢失的声音找回来/当然，更须让它睁大眼睛/瞩望未来。”让诗与生命同一，把过去、现在、未来融为一体，应当说，这是李瑛的夫子自道，也是他作为一个诗人的毕生追求。

二　现实的抒怀之一：雷抒雁、韩作荣、叶文福

雷抒雁、韩作荣、叶文福均是在解放军部队中成长起来的诗人，后转入地方工作。他们一方面有强烈的社会责任感，有博大的爱心；另一方面在诗歌艺术上也有自己的独特追求，他们是在新时期有重要影响的诗人。

雷抒雁（1942—2013），生于陕西泾阳县。1959年开始发表作品，1962年毕业于西北大学中文系，后曾一度在军队服役。转业之后曾先后在工人出版社、《诗刊》社、鲁迅文学院等单位任职。先后出版诗集《沙海军歌》《漫长的边境线》《小草在歌唱》《云雀》《春神》《绿

色的交响乐》《父母之河》《跨世纪的桥》《掌上的心》《雷抒雁抒情诗百首》《时间在惊醒》《会说话的草》《踏尘而过》《秋魂——雷抒雁散文诗选》《激情编年——雷抒雁诗选》等。

尽管很早就开始创作，并在相当长的时期内以“军旅题材”为主，但真正为雷抒雁带来诗名的却是长诗《小草在歌唱》。1979 年，随着“文革”中因坚持个人独立思考，对“革命”表示质疑的共产党员张志新惨遭杀害的事件被披露，在全国范围内引起很大震动。诗人怀着激动的心情，一气呵成完成了这首长诗①。《小草在歌唱》发表于同年《诗刊》8 月号，在全国范围内产生重大影响，并传诵一时。它以真诚的忏悔态度和强烈的自省精神，对特殊的历史和事件进行了深刻的反思。长诗之所以使用“小草”的形象，按照作者的自述，即为“当激愤冷静之后，代之而起的是思索，也就在思索的同时，我找到了形象：我总看到一片野草，一推紫血。在那一块刑场里，还有谁是罪恶的见证呢？在那一片暗夜里，还有谁比小草更富有同情心呢？……看到了草，我也就找到了诗，它来得那样自然。”②“小草”在诗中以“拟人化”的方式，在为烈士“歌唱”的同时铭记着烈士的精神，不但如此，“小草”也在“歌唱”烈士之余与“罪恶”和“丑陋”形成鲜明的对比。这种极具反思和批判意识的写作，在非常的时期和文学仍出于“揭露伤痕”的文化语境下，自然会获得感人至深、振聋发聩的艺术效果。

《小草在歌唱》之后，雷抒雁又先后推出《信仰》《剑》等一系列革命性、思想性很强的诗篇，这种创作态势既与“文革”后一段时期的社会文化有关，同时，也与作者自身的经历和诗学观念密不可分。曾经的历史记忆和“政治抒情诗”的模式，对于雷抒雁这一代诗人具有深刻的影响，而不断在作品中传达出来的审美旨趣和强烈的革命情结，也证实了这一点。

---

① 雷抒雁：《黄金在你手里——〈小草在歌唱〉创作漫忆》，《写意人生》，华文出版社 2001 年版，第 78 页。

② 雷抒雁：《小草里的诗情》，《写意人生》，华文出版社 2001 年版，第 73—74 页。

进入90年代之后的雷抒雁，依然笔耕不辍，但诗风却有所变化。即使书写熟悉的战争题材、重大主题，也比以往有所超越。《升旗》《战争风景》等，情感有所内敛，感悟较为丰富。《听命于时间》《曾经的风景》《你的心真的那样平静》《爱你两千年》等作品，题材涉及面更为广阔，感怀更加深入，格调较为舒缓，同时，也不时流露出人到中年的心态。“在那些道具里寻觅既往/竟如秋风过林/总也遇不见当年的/剧中人//深深一揖/告别旧风景/去看新森林。”雷抒雁在《曾经的风景》中的叙述，俨然成为其90年代生活甚或诗歌状态的生动写照。而作为一种观念的转变，“不断地学习、不断地探索、不断地使用各种方式和手段逼近诗，是这个时代给予诗人自由写作的权利。也是使我得以保持创作活力的原因”①。也构成了诗人创作发生“转型”、保持生命活力的重要前提。2000年，雷抒雁曾出版了编年体诗集《激情编年（1987—1999）》,可以视为诗人对以往创作历程的一次检视与总结。

韩作荣（1947—2013），生于黑龙江海伦。1966年中专毕业后分配到工厂，后服兵役。1972年开始发表作品。新时期后曾任《诗刊》《人民文学》编辑，《人民文学》主编。出版诗集有《万山军号鸣》《六角的雪花》《北方抒情诗》《静静的白桦林》《爱的花环》《裸体》《少女和紫丁香》《雪季·梦与情歌》《玻璃花瓶》《瞬间的野菊》《韩作荣自选诗》《纸上的风景》，以及诗学随笔集《诗的魅惑》等。

如果说早年的经历和写作为韩作荣日后的创作奠定了坚实的基础，那么，韩作荣新时期以来诗歌创作实绩的充分展示无疑是1986年以后的事情了。这一发展趋势，不但在诗人最满意的《韩作荣自选诗》中的篇目选择上可以看到，而且也在诗人的自我阐释中得到证明。不过，即便如此，对于韩作荣1986年以后的诗歌创作仍然可以从80年代中后期、90年代这两个时间段进行划分。这种划分的最终依据在于韩作荣诗歌自我流程中所展示出来的艺术特质。尽管，这种艺术特质可能与文学史意义上的时间形成了某种无意识的契合关系，但更为重要的

① 雷抒雁：《激情编年——雷抒雁诗选》“写在前边”，作家出版社2009年版，第2页。

是，判断它的标准却在于韩作荣诗歌中逐渐显现出来的两个重要的向度：对诗歌语言的关注与不断探寻生命本质之后所产生的禅意状态。

1986 年，诗集《裸体》的出版，标志着韩作荣诗风转变或曰融入更多艺术新质并逐渐走向艺术上的成熟、自觉。虽然，以今天的目光看来，韩作荣在这部诗集中展现的“从传统向现代”式的蜕变，并未达到完全圆熟的境界，但无论是透过《花季》中“我的手指发芽了/躁闹声里，头颅开成一枝牡丹”这样醉意阑珊的诗句，还是诗篇《裸体》本身所带有的前后对比以及最终走向人性理想化追求的描述，似乎都预示了韩作荣日后诗歌的一种走向——像“裸体般”地剥去伪装之后，韩作荣的诗歌写作正在经历着语言和观念上的双重转变：在这种既被诗人称之为“从明确的指向性转为对更为丰富的意蕴的把握或者说开始于过程”[①] 式的嬗变状态，同时，又被论者称之为“经常进行阐发式的主题处理，频繁使用起承转合的结构方式（包括其不规则变体），表明他对‘传统’并无禁忌；注重瞬间经验、追求语言可能，又表明他的视野中同样高悬着‘现代’图腾”[②] 式的融合状态下，韩作荣所开创的既是崭新的、又是真正属于自己的诗歌道路正是自觉关注语言和观念的必然结果。其中，由此透射出的对诗歌本体，如语言、形式以及对诗歌展现个体生命本质之层面的不断迸发，正是日后在诗人作品中出现两个重要向度的基本前提。

在诗学随笔《说不出来的话》中，韩作荣曾言：“说诗是用语言搭一座房子，让灵魂在里面居住……因而语言中需要有血液的搏动和肌肤气息，需要鲜活、勃勃生机和气的流注”；“语言作为符号，与心灵无法等同，已隔了一层，诗只是一种生命状态的翻译，它永远无法与生命同一”；“也许，抽象的、游移不定的灵魂的再现，你只能用抽象的、游移不定的语言来面对它。……而在人与世界的关系之中，将感觉、感知和切身的感受直接诉说出来，用语言‘直译’心灵，将会

① 韩作荣：《关于诗的对话》，《诗的魅惑》，华文出版社 2001 年版，第 140 页。

② 唐晓渡：《花季的秘密——读韩作荣的诗集〈裸体〉》，《韩作荣自选诗》，百花文艺出版社 1995 年版，第 268—269 页。

更接近生命本体的固有状态”。在这种融合着“用抽象的语言来界定感觉”① 的论述之中，韩作荣所展现的纠葛于“语言和生命”两个互补向度之中的认识正以“生命的主题高于诗歌”“生命的诗意彰显需要语言”的逻辑方式予以表达。因而，在告别早年创作的“第一转折”中，韩作荣在《我是谁》《我追随自己的影子》等作品中首先表达的是一种源自转变时期的今昔对比和自我关注乃至自我质疑。进入90年代之后，韩作荣的诗歌写作开始注重语言的蜕变方式。在充分尊重诗歌精神情怀和熟识各种现代诗歌流派创作的基础上，“词语只指向自身，这是语言洗去文化的污垢，还其原初意义与本来面目，这种意义的语言称为自指的语言”以及“诗追求一种纯净，没有丝毫的变形，有如蒸馏水。这种消解世界，返回自然的艺术自指的追寻，其最高层次应属中国道家艺术了”②。正是韩作荣赋予诗歌语言的基本意义和基本态度。

《无言三章》《无题三章》《无为三章》是韩作荣90年代最重要的系列作品，不但如此，无论从每一组诗还是三组诗自身的写作上看，这些含有道家思想色彩以及李商隐风格的作品无疑经历了一个具有内在发展联系的过程。其中，《无言三章》倾向于道家“得意忘言”的状态；《无题三章》取晚唐诗人李商隐的经典题目，目的是将“无言”中的状态和“必然的清醒”以语言的方式表达出来；《无为三章》表达的是不想做什么、什么也不想的写作状态，而它的若有若无、它的“无思无想，有如云的居所，梦境的亲临/哦 交汇之后的孤独，光亮逝去的昏暗/我仍以虔诚和痴迷，静静地等待那/震颤灵魂的雷声……”都使其最终要走向原始的本真状态，于是，生命的逍遥也就在此中得到了自然的浮现。

叶文福（1944— ），生于湖北蒲圻县。幼年丧父，家境贫寒。1963年蒲圻师范毕业之后，当过小学教师。1964年底参军，1972年任工程兵政治部文工团创作员。1969年开始发表作品。1978年出版诗

---

① 韩作荣：《说不出来的话》，《诗的魅惑》，华文出版社2001年版，第3—5页。
② 韩作荣：《语言与诗的生成》，《诗的魅惑》，华文出版社2001年版，第56—57页。

集《山恋》，但引起诗坛震动、产生重大影响的却是长诗《将军，你不能这样做》。已出版的诗集有《山恋》《天鹅之死》《雄性的太阳》《苦恋与墓碑》《牛号》等。

叶文福的诗，有明显的时代痕迹和强烈的浪漫主义气息。他的创作，显然受到了地域文化和诗歌史上郭沫若一路诗风的影响，50年代大气磅礴、气势雄浑的“政治抒情诗”也在他的创作中得以体现。澎湃的抒情，大胆的想象和浪漫的气质，都是叶文福留给读者的深刻印象。

作为一位从军旅生涯走向创作的诗人，对社会问题的关切和浓郁的现实忧患意识，既是叶文福创作的重要主题，同时，在一定程度上也可以视为支持其创作的动力，这种逻辑关系一旦与他的抒情气质结合起来，往往可以迸发出巨大的震撼力。以历史的眼光来看，叶文福的创作大致可以以 1983 年为界划分为两个阶段。在此之前，诗人的名篇《祖国呵，我要燃烧》无疑是“痛极之思”的作品。诗人将自己自喻为深深峡谷中的一株青松的幼苗，高不过山峰的小草，但这种处境并未影响诗人的理想；一场造山运动使青松死于青春年少，但在黑暗的地层中，诗人仍然怀着理想呼喊：“我要出去！我要出去！我要出去呵——/我的理想不是蹲这黑的囚牢！/……祖国呵，祖国呵，我要燃烧!”引起诗坛重大影响、毁誉交加的《将军，你不能这样做》其主要特征在于诗人将热烈、昂扬的激情贯注在一个历史现象上，并以“政治抒情诗”惯用的“楼梯式”诗体，将诗人针砭时弊、直面现实、批判官僚主义的锋芒发挥到极致，从而体现出“历史，总是艰难地解答一个又一个新的课题而前进的”① 观念。但这种真挚而又带有几分狂放的激情，在 1983 年的“清除精神污染运动”中，却受到了责难，这使诗人的创作一度沉寂下来。

这一时期，叶文福还有重要作品《天鹅之死》。诗人借用北京玉渊潭公园飞来的四只天鹅被人射杀的故事，在关心现实，指责摧残生命的同时，呈现了诗人的另一面写作倾向，这种较具抒情韵味的写作，

---

① 叶文福：《将军，不能这样做》“题记”，花城出版社 1986 年版，第 40 页。

在1983年之后的写作中得以延伸。在诗集《雄性的太阳》中，那些“怀乡”“咏物”的作品，既与诗人还乡，寄情山水的情绪有关，也与历经坎坷之后，情绪的婉转低回密不可分。这一时期，诗人的主要作品有《东湖散歌》《野百合》《我的路在路上》等，均是感怀时世、真切缠绵的作品。从艺术的角度上，它们明显高于前期的作品。但是，对于叶文福来说，失去了激情和阳刚之气，也在某种意义上决定了诗人再也无法写出前期那样的振聋发聩之作。

三 现实的抒怀之二：叶延滨、张学梦、曲有源等

这一群落的诗人还包括叶延滨、张学梦、曲有源、刘祖慈、熊召政、骆耕野等，他们有着深刻的历史记忆和现实感受，在“文革”结束后的一段时期内以写作回应了时代主潮和社会政治，并随着诗歌潮流的转变而不断进行自身的调整。

叶延滨（1948— ），生于哈尔滨。“文革”期间曾到陕北“插队”。1978年，考入北京广播学院文艺编辑系，毕业后历任《星星》诗刊编辑、主编，《诗刊》副主编、主编。先后出版诗集《不悔》《二重奏》《乳泉》《心的沉吟》《囚徒与白鸽》《在天堂与地狱之间》《蜜月箴言》《叶延滨诗选》《沧桑》等多种。

自“文革”以来历经“伤痕”“反思”的苦难记忆，到80年代初期以组诗《干妈》一举成名的叶延滨，无论就自身经历，还是创作经历而言，均体现着“青春”“理想”式的“双重变奏”。在很早就确立“在我们今天的时代和社会中找到自己的坐标点，在纷繁复杂的感情世界里找到与人民的相通点，在源远流长的艺术长河中找到自己的探索点。三点决定一个平面，我的诗就放在这个平面上”[①] 的创作观念之后，以社会现实为基调进行书写就成为叶延滨“这一代”诗人某种近乎不由自主的“宿命”。尽管，诗人曾自称“我不是一个标准的现实主义诗人，我甚至以为用现实主义界定诗人不太妥当”，[②] 然而，在

① 叶延滨：《叶延滨诗选》“后记部分”，明天出版社1990年版，第478页。

② 叶延滨：《我与文学的几点说明》，《诗与思》，华文出版社2001年版，第109页。

现实面前，诗人最终的选择却决定了他投入历史与现实的可能。

作为“陕北记事之一”的名作《干妈》，除了通过追忆的方式显现了陕北农民的纯朴、善良之外，更为深层的却在于一种苦难的记忆，而正是这一点，在与当时的时代思潮相应和的过程中，产生了阅读的震撼：在那“她没有自己的名字”“灯，一颗燃烧的心”“夜啊，静悄悄的夜”“太阳与大地的儿子”等或许已然并不新鲜的段落标题下，对历史记忆的重温以及对现实的折光，早已在一言难尽的叙述中成为渗入诗人血液与灵魂中的经验意识，并在接下来的“高原之子”“母亲的土地”“母亲的神话”“父亲的神话”以及其间的“他是我在神话中的象征/我是他在现实中的化身”中成为一种历史的留存。

如果说上述内容已经可以证明叶延滨诗歌一度呈现的现实性，那么，从现实中透露出某种历史意识或许正是诗歌写作的一种必然逻辑。在《囚徒与白鸽》式的发生于久远历史但却真实的“抒情叙事诗”中，在《黄河与我同在》这样可以穿越历史的“大文化”背景下，“浪漫”与“豪放”，“朴素”与“乡愁”，还有夯实凝重的黄土地，都是诗人可以通过现实自由地进入历史、徜徉历史，从而厚重现实的有效途径。或许是弥漫于 80 年代中期的文化寻根热成为影响当时创作的一种潜在因素，大致在 1985 年以后的创作中，叶延滨诗歌中的文化意识发生了陡然的提升。完成于这一时期的诗篇比如《天府巴蜀长赋》《北方》《南方啊，南方》等均是通过一种抚今追昔式的感叹和文化寻根式的书写方式，展现个人的情感体验。正如叶延滨所言的“1986 年至 1989 年在创作上有一次较大转变”那样，以长篇抒情组诗《天府巴蜀长赋》和自传体抒情长诗《血色情书》为代表的诗歌创作，不但表达了诗人“企图以四川人文、自然、社会为背景，表现这个多变的时代”，以及对民族命运和民族文化的深层思考，同时，也是诗人使用某些现代主义手法，呈现“诗歌的叶延滨方式”① 的重要方面之一。

进入 90 年代之后，叶延滨的创作转向了一些“更具个体生命体验

① 叶延滨：《我与文学的几点说明》，《诗与思》，华文出版社 2001 年版，第 110、111 页。

和东方民族心理和追求的短诗”，这些作品不但更接近诗人的“人格”，同时，在艺术上，也注意从“传统”与“外来”两个方面吸取营养①。而作为一种风格的外在体现，叶延滨此时的诗歌创作，也更多体现为“自由而机智的心理表现和性格抒写”“特有的机智嘲弄与幽默讽刺格调”等特征②。短诗《爱情是里尔克的豹》，正是诗人将“知识分子”“现代意识”以戏剧化手法，进行多维度、多层面交织后的结果。“爱情是里尔克的豹”之后，爱情究竟何为？里尔克的豹究竟怎样？此时，叶延滨营造的诗意空间或许正是读者可以思考并不断填充之后仍能产生歧义的一个“空白”。

张学梦（1940— ），生于河北丰润。1957 年初中毕业之后，先后当过搬运工、养路工等，1979 年开始发表诗歌作品，出版诗集《现代化和我们自己》等。

张学梦擅长在重大的题材和背景上展开自己激情的歌唱。他以代表作《现代化和我们自己》而闻名，其主要原因就在于以一个诗人敏感的神经觉察到现代化过程与现实之间的矛盾，以及由此产生的历史愿望。因此，从某种意义上说，张学梦是一个具有强烈“改革意识”并与“改革文学”密切相关的诗人。在具体的写作上，张学梦常常以一种热情激荡、风格粗犷的笔法，触及与当下社会相关的重大主题，当然，这也在某种程度上加重了他诗歌中的抽象思维与论辩色彩。他喜欢将大量的自然科学和社会科学的词语纳入自己的写作之中，进而给人一种鲜明的现代意识。写于 90 年代初期的《思维》一诗在某种程度上显示了这种写作思路：“于是有溪流潺潺浸润两岸土地/于是仿佛下起缠绵淫雨/不知思维是溪流还是那勃起的子叶/总之，使我体验到非同寻常的欢愉”，诗人的写作正是这一感觉的写照与延伸。

曲有源（1943— ），祖籍山东蓬莱，生于吉林省怀德县。60 年代开始发表诗歌作品，著有诗集《爱的变奏曲》《爱的变奏》《句号里的爱情》《曲有源白话诗选》等。

---

① 叶延滨：《我与文学的几点说明》，《诗与思》，华文出版社 2001 年版，第 111 页。
② 邹建军：《叶延滨 90 年代抒情诗创作综论》，《诗探索》2001 年第 1—2 辑。

曲有源的创作早年受到马雅可夫斯基的影响，曾一度进行“阶梯式”的政治抒情诗写作。“文革”结束之后，曲有源的一系列作品仍然坚持这样的创作道路。《我歌颂西单民主墙》《为了明天的回想》《关于入党动机》《打呼噜会议》等，直接回应当时的政治、社会主题。其中，较为引人瞩目的《关于入党动机》，以漫画式的笔法，揭露了“文化大革命”中某些人把入党当作敲门砖、一心向上爬的丑态。诗中常常以谐音的手法，比如“魏革命”“辛向党”等，尖锐嘲笑这一行为。这种写作方式以及强烈的忧患意识，在很大程度上可以视为五六十年代诗歌写作传统的一种延伸。之后，诗人的写作在一定程度上开始调整。到出版于 90 年代的《曲有源白话诗选》时，诗人的“携笔行吟”“移花接木”等，已经成为对游历山水和拟古题材的一种专注，其中，虽然许多作品仍不断显示一个诗人的感悟能力和诗人的转变倾向，但产生的影响，却始终无法与80 年代那些“政治抒情诗”相比。

熊召政（1953— ），生于湖北英山县。1967 年初中毕业后参过军，下过乡，当过县文化馆创作辅导干部。1973 年开始发表作品。曾出版诗集《在深山》《瘠地上的樱桃》《为少女而歌》等。

1979 年创作的政治抒情诗《请举起森林一般的手，制止!》是熊召政的成名作。诗人的故乡有着光荣的革命历史，但此时却发生了农民生活救济款被侵吞、挪用的事件。诗人得知这一消息之后，奋笔疾书，写下了这首 4 节、共 280 行的长诗。作品体现了当年政治抒情诗的特征，以“阶梯式”的形式，进行了历史和现实的对比。显然，这是带有“为民请命”色彩的作品，而作为一种缘起，它也包含着“愤怒出诗人”的道德情怀。这是一种积极介入现实生活，深刻体现诗人忧患意识的写作，其历史深度不容忽视。当然，从另一角度看，当时社会的主流氛围，也为这一作品的出世乃至接受上产生的广泛影响奠定了基础。然而，随着文化现实的变化，这类写作的局限性也逐渐体现出来。除此之外，熊召政还有一些关于地域风情的诗篇，如《落日》《鹧鸪》等，体现了诗人另一方面的创作才能和写作旨趣。

骆耕野（1951— ），四川巴县人，70 年代初期开始创作，著有诗集《不满》《再生》等。

1979 年骆耕野由于写出抒情长诗《不满》而引人瞩目。在这首诗中，诗人及时反映了人们面对历史前进的脚步渴望社会变革的情感。在艺术上，这首诗以昂扬宣泄的情绪和连续的排比句式，营造了气势磅礴的诗歌形象。对于当时在现实社会中尚占有主导地位的思想保守、满足现实的精神现状，诗人的诘问无疑构成了强有力的挑战，因而，从某种意义上说，这首诗也成为思想解放和呼唤改革的先声。

骆耕野的创作，以把握时代情绪和思想深度的追求见长，这既是诗人强烈的社会责任感使然，同时，也是潜移默化接受以往诗歌创作影响的结果。除了书写大量反映社会记忆和忧患意识的诗篇之外，骆耕野还注意历史与现实之间的对比。《车过秦岭》一诗，以“穿行在隧道与空谷之间”的黑白对比，呈现出光明与黑暗斗争的心理场景。“黑色的白色的时间/蜿蜒着蜿蜒”是诗人反复吟唱的句式，而与此交替出现的则是“黑暗与光明”“痛苦与欢乐”“现实与理想”“死灭与新生”“邪恶与正义”“历史与未来”的对立结构。这种抒情方式当然可以在一唱三叹中加重主题的渲染，不过，它也往往会由于主体自身强烈的情感宣泄而造成接受层面上的程式化之感。

除上述诗人外，新时期的政治情怀的创作还包括徐刚、高伐林、刘祖慈等。徐刚（1945—　），上海崇明人，以诗歌、散文成名。著有诗集《潮满大江》《鲁迅》《毛泽东之歌》《献给十月》《遥远歌》《抒情诗 100 首》《徐刚九行抒情诗》等。高伐林（1950—　），武汉人。1972 年开始发表作品。在 80 年代曾以《圆明园沉思》闻名诗坛。著有诗集《年轻的心》《破冰船》《早春交响曲》《燃烧的青春》等。

四　乡土的记忆

在 80 年代诗歌创作的潮流中，“乡村”历来是书写的重要内容之一。事实上，作为一种历史记忆和现代社会文明之间的“张力”，“乡村”和“城市”也容易在时间推移和诗人的代际划分中逐渐形成对峙的态势。当然，相对于以上提及的“各式各样的乡土诗”而言，“乡土”不在于一种较为强烈的地域色彩，它只是在“记忆”中成为部分年长诗人的“熟悉性题材”，因此，从某种意义上说，他们的创作也同样被视为“乡土诗”。进入 90 年代之后，随着城市化进程不断加速，写作也随之进行了目光的转向。在这一时期，这类诗人的写作更多是以一种“城市视野”，完成自己对生活、理想、自我以及城市本身的人生观照。

姚振函（1940— ），河北枣强县人，1979 年发表处女作。著有诗集《土地和阳光》《我唱我的主题歌》《迷恋》《感觉的平原》《时间擦痕》等。

姚振函的诗，在 80 年代，主要致力于自然乡土的创作。《在平原，吆喝一声很幸福》《麦子熟了》《平原上的一种习惯》《什么鸟在头顶上》《平原和孩子》等作品，均通过对平原乡土以及自然风物的描写，诉诸生命的直觉和心灵感悟。在姚振函笔下，乡土和自然几乎是一回事，而且，正是它们与生俱来的真实与存在，才引导诗人的创作不断走向朴素、本色与纯粹。进入 90 年代之后，姚振函又出版了诗集《时间擦痕》，在这部作品中，诗人除了坚持一贯的乡土风格之外，更为值得注意的是，诗人的笔触开始指向城市，指向了一种最为直截了当的语言表达方式，而长诗《北温带》《身体》则可以视为诗人对生命与自我的玄想与沉思。

刘章（1939— ），原名刘玺，河北兴隆县上庄村人。1956 年开始写作，著有诗集《葵花集》、《映山红》、《燕山春》、《枫林曲》、《南国行》、《北山恋》、《长相思》、《刘章乡情诗选》、《太行风景》、《亲情集》（合著）等。

由于曾长年在农村生活，所以，刘章的诗篇具有浓郁的乡土色彩。《漫画写真》《挖井》《请碾子》《餐松啖柏》《小院落花红不扫》等诗作，无论就其主题还是具体的意象表达，都展现了乡村的艺术风情，不但如此，在诗歌的形式排列上，刘章的作品也常常在结构工整，回环往返等方面，显示一种传统的气息。而在“重乡情、重友情、重亲情”之写作观念的自我认同下，不断在《父亲》《爸爸的绰号》《归家忆》《致老妻》等作品中营造与此相关的抒情氛围，则是刘章诗歌创作的另一重要方面。

除上述诗人外，这一时期以“乡土题材”闻名的还包括辽宁诗人刘文玉，山东诗人王耀东与张中海，湖北诗人饶庆年、谷未黄，河北诗人刘小放、刘向东，安徽诗人陈所巨，等等。进入90年代之后，一大批成长于乡土的青年诗人迅速崛起，他们以描写故乡的风物和土地为诗坛所瞩目，而其中，又以白连春、江非为代表。

五 军旅中的诗情

“军旅中的诗情”，主要是和当代军旅生活有关。不过，鉴于在这方面一直具有丰厚的“历史”，因而，军旅生活的书写在更多的时候，是以“历史”进入现实，进而体现一种特殊的情怀。

李松涛（1950— ），生于辽宁省昌图县，长于抚顺。60年代开始诗歌创作，70年代末调干入伍。曾先后出版诗集《第一缕炊烟》《诗的脚印》《云影与松风》《凝固的涛声》《没有完成的爱》《萤灯》《女性插翅的浪漫》《李松涛诗选》《李松涛自选诗》，以及抒情长诗《无倦沧桑》《拒绝末日》等，现居沈阳。

作为一位几经辗转的军旅诗人，李松涛的诗歌经历了几个不同的历史阶段。早年，李松涛的诗歌绝大部分属于抒情之作。完成于“文革”时期的组诗《深山创业》，体现了一代诗人特有的现实感和责任感。毫无疑问，李松涛属于在“中国诗歌被淹没的年代开始歌唱”的一代诗人，对于“那是多么压抑和沉重的年代。从遥远北国的崇峦幽谷之间，飘起了深山创业的‘第一缕炊烟’”[①]，李松涛第一本诗集的名字，或许已然证明了诗歌创作与时代本身之间可能存在的对应关系。这种对应既与前辈和历史相联结，又在指向未来的时候，呈现出一种新的历史主题。

80年代的李松涛更多执着于军旅题材的创作。进入部队后的生活，使李松涛诗歌中的使命感得到自然的延伸。在《我的名字叫：

---

① 谢冕：《诗的脚印与翅膀——论李松涛的创作》，《李松涛自选诗》，春风文艺出版社1998年版，第422页。

兵》、《我属于人民英雄纪念碑》以及组诗《翼载辽阔与高远》等作品中，李松涛通过“写诗的战士与写战士的诗”① 的方式，吟唱“新时代的士兵之歌”，其特点主要体现为“对于当代军人气质的把握，对于军人心灵丰富内涵的开掘，这种把握和开掘，借助于直抒胸臆的形式和抒情主人公的塑造，显得真实而深刻”②。

两部长诗《无倦沧桑》《拒绝末日》是充分代表诗人 90 年代创作全貌的作品，也是诗人突破以往熟悉的题材，进入新领域的重要标志。《无倦沧桑》以“水浒一日游”的形式，通过“早：苦难与皇权”“午：忠与义”“晚：恶·嫉与性”“夜：生死与诗”几个时间阶段的延展，进行所谓“以诗人和军人的双重身份，探望并会晤熟悉的人物”。这种以历史作品入诗的长篇巨制，在 80 年代末 90 年代初并不多见。在某种意义上，《无倦沧桑》既是诗人感慨似曾相识历史的结果，也是诗人通过历史更深刻把握现实的一次文本实践。与上述内容相比，《拒绝末日》似乎由于题材更贴近现实而集中一些。整部长诗由序章和九章共十个部分组成。从序章“SOS——紧急呼救”到第九章“迅速贴近望远镜”之最后一首“大自然与我”，李松涛所要表达的除了包括“关爱自然的深刻思考和真情呼唤”之外，不断在诗行中传达出来的“警策之声”，还包括诗人“呼唤人类良知的心声”，这种走向生命并隐含居安思危的题旨，应当属于生活观念和时代变化交汇的结果。因此，它们的出现，也就在某种程度上体现了诗人和历史相互融合、创化之后，给创作带来的种种新的可能。

程步涛（1946— ），生于华北平原一个农民家庭。1963 年入伍，1979 年调至解放军文艺出版社做编辑。曾出版诗集《鹰群》《爱·生·死》《清黄河浊黄河》等。

程步涛的诗，总是将一个军人热爱祖国、热爱人民的崇高理想和高尚情操表现得淋漓尽致。从较早为人所瞩目的《四月》，通过陵园墓碑前的凝视联想到清明节，“路上行人欲断魂”的诗句，士兵的忠

① 朱先树：《写诗的战士与写战士的诗》，《诗刊》1984 年 5 月号。

② 高洪波：《新时代的士兵之歌》，《解放军文艺》1984 年第 12 期。

诚，“因为四月，/得到最磅礴的喷涌。”程步涛一直以军人的良知和责任感坚持写作。《鹰群》集虽以“龙骨”“生命”“鹰群”“史外觅史”“旗帜”分为五辑，但实际上是以回顾历史、俯视生命和热情的呼唤，构筑起一个立体的诗歌方阵。这种以“真”为线索的抒情脉络，延伸于更为凝重和苍茫的感悟，就是《清黄河浊黄河》的诞生。“无须确认/九曲黄河在哪一个河段/骤然由浊变清/清黄河也罢/浊黄河也罢/此刻/我们是在阅读一部史书/一部/有清有浊时清时浊/清清浊浊浊清清”，在这雄浑开阔的视野之外，诗人对灵魂的审视和历史的反思，正是其思想不断沉潜的标志。

除上述诗人外，“军旅中的诗情”还可以包括胡世宗、王久辛、贺东久、程童一、曹宇翔、朱增泉、简宁等，而女诗人辛茹、康桥的“介入”更是丰富了这一创作。

第二编

“亲历”90 年代

第六章 “断裂”、延续与发展

——从80到90年代的中国新诗

所谓“断裂”、延续以及发展主要是指新诗从80年代到90年代的历史进入方式以及进入后蕴涵的发展趋势，之所以会选择这样几个表面既对立又融合的语汇言说历史，主要是在于从80年代到90年代诗歌经历了一段不平凡的路程。这是一次具有模糊状态的身份转变，而这种感觉的产生不但有观念上的，还有人们对“断裂”同时又不得不对“延续、发展”进行认同的批评话语，这种近乎矛盾的判断很显然是源自人们“清查”历史时的误读乃至隐晦。一般来说，80年代与90年代作为自然顺承上的两个阶段，是与以往历史上任何两个毗邻的时代一样，没有在历史层面上产生独特的区别；然而，20世纪80年代至90年代的中国新诗却往往在实际感观认识上给人们带来恍若隔世之感——以事后的眼光来看，造成80年代与90年代之间界限的模糊不清，无疑是多种因素共同作用的结果，而由于不同的观看角度也在某种程度上加重了这一思维意识的错觉。

一 多重的境遇：“断裂”的幻象

“断裂感”是如何产生的？从诗歌内部上说，首先来自诗人自身某种心态意识的裂变。1989年，天才诗人海子在90年代来临之前于山海关卧轨自杀，而后，就是骆一禾在心力交瘁中的去世，这两位诗人并没有留下什么宏壮的遗言，但他们尤其是前者似乎是在明显预感到什么之后才匆匆离开人世的。虽然，海子在遗言中并未将自己的死归咎为何种原因，但对于一位追求大诗风格、“麦子意象”的天才诗人来说，他的去世无疑与一种写作上的无法延续和自由追寻受挫密切相关，或许正因为如此，海子的死对当时诗坛的震撼是非常强烈的，以至于这种阴影长期笼罩在一些诗人的心头。正如诗人西渡曾说：“以海子 1989 年春天的自杀为开端，中国诗歌界接连发生的悲剧性事件带给我们的震惊，显然压过了我们的悲痛。当我们还来不及痛定思痛，这些事件已迫不及待地进入了我们的写作背景。它们的阴影溶解在我们的意识，乃至日常生活的细节中。写作的行为越来越带上一种宿命的意味。而我们这一代人恰巧是在这样一种阴影下进行写作的。”① 的确，海子的死让人体味到乌托邦神话在 90 年代无形的门槛前破碎了，而诗歌必将要面对另一世界的场景。

其次，是源自对 80 年代诗歌实验特别是“后朦胧诗”云散后的反思。“后朦胧诗”或曰“第三代诗歌”、“新生代诗歌”是在 1986 年“两报”活动中推出的，当时，无论是他们超越“朦胧诗”的姿态，还是其集体出击的方式，甚至还包括文本上的后现代风格都是让人耳目一新的。但“后朦胧诗”过分专注语词的经营却造成了语词激情中的自我消耗，许多“后朦胧”诗派常常是在宣言过后就匆匆解体，而且，诸多“后朦胧”诗人误读“后现代”和国外“后现代创作”以及匆匆酝酿后就迅速走向诗歌写作上的“巅峰状态”，也造成他们脱离了以往的乡土中国，毕竟任何一种极端化的写作都是无法维系长久的，何况在“中国话语场”特定的环境下还有强大传统的无形存在。但“后朦胧诗”的影响是巨大的，至少它在相当长的一段时间里让处于 80、90 年代交界处的诗人陷入了另外的一种“无所适从”，那时，诗人对创作更多的是进行反思而不是进行实质上的创作——“后朦胧诗的写作精神在很大程度上已偏离了我们以往关于‘诗歌应该是怎样的’的传统观念，它更加封闭地沉溺于一种独特的诗歌感受力的发现之中，而极少考虑与诗歌传统的审美对接。这时候，如果仍坚持从传统诗歌批评中的‘诗歌是怎样的’的观念出发，虽然也能引申出见解

① 西渡：《写作的阴影》，《守望与倾听》，中央编译出版社 2000 年版，第 10 页。

精辟的批评，但由于缺少一种与诗歌现象的同构视域，批评的洞察力和说服力会打很大的折扣。”“后朦胧诗迅速裂变成一种语言自身的行动，也就是说，后朦胧诗写作的初期，很少有诗人具备对语言采取清除行动所需的巨大的耐心。写作从对语言的清除行为直接指向它自身，丧失或者说自愿抛弃了对其他目的的服务。由此，汉语现代诗歌写作的不及物性诞生了。”[①] 在这种场景之下，诗人在写作上的“困惑”以及在社会消费浪潮前暂时的“不知所措”，都使诗歌一度陷入“空白的中断”状态。往日的诗歌最后竟被“真实、短暂而押韵”的“流行歌曲诗”取代，“当那些诗歌纯粹性的追求陷于死亡的极地而难以自救的时节，由 80 年代消费文化的热潮所带动，一股追求时尚的风气，趁着社会痛苦的间隙机巧地占领了从新诗潮到后新诗潮形成的‘黄金地段’时空。这种‘趁虚而入’形成了流行诗对于新诗潮的暂时替代。这种替代是，80 年代结束的悲凉时代的一大诗歌景观”[②]。

当然，由 80 年代到 90 年代给人带来的“断裂感”还与外部环境的压力有关。诗人欧阳江河在其著名的《1989 年后国内诗歌写作：本土气质、中年特征与知识分子身份》曾以寒彻透骨的方式描述 1989 年为人们带来的“断裂之感”——“对我们这一代诗人的写作来说，1989 年并非从头开始，但似乎比从头开始还要困难。一个主要的结果是，在我们已经写出和正在写的作品之间产生了一种深刻的中断。诗歌写作的某个阶段已大致结束了。许多作品失效了。就像手中的望远镜被颠倒过来，以往的写作一下子变得格外遥远，几乎成为隔世之作，任何试图重新确立它们的阅读和阐释努力都有可能被引导到一个不复存在的某时某地，成为对阅读和写作的双重消除。才华横溢的年轻诗人海子和骆一禾的先后辞世，将整整一代诗人对本土性乡愁的体验意识形态化了，但同时也表明了意识形态神话的历史限度。”[③] 如果从社

① 臧棣：《后朦胧诗：作为一种写作的诗歌》，《文艺争鸣》1996 年第 1 期。

② 谢冕、张颐武：《大转型——后新时期文化研究》，黑龙江教育出版社 1995 年版，第 262 页。

③ 欧阳江河：《1989 年后国内诗歌写作：本土气质、中年特征和知识分子身份》，《站在虚构这边》，生活·读书·新知三联书店 2001 年版，第 49—50 页。

会文化的角度看待，80 年代末期的中国社会确然进入了一个"文化转型"的阶段。在这样一个年代里，急剧的商业化浪潮不但波及每一个时代生存者，同时，也对诗歌发起强有力的冲击。而随之而来的大众传媒勃兴则更是让人们的文化审美旨趣和文化阅读习惯发生了巨大的变化。以往时代的大量可阅读空间被迅速地占领，纯文学日益被逼迫到边缘的境地。商业化浪潮的汹涌澎湃使许多曾经热爱诗的诗人和读者逐渐浮躁起来，平静的阅读心态正被生存竞争的压力所挤压，人们的阅读在更多的情况下都变成了寻找文本的快感和在短暂时间内就可获取的愉悦。这样的追求显然与诗的本质追求相去甚远，于是，诗人的迅速分化和撤退以及阅读诗歌群落的减少都使类似 80 年代的诗歌热在 90 年代已经成为真正的历史。

然而，无论我们怎样强调"断裂的感受"，但这种断裂更多是源于一种位置上的差异。90 年代初期的普遍"断裂感"与 80 年代初"朦胧诗"的"造山运动"不同，而关于这一点，除了源自 90 年代所谓的"断裂"，是在 80 年代诗歌状况与 90 年代诗歌生存状况的比较中得出的，而日趋中年的心态和锐意的沉潜以及 90 年代诗歌普遍"冷风景"的境遇都在无形中造成了这种感受，最为重要的，则是 80 年代到 90 年代的诗歌在更多的情况下是在一种对立中完成延续的，这是一种非表面化的过程，如果要说得更清楚一些，80 年代到 90 年代的诗歌是一种逆向化的延续，而两个时代的诗歌在自己的层面上又是各自独立的。

二　内在的潜流：诗艺的延续

与 80 年代与 90 年代诗歌表面上的"断裂"相比，这一时期中国新诗在内部实质上的延续与进一步发展却绝不仅仅是源于时间观念上的，这种内在的逻辑不但体现在诸多代际诗人最终共同游弋于 90 年代，还在于 90 年代本身许多年轻诗人在汲取前代经验的基础上进入诗的国度。或许，对于 20 世纪最后 20 年的中国新诗而言，其历史自身的境遇以及同样可以称之为"断裂状态"的发展脉络，已然决定了它自身的独立性。至于围绕诗艺本身的延续所产生的种种表象，或许只在于接续正常历史之后的时间加速度，而诗歌本身的艺术流变也同样在一种紧张的状态下，充满了某种特有的张力。

作为一种内在的潜流，“90 年代诗歌是 80 年代的延续及其发展”，主要是通过如下几个方面展开的，但这种展开由于 80 年代诗歌的昂扬激越和 90 年代诗歌的沉潜反思，而常常陷于一种“隐晦”的状态。一方面，90 年代颇有实力的诗人诗作更多情况下是从 80 年代移植过来的，即使我们人为忽略诸多老诗人的创作，这种事实仍然可以成立。王家新、欧阳江河、西川、陈东东、于坚、韩东等都是 80 年代就已然成名的诗人，而像臧棣、西渡等虽然成名于 90 年代，但其最早的写作时代无疑是属于 80 年代的。这些基本从属于 60 年代出生的诗人仍然是 90 年代诗歌创作的中坚力量。与此同时，90 年代所产生的一批重要诗人，由于他们可以站在前辈的肩膀上进行创作，因而起点颇高。到目前为止，虽然由于一些人为的造势行为、激烈的论争乃至文学史记录上“客观的缺席”等原因使他们往往被人们所忽视，但从更为遥远的历史天空加以回望，他们必将在诗歌史上占有一席之地。当然，对于 90 年代诗歌而言，所谓一种延续上的表演，往往由于诗歌本身的风光不再而显得沉默了许多。而 80 年代诗人在进入 90 年代之后普遍持有的一种中年心态，锋芒内敛以及后起诗人暂时无法“扛鼎”，都使这种延续有某种“无欲无求”的意味。

另外，90 年代诗歌是 80 年代诗歌的延续还在于技巧的深化。90 年代诗歌是全方位地将个人、历史、民族的体验等全部融入创作当中的年代，因而，其内容上的广度与技巧上的深度是可想而知的。与 80 年代诗歌相比，比如，对于出现在 80 年代的两大诗歌潮流——“朦胧诗”与“后朦胧诗”而言，人们很容易就能通过它们各自的代表作品概括出它们在写作技巧上的总体特征。无论是“朦胧诗”的意象化技巧、朦胧的象征、高贵而悲凉的反思，还是“新生代”在结构乃至解构策略下的经营语词等，这些特征完全可以通过《回答》、《一代人》或者是《有关大雁塔》、《你见过大海》等经典作品予以总结。但这些对于 90 年代来说是“失效”的。个人式的独白、不断向诗歌艺术层面靠拢、意象营造上都产生了与 80 年代迥然有别的不同，这些都是

90 年代诗歌趋于“综合”的特征，

不过，正如文学史上任何一次超越总是通过扬弃的方式开启自己的历史进程，在 90 年代诗歌艺术呈现新质的同时，人们显然可以察觉到一种历史的踪迹。以萌生于90 年代最为著名的诗学话语之一“个人化写作”为例，对于将“个人化写作的知识谱系”延伸至 80 年代“第三代写作”，一个重要的前提就是，“第三代诗歌”虽集体出场，但却在出场的瞬间便以大批夭折的态势胎死腹中，尽管，从诗歌史的意义上说，1986 年的“两报大展”虽然推出如此多的诗歌流派，并最终常常为人所追忆的有“他们”“非非”“莽汉”等群落，但是，抒情主人公常常陷入自我、黑色幽默、解构甚或冷漠的写作方式，却决定了他们近乎多元与难以用整体的方式进行历史的划一：于坚诗歌的生活意识、韩东名篇的解构性、李亚伟式的反讽与嘲弄，甚至还有西川诗意的古典与海子的悬浮的大诗，都使第三代诗歌在去意识形态的效应中走向了“朦胧诗”的背面。当然，“第三代诗歌”可以为人所诟病的却在于从去意识形态的角度呼号而出，却最终以另外一种意识形态的方式重新落入了“历史的诡计”。不过，追溯这种谱系的历史之后，特别是那些容易被人忽视乃至尘封的脉络之后，我们不难断定如下几点事实。第一，是对这一时期女性诗歌与诗歌潮流本身融合的忽视。对于“第三代诗歌”而言，虽然所谓“黑色风暴”的女性写作常常被看成其中重要的支脉，但是，翟永明、唐亚平、伊蕾、海男等的“个人化写作”却常常在研究的过程中被剥离出来。这样，这种常常被指认为在相当程度上接受了美国自白派诗风的写作，就往往被封闭到一个属于自我的单元——然而，无论是自白派，还是所谓后现代视野中的“女性主义写作”，甚至还有所谓的“躯体写作”，这些拒绝异性到场，或者以变相方式发出愤世嫉俗的写作，都是构成第三代诗歌成为“个人化写作”发端的一种重要前提。第二，是在 80 年代中期的语境下，一个必须要注意的前提，就是所谓“主体性”“向内转”的问题成为当时文学批评的一个重要视点。而“主体性”“向内转”的一个重要现实指向，就是使“文学是人学”的命题再度得到历史的确认。如果没有上述理论的呼招以及潜在的氛围，或许“第三代诗歌”以及“先锋小说”乃至频繁引发学界争论的“后新时期文学”本身都无法成为一种可以独立的文学现象，并最终在嵌入文学历史的场景下，接续一度为历史中断的现代性和顺势迎接所谓的后现代场景。

至此，关乎“第三代诗歌”与90年代的“个人化写作”之间的关联已然得到了一种基本的确证。然而，或许值得提及的是，在许多研究者的著作里，还涉及了另外一种可资凭借的可能——在“亚文化选择：民刊策略与边缘立场”的标题之下，有人曾以“朦胧诗后先锋诗歌的殷实业绩令人仰慕，但回望它的生命来路却又伴随着几多坎坷与酸涩。我们必须正视这样一个残酷的现实：从边缘出发的朦胧诗后先锋诗歌，经历无数次的拼搏厮杀，至今仍没有完全接近中心，获得统领诗坛主潮的风骚和殊荣；并且在生存方式上还远远没有摆脱和主流文化相对的‘先锋文学所特有的亚文化特征’”① 的论述，说明两者之间的关系。的确，无论从“先锋”以及“先锋诗歌”本身的前驱意识，还是与其反叛意识所交融的探索性和实验性，都必然决定“先锋”和“先锋诗歌”本身的个人性。而由此可以引申的则是：在“第三代”风起云涌的浪潮中，人们大致可以在“PASS”和“别了，舒婷北岛”的言论中读出，新一代青年诗人是如何无法理解和接受“朦胧诗”的根本精神，以及那种沉重的政治责任感和道德伦理意识的。“后朦胧诗”者在急于摆脱历史文化记忆和社会政治出现新质的共谋下，从一开始就使其卸下历史的重负，并在采取激进的姿态中显示更为自由的言说空间。在“后朦胧诗”者的诗歌观念中，并非已经彻底解构了乌托邦，只不过，这种乌托邦已从社会历史意义层面的乌托邦滑落到文化、艺术乃至语言上的乌托邦，而由此透露的诗人心态即为期待回归艺术审美、回归个体的言说方式，以及拒斥诗意的政治承担。

三　发展的逻辑：90年代以来的中国新诗

既然，90年代诗歌已经在表面的“断裂”和内在的延续中，生成了自己的历史概念，那么，这种近乎矛盾的状态就顺理成章地成为审

① 罗振亚：《朦胧诗后先锋诗歌研究》，中国社会科学出版社2005年版，第3页。

视这一时期诗歌的重要逻辑之一，并进而影响90年代诗歌的发展走向。然而，无论怎样为这种“近距离”并带有时间尺度上的“权宜之计”命名，在“文化转型”讲究“现实性”的社会背景下，诗歌消费的比重日趋减少都成为一个无法挽回的趋势。在这种事实面前，诗歌写作从传统观念中的中心地位滑落并隐含着种种认同上的“危机因素”也就成为难以“近距离”审视历史的“外在内容”——这不但体现为在后现代语境下文学逐渐走向“散文化”乃至“碎影式结构”的现实，而且，更为重要的，还体现在诗歌远离大众之后，无法实现自身对抗现实的批判性功能。

与之相适应的，是90年代诗歌在发展过程中经历了最初几年近乎“真空的状态”之后，迅速以“反思的姿态”走向了日常生活，从而引申出90年代诗歌应有的历史内容。正如谢冕所言的“在90年代，诗歌的确回到了作为个体的诗人自身。一种平常的充满个人焦虑的人生状态，代替了以往充斥中国诗中的‘豪情壮志’。我们从中体验到通常的、尴尬的甚至有些卑微的平民的处境。这本是中国新诗的历史欠缺”①。90年代诗歌是通过对生活的观照逾越断裂的“鸿沟”，并使“个人化写作”成为一种普遍的历史感受，除了针对以往时代诗歌写作的单向抒情甚或焦急躁动的“青春期写作”，事实上，还在于诗人自身主动排拒种种外界侵袭之后一种潜心探索的心态意识——它以表现日常生活的状态和走下类似往日云端的悬浮状态而表现90年代人的特有生存体验，并在各自探索的“自我空间”中造就90年代诗歌艺术上的别样繁荣。

或许只有这样，才会理解：90年代中国新诗在不断走向日常化甚至世俗化的同时，如何会在整体上呈现一种诗艺上的“综合”。以兴起于90年代的“叙事性”为例，即使除了诗人的提倡和研究者的瞩目，其具体原因也至少可以从内外两个主要方面进行揭示。一方面，就诗歌艺术演变的内在原因来看，所谓自90以来出现的“叙事性”

---

① 谢冕：《丰富而又贫乏的年代》，见陈超《最新先锋诗论选》，河北教育出版社2003年版，第350页。

诗歌主要是针对大致以“朦胧诗”为下界的以往诗歌中一贯高昂抒情手法的超越，同时，它也是对“后朦胧诗”过分专注语言形式、语言“不及物”的一种反思；而另一方面，就诗歌的外部原因来看，它则是90年代以来关注现实生活和个人生存体验成为生活“首要问题”的必然结果。当然，这种结果从事实上看，还与“多元文化”氛围下包括诗歌在内的小说、散文、戏剧等各体式文学可以相互介入、自由融合有关——比如，诗人西川就曾在《90年代与我》中写道：“叙事并不指向叙事的可能性，而是指向叙事的不可能性，而再判断本身不得不留待读者去完成。这似乎成了一种‘新’的美学。……叙事并不能解决一切问题。叙事，以及由此携带而来的对于客观、色情等特色的追求，并不一定能够如我们所预期的那样赋予诗歌以生活和历史的强度。叙事有可能枯燥乏味，客观有可能感觉冷漠，色情有可能矫揉造作。所以与其说我在90年代的写作中转向了叙事，不如说我转向了综合创造。既然生活与历史、现在与过去、善与恶、美与丑、纯粹与污浊处于一种混生状态，为什么我们不能将诗歌的叙事性、歌唱性、戏剧性熔于一炉？”① 由此可见，“叙事性”无疑是最能体现90年代诗歌技巧走向综合的重要语词之一。尽管，它借用了原本属于小说批评的理论而容易遭人非议，但它的确是使诗歌回到了生活的本身，并以一种所谓的“及物性”摒弃了以往时代诗歌隔离描写对象的状态；不但如此，“叙事性”还以一种“亚叙事”或是一种“亚抒情”适应了90年代各体文学既多元又不断兼容的趋势，使诗歌在融入各式文体创作技法的同时，进一步衍生出某种表现时代特色的诗歌美学。

如果说“叙事的综合”能够从某一侧面反映90年代新诗艺术的走向，那么，究竟采取怎样一种语言方式进行叙述，就成为适应90年代诗歌发展的一个亟待解决的问题。在“个人化写作”“叙事性”等的历史共谋下，90年代诗歌拒绝大写历史，走向日常生活的俗景已成为一种发展趋势。这既是90年代诗歌在后现代场景下展开自我逻辑的

---

① 西川：《90年代与我》，见王家新、孙文波《中国诗歌九十年代备忘录》，人民文学出版社2000年版，第265页。

必然结果，同时，也是90年代诗歌承继80年代诗歌特别是后朦胧诗语言特征的重要证据之一。然而，无论就"个人化写作"，还是"叙事性"而言，这种颇有几分返璞归真味道并极具诗人自我功力的写作，都极易流于形式陷入一种误区——由于传统诗学（包括诗歌历史地位）历史幻象的存在，以及90年代特定历史氛围下文化常常濒于反思的境地，所以，诗歌走向世俗及其语言使用实际上隐含着诗歌自身文化层次与接受上的矛盾，同样的，这种矛盾也容易在"个人性知识谱系"的衍生中产生清算历史的导线。因此，对于发生于世纪之交的诗歌论争，比如"盘峰诗会"及其余脉而言，所谓发生于"知识分子写作""民间派"之间的论争，在实际上既是两种语言资源在"个人叙述"范畴内发生的冲突，同时，也可以视为反思传统之后，发生于"雅俗之间"的权利之争，而从更为广阔的历史场景予以审视，世纪之交的诗歌论争不但标志着先锋诗坛的裂变，同样，也在某种程度上造成了90年代诗歌概念的终结，何况，随之而来的"世纪初诗歌"的出现，也在另一个代际划分和历史阶段上，完成了一个历史阶段的收束。

总之，90年代诗歌是在反思和外界商业等多重因素下产生了"断裂"之感，同时又在这些因素下进行延续以及发展的。在写作不断与批评家挥别和诗歌"萧条论"此起彼伏的年代里，90年代诗歌的个人写作不但开拓了诗歌的表现内容，还拓展了诗歌的艺术技巧，而且，在商业化浪潮和写作空间与受众空间不断缩减的氛围下，90年代诗歌独特的艺术价值正透过历史缓缓浮现出来。当然，90年代诗歌在80年代和自身的多次浪潮的洗礼下，还有语言、修辞等多方面亟待解决的问题，但能够在巨大的心灵投影下进入身份的转移和存在的焦虑中进行过渡并使诗歌艺术得到进一步深化，或许正是"90年代诗歌"成为内部自足概念的重要前提之一。毕竟，在特定的年代里，要掩盖诗歌的往往并不是诗歌本身。因而，从这个意义上说，从80年代到90年代无论是感觉上的断裂还是实质上的延续以及发展都是无法扭转的一种历史趋势。而对于未来一代诗人而言，或许，只有历经生命刀锋的诗人才能摆脱浮躁成为真正的诗者，是以，所谓的"断裂"、延续以及发展也就成了一次最好的检验。

第七章　文学市场化时代的兴起与诗歌史上被忽视的“现象”

在80—90年代诗歌史的书写过程中，历来有两个曾经传诵一时、热闹非凡的现象遭到人为的“忽视”，即“席慕蓉现象”和“汪国真现象”。一方面，两个现象无法进入所谓正统意义上的诗歌史，是因为它们过于通俗、无法与诗歌的高雅置于一个层面。但在另一方面，席慕蓉和汪国真的作品在90年代初期的出版数量、拥有的读者数量以及“热播”的程度又是令人难以置信的。对于上述两种大致可以称为“截然相反”的历史呈现，笔者以为：其内在的问题绝非来自现象本身以及外在的评价，而是来自现象背后潜藏的时代、社会、文化、接受心理以及诗歌艺术转型等若干方面“合力”的结果。在这里，我们不妨总体以“市场化时代的兴起”对其加以命名，而后才是再现尘封已久的历史。

一　文学市场化时代的兴起及其“文学场”的形成

在文学领域谈及“市场化时代的兴起”，很容易让人联想到“文化转型”“经济体制改革”“社会主义市场经济”等多次被征引、使用的词语。作为对80—90年代中国社会文化发展趋势的一种描述，“文化转型”一直包含着复杂的社会历史内容，并生动再现“经济体制改革”“社会主义市场经济”等举措对当代中国社会、文化产生的深远影响。而作为“市场化”兴起的动力之源，人们虽很容易就字面上联想到1992年中共十四大提出的“发展社会主义市场经济”，但就计划经济向市场经济的转变过程而言，1984 年 10 月中共十二届三中全会召开，通过“关于经济体制改革”的决定；1985 年以城市为重点的整个经济体制改革的全面展开，却无疑成为中国社会发生结构性转型、逐步走向“市场”的重要起点。在这样一个社会环境下，文学的创作、艺术品味、生产（发表与出版）、传播（主要指流通、销售的过程）以及接受等方面也都相继发生变化。以当代诗歌在 80 年代中期的“转型”为例，“第三代诗歌”揭竿而起、集体登场，摆出一副“告别”“超越”朦胧诗的姿态，除了受到来自西方现代派、后现代派创作的影响之外，其反崇高、反文化、世俗化的面相，是否可以理解为在真实地再现当时现实生活的同时，也同样真实地反映了社会文化的变化？而其对“传统文化价值”的“重估”及喧闹表演，是否也意味着在诗歌自主的过程中同样也隐含着一个意识形态的期许限度问题？“正是 80 年代以思想解放与改革开放为核心的社会转型以及部分政治精英对艺术自主性的支持，为文艺的自主性提供了舆论与制度的援助？”① 这种从社会、时代、政治文化看待文艺转型的视角，显然可以作为看待当代诗歌转型过程中若干相关问题的一个有力的注脚。

历史地看，80 年代中期的经济体制改革很快也波及文艺界，而出版单位要逐步转变为“生产经营型”“独立核算，自负盈亏”也使文艺出版被步步推向了“市场”。“1988 年，根据党的十三大精神，中宣部和新闻出版署联合发出文件，明确要求：在发展社会主义有计划的商品经济的条件下，必须改革政企不分，统得过死，出版单位缺乏自主权，缺乏活力的旧体制，建设政企分开，扩大出版单位自主权，加强宏观管理，具有生机和活力的新体制。”② 至 90 年代初期，出版社靠卖书号为生、自费出版、版税制度、纯文学期刊的“断奶”与“转企”已不再是什么新鲜的话题。这样，左右包括诗歌在内当代文学面

---

① 陶东风、李松岳：《从社会理论视角看文学的自主性——兼谈“纯文学”问题》，《花城》2002 年第 1 期。

② 邵燕君：《倾斜的文学场——当代文学生产机制的市场化转型》，江苏人民出版社 2003 年版，第 12 页。

貌的，不仅有文学艺术性的内容，还有“市场”这一强有力的制约因素，而新的“文学场”也由此形成了。

在90年代中后期渐成声势的文化研究浪潮中，法国学者皮埃尔·布迪厄的“文学场”理论越来越引起人们的关注。2001年，中央编译出版社出版了由刘晖翻译的布迪厄之名著《艺术的法则：文学场的生成和结构》，让我们大致了解其“文学场”的理论概貌及其分析的方法：通过对福楼拜《情感教育》的阅读，布迪厄将社会学分析方法应用于文学，得出“文学场”形成的阶段、结构原则及权力制约模式，进而达到对“文化作品的科学认识”，“寻觅艺术的法则”①。限于篇幅，这里显然无法对其理论进行全面的展开，但其“文学场”理论启示我们从作家、文学期刊、出版社、批评者等“共同作用”的角度看待某一时期的文学历史，却是谈及“文学市场化时代的兴起”过程中必需要解决的问题。

按照布迪厄的理论，“文学场”的形成关键首先在于“文学自主原则”的确立，我们可以在回顾历史的过程中较为清楚地看到：在80年代中期，由于“文学回归自身”的呼声和叙述形式的变革等原因，一个新的“文学场”已开始形成。“寻根派”“第三代诗歌”“现代派”“先锋派”等几乎同时出场，使当代文学终于摆脱了往日的面貌。与此同时，经济体制改革促成的“经济场”的形成也为推动这种态势起到了不容忽视的作用，并最终在发展的过程中呈现出后来居上的态势②。考察80年代中期至90年代“文学场”形成的历史，不难发现：纯文学的立场和市场化的兴起恰恰构成了“文学场”内外两个基本的构成方面，然而，随着时间的推移，“市场”的影响力越来越成为影

① ［法］皮埃尔·布迪厄：《艺术的法则：文学场的生成和结构》“译后记”，刘晖译，中央编译出版社2001年版，第433页。

② 值得指出的是，这一点由于中国特定的历史条件与布迪厄的理论有所出入。按照邵燕君的说法，“法国的‘文学场’是在同时与‘政治场’和‘经济场’的决裂中建立起来的。与之不同的是，中国当代的‘文学场’是在一个‘前市场’的时代形成的。它需要对抗的只是‘政治场’——从‘写什么’到‘怎么写’、从‘专业作家’到‘职业作家’等口号的提出都显示了这样的努力。”见邵燕君《倾斜的文学场——当代文学生产机制的市场化转型》，江苏人民出版社2003年版，第12页。

响“文学场”内部的法则。文学生产（发表、出版）最终要以占有市场、赢利、获得读者、求得自身生存的逻辑最终战胜了纯文学的精英立场和艺术本位，这一过程不但最终影响了创作主体的观念，而且还波及并影响了文学批评的审美立场，而纯文学的生存危机也逐渐显露其端倪。不但如此，随着“市场化”的逐步深入，发生在“文学场”中的创作、生产、传播、评价、接受等环节的“角逐”也相继受到“市场化”逻辑的制约，并浸染上通俗文艺的色调，满足公众闲暇时消遣娱乐的通俗性文学以及后来的“大众文化”“消费主义”等文化批评术语，就这样成为文学市场化时代兴起及其“文学场”形成过程中最基本的逻辑。

二 “席慕蓉现象”的读者“期待”及相关问题

客观地说，将台湾女诗人席慕蓉的诗歌在 80 年代末期至 90 年代初期大陆的热销情景及其产生的系列影响，称之为“席慕蓉现象”，既带有一种历史回溯的眼光，又依据已有的事实及相关论断。按照杨光治在《神奇的“席慕蓉现象”及其启示》中的统计与论述——

> 《七里香》：1987 年 2 月出版，至今连印了十五次，共五十多万余册；
>
> 《无怨的青春》：1987 年 9 月出版，至今也连印了十五次，共五十多万余册；
>
> 《时光九篇》：1989 年 5 月出版，至今连印了五次，共十六万册。
>
> 别的出版社也“闻风而动”，印数也不少。其“衍生本”——有海南人民出版社出版的《席慕蓉抒情诗赏析》（杨光治、樱子选析），两个月印行二次，达八万余册。有的出版社还经营了“席慕蓉诗歌明信片”之类，也同样赢得了很多读者。
>
> 这几本诗集的印数，比某些港台言情、武侠小说还要多，这是使人难以置信的事实。在“纯文学”备受冷落的今天，“席慕

蓉现象”神奇地出现了！①

“席慕蓉现象”的提法俨然“恰如其分”。然而，究竟是什么原因促成了如此惊人的印行数字，并营造了一轮神奇的诗歌现象呢？

首先，就作品本身而言，席慕蓉的诗风格清新、唯美、细腻，讲究以真情实感、饱经沧桑打动读者，其语言浅显、易懂而又凝练，整体结构较为精致，具有真正意义上的朦胧美，这些特点，和其蒙古名字穆伦·席连勃的含义“大江河”确有几分相近②。而就阅读的角度上说，其诗歌的清新、自然，对爱的追求、年华的感悟等往往是引起读者共鸣的重要部分。当然，上述特点在很大程度上也决定了其读者群的构成，即为正在走向成熟、涉足社会生活未深的初中、高中、大学学生，其中尤以女学生为甚。“辽宁省一位女大学生由于买不到《七里香》，就借别人的来抄。从序、目录到正文、后记，一字不漏；连书中的图画也认认真真地描摹下来。桂林市一位十九岁的、身患绝症的姑娘，渴望有《七里香》和《无怨的青春》伴随她度过最后的岁月……”③ 正说明席慕蓉诗歌读者的构成及其阅读的期待。

其次，考察“席慕蓉现象”，我们必须注意到80年代中后期“港台通俗文学”在大陆盛行的背景。1985年之后，以金庸、梁羽生为代表的香港武侠小说和以琼瑶为代表的台湾言情小说的大量出版已形成一股浪潮。其后，古龙、岑凯伦、三毛等的作品也接踵而至。在这一浪潮涌动的过程中看待席慕蓉的诗歌，“港台作家”能够带来的新奇感受不失为左右读者心理的一个重要方面；不仅如此，在港台武侠、言情小说以及散文繁荣的过程中，席慕蓉的诗歌应当说填补了文体形式上的“空缺”。而结合80年代末期的文化语境可知，当时仍是一个

---

① 杨光治：《神奇的“席慕蓉现象”及其启示》，原文刊载于《诗歌报》总第124期及《文化参考报》1989年第12期，后收于《席慕蓉抒情诗合集》，花城出版社1991年版，第3页。

② 席慕蓉，蒙古族，成长于台湾。人们之所以习惯叫她为席慕蓉，是因为慕蓉是穆伦的译音。见张晓风《江河》，收入席慕蓉《七里香》，作家出版社2010年版，第8页。

③ 杨光治：《神奇的“席慕蓉现象”及其启示》，《席慕蓉抒情诗合集》，花城出版社1991年版，第2页。

读诗、写诗的年代，与当时大陆的诗歌创作相比，席慕蓉的诗以其个人的经历、非怪诞化和非直白、浅露，凸显了自身的独特性，因此，其在一时间掀起热潮便绝非偶然。

再次，“席慕蓉现象”还深刻反映了通俗文学运行模式及读者“期待”心理。1985 年之后，通俗文艺在大陆的繁荣除了对传统文学观念、写作产生冲击之外，其消遣、娱乐的商业化倾向也表现得日益明显。在对通俗文学的阅读中，读者期待的是阅读的不断更新以及由此滋生的热点追逐心理。当然，这一消费逻辑也很快成为文学出版、销售的逻辑。从这个意义上说，“席慕蓉现象”或曰“席慕蓉热”不仅是属于读者的，还是属于书商、出版社以及图书市场的。此外，纵览席慕蓉诗歌可以带来的情感慰藉、纯情世界甚至“梦呓”般的情境，我们也很清楚地感受到其“疏离现实”的倾向，而这一特点无疑对特定年龄、心理结构的读者具有相当程度的“感召力”：他们可以借助这样的诗意憧憬未来，而所谓的读者“期待”又可以在相互传播的过程中刺激出版与阅读的增长。

总之，透过“席慕蓉现象”，我们可以清楚看到诗歌在步入 90 年代过程中如何繁荣的可能。在读者“期待”的影响下，濒于市场化时代的诗歌开始意识到“当下时代”的阅读正发生着变化，因此，当下一个浪潮来临之际，诗歌的生产者们会主动出击、迎合时代，当然，如果从另一个角度，我们也可以这样说，当代诗歌生产正期待发现契机、遵从市场逻辑，而此时，诗歌的艺术品位、批评功能已在“文学场”的权力斗争中沉浸于热闹的场景之中。

三 “汪国真现象”的现实心态及其相关问题

与“席慕蓉现象”相比，“汪国真现象”作为近 30 年来为数不多的“诗歌事件”，声势更为浩大，而其“泄露”市场化逻辑以及一代人审美趣味正逐渐降低的秘密也更加明显。

为了全面解读“汪国真现象”，我们不妨看如下一组含有数字的统计记录——

1985年开始进行诗歌的创作。1990年开始出版诗集。第一部诗集为《年轻的潮》，以后又出过多部诗集。曾经在1990年代掀起一股“汪国真热”。

汪国真第一首比较有影响的诗是《我微笑着走向生活》，在湖南杂志《年轻人》1984年第10期上发表，后经《青年博览》、《青年文摘》先后转载。

汪诗首先在北京中学生中造成一定反响，并以手抄本的形式在学生中流传。经由一位女教师将此信息告知身为某出版社编辑主任的丈夫，触发出版社的商业敏感，迅速与作者联系出版其作品。1990年4月20日汪国真的第一部诗集《年轻的潮》交稿，5月21日由北京学苑出版社出版。

“汪国真热”出现于这本诗集出版之后，此书在装卸中连续五次印刷，印数达十五万册。紧接着又出版了《年轻的风》(1990年10月花城出版社)、《年轻的思绪》(截止1991年初，三次印刷达十四万册)、《年轻的潇洒》等诗集，中国友谊出版社出版了《汪国真诗文系列》九种，中国妇女出版社出版了《汪国真爱情诗卡》、《汪国真抒情诗赏析》，另外还有专收汪国真格言短句的随笔著作及其与他人的对话录。作为回应，市场上也出现了评介性的《年轻的风采——专访汪国真》。中国歌坛1991年2月推出了《青春时节——汪国真抒情歌系列之一》的盒带，并被《中国青年报》列为该月十盘优秀畅销磁带的第三名。

1990年7月4日，其诗集被《新闻出版报》列为十大畅销书之一，文艺类独此一本。

1990年10月北京高校出现汪国真诗歌演讲热。

1990年在出版界被称为是“汪国真年”。①

---

① 见张立群《阐释的笔记：30年来中国新诗的发展（1978—2010）》，辽宁大学出版社2011年版，第152—153页。该书引文来自2011年百度“汪国真”（http://baike.baidu.com/view/15701.htm.）的结果，因同一网址在不同时间百度，内容有差异，特此注明。

这样的记录当然还可以继续罗列下去，比如有些报道或批评文章中记录“他扬言要夺取诺贝尔文学奖”；晚近出版的《汪国真诗文全集》的封底介绍记录“据北京零点调查公司1997年7月对‘人们所欣赏的当代中国诗人’调查结果表明，在新中国成立后出生的诗人中，他名列第一；他的诗集发行量创有新诗以来诗集发行量之最”①。如此声名，自然使汪国真一时间成为家喻户晓的诗人。然而，随着“汪国真热”的骤然兴起，批评、质疑之声也纷沓而至……如今，汪国真已“转行”跻身于书画、音乐事业并成绩不俗，但从当代诗歌史写作的角度来看，他的名字似乎已被人遗忘。

如果可以在此基础上，比较“席慕蓉现象”和“汪国真现象”的不同，我们会更为清楚地看到后者在很大程度上已存在“与诗无关”的方方面面。首先，从市场化的角度上看，汪国真与席慕蓉虽都为商机浮现之后制造出的“热点效应”，但在“汪国真热”的过程中，各种广告宣传却对其起到了很大的作用。出版商曾有意安排汪国真为读者签名售书，汪国真在电视上亮相，频繁于各地高校、中学做巡回演讲以及各类报刊争相对汪国真诗歌反复报道、采访，这些手段都有力地扩大了汪国真的影响及其诗歌的销售量（当然，席慕蓉当时不能像汪国真这样亲自参与市场推动也是两个现象在市场化运作方式上不同的客观因素）。此时，汪国真已成为文化市场为吸引公众注意力而推出的新的文化明星。

其次，就接受心理而言，汪国真诗歌就读者构成来看基本延续了席慕蓉诗歌的“读者群落”（主要体现在年龄和身份方面）。这批不谙世事的读者虽以遵循“花样反省”“喜新厌旧”的通俗文化的“包装逻辑”选中了汪国真，但汪国真诗歌本身切近现实、更符合当代人的现实心态也是不容忽视的：阅读席慕蓉“远离现实”式的诗歌所获得的心理满足及其遗留的“心理空缺”，如今已被汪国真坦然面对现实、直面生活的诗歌所取代、填充，而这一点，又与汪国真诗歌自身的特点密切相关。

① 《汪国真诗文全集》“3卷”，广东旅游出版社2010年版，第369页。

关于汪国真诗歌的特点，一个流行的观点即为"他是大陆第一个优秀流行诗歌的作者"。"要输就输给追求/要嫁就嫁给幸福"（《嫁给幸福》）、"只要明天还在/我就不会悲哀"（《只要明天还在》），从表面上看，汪国真的诗歌确如港台的流行歌曲（有意思的是，汪国真诗歌押韵这一点确与一般意义上的新诗创作有很大不同），但在表象背后，汪国真诗歌却隐含着当代人务实而又不失达观、超脱的人生态度，这是其诗歌成功、把握当时读者心理乃至可以占领市场的关键之处。在此观念制约下，汪国真的诗歌也与80年代以来诗歌的整体发展态势有所区别。正如祁述裕在《市场经济下的中国文学艺术》一书中对汪国真诗歌的解读——

> 以汪国真的诗为例。在精神内涵上，汪国真既抛弃了朦胧诗叛逆的、充满悲剧色彩的精神人格，也不取一些"第三代"诗人把现实视为无意义的"他者"的冷漠态度，强调进取是汪诗的基本格调。在艺术上，汪国真彻底摈弃了"朦胧诗"以来诗歌的"试验性"和"先锋性"，回到浪漫主义审美经验上，清除一切可能给阅读带来阻遏的语言和审美方面的障碍，甚至清除一切"陌生化"的意象和语言组合，以口语化的语言，顺向连续性的思维方式，缀之以人们熟悉的象征意象和平浅哲理，使读者能够最大限度地、迅速地体味诗的意旨，并在与既定的阅读经验似曾相识的感受中寻觅乐趣。汪诗成名作《热爱生命》就是这种人生态度的形象叙述……①

汪国真诗歌相对于诗歌整体发展态势的"独特性"，其实隐含着当代诗歌更加通俗化了的趋势，这一点，在其走俏于1989年之后当代诗歌在一段时间内处于真空状态的背景下，显得十分明显。

此外，考察"汪国真现象"，还有一个值得注意的方面，此即为汪国真属于从各类报纸、综合性刊物茁壮成长起来的诗人，他的成功

① 祁述裕：《市场经济下的中国文学艺术》，北京大学出版社1998年版，第75页。

道路与依靠纯文学刊物发表成名的诗人有很大不同。应当说，汪国真诗歌在其“升温”的过程中就存在面向报刊、承认自己通俗的事实，但在汪国真成为“知名的流行诗人”之后，他又期待以纯文学意义上的诗人被诗坛接受，这样，他与诗坛的冲突便会十分明显。“汪诗的成功，关键是打出了个时间差。他在广大诗人还不屑创作流行诗时，率先打入了市场，占领了处女地。这一空白被填满后，后来者再要站住脚是相当困难的。”① 一方面是拥有数以百万计的读者；另一方面是正统诗坛的拒绝，汪国真当然有理由不满甚至“痛定思痛”，但此时“汪国真现象”已与汪国真和诗歌本身相去甚远，而更多与市场化时代“文学场”的资源配置、权力争夺有关。汪国真最终选择了介入其他文艺方向实现了自己的“转身”，在他背后，留下了理想主义时代最后一批孩童的眼神与记忆，从这个意义上说，汪国真不愧是“中国诗歌最后一个辉煌的诗人”，而市场化时代兴起后诗歌的“深入发展”才刚刚开始……

四 市场化时代诗歌的“博弈”与 90 年代诗歌的策略

从“市场化时代的兴起”到“席慕蓉现象”，再到“汪国真现象”，90 年代诗歌完成了一次具有特殊意义的“开场白”，此后的诗歌就读者接受、阅读而言，更多时候会与“边缘化”“冷风景”这样的词语联系在一起。然而，就“文学场”各种权力之间存在的“博弈”来看，诗歌在来自内部、外部力量相互竞争、力量制衡的过程中，却并非完全丧失了自己的阵地及发展空间。即使市场化的趋势不断影响着诗歌的生产、传播，但我们仍可以察觉 90 年代诗歌的生存策略在上述背景中具有如下的特点。其一，是通俗文学与纯文学之间的关系制衡。这一点，从诗坛回应“汪国真现象”的态度可以明显感受到。事实上，与“汪国真现象”在 90 年代初期的热闹场景相比，绝大多数坚守诗歌艺术本位立场的诗人仍在默默写作。他们的努力最终与通俗诗歌形成了“互文”关系，在 90 年代诗歌写作中，“日常化场景”的

① 周洪：《不要当作家》，广西民族出版社 1994 年版，第 55—56 页。

不断涌现并与诗歌技巧结合在一起，恰恰可以作为上述“互文”关系的侧证。当然，上述趋势也可以从另一角度加以认识：诗歌作为一种文学样式，无论外在环境对其产生了怎样的影响，其业已形成的某些本质都不会完全改变，90 年代诗歌最终与通俗文化形成了“互文”关系，一方面可以视为诗歌本质属性随时代发展而变化的结果；另一方面又可以视为诗歌内外部各种力量制衡的结果，而诗歌的开放性和生命力也就这样得到凸显。

其二，促动了诗歌在市场化时代的生存策略及新的生长点。鉴于诗歌与市场双方均需要生存、发展的背景，90 年代诗歌开始选择“丛书”“诗丛”“书系”等形式节约成本、降低资本消耗，已不再是什么新鲜事物了。这一趋势在很大程度上决定了市场化时代诗歌新的生产方式与生长途径。而在纯文学版面日趋萎缩、出版仍有很大限制的前提下，“民刊”的成长及 90 年代末期网络诗歌的繁荣更成为市场化时代诗歌新的生存策略。

其三，是个体写作与公共空间之间的制衡关系。如果说“席慕蓉现象”更多是以远离现实给读者以安慰，“汪国真现象”已开始使用关注现实的手段填补“空缺”，那么，90 年代诗歌在走向“个体写作”的道路时，如何思考与公共空间、公共话题之间的“对话关系”，实现自己有限的“批判功能”，则潜藏着诗歌的发展机遇与可能。上述“制衡关系”其实在 90 年代许多诗人笔下都曾出现过，只不过由于诗歌“个人化”态势而未能引起重视。然而，从 21 世纪初关于“底层”“打工”“现实担当”等讨论中，我们不难发现：诗歌的社会功能一直存在于当代诗歌的生产、创作与传播之中。诗歌可能会由于市场化的影响在一定时期内呈现出审美趣味的负增长现象，但诗歌拥有的与生俱来的本质属性却不会轻易弱化、矮化，而这正是我们认识市场化时代诗歌的一个基本前提和最终的结论。

至此，透过 80—90 年代诗歌史上常常被忽视的两个现象，我们可以清楚地看到文学市场化的兴起以及其是如何一步步渗透至当代诗歌之中的。在某种意义上，与其说两个当年显赫一时的现象不被诗歌史写作记录在案，是由于它们是商业化、世俗的“代名词”，不如说它们呈现了市场化兴起阶段波及诗歌领域的“过渡状态”——“过渡”极有可能是热闹的，但也易于成为一个时代开启过程中的“牺牲品”，只要它所潜在的文化价值无法得到合理认识或普遍伸张，它就无法彰显自己的历史意义、价值以及文学史的身影。由此思考当代新诗史写作，对于80—90年代的诗歌史处理，笔者以为：应当将“市场化时代”的背景交代清楚，因为这样更能把握、梳理90年代以来诗歌潮流的整体走向。同时，也不妨将“席慕蓉现象”“汪国真现象”作为个案加以简单介绍，从而在还原历史的过程中适度归还那些受众程度颇高的诗歌现象以权力。这样的策略不但不会降低诗歌史版本的层次，反而会在重温一代读者青春记忆的过程中（特别是“70后”一代），显示出诗歌史的全面、真实及可信程度。当然，上述引申其实已涉及晚近文学史写作及如何综合考察其影响因素的问题，而作为系统、深入的思考显然是另一篇文章讨论的话题了。

第八章　90年代诗歌的几个“关键词”

以“断裂”姿态产生的“90年代诗歌”，在某种意义上并不构成一种概念的自足性。这不但体现在90年代诗歌本身还需要一个历史化的过程，还与90年代诗歌究竟以何种姿态完成自身的独立有关。当然，即使选择了关键词的方式，也只是强调某种反复言说的“概率”。或许，对于晚近的历史而言，天然的近距离往往使任何一种“尺度”都难免带有“权宜之计”的倾向，而“关键词”归根结底也只是为了突出90年代诗歌自身的某些特质。

一　“90年代诗歌”

“90年代诗歌”的命名，在很大程度上，与历史的发展和时间意义上的自然分期有关。按照一般的逻辑，以十年为一个阶段对包括诗歌在内的文学创作加以划分可以作为“潜在的成规”，但显然，这一划分针对具体文学的发展而言，却不具有时间、边界等意义上的精确性。就“90年代诗歌”的实际情况来看，其发展道路、演进的轨迹始终与80年代的诗歌具有密切的关联，并带有明显的开放性。这一客观存在的背景，决定了“90年代诗歌”在命名意义上可能存在的暂时性，而如何使用某种线索叙述90年代诗歌，也就成为一个需要不断历史化的过程。

当然，就一个时代诗歌的基本构成而言，“90年代诗歌”还是可以从其语境、资源、队伍等若干方面“介入”。首先，就语境而言，“90年代诗歌”可以被视为渐进市场化时代的诗歌。进入20世纪90

年代之后，某种新的诗歌写作观念正随着社会文化的变化而逐渐呈现出来。在经历“第三代诗歌”短暂的繁荣之后，市场经济以及由此而生的文学市场化，对往日的阅读带来了强有力的冲击，在生存为人生第一要务的焦虑下，任何一种写作的阅读都变成了某种瞬间的行为。而对于发表和出版来说，也往往从刊物的生存和能否同传媒“共谋”的角度出发，这使“纯文学”的发表和阅读空间日益萎缩，诗歌也从此走向了一种“边缘的位置”。除此之外，多样化的娱乐文化和蓬勃而出的新媒体，也在一定程度上“削减”了诗歌的接受空间。当然，对于很多执着于创作、理智的诗人来说，上述语境并未使其拥有“人在边缘”的感受，不过，此时的诗歌显然已无力通过批判功能对抗社会现实，即使意识形态已经很少渗入写作的内部，但要抛弃诗歌的却并不仅仅在于一种空间，还在于一个时代本身。

在“90 年代诗歌”语境探讨的过程中，还有一个现象值得注意：即随着网络、资讯等交流手段的丰富、交流平台的扩展，中国新诗正日益进入全球化的视野之中。“全球化视野”时代诗歌的一个重要问题，是外来文化资源与本土文化资源的碰撞与融合、选择与排斥，这一属于交流视域的现象，自然为“90 年代诗歌”带来许多新的话题。

其次，就资源、队伍而言，与 90 年代诗歌的环境相比，90 年代诗歌的写作队伍却显示出繁荣的景象：除了一批老诗人继续笔耕不辍外，在 80 年代中期“第三代诗歌”运动中涌现出来的诗人，也逐渐显露出日渐成熟的写作姿态，这批大致可以作为 1960 年之后出生的一代诗人，在整个 90 年代诗坛一直发挥着重要的作用并影响着更年青的一代步入诗坛，进而呈现出世纪之交“多部交响”的局面。值得指出的是，众多“第三代诗人”在 90 年代不断彰显自身在创作上的持续性和影响力，不但使人们更为清楚地看到了他们的潜力，而且，还在一种潮流的延续性中让人们领略到了一种写作资源意义上的延伸。这种包括诗人、经验与技艺的资源延伸，就结果来看，既以承前启后的方式回应了 80—90 年代之间表面上的“中断”，同时，也在资源重组、碰撞的过程中，对 90 年代诗歌的走向产生了深远的影响。

二 "中断"

谈及 90 年代诗歌，历来有"中断"（即在本编第一章出于行文的便利而称作的"断裂"）的说法。这一说法就其来源而言，一般多以欧阳江河的名文《1989 年后国内诗歌写作：本土气质、中年特征与知识分子身份》为征引依据（引文可参见本编第一章，此处从略）。相对于 80 年代诗歌特别是"新生代诗人"创作的场景，"中断"的说法，反映了部分活跃于这一时段诗人的态度与看法。经历 80—90 年代特定的历史背景，90 年代诗歌在社会参与、公共对话等方面一度呈现出"空白状态"，这显然与 80 年代诗歌的热闹场景相去甚远。不仅如此，随着社会文化的转型，市场经济的运行，诗歌在阅读、接受以及发表、出版空间上也面临着萎缩的状态，诗歌由此呈现"边缘化""冷风景"的态势俨然成为众多诗人、读者和研究者的共识。当然，从另一角度来看，诗歌整体上的不景气、诗人队伍的分化重组，也为那些默默坚守于诗歌阵地的诗人拓展了相对的创作空间。他们可以在相对安静的氛围中进行个人化的创作，他们的执着、探索和甘于寂寞，代表着当代中国诗歌的前途与希望。因此，"中断"的看法究竟是观念意义上，还是"转折"或"转型"意义上的，就历史发展的角度而言，或许并不难区分，至于"中断"指向的意识形态内涵，也会因地域差异、主体意识等方面的原因，存在诗歌影响意义上的见仁见智。

三 "个人化写作"

"个人化写作"是 90 年代诗歌批评中的一个热点话题，同时也是一个被反复提及并可以上升为理论话语的话题之一。如果只是从写作的角度来说，任何诗歌写作都是"个人"的，因此，在 90 年代提出所谓的"个人化写作"并没有给人带来喜出望外的感觉。但 90 年代诗歌中的"个人化写作"关键在于其是对 80 年代"后朦胧诗"的集体登场而发的，它是反思历史上种种附庸式诗歌写作而最终为 90 年代的诗人所普遍接受，它的命名歧义不在于它是诗歌无奈后的写作策略，不在于它能标志独立作家与独立诗人的成长、形成和真正独立于艺术层面上的诗歌知识谱系，而只在于它自己可以让人容易产生“似曾相识”的感觉。

90 年代是诗歌备感艰难的年代，无论是商业化浪潮的吸引，还是大众传媒文化的冲击都能使诗歌濒临“绝境”。因此，适时地提出“个人化写作”，不但可以对在 1986 年兴起的“两报”群体进行反驳，对商业进行对抗，而且还可以在相当长的一段时期内，以某种颠覆性和反抗性的边缘化策略，隐含重返中心的可能。因此，“个人化写作”绝不是诗人无奈之后的自我逃逸，而是摆脱权力话语之后的自我发现和自我深入。所以，正如唐晓渡在不同文章中指出的：“‘个人诗歌知识谱系’具有显而易见的自我相关性质。它既是诗人写作的强大经验和文化后援，又是他必须穿越的精神和语言迷障”[①]；“‘个人化’更深刻的意义就在于此。它使我们真正回到了自身，回到了那个使一切矛盾冲突得以发生，在探求矛盾冲突的解决过程中不断被异化，又不断寻找过程；为生命的自发性而苦恼困惑，又不懈地试图将其转化成自觉状态的自身。‘个人化’意味着自我的解放！另一方面，它又使个人的负荷成几何级数地增加了。他现在比以往任何时候都更加明确地意识到，他和自然、社会、历史、文化、他人和自我处于怎样的一个机体之中，它们又是怎样地彼此对峙而又彼此渗透，彼此冲突而又彼此补充，彼此分裂而又彼此包容。这里选择和放弃只有一步之遥，而自由和责任必须同时承担”[②]。“个人化写作”与社会、历史和写作自身的复杂关系，决定了它作为一种历史进步的同时，又充满着内部的矛盾关系。因而，如何正确、辩证地看待，本身就是一个历史的问题。

当然，之所以要把“个人化写作”上升为诗学批评话语还在于它使诗人发现了生活。在市场化的浪潮冲击之下，90 年代的生存状态主要体现为一种“个人性的生存焦虑”并几乎影响到包括诗歌、小说等在内的全部文学创作。对于诗歌的“个人化写作”来说，这种可以从

---

① 唐晓渡：《90 年代先锋诗的若干问题》，《唐晓渡诗学论集》，中国社会科学出版社 2001 年版，第 113 页。

② 唐晓渡：《不断重临的起点》，《唐晓渡诗学论集》，中国社会科学出版社 2001 年版，第 32—33 页。

第三代诗歌浪潮那里看到端倪的创作态势，主要在于历史记忆丧失和意识形态力量（的）变轻之后，诗歌写作的公共主题正被自身的生存体验所替代。不过，对于“个人化写作”及其延伸，也必然会产生如下的后果：一方面，“个人化写作”作为诗歌回归自身的一种呼唤，它不断预示着一种生活性以及诗意的沉潜，同时，它也在于一种写作上的多元性和诗歌艺术上的多元性。由于在“个人化写作”的场景下，任何一种个体写作都获得了相应的合法性，所以，写作上的多元就在不必整齐划一的过程中成为一种可能；同样的，在“个人化写作”一旦为诗人群体熟识，并在自我超越的机制下，总结诗歌写作的成败得失时，新的“写作范式”势必要拔地而起。而另一方面，90 年代的“个人化写作”虽引导诗人在关注现实生活的前提下刻绘了细腻的诗歌纹理，但“个人化写作”却在某些时候成为回避时代、回避理想以及拒绝意义的代名词，而且，那种自我经验散漫无度的漂移和过分拒绝意义之后造成的平面化、浅表化，也往往容易使诗歌在成为某种琐事记录后诗质变轻，而像 20 世纪末出现的极度“身体叙事”则更是以宣泄欲望的方式，表达了诗意完全放逐之后，“个人化写作”本身需要反思的问题。

四 “叙事性”

自 90 年代以来兴起于诗歌研究界的“叙事性”倾向并不是偶然出现的，即使除了诗人的提倡和研究者的瞩目以及对于西方语言学理论的认可，其具体原因至少可以从内外两个主要方面进行揭示。首先，就诗歌艺术演变的内在原因来看，所谓自 90 年代以来出现的“叙事性”诗歌主要是针对大致以“朦胧诗”为下界的以往诗歌中一贯高昂抒情手法的超越，同时，它也是对“后朦胧诗”或曰“新生代诗”专注语言形式、语言“不及物”的一种反思；其次，就诗歌的外部原因来看，它则是 90 年代以来关注现实生活和个人生存体验成为人们“首要问题”的必然结果，当然，这里还应当包含“文化多元”氛围下包括诗歌在内的小说、散文、戏剧等各体式文学可以相互综合的客观事实。90 年代以来许多著名诗人都曾对“诗歌的叙事性”发表过自己的看法，如王家新在《当代诗歌：在确立与反对自己之间》中曾说：“近几年以来，诗歌不单是‘对词的关注’，也不单是抒情或思考，它们往往还暗含了一种叙事。而这种带有叙述性质的写作，导致了诗歌对存在的敞开，它使诗歌从一种‘青春写作’甚或‘青春崇拜’（郑敏语）转向一个成年人的诗学世界，转向对时代生活的透视和具体经验的处理。”① 而西川则在《90 年代与我》中阐释：“在抒情的、单向度的、歌唱性的诗歌中，异质事物互破或相互进入不可能实现。既然诗歌必须向世界敞开，那么经验、矛盾、悖论、噩梦，必须找到一种能够承担反讽的表现形式，这样，歌唱的诗歌便必须向叙事的诗歌过渡。”② 区别于小说意义上的叙事，“叙事性”之所以能够成为 90 年代诗歌写作和诗学批评中一个热点词语，其关键之处或许就在于发现了一种“包容之路”和“综合的创造”——“叙事并不指向叙事的可能性，而是指向叙事的不可能性，而再判断本身不得不留待读者去完成。这似乎成了一种‘新’的美学。……叙事并不能解决一切问题。叙事，以及由此携带而来的对于客观、色情等特色的追求，并不一定能够如我们所预期的那样赋予诗歌以生活和历史的强度。叙事有可能枯燥乏味，客观有可能感觉冷漠，色情有可能矫揉造作。所以与其说我在 90 年代的写作中转向了叙事，不如说我转向了综合创造。既然生活与历史、现在与过去、善与恶、美与丑、纯粹与污浊处于一种混生状态，为什么我们不能将诗歌的叙事性、歌唱性、戏剧性熔于一炉？”③

对“叙事”的强调，使人们看到了诗歌写作在适应时代语境的前提下，对生活的介入姿态。但显然，诗歌层面上的“叙事”不是一种写实主义的复归甚或日常生活的简单记录，同时，“叙事”也不是“抒情性”的对手④。鉴于 80 年代诗歌写作的“不及物性”，90 年代

---

① 王家新：《当代诗歌：在确立与反对自己之间》，后收入王家新《没有英雄的诗》，中国社会科学出版社 2002 年版，第 105 页。

② 西川：《90 年代与我》，王家新、孙文波编《中国诗歌：九十年代备忘录》，人民文学出版社 2000 年版，第 265 页。

③ 西川：《90 年代与我》，王家新、孙文波编《中国诗歌：九十年代备忘录》，人民文学出版社 2000 年版，第 265 页。

④ 姜涛：《叙述中的当代诗歌》，《诗探索》1998 年第二辑。

诗歌中的"叙事"更多指向于"事件或场景"的意义承担，以及诗人如何将"感觉化的细节"铺设成技术的文字，进而在文化多元、各体式文学可以相互综合的语境下，构建一种与"现实"紧密相连的写作策略。而"当代诗歌写作中的叙事，是一种亚'叙事'，它关注的不仅是叙事本身，而且更加关注叙事的方式"，"它的实质仍是抒情的"①剖白，也在涉及"介入""综合""抒情""日常化""及物性"等概念的同时，显示出90年代诗歌写作在部分诗人那里已经进入成熟的态势。至于从更为广阔的写作层面来看，"叙事性"及其相关话题还可以包括口语在内的语言使用等问题。至此可知，"叙事性"无疑是最能体现90年代诗歌技巧走向综合的重要语词。尽管，它借用了原本属于小说批评的理论而容易遭人非议，但它的确是使诗歌回到了生活的本身，并以一种所谓的"及物性"摒弃了以往时代诗歌隔离描写对象的状态；不但如此，"叙事性"还以一种"亚叙事"或一种"亚抒情"的姿态，适应了90年代各体文学既多元又不断兼容的趋势，使诗歌在融入各式文体创作技法的同时，进一步衍生出某种表现时代特色的诗歌美学。

不过，值得补充的是，90年代以来兴起的"叙事性"诗歌与传统意义上的"叙事诗"和"叙事"（其实是指小说范畴）有着本质上的不同，虽已成为许多人的共识；而"叙事性"诗歌本身所体现的强调外部的客观化描写、无法持续抒情中的自我体验乃至语言的才能和写作的智慧也充分说明了上述特点。但无论就命名本身，还是就实际发展而言，"叙事性"都是一种极见难度、颇能展示诗人功力的写作。正由于它选择了以往诗歌所常常摒弃的手法进行写作，所以这种"诗性的叙事"才更要求诗人驾驭语言的能力和能够近乎返璞归真式的技巧，因为只要稍不注意，"叙事性"诗歌就很可能会变成一部日常生活的"简单记录"。事实上，"叙事性"诗歌之所以还称其为一种诗歌就不可能彻底地放逐抒情，同样地，它也无法彻底摆脱对语词的关注。或许正是出于这种写作策略的考虑，诗人孙文波才在《生活：写作的

① 孙文波：《生活：写作的前提》，《阵地》1995—1996年总第5期。

前提》等多篇文章里反复地对其进行解释：“我们今天的写作出现了一种可以勉强称之为叙事的倾向，这种倾向也决不能看作是与荷马时代相同的，我们现在叙事，在很大程度上是一种亚叙事，它的实质仍然是抒情的。”① 因此，“叙事性”如果想在诗歌立稳脚跟并最终占领一席之地就必须在情感内敛的前提下，在抒情性写作与“纯诗化”的追求之间寻找接合点，它从不是通过对抗抒情或是通过写实的简单回归来显现自己，它的内涵以及出现的年代都决定其必须走综合性的道路，而这或许正是建构所谓“叙事性诗歌学”的又一重要方面。

五 “民刊”

相对于正式诗歌期刊在90 年代普遍不景气的现象，“民刊”在这一时期的盛行，既是正式发表渠道日益萎缩的结果，同时，也是诗歌走向边缘和自主之后，蕴含勃勃生机的场域。一般来说，“民刊”由于自身在表现探索性和发现新人等多方面存在的优势，往往是官方期刊所无法比拟的，这样，对于极具个人性、小集团化色彩的90 年代诗歌而言，“民刊”无疑在推出诗人、展现个人写作实绩上取得了突出的成就。

虽然90 年代“民刊”的繁荣，很大程度上是以闻名于“新时期诗歌”的《今天》为“源头”，而80 年代中期“第三代诗歌”的集体出场也为这一行为带来了某种“背景资源”，但是，90 年代诗歌民刊却在更多时候处于一种“守势状态”。正如横亘于八九十年代的诗歌“断裂”使当代中国新诗在一定时期内处于“真空状态”，“民刊”在诗界沉寂的局面下产生，并以自身严肃的态度最终形成有效的展开。《倾向》《现代汉诗》《发现》《南方诗志》《阵地》等对于90 年代诗歌起到不可忽视的推动作用。这是一个充满先锋意识和诗歌理想的诗歌场所，而作为一个历史性的发展序列，90 年代民刊的出现对于世纪之交自办诗歌刊物的风行以及网络诗歌某些操作程式也同样起到了相应的“典范作用”。

---

① 孙文波：《生活：写作的前提》，《阵地》1995—1996 年总第5 期。

当然，“民刊”在秉承个人立场的同时，也必然会在和官方刊物对峙的过程中表现自身的“权利意识”。在这明显带有“亚文化选择”倾向的策略表达下，“民刊”自身的历史以及自身的生存状态，都在不同侧面反映了当代中国新诗的文化处境以及独特的发表体制。不但如此，随着时间的流逝，民刊者已经不再因自己的边缘身份而踌躇，他们在正视自身的处境之后，开始以“身份意识”“独立品质”对抗主流话语和中心话语，从而使既模糊又内涵广阔的“民间”立场进入 90 年代诗歌写作的历史范畴之中。

“民刊”独特的疏离意识和解构倾向，对于 90 年代诗歌的传播也同样具有不可忽视的作用，并成为 90 年代诗歌重要的传播途径之一。许多可以视为代表 90 年代写作实绩的诗人，都曾在不同程度上以类似“民间”的立场表达自身的姿态。“民刊”唯艺术是举、推新人为己任的立场，不但具有强大的冲击力，同时，也在自我探索的过程中，为诗歌带来了新的艺术生长点。随着民刊不断嵌入历史化的进程，民刊在编辑、印刷质量上的大幅度提高，已经使民刊及其立场具有了相应的影响力：一方面，在部分诗人那里，民刊尤其是颇具声名的民刊之权威性有时会超过主流期刊；另一方面，民刊的咄咄气势也使当代诗坛的发表机制发生了自身的权力制衡。《诗刊》、《星星》诗刊、《诗潮》、《诗歌月刊》、《绿风诗刊》、《诗选刊》近年来都注意选发民刊上的作品，无疑对当代诗坛文化格局和文化选择的良性互动，起到不容低估的历史意义。

在研讨“民刊”的过程中，与此相关的一些关键性词语在 90 年代诗歌发展道路上也扮演了重要角色。以日后成为 90 年代诗歌中重要的概念之一，也是诗界争论“焦点”的“知识分子写作”为例，这一概念就出自西川、陈东东等人合办的民间诗刊《倾向》。这一点，就 90 年代诗歌的历史而言，也证明了“民刊”是一股不容忽视的诗歌力量。

第九章　世纪末的诗歌论争及其他

一般而言，论争总是与矛盾同行。90 年代诗歌的论争是新诗“历史”与“现实”碰撞的结果，但在某种程度上却与 90 年代文学浪潮的气息密不可分。以回望历史的眼光来看，90 年代诗歌论争的出现当然不是偶然的。而关于这一点，往往在联系 90 年代的时代文化语境和百年新诗经历至此的历史之后，或许会显得更加清晰。90 年代诗歌的论争作为一种历史范畴，当然并不仅仅局限在“盘峰诗会”及其余脉之上。事实上，它还存在于其他的一些论争现象并在整体上处于相互交融的状态。而本章以“世纪末的诗歌论争及其他”为题，所要揭示的正是这些内容。

一　世纪末的诗歌论争

世纪末的中国诗坛虽曾出现过几次诗歌争鸣与诗学交锋，不过，无论从持续的规模，还是波及的范围来看，发生于世纪之交的“盘峰诗会”论争无疑是自“朦胧诗”之后最具影响力的一次。1998 年 2 月，由程光炜编选的《岁月的遗照》作为“九十年代文学书系”之诗歌卷在社会科学文献出版社出版。不久，当时尚为北京师范大学在校学生的沈浩波在《中国图书商报》上发表《谁在拿“90 年代”开涮》一文，对这本诗选及其编选者和部分入选者进行了公开的指责。1999 年 2 月，杨克主编的《1998 中国新诗年鉴》在花城出版社出版，其编选内容无论就“代序”部分，还是编选内容上均与《岁月的遗照》呈明显的“对立”倾向。同年 4 月 2 日，由谢有顺撰写的《内在的诗歌真相》一文在《南方周末》发表，该文在充分肯定《1998 中国新诗年鉴》以及“民间”立场的前提下，质疑《岁月的遗照》以及所谓的“知识分子写作”。而后，王家新、唐晓渡、孙文波、臧棣、西渡等相继撰文，对上述指责予以反驳。这种相互交锋的态势，成为后来“盘峰诗会”的“导火线”。

1999 年 4 月 16 日至 18 日，由中国社会科学院文学研究所、北京市作家协会、《诗探索》和《北京文学》在北京市平谷县盘峰宾馆联合召开“世纪之交：中国诗歌创作态势与理论建设研讨会”（即“盘峰诗会”）。与会者有谢冕、吴思敬、任洪渊、唐晓渡、陈仲义、程光炜、陈超、林莽、刘福春、张清华、刘士杰、沈奇、王家新、西川、孙文波、臧棣、西渡、杨克、于坚、伊沙、徐江、小海等共 20 余人。会上，围绕已然成为分歧的“知识分子写作”和“民间写作”等诗学问题发生了争论。会后，一些传媒将此次论争称为“盘峰论剑”，并由此产生了所谓“知识分子派”和“民间派”两派诗人的说法。

为使持有不同观点的诗人和批评家能够坦诚相见，加强诗歌界的团结，促进诗歌创作的发展与繁荣，鉴于盘峰诗会之后，两派诗人不断撰文交锋的现象，1999 年 11 月 12 日至 13 日，由《诗探索》编辑部和《1998 中国新诗年鉴》编委会等单位联合召开的“99 龙脉诗会”在北京市小汤山宾馆举行。谢冕、孙绍振、蓝棣之、任洪渊、吴思敬、孟繁华和被称为“民间派”的诗人以及评论家于坚、伊沙、徐江、杨克、沈奇、谢有顺等出席，而被归结为“知识分子写作”的代表诗人和批评家却无一出席。“龙脉诗会”是“盘峰诗会”的继续，会后，双方仍旧在如《诗探索》《大家》《山花》《北京文学》等各家报刊上发表文章进行争论。

“民间派”诗人主要观点在于不满意《岁月的遗照》对“90 年代诗歌”及其主要诗人的“排定”，并进而在质疑“知识分子写作”的基础上提倡自 80 年代确定的“民间”的“口语化”写作。在为《1998 中国新诗年鉴》的“代序”《穿越汉语的诗歌之光》中，于坚指出：“九十年代的‘知识分子写作’是对诗歌精神的彻底背叛，其要害在于使汉语诗歌成为西方‘语言资源’、‘知识体系’的附庸，在这里，诗歌的独立品质和创造活力被视为‘非诗’。”[①] 在质疑《岁月的遗照》中所列举的诗人和“知识分子写作”具有权力话语的基础上，于坚认为，代表“最近十年”现代汉语诗歌成就的诗人除了应当包括北岛、多多、昌耀、吕德安、翟永明等之外，还应当包括“许多新的优秀的天才的诗人”如朱文、伊沙、阿坚、鲁羊、杜马兰、侯马、徐江、中岛、杨键等；与此同时，于坚还指出：“好诗在民间，这是当代诗歌的一个不争的事实，也是汉语诗歌的一个伟大的传统。民间的意思就是一种独立的品质。民间诗歌的精神在于，它从不依附于任何庞然大物，它仅仅为诗歌本身的目的而存在。”[②] 沈奇则在《秋后算帐——1998：中国诗坛备忘录》一文中援引《北京青年报》“一句话书评”栏目中，作出“没有选入伊沙的诗成为这部诗选的遗憾”这一有意味的报道之后，认为“在程光炜的诗选中，不仅排除了‘后新诗潮’最具影响力（至少在青年诗歌界）之一的伊沙的存在，即或是无法避开的于坚、韩东的存在，也仅只是作为一种不得已而为之的附庸与陪衬入选的（二人均只选入二首小诗）”，而另外近年来影响日盛如小海，女诗人王小妮等均未入选。“其暴露出来的问题，正越来越为人们所关注。”[③] 此外，对于“民间”“口语化写作”等一系列概念命题，韩东、于坚也分别在其长篇诗学论文《论民间》和《诗歌之舌的硬与软——关于当代诗歌的两类语言向度》中予以论证。

王家新、西川、臧棣、孙文波、西渡、唐晓渡、陈超等诗人及诗论家不同意“民间派”对诗歌现状和发展形势的判断。他们的观点集中表现为对“民间”立场的质疑和维护“知识分子写作”的意义和价值。在《思考比谩骂更重要》一文中，西川曾认为：“于坚将他所谓的‘民间立场’定义为独立写作立场，但这在我是早已解决了的问题

① 于坚：《穿越汉语的诗歌之光》，《1998 中国新诗年鉴》“代序”，花城出版社 1999 年版，第 7 页。

② 于坚：《穿越汉语的诗歌之光》，《1998 中国新诗年鉴》“代序”，花城出版社 1999 年版，第 9 页。

③ 沈奇：《秋后算帐——1998：中国诗坛备忘录》，《1998 中国新诗年鉴》，花城出版社 1999 年版，第 388 页。

（见我的论文《写作处境与批评处境》），只是我不愿意使用‘民间立场’这个词，因为‘民间’并不那么可靠，因为‘民间’那么容易被引诱，被鼓动，被利用，‘民间’是最没有独立性的场所就是。”[①] 王家新则针对于坚的《穿越汉语的诗歌之光》认为：“在事实上，在当代政治文化深刻影响着人们生活的今天，诗歌写作也不再可能是那种‘纯诗写作’或拔着自己头发升天的‘神性写作’（于坚语）；如果它要切入我们当下最根本的生存处境和文化困惑之中，如果它要担当起诗歌的道义责任和文化责任，那它必须会是一种知识分子写作。90 年代以来，这种写作精神体现在许多诗人那里并不是偶然的，它体现了一代诗人对写作的某种历史性认定，体现了由 80 年代普遍存在的对抗式意识形态写作、集体反叛的流派写作到一种独立的知识分子个人写作的深刻转变。”[②] 而臧棣则在《当代诗歌中的知识分子写作》中强调：“‘知识分子写作’从它的自我命名之日起，就面临着被丑化和庸俗化的双重危险”，在这篇文章里，臧棣还对“硬将‘知识分子写作’说成是‘渴望与西方接轨’”“蓄意将‘知识分子写作’和诗歌的日常性对立起来”“将‘知识分子写作’和知识/知识话语等同起来”[③] 等观点进行了逐一反驳。“盘峰论争”开始于 1999 年春天，直到 2000 年末才渐渐平息。不过，即使在 21 世纪之初的几年里，诸多关于这场论争的文章仍然可以零散地见于各种刊物，因而，无论从规模、还是从持续时间上看，“盘峰论争”都堪称近 20 年来继“朦胧诗论争”之后，发生于中国诗坛上最大的一次诗学交锋。

对于这场诗歌论争究竟会具有多大的诗学意义，它是否会真正促进世纪之交中国新诗的发展，尽管到目前为止还无法完全得到确定，但种种来自交战双方外部的声音还是能够在一定程度上说明诸多人士对论争本身的看法。持客观立场者以为，论争虽然暴露了先锋诗歌内部的矛盾，但从积极的方面讲，它也以交锋的方式深化了近 20 年来诗

① 西川：《思考比谩骂更重要》，《北京文学》1999 年第 7 期。

② 王家新：《知识分子写作，或曰“无限的少数人”》，《诗探索》1999 年第 2 期。

③ 臧棣：《当代诗歌中的知识分子写作》，《诗探索》1999 年第 4 期。

学发展道路上的种种问题。比如，吴思敬在强调“圣化写作”与“俗化写作”的基础上认为：“盘峰诗会的争吵打破了诗坛的平静，两种写作方式的冲撞为先锋诗歌未来的发展带来了契机。一方面这种冲撞冲决了诗人固有的审美观念和思维定式，为诗的创造开辟了新的途径；另一方面这种冲撞也会带给读者审美习惯的更新。”① 而王光明则在联系近 20 年来中国诗坛走过的“否定之否定”的历史事实上认为：“‘民间写作’和‘知识分子写作’都是具有互补意义的诗歌话语实践，各自都有问题的针对性又不可单方面强调过分而走偏锋”，同时，他在总体肯定论争是必要的前提下，提醒“在当代诗歌探索提出了许多新问题的今天，诗人和批评家有许多比辨认身份、安排座次、确定份额等更重要、与诗歌发展关系更密切的问题需要讨论”②。与持客观立场者的观点相比，还有一些人士对这场论争本身持失望与批评的态度。在 2000 年秋天，由《南方文坛》专门召开的“关于两种诗歌论争的批评”栏目中，张闳的《权力阴影下的“分边游戏”》一文在总体确认“当代中国诗歌在写作上确实面临着许多问题，这场论争的来临，似乎却是不可避免”的前提下，强调论争本身是在于“权力和派性”③ 在作祟；而刊发在同期由洪治纲撰写的文章则直接以《绝望的诗歌》为标题，极为尖锐地指出：“发生在 20 世纪末的这场诗歌界的论争，不仅是没有意义，而且可视为是中国诗坛并不光彩的一页。它暴露出来的不是诗人内心那博大而睿智的思想，不是诗人对于中国现实生存中人们精神境遇的共同焦灼和困顿，不是他们对于中国当代诗人自身所面临心灵处境的敏锐感悟和尖锐反抗，”而是“张扬某种庸俗的谁是谁非”。④

由以上的评价中大致可以看到：“盘峰诗会”的意义和价值似乎并不仅仅局限在论争的本身。而有关这一点，在联系 90 年代诗歌生存背景特别是发生于 90 年代的几次诗学论争，如围绕郑敏先生“新诗与

① 吴思敬：《世纪之交的先锋诗坛：裂变与分化》，《文艺研究》2000 年第 6 期。

② 王光明：《相通与互补的诗歌写作》，《南方文坛》2000 年第 5 期。

③ 张闳：《权力阴影下的“分边游戏”》，《南方文坛》2000 年第 5 期。

④ 洪治纲：《绝望的诗歌》，《南方文坛》2000 年第 5 期。

传统”的论争[①]、《星星》诗刊关于周涛“新诗十三问”[②] 的论争等来看待问题的话，那么，所谓“盘峰诗会”的论争除了是在于90年代诗坛写作存在多层次的现状外，还在于新诗本身一直存有“传统与现代”“本土与西方”“语言与形式”等多方面的问题。如果在充分考虑近20年汉语新诗乃至百年新诗的发展中一直存有诸多悬而未决的问题，那么，“盘峰诗会”出现的必然性势必远远要大于它的偶然性。因而，从拆解悬置的历史和之后的诗歌可以在反思中前进，从对立到融合的角度上说，其客观上存在的积极意义自然是一目了然的。当然，“盘峰诗会”及其余脉在论争中也存在着意气用事，甚至人身攻击与谩骂的事实，同时，由于论争在大部分时间里注重创作主张上的对抗，而没有注重使用强有力的诗歌文本证明自己的主张，因而，“它也顺理成章地淹没了90年代以来更为广阔的诗歌写作的‘中间地带’，进而成为使诗歌写作与个人化写作发生脱轨的一个重要前提”[③]。而这些，无疑是值得思考或不足取的。

二　其他一些诗学争鸣

（一）现象的述析

除“盘峰诗会”的论争之外，90年代的诗歌论争就规模和持续时间较长并产生重大影响的还包括：（1）围绕郑敏先生《世纪末的回顾：汉语语言变革与中国新诗创作》的论争；（2）《星星》诗刊关于周涛“新诗十三问”的论争；（3）《星星》诗刊由“下个世纪学生读什么诗——关于中国诗歌教材的讨论”而产生的争鸣。

纵观发生于90年代几次大的诗歌论争，其首要原因就是诗歌艺术的自由发展与诗歌外部境遇之间产生矛盾后（而）造成的一种必然结果。90年代是诗歌可以按照自身的艺术道路进行自主发展的时代，而意识形态功能的相对弱化和诗人可以按照自己的意愿在宽松的环境中

---

① 主要指由郑敏先生发表于1993年第3期《文学评论》上的文章《世纪末的回顾：汉语语言变革与中国新诗创作》而引起的论争。

② 主要是指1997年《星星》诗刊围绕周涛“新诗十三问”而展开的论争。

③ 张立群：《回望的意义——论90年代诗歌的论争》，《艺术广角》2005年第1期。

尽情地书写正是这种良好氛围的表征。但90年代诗歌又是生不逢时的。即诗歌虽然在90年代找到了自由的空间，但90年代的时代环境又不断造成了诗歌要沦为时代“冷风景”的一种必然结果。一方面是网络传媒的蓬勃兴起迅速占领了巨大的阅读空间；另一方面是时代竞争的压力使阅读只是一种寻求快感的惯性行为，而包括纯文学在内的文化产业化、市场化又常常造成诗歌刊物的频频“断乳”和诗集出版的艰难。在这种情况下，从诗歌外部来看，是失去大量读者之后“诗歌死亡论”等言论的此起彼伏；而从诗歌内部来说，则是众多曾经卓有成就的诗人在“写诗的人多于看诗的人”的年代里不得不告别诗歌，并最终与仍然坚守在诗歌阵地和关爱诗歌的人陷入一种深刻的反思情境当中。郑敏先生于1993年在《文学评论》第3期以头版头条的形式刊发长达三万余字的论文《世纪末的回顾：汉语语言变革与中国新诗创作》所引发的论争以及1997年《星星》诗刊围绕周涛“新诗十三问”而展开的讨论不但从一个特定的角度展现了这种“世纪末式”的情绪，同时，这样的论争或者提问方式在百年汉语诗歌的发展链条上恐怕也只能在弥漫着浓烈的文化保守主义思潮的90年代诞生。当然，如果只是涉及论争的本身，那么，我们所要面对的问题又肯定远比我们在表面上看到的复杂。但无论是围绕郑敏先生而出现的“文化激进主义”和“文化保守主义”之间的论争，还是类似周涛的涉及中国新诗的根本、现状、前景等的十三个巨大的问号，都可以充分地说明90年代诗歌是在一种近乎“反思中的自由与沉默”的状态中进行的。没有诗歌发展的困境，没有诗歌内部与外部的失衡，没有可以反思“传统与现代”的语境等种种因素的影响，那么，郑敏先生的“世纪末回顾”以及由此而产生的一系列发表于《文学评论》上的重要争鸣文章[①]

① 这些文章可见范钦林《如何评价“五四”白话文运动——与郑敏先生商榷》，《文学评论》1994年第2期；郑敏《关于〈如何评价“五四”白话文运动〉商榷之商榷》，《文学评论》1994年第2期；张颐武《重估“现代性”与汉语书面语论争——一个九十年代文学的新命题》，《文学评论》1994年第4期；许明《文化激进主义历史维度——从郑敏、范钦林的争论说开去》，《文学评论》1994年第4期；沉风、志忠《跨世纪之交：文学的困惑与选择》，《文学评论》1994年第6期。

肯定是无法出现的；而周涛的“十三问”尽管在许多方面问得不够准确、缺乏逻辑上的严密性，但类似他的第六条“新诗发展的大方向是不是错了？如果不错，为什么这条路越走越窄？如果错了，那么会不会是一个延续了近百年的大误会?”，第七条“是诗这种古老艺术形式的末日呢还是一群误入歧途的诗人的末日?”和第十一条“现在发表一点诗是不是太容易了？敢于自称诗人或著名诗人的是不是太多了？是诗太好写了吗?”以及最后一条对于以昌耀为代表的那些真正诗人命运的关切无疑是有非常深刻的现实含义的[①]。本来，90 年代的诗歌由于诗歌本身所处的时代境遇而使自身获得了自足的发展空间，同时，90 年代诗歌也由于适应中西文化交融的高峰期而使自身的艺术可以在一个极为广阔宏深的场景中进行拓展，而 90 年代诗歌在艺术特别是技巧方面上所达到的高度即使将其置于 20 世纪诗歌发展的整体脉络中也毫不逊色的实际也充分地说明了这一点。但这一时期的诗歌论争却使我们不得不在回首、检视这段诗歌历史的时候逐渐陷入反思的境地之中。或许，这只能说明在诗歌整体沦为边缘的年代里，要埋没 90 年代诗歌“辉煌”的也许并不是诗歌本身，而更多的则是因为 90 年代诗歌在向世界敞开的时候，不得不面对“冷风景”的尴尬境遇。

其次，90 年代的诗歌论争还在于 90 年代文坛特别是诗坛写作的多层次状况。由于写作环境的宽松，在文学可以自由发展的 90 年代，包括私人的、世俗的等大量与“文学本身应当是高雅”的命题发生抵牾的写作都可以进入 90 年代的读者眼中，而这种变化的最终结果就是使 90 年代文学出现了多层次、多维度的态势。以世俗化的现象为例，90 年代文学的世俗化是在适应商业化浪潮和读者阅读趣味等多重因素共同作用下出现的，而这正反映了 90 年代特定的文化氛围、文化心态以及文学想要突破自身原有的生存方式适应时代的一种渴望。“王朔现象”“小女子散文”“留学文学”，等等，都可以在 90 年代文坛占据了一席之地的事实都说明了文学正步入世俗化的范围中。在诗歌方面，经历 80 年代“朦胧诗”“后朦胧诗”甚至包括海子死亡事件等潜在影

---

① 《星星》诗刊 1997 年第 2 期。

响的90年代诗歌一直在无法解决"诗歌究竟按照何种道路发展"的阴影下向前发展，并逐渐在适应时代或曰追赶时代中出现"圣化"与"俗化"的写作。

再次，90年代的诗歌论争还反映了时代诗歌写作还无法更好地解决如何面对现实生活，以及读者的阅读水平和鉴赏水平亟待提高的问题。然而，由于文体特征的原因，特别是当小说、散文与影视、流行歌曲等可以凭借自己语言上的"优势"迅速与90年代的商业化融合，进而迎合大众的旨趣，制造出种种"写作热"的时候，诗歌却因为无法追上时代而只能默默地"败下阵来"。而"退守边缘"之后，诗歌却在告别高蹈之后同样进入了另外一种处境，"高深莫测""陌生化效应"在某种意义上，并不仅仅是一般读者的感受，同样也是部分"具有经验"读者的感受。至于发生于90年代关于"新诗教育"的讨论，则更是说明了无论是当前的诗歌写作还是诗歌的阅读水平和鉴赏水平都亟待提高的问题。

1999年《星星》诗刊最引人瞩目的是全年开辟的"下个世纪学生读什么诗——关于中国诗歌教材的讨论"，以及前后刊登的共27篇讨论文章。这次讨论的"导火线"是源自身兼乡村学校校长和诗人双重身份的杨然的文章《呼吁调整教科书中的诗歌教材——杨然致本刊信》。针对"学生轻易认为诗歌可以随口拈来，出口成章，所以老师的作文考试不考诗歌；学生以手中传抄的大量流行歌曲、青春寄语，作为诗歌替代品和冒牌货"的现象，杨然在文章里发出了如下的忧虑："一、整个国民素质中的诗歌常识会丧失殆尽；二、整个国民素质的诗歌鉴赏水平会无法提高；三、整个国民素质中的诗歌写作会继续低水平。"① 对于常年身处教学一线、清楚教学大纲和教学实际的杨然来说，他所发出的"忧虑"自然是切中了新诗教育的要害。何况新诗的教学问题本身又是一个波及面较大的社会实际问题，因此，杨然的文章一经发表就得到了许多文章的热烈响应与关注。众多诗论家和教学工作者都参加了讨论，讨论一直持续到第二年，并且直到21世纪

① 《星星》诗刊1999年第1期。

来临之后仍然不断有文章涌现。关于这场讨论就表面上看是“教材原有诗歌篇目的陈旧，无法适应时代教育”的问题，而在实际上这次讨论所要说明的问题却是当代诗歌创作不佳和诗歌鉴赏水平不高甚至麻木的问题。也许，在论述这个问题的时候，我们无意指责一些设计者自身水平的问题（其实这个问题是非常复杂的），但一个时代历来有一个时代的文学，既然教学和教材改革要面向新世纪，那么我们势必要选择一些能够代表时代特点的诗歌作品进入学生的视野。然而，90年代的诗歌写作却恰恰又是这样一种状况：一方面是诗歌远离读者，诗人孤芳自赏；另一方面是忙于与国际写作接轨，排座次、抢夺话语权。而在更多的情况下则都是沾沾自喜，感觉不错，却没有谁注意到自1919年以后，除了几首像样的新诗外，余下都很难普及以及众多读者阅读旨趣的陈旧和欣赏水平的迟钝乃至僵化。

（二）历史的解读

如果说谈及90年代诗歌论争的原因必须要联系90年代诗歌的生存背景，那么，明确90年代诗歌论争的实质就势必要突破时间的界限，从一个更为广阔的领域中看待这个问题。不过，在具体进入问题之前，我们仍需要强调两个重要的前提：（1）虽然，在90年代前后一共发生了几次规模较大的诗歌论争，但如果从回望和归类的角度看，这几次大的论争其实不外乎有以下两类，即前三次的反思与质问和“盘峰诗会”及其余脉的分化与裂变，但从百年新诗的发展脉络上看，它们往往由于彼此在本质上的“共性”而殊途同归；（2）由于论述90年代的诗歌论争是为了找寻百年诗歌发展中存在的一些问题，所以，所谓“回望的意义”并不是要强调孰是孰非，而是要在客观公正的立场上透过现象，揭示事物内在的本质。

其实，90年代诗歌论争的实质是新诗的“传统与现代”和“外来文化与本土融合”之间矛盾的必然结果。这不但是90年代诗歌论争的共性，同时也是百年新诗迟迟没有解决的历史遗留问题。这是一个迟早要提到议事日程上来的问题，只不过90年代的语境为其提供了合适的土壤。于是，它生根发芽的结果就是我们今天所看到的事实。在90年代诗歌论争的发展谱系当中，无论是郑敏的“世纪末的回顾”，还是“新诗十三问”以及“盘峰诗会”，尽管论战双方都指出了对方存有的缺点与偏颇（这一点对于郑敏先生也同样不例外），但他们发生在可以反思的时代并都不约而同地将目光转向过去，或者从新诗的诞生处着眼，或者从古典传统与新诗历史中寻找资源的事实，并最终都将目光定位于“20 世纪新诗发展的历史进程”都充分说明了百年汉语诗歌存留着历史症结。而且，可以肯定的是，作为现代新诗历史的见证人如郑敏在书写“世纪末的回顾”之类的文章时绝对不是什么任意妄为，而“十三问”尽管漏洞不少，但类似“1. 新诗兴于本世纪初，现在到了本世纪末了。新文化运动以来公认为合乎历史潮流的‘诗界革命’，是否到了重新研究总结成败得失的时候了呢?”和“2. 新诗是怎样诞生的? 这个婴儿究竟有没有连结于民族文化之母的脐带? 随着它渐渐长成少年，人们是不是发现它越来越像异国人了?”① 这样的质问也绝不是什么空穴来风。新诗在决裂传统、转向外国资源等方面确实给百年新诗的发展留下了巨大的心理投影。而文体建设始终无法成熟或曰“除了分行，真的很难说出新诗与其他文学有什么显著区别”的事实也正是新诗无法普及的重要原因。同时，为了能够迅速追赶上国外诗歌的写作和“诺贝尔”等一系列获奖情结，也使我们一部分本来会卓有成就的诗人拼命地模仿翻译体和视西方写作资源为圭臬，其结果自然是使当下的诗歌离我们越来越远。或许，以这样的眼光看待问题，“新诗教育”的论争和“盘峰诗会”的论争会与“传统与现代”的距离较远。但无论是“盘峰诗会”的交战双方都以传统或五四以来的传统中寻找自己存在的依据还是“新诗教育”论争中所存在的篇目问题，都无疑与百年新诗的发展有关，而如果追本溯源的话，那么，到最后这些问题又势必要殊途同归的。

当然，透过 90 年代的诗歌论争看待现代汉语诗歌的发展，所谓“传统与现代”和“外来文化与本土融合”之问题的核心仍旧是诗歌的语言和形式的问题。如果我们不介意使用类似“新诗现代化”之类的语汇的话，那么，可以肯定的是，在弥漫论战与革命气息的五四时

---

① 《星星》诗刊 1997 年第 2 期。

代，新诗作为新文化运动主将们所选中，并最终作为向已经趋于陈腐、落后乃至僵化的传统文化开战确实是在一种激进的、不破不立和偏向西化的前提下进行的，而作为传统文学或者是传统文化的代表新诗也确实是在这种条件下被推向了一种矫枉过正的标榜位置。不过，在证诸历史之后，我们可以发现：传统作为一个动态的过程，一直具有延续、变化和可生长的特性，因此，与其说新诗彻底脱离了传统，倒不如说新诗在汲取部分传统后向更为广阔的空间进行了敞开。而对新诗进行粗暴干涉的更多的则是诗人的文化心理上的阴影特别是意识形态的再度规范和强加束缚。在新诗发展的链条上，我们可以明显感受到初期白话诗在20年代中期之后的衰落，而30年代、40年代的诗歌往往是可以与80年代、90年代的诗歌进行对应乃至“互训”的，对于里尔克、庞德、瓦雷里等这些即使在今天仍然被常常重复的大师而言，我们确实在“翻译体”面前往往只是注意到了他们作品上的“形似”，而忽略了其内在的“神髓”。而不注重其实质上的韵律、节奏等方面上的模仿自然是生硬的。在这方面上，也许我们只要留心阅读“盘峰诗会”后的争鸣文章以及思考垮掉派盟主金斯伯格式的写作在1985年以后是如何长期盘踞中国诗坛的似乎就足可以说明问题了。

与长达几千年的古典诗歌传统相比，新诗确实是非常年轻的。它在语言、文体形式上需要改进的地方也着实不少。克服新诗自身存在的问题是需要多方面的努力的，但从90年代诗歌论争所反映出来的问题是否说明我们的诗人乃至诗评家为此进行努力了呢？90年代诗歌历来缺乏像80年代那样评论家忠心地为诗人摇旗呐喊的事实，诗歌评论家与诗人在90年代各自为战，互不信任已经是一件司空见惯的事情了。而从创作的主体上说，90年代诗人在写作普遍转向生活的口号下也在某种程度上掩盖了诗歌与实际生活的脱轨，片面追逐名利的心理、常常忘乎所以的浮躁心理都使其在一种不自觉的状态下忽视或忘记了当代读者的接受问题以及如何切实做到提高当代汉语诗歌水平的任重道远的事业。纯粹的技术、外来资源的挪用、口语的泛滥成灾等都使诗歌要么成为个人寄居的空间，要么成为一堆语言符号，并常常在片面追求中蜂拥而起，效尤者众，从而在彻底打破“诗歌作为一门高雅艺术的神话”中与读者的阅读期待大相径庭。因而，90 年代的诗歌论争在某种程度上恰恰充当了所谓“双刃剑”的作用，即它一方面凸显了新诗中存在的问题和 90 年代诗人的创作心态和生存现状特别是中国作家历来缺乏应对历史现实的良好素养；而在另一方面，则充分反映了百年新诗无论在写作本身还是读者阅读水平上都远未达到成熟的水平。这是回首 90 年代诗歌论争时我们可以清楚感受到的一个常常处于地表之下的问题，而如何解决它势必会成为 90 年代诗歌论争本身给我们带来的重要收获。

第十章　90 年代诗歌的重要创作现象

无论从何种角度看，叙述 90 年代诗歌创作都具有一定冒险性：时间上的近距离极易引发的认知幻象，“个人化写作”的丰富性，简单命名产生的歧义等。然而，当代诗歌的宿命或曰权力又在较短的时间内需要我们介入其中，这种两难处境不仅源于某种工作的压力，而且，还常常与研究的主体性、把握能力等方面有关①。当然，如果将其视为当代性行走的必然过程并可以激活学术研究的增长点，那么，所谓客观上历史言说都将是有意义、有价值的。而本章以重要创作现象为线索、以代表个案为例证，正是基于这样一种考虑。

一　“知识分子写作”

以“知识分子写作”“民间写作”以及其他类别的标准，对 90 年代诗歌创作实绩进行划分，当然并不仅仅着眼于“世纪之交诗歌论争”的“身份凸现”，其中，还包含一种类别划分的渴望。鉴于已有的 90 年代诗歌史叙述方式②，上述标准言说历史或许只能是一种“权宜之计”，并等待历史化进程的再审视。不过，可以肯定的是，在叙

---

①　如笔者在参与首都师范大学中国诗歌研究中心的国家课题《中国诗歌通史·当代卷·90 年代》部分的写作时（其具体写作、修改、初步完稿的时间为 2004—2010 年），就深感对 90 年代诗歌进行以诗人写作为线索的叙述方式的难度：除了篇幅比例的难于恰当把握，如何将诗人进行合理的命名与分类更是常常感到无从下手或找不到适当的角度。

②　比如洪子诚、刘登翰在合著的《中国当代新诗史》（修订版）中，就以“民刊带诗人”的方式进行 90 年代诗歌创作的研讨，但这似乎仍然只能是一种“权宜之计”。

述者眼中，这种言说旨在一种行文上的顺序和类的归属，其中，或许还包括一些更为细小的标准，但均不与诗歌艺术本身的成就有关。

（一）概念的解读

“知识分子写作”是90年代诗歌中重要的概念之一，也是后来诗界争论的“焦点”。据西川诗集《大意如此》附录的“创作活动年表”记录，早在1987年8月，在河北北戴河一起参加诗刊社举办的第七届“青春诗会”的时候，西川与诗人陈东东、欧阳江河就在会上提出“知识分子写作”的概念。1988年，在西川、陈东东等合办的民间诗刊《倾向》1期的“编者前记”中，他们明确指出：知识分子写作主要指一种“精神”，“《倾向》的诗作者们所倡导的知识分子精神，更多地体现在他们的使命感和责任感上”，“《倾向》的诗作者们事实上是把他们的知识分子精神上升为一种诗歌精神了”。这些强调诗人自我身份并对传统知识分子诗人角色予以反思的论述可以被看作对“知识分子写作”较早的一次阐述，当然，这一时期对“知识分子写作”的理解无论在阐述还是表达上，都尚处于一种较为简约的状态，而有关于这一概念的内涵与意义的详细阐释，则是从1993年开始的。

1993年，诗人欧阳江河在其著名的诗学论文《1989后国内诗歌写作：本土气质、中年特征与知识分子身份》一文中较为明确地提出：“我所说的知识分子诗人有两层意思，一是说明我们的写作已经带有工作的和专业的性质；二是说明我们的身份是典型的边缘人身份，不仅在社会阶层中而且在知识分子阶层中我们也是边缘人，因为我们既不属于行业化的‘专家性’知识分子（specific ntellectual），也不属于‘普遍性’知识分子（universal intellectual）。”[①] 这种对知识分子诗人的“多重角色”予以区分不但比《倾向》的提法更为细致，而且，也在由此的具体延伸中，比如“在当今中国，写作与权力已经脱节了”的论述里，暴露了诗人自我身份的一种焦虑。与欧阳江河相比，诗人

① 关于欧阳江河的论文，前后曾出现多次名称上的不同，这里主要参见的是《1989年后国内诗歌写作：本土气质、中年特征与知识分子身份》，欧阳江河诗歌评论集《站在虚构这边》，生活·读书·新知三联书店2001年版，第86—87页。

西川在具体表述“知识分子写作”的时候，则显得自信与直接了许多，“稍后，我提出了‘诗歌精神’和‘知识分子写作’等概念，并以自己的作品承认了形式的重要性。我的所作所为，一方面是希望表明自己对于服务于已泛滥成灾的平民诗歌进行校正，另一方面也是希望表明自己对于服务于意识形态的正统文学和以反抗的姿态依附于意识形态的朦胧诗的态度。从诗歌本身讲，我要求它多层次展出，在感情表达方面有所节制，在修辞方面达到一种透明、纯粹和高贵的质地，在面对生活时采取一种既投入又远离的独立姿态”①。可见，在西川那里，知识分子写作的提出是有具体的针对对象和诗人的自省意识的。而后，对“知识分子写作”阐述最为集中的则是批评家程光炜先生。在《90 年代诗歌：另一意义的命名》一文中，程光炜不但提出了他对所谓“知识分子写作”含义的三类“更精确的区分”：“一、受当代政治文化深刻影响的知识分子写作。这种写作，往往带着时代或个人的悲剧的特征，它总是从正面或反面探讨社会存在的真理性。二、西方文化意义上的知识分子写作。……三、有着中国传统文化背景的知识分子写作。”② 而且，还明确指出：“在我看来，贯穿于八九十年代的诗歌写作在总体上属于第一类的写作”，而在《不知所终的旅行》一文中，程光炜则以更为学理化的角度对这一概念进行了清理：“事实上，知识分子写作不是通常而言的阶层确认，而是对当代思想文化中种种‘知识分子’概念的驳难、质疑，以期在更宽阔和复杂的文化背景中加以修正。这种‘修正’的工作提出了两个问题：第一，作为一个诗人，他必须坚持一种理想化的灵魂状态；第二，在这同时他深切地意识到了，‘坚持’这一状态之不可能。现今的知识分子写作是充满了悖论色彩的写作，也正因为这样，诗人与他具体的‘写作’之间是一种互文的微妙与尴尬的关系。”③ 这里，程光炜对“知识分子写作”的解读明显是基于当代中国文化背景以及 90 年代

① 西川：《答鲍夏兰、鲁索四问》，《让蒙面人说话》，东方出版中心 1997 年版，第 271 页。
② 程光炜：《九十年代诗歌：另一意义的命名》，《学术思想评论》1997 年第 1 辑。
③ 程光炜：《不知所终的旅行》，程光炜编选《岁月的遗照》“导言”，社会科学文献出版社 1998 年版，第 3 页。

诗歌史的立场上的，同时，在具体的阐释过程中，程光炜也不乏对知识分子诗人的时代使命以及这个概念本身的文化意义进行了详细的论证。

“知识分子写作”凸显了部分诗人深感“写作与时代”断层之后的清醒意识，但更为清醒的却在于一种身份和精神的认知态度。不过，由于“知识分子写作”在概念命名上存有很大的模糊性，因而，虽然它在部分诗人那里可以作为“一种强调提升精神世界、强调超越的写作”，然而，在文化多元并相互共生的 90 年代，其清醒的意识正可以映衬难以得到大面积认可的现状。何况，“知识分子写作”在写作中贯彻其具体的诗学主张时，也确实存有曲高和寡并在具体实践上存在“难懂”的倾向。而这些，一旦与另外一些术语如强调人格独立、身份独立、创作独立的“个人写作”相互结合的时候，就更易成为其他派别诗人质疑乃至指责的口实。“‘知识分子写作’从它的自我命名之日起，就面临着被丑化和庸俗化的双重危险。庸俗化的危险主要来自其内部，或者说，来自它的参与者的自我神话的潜在倾向。”[①] 诗人臧棣这种具有既反驳又自省的论述，正说明这个概念本身仍是一个需要不断进行自我反思的话题。

（二）“跨代际写作”与王家新、西川、欧阳江河创作简述

王家新（1957— ），生于湖北丹江口市。曾在高中毕业后下乡劳动三年。1978 年初考入武汉大学中文系并开始诗歌创作，毕业后担任过教师、编辑等工作。1992—1994 年旅居英国，回国后任教于北京教育学院至今。著有诗集《纪念》（1985 年）、《游动悬崖》（1996 年）、《王家新的诗》（2001 年），诗论集《人与世界相遇》（1989 年）、《夜莺在它自己的时代》（1997 年）、《没有英雄的时代》（2002 年）。

对于“90 年代”或“世纪末诗坛”而言，王家新无疑是一个成名较早并跨越代际的诗人。早在 80 年代初期，王家新就常常被当时的诗歌批评家列为一位可以从属于“朦胧诗”群落的诗人。当时，他的组

---

① 臧棣：《当代诗歌中的知识分子写作》，《诗探索》1999 年第 4 期。

诗《北京印象》、长诗《“希望号”渐渐靠岸》等均引起人们的注意，然而，这一时期诗人的作品虽然在总体上显示出高亢、沉郁的艺术特色，但从总体上看，却较为缺乏独特的个人意识。随着朦胧诗的解体和后朦胧诗的迅速崛起，王家新的诗歌也开始其第一次转变。大致从1986年开始，王家新开始转入了对诗歌语言以及诗歌技巧的探索。诗歌《预感》、《蝎子》以及诗学随笔《人与世界的相遇》、《与蝎子对视》等都显示了这一时期诗人创作以及创作主张的变化，而完成于80年代末期的《守望》、《词语》（1990年作）等，则更是表明诗人的这种探索已经走向了极致。不过，随着“语言实验”在诗坛的逐渐失势，和1989年可以“标志着一个实验主义时代的结束”①，诗人自80年代中期开始的语言艺术实践正逐步发生着新一轮转变。到1990年下半年，“在经历了长达10余年的内心探索，经历了青春期的简单激情、道教禅宗的价值模仿和纯形式结构的实验之后”，王家新终于完成了他个人意义上的“彻底转变”②，而与之相对应的则是诗人对“时间”“晚年”乃至时代本身的深刻思考。《瓦雷金诺叙事曲》《帕斯捷尔纳克》《卡夫卡》等一系列名篇的迅速诞生，深刻地表达了在人们思想与社会现实急速发展和所谓进入文化“转型”时代之后，诗人如何独立面对生活、民族、历史、命运进行思考。阅读这一时期的作品，人们不难发现“时代”“承担”以及可以与之同义的语汇反复出现在诗人的作品当中。在可以代表诗人自身精神写照并强调一种个人精神力量的诗篇《帕斯捷尔纳克》中，诗人写道：

终于能按照自己的内心写作了
却不能按一个人的内心生活
这是我们共同的悲剧
你的嘴角更加缄默，那是

① 王家新：《回答四十个问题（节选）》，《夜莺在它自己的时代》，东方出版中心1997年版，第55页。

② 程光炜：《王家新论》，《程光炜诗歌时评》，河南大学出版社2002年版，第174页。

命运的秘密，你不能说出
只是承受、承受，让笔下的刻痕加深……

的确，在真实性常常消失殆尽和理想常常受到质疑的时代里，诗人以“人民胃中的黑暗、饥饿，我怎能 撇开这一切来谈论我自己？”叩问自我，一个诗人的良知和写作上的精神自觉无疑是值得珍视的。臧棣曾认为：《帕斯捷尔纳克》体现了“在汉语的肌质中植入一种富有生气的语言机制，使汉语和灵魂更加紧密地结合起来”的努力，同时，这首诗也“几乎揭示了诗人在我们这个时代的一种典型的处境”①，这种评价应当是较为客观与公允的。

1992—1994 年旅居英国，由于诗人亲历欧洲诸国，吸收大量的诗学营养，所以，这一段诗人的创作中不但大量出现诗界前辈先哲的名字，而且，在具体的诗歌创作中，其视野也逐渐宽阔、深远起来，与此同时，羁旅的独处和对故国的怀念又常常使其诗歌创作具有“肖邦夜曲”式的忧郁色彩：无论是《诗》的漂泊者情怀或曰漂泊本身就是一首诗，还是《欧罗巴的秋天》中对那个被“肖邦的夜曲找到”的忧郁“主人公”，和我在秋天里感受到的“祖国在我的身体里下雨……”而《词语（诗片断系列）》《游动悬崖（诗片断系列）》则更是以独特的形式展现了作者的切身感受。其中《词语（诗片断系列）》分别以“词与物”时而结合，时而分离的方式，将自己的生活道路，身处异乡的感受，接受诗歌先哲的启示，以及历史与现实和对诗歌的认识融为一体，并最终以首尾呼应的手法将一次写作经历展示得一览无余。

从 1995 年下半年开始，王家新先后写出了《夜莺在它自己的时代》《当代诗歌：在确立与反对自己之间》《阐释之外——当代诗学的一种话语分析》等一系列诗学论文，并最终将其和自己多年来重要的诗学论文结集为《夜莺在它自己的时代》于 1997 年 9 月出版。在这部文集中，可以较为明显地察觉诗人诗歌观念上出现的新的变化。比如：在《夜莺在它自己的时代》和《当代诗歌：在确立与反对自己之间》

① 臧棣：《王家新：承受中的汉语》，《诗探索》1994 年第 4 期。

中，王家新不但阐释了90年代诗歌的一些新动向，而且还在论述的过程中对“个人写作”“叙事”等一系列诗学术语予以阐述。而与归国之后诗歌观念变化相适应的，则是诗人在创作上出现的某些新质。写于这一时期的两首《挽歌》《伦敦随笔》等作品均显示了在诗歌精神上的一种深化，不过，与此同时，也逐渐暴露出了某种“把诗歌写作的严肃性同技巧截然对立起来”[①] 的创作倾向。然而，正如程光炜所认为的“王家新不是那种技巧性诗人”，“他生命的气质似乎比他的艺术才能优秀得多”[②]，阅读王家新，更多会让读者体味到的是一种对诗人精神的坚决维护，对诗歌严肃性以及诸如生命等本质性命题的深刻质询。世纪末的王家新已经在《第四十二个夏季》《秋天》《冬天的诗》等作品中让人们感受到了一种饱经沧桑的“中年心态”，的确，王家新所走过的创作历程绝非90年代这个时间概念所能包容的，因而，从这个意义上讲，所谓的诗歌界的“一面镜子”以及所谓的“诗歌精神启示录”，也确实可以较为公正地反映诗人多年来的心路历程。

和王家新属于同一类型的还有80年代就已经闻名诗坛的西川。西川（1963— ），生于江苏徐州。1985年毕业于北京大学英文系。毕业后，先后在新华社国际部、中央美术学院工作。大学期间开始诗歌创作，与海子、骆一禾等在创作上相互交流、鼓励。著有诗集《隐秘的汇合》《虚构的家谱》《大意如此》《西川的诗》，以及随笔集《让蒙面人说话》、诗文集《深浅》，并有大量译作。

80年代的西川受中国古典诗学和西方现代诗学的影响，诗歌有明显的抒情气质和神秘色彩。《在哈尔盖仰望星空》讲述宁静中的感悟——

有一种神秘你无法驾驭
你只能充当旁观者的角色
听凭那神秘的力量

① 臧棣：《后朦胧诗：作为一种写作的诗歌》，《文艺争鸣》1996年第1期。
② 程光炜：《王家新论》，《程光炜诗歌时评》，河南大学出版社2002年版，第179页。

从遥远的地方发出信号
射出光来，穿透你的心

就诗歌立场来看，西川与80年代部分第三代诗人强调以口语表述日常生活有很大不同，而80年代末好友海子、骆一禾的辞世对其世界观和艺术观都产生了“巨变”式的影响。90年代的西川在诗歌写作方面强调观念的角度而言，对“知识分子”身份、“道德”[①] 问题以及创作本身都有自己独特的看法。其组诗《另一个我的一生》、长诗《致敬》《厄运》等，强化了诗歌叙述特别是形式的变化。在这些作品中，诗人涉及的内容较为繁富，视域也极为开阔。应当说，西川渴望通过这些，表达其对于世界、人生、社会、历史和现实的思考，其写作和阅读难度也随即增加，需要结合诗人自身观念变化和时代语境方能获得介入的途径。

欧阳江河，1956年生于四川泸州。高中毕业后曾下乡插队，后到军队服役。80年代中期曾于四川省社会科学院工作，1993年春至1996年冬居留美国，1997年秋自德国返回国内，现定居北京。已出版诗集有《透过词语的玻璃》《谁去谁留》《如此博学的饥饿》等，另有文论集《站在虚构这边》等。

早年欧阳江河的创作受朦胧诗的影响，追求“史诗”品格，是第三代诗歌中“新传统主义”的代表。《悬棺》《天鹅之死》《肖斯塔科维奇：等待枪杀》等，有很强的文化哲学色彩。从1987年开始，他的诗歌发生了一系列变化，《汉英之间》《玻璃工厂》等作品，诗歌语言修辞和思辨色彩增强，力求呈现文化、生活及事物的本质。这一阶段欧阳江河的诗有明显汲取、整合东西方文化资源的痕迹和实验精神，诗风一直在探索中呈现持续变化的状态。从诗人90年代的代表性作品《计划经济时代的爱情》《关于市场经济的虚构笔记》《咖啡馆》写作情况来看，欧阳江河明显对社会现实保持着高度的关注。与此同时，

① 引文均见西川《面对一架摄影机》，西川《深浅》，中国和平出版社2006年版，第264页。

欧阳江河开始偏重选择“公共场所”和特定的生活空间以实现现实的介入，以词语和场景之间不露声色的触碰讽喻现实、剖示其内在可能存有的复杂维度。“快餐店”“咖啡馆”“广场”“家庭”等，均可以在欧阳江河的笔下通过关联化和透明的修辞而呈现出某种“词语中的现实”。

欧阳江河曾借用萨义德、阿多诺所言的“晚期风格”，对其中断过的写作及文本特征获得了相对完整的概括①。这在某种程度上可以作为欧阳江河渴望在变化的过程中完成对自己诗歌的整体性概括。由此回顾他诗歌中反复出现的“死亡的主题”、“文化的游移”以及“中年写作”的提法，诗人的创作风格建构一直与其自我认同保持着内在的一致性。这种可以从其创作和文论中获取的信息，有助于人们理解他那些多介质、混合感和难懂的诗篇，同时也有助于人们理解他的理论主张。

进入 21 世纪之后，欧阳江河还有长诗《凤凰》《黄山谷的豹》等作品，在诗坛上一度引起反响。

（三）技艺的冒险与臧棣创作简论

臧棣（1964—　），北京人，1983 年考入北京大学中文系并开始诗歌创作。1990 年获文学硕士学位后曾任中国新闻社记者，1993 年再入北京大学中文系，1996 年获文学博士学位并留校任教至今。曾先后出版诗集《燕园纪事》（1998 年），《风吹草动》（2000 年），《新鲜的荆棘》（2002 年），翻译、编选诗集多部。同时，作为一个诗歌研究者，臧棣还写过不少具有诗学研究价值的论文。

臧棣是崛起于 90 年代的诗人，同时，也是能够充分代表这一时期诗歌写作的重要诗人之一。由于臧棣早期创作曾受意大利“隐逸派”诗人蒙塔莱的影响，并悉心研读过法国象征派诗人保罗・瓦雷里的诗作和评论，加之其熟识里尔克等西方现代诗歌创作及诗歌理论②，所以，在臧棣的诗歌写作中往往能够发现一种较为接近现代主义的创作

① 何同彬、欧阳江河：《若无死亡冲动，别去碰诗》，《当代作家评论》2010 年第 4 期。

② 《创作年表》，臧棣：《新鲜的荆棘》，新世界出版社 2002 年版，第 350 页。

方法乃至近乎“纯诗化”的创作倾向。进入 90 年代之后，随着写作受到时代氛围的影响特别是诗人自我诗歌主张的变化，臧棣的诗歌风格也出现了新的变化。臧棣曾认为：“诗歌在目前有两种作用。一个是重建诗的想象，另一个就是拓展的想象力。”[①] 这种创作上的诉求不但使诗人在诗歌写作中自觉地摒弃诸多所谓“非诗”的因素，同时，也使诗人的诗歌充满智慧和丰富的技艺。

如果说《小小的拯救》《液体弹簧》《临海的沙丘》等篇章是充分展示诗人诗歌技巧的作品，那么，像《宇宙风景学》式的作品则以独特的叙述方式揭示了诗人来自“在他走过的路上，思考、内省、陈述他所见所感的人生风景，并把它转化为成熟的智慧”，即所谓“道旁的智慧”[②]。这首表面好似描述“宇宙风景”的作品，实际上是对包括诗歌写作在内所有事物秩序内部逻辑的清理。当然，这种迂回介入的清理的最终目的只是让读者能够看清组成诗人“智慧世界”事物的构成方式，即其单独一行很少寄寓什么深刻的含义，但其连缀在一起则完成了一种逻辑的智性。同时，由于臧棣认同罗兰·巴特的诗歌“不及物性”的主张，因而，在臧棣的诗歌世界里，诗歌以及语言与事物之间不存在直接的对应关系。于是，“在诗歌中更多地保持那种对事物的关联的、不确定的、微妙的、游荡不定的命名”[③]，即如何思考保持诗歌认知能力、想象能力甚至是玄学色彩以及诗人自我对诗歌本身的自觉反思，就成了臧棣诗歌的主要风格特征，而且，这也是其诗歌常常可以纳入更多空间，诸多事物可以自由介入、重复介入，比如诗人可以对寄情甚深的《未名湖》等意象进行多次书写的前提和结果。

进入 90 年代以后的臧棣还在自觉回应 90 年代诗歌写作特色的前提下，格外重视对细小事物的描述与捕捉，并不断在诗歌写作中更加

---

① 对话：《可能的拓展：诗与世界关系的重建——臧棣与 90 年代以来的中国诗歌》，《山花》2004 年第 12 期 A 卷。

② 敬文东：《道旁的智慧——诗人臧棣论》，《当代作家评论》2001 年第 5 期。

③ 对话：《可能的拓展：诗与世界关系的重建——臧棣与 90 年代以来的中国诗歌》，《山花》2004 年第 12 期 A 卷。

自觉地重视第一人称“我”的介入。《建筑工地的看门人》《施工现场》《在楼梯上》《日常生活》等都是在日常琐碎的生活中开掘诗意的作品。而类似《菠菜》式的作品更是在一边揭示日常平凡生活，如对“美丽的菠菜”精心描绘的同时，一边将诗歌中的“面对面交谈”方式、隐含的主人公以及平铺式的网状结构等特色精心地呈现出来。

即使仅就诗歌范式的意义而言，臧棣诗歌的技艺也可以“体现为一种高度综合的对写作本身进行自我检视的意识和能力”。[①] 不过，由于诗人过度追求诗歌与世界对应的能力以及要保持对事物最初的那种近乎神秘的感受，而具体到诗歌写作时又是常常以理性的深度来节制情感，因而，臧棣的诗歌虽不乏深刻与技艺，但却在一定程度上造成了其诗歌的晦涩与艰深。而这种堪称冒险的策略，正是其无法得以大面积推广与接受的重要原因。

谈及臧棣的诗特别是其北大诗人经历，很容易让人联想到90年代另一位北大诗人西渡。西渡（1967—　），生于浙江浦江，1985—1989年就读于北京大学中文系，毕业后从事编辑工作。大学期间开始写诗，间或从事诗歌理论批评，曾先后出版诗集《雪景中的柏拉图》《草之家》，诗歌随笔集《守望与倾听》，另编有《太阳日记》《戈麦诗全编》、《先锋诗歌档案》、《北大诗选 1978—1998》（1998，与臧棣合编）等。

西渡的诗歌创作基本上是以1995年为界分两个阶段展开的。早期西渡的创作具有明显的青春气息与校园气息，《我所想起的幸福》《雪景中的柏拉图》等作品精练、优美、朴素并十分注意诗歌中的均衡保持。不过，随着时间的推移和同为北大诗人、挚友戈麦的自杀，西渡的诗也发生了某些变化。成稿于1992—1993年的《挽歌》五首，不但寄寓了诗人对亡友的追忆，同时，也是诗人“自悼青春”的“呕心沥血之作”。对此，诗人曾自言“它是我25岁以前关于自我、青春、爱情、死亡、时间、历史等等问题思考的一个结晶。另外，它还是我探

① 张桃洲：《穿梭地面的技艺：臧棣诗歌论》，《当代作家评论》2004年第3期。

索篇幅较长的诗歌写作的第一次实验[1]。”1995 年对于诗人来说，是一个非常重要的年份。在这一年底，历经 1994 年远赴西藏，歇笔近两年的西渡终于完成了具有转变意义的作品《寄自拉萨的信》。不过，彻底标志诗人具有一种明确的诗歌意识，则要持续到写于 1997 年夏天的《阜成门的春天》。在这首诗里，诗人试图通过与以往区别较大的城市意象来证明诗意是存在于每天的日常生活中的。而后，《在硬卧车厢里》《一个钟表匠人的记忆》都较为鲜明地表现了诗人在诗歌写作中新的探求意识。当然，即使是在创作的后一阶段，西渡的诗中仍然清晰可见以往的洗练、透明的特征，而爱、死亡、命运以及关注自身意识的历史则始终是诗人倾心的诗歌主题。

（四）对“叙事性”的强调：张曙光、孙文波、肖开愚

对“叙事性”的强调是 90 年代诗歌一个重要的现象。在“知识分子写作”中，张曙光、孙文波、肖开愚等三位诗人不但对此进行过较为详细的论述，而且，还在具体的写作中实践自己的主张。

张曙光（1956— ），生于黑龙江，1978 年考入黑龙江大学中文系，毕业后曾担任过报社记者和出版社编辑。1980 年开始发表作品，但在很长时间内一直默默无闻，直到 80 年代中期因偶然通信的机会与肖开愚相识，他的诗才逐渐为人们所熟识。张曙光的作品多数强调一个 50 年代出生的诗人对个体生存经验的体会以及历史记忆的感悟。在《1965 年》《1966 年初在电影院里》等作品中，可以清楚地看到少年时代就存于诗人心灵深处的苦难记忆。代表作《岁月的遗照》以观察旧照片的方式，诉说对过去的一种追忆：相片与记忆中青春、朋友会永远保持着年轻，然而观察者却在“匆匆而过”的岁月中改变许多，于是，所谓的“遗照”就在抚今追昔的过程中逐渐变为遗留在心中的记忆和眼前“发黄，变脆”的历史陈迹，从而深刻验证了诗人深信的“一首诗往往是回忆的结果，即使它描写的是眼前的情境[2]。”白雪、冬天、死亡、黄昏等是张曙光诗歌中一贯喜爱使用的意象，同时，也

---

① 西渡：《草之家》“后记”，新世界出版社 2002 年版，第 330 页。

② 张曙光：《动物园的狂喜》“代序”，改革出版社 1997 年版，第 8 页。

可以视为充分表达诗人对生活冷峻观察以及营造诗歌氛围的一种手段与方式。

重视叙事是张曙光诗歌的另一个重要写作特征。如果联系“叙事性手法”是 90 年代诗歌写作中一个重要的收获，那么，自 80 年代中期就开始在诗歌中自觉实践“叙事性写作”的张曙光（如写于 1984 年的《1965 年》），无疑是重要的先行者之一。在一次关于 90 年代诗歌的对话中，张曙光曾认为：“有意识地把叙事性纳入汉语诗歌的写作中，称得上是 90 年代诗歌的一个重要标志。如果它不是代表了诗歌的进一步成熟，至少也意味着对于成熟的进一步努力。叙事手法在诗歌中的运用，可以在更大限度上削弱里面的抒情因素，在更大限度上包容经验。”[①] 这种独特的理解与感受不但是诗人常常采用第一人称，从一个特定的叙事角度进行缓慢叙述的前提，而且，也是诗人强调叙事节奏与速度，对生活进行深入开掘的重要原因。《给女儿》《楼梯：盘旋而下或盘旋而上》《我们所说和所做的》等都是重视叙事的作品。当然，张曙光在诗歌中的叙事并不是以复杂的技艺见长的，他的叙事主要是重视内容的深度与丰富以及如何在平静客观中表述自己深沉的感受。

1998 年结集出版的《小丑的花格外衣》是张曙光以往作品的一次重要的总结，此外，他还译有大量欧美诗歌作品。

孙文波（1959—　），生于四川成都。童年曾经在陕西华阴农村生活，当过知青，服过兵役。1979 年转业后回到成都，做过工人、编辑、记者。80 年代中期开始写作，90 年代亦从事诗歌批评。著有诗集《地图上的旅行》《给小蓓的俪歌》《孙文波的诗》等。

早期孙文波的创作是以抒发个人情感为主要表现方式的。80 年代后期，孙文波的诗歌开始出现变化，冷静的描述、叙事性手法以及客观化的叙述逐渐成为其诗歌的主要特征。进入 90 年代以后，孙文波喜欢运用日常的生活意象并着意于对生活本质的开掘，在《城市·城

① 黄灿然：《写作：意识与方法——关于九十年代诗歌的对话》，张曙光等：《语言：形式的命名》，人民文学出版社 1999 年版，第 362 页。

市》《献给你》《聚会》《在电车上想到埃兹拉·庞德》等作品中，孙文波不但充分地展示了他对诗歌“叙事性”的理解，而且，还喜欢不断使用反复、解释、议论等手法加强叙事，从而在反复铺陈中表达自己的思想。与张曙光相比，孙文波虽然同样强调诗歌的叙事，但叙事在孙文波那里却有明显表述上的不同，即孙文波不但强调叙事是对譬如“抒情性”、“音乐性”以及“美”等“这些构成诗歌的基本条件都已经有了不同于以往的认识”，而且，还将叙事看作一种过程，“是对一种方法，以及诗人的综合能力的强调”。[①] 与此同时，90 年代的孙文波不但不断在篇幅较长或者是片段系列的诗歌创作，如《祖国之书，或其他》《给小蓓的俪歌》等，实践自己的主张，还在进行诗歌批评的过程中，对以往的创作以及汉语诗歌本身进行了深入的反思，《句法练习》《为一个词写的一首诗》《母语》《改一首旧诗》等作品都从某个侧面说明了这一反思倾向。

肖开愚（1960— ），有时也署名开愚，生于四川省中江县，曾经在家乡行医。1993 年移居上海，先后做过编辑、记者等，1997 年到德国，现在大学任教。曾著有诗集《动物园的狂喜》《肖开愚的诗》等。

肖开愚属于那种勤于思考和不断进行语言实验的诗人。由于一度迷恋巴洛克风格，并受到庞德的深刻影响，所以，在肖开愚的诗歌中，“诸如活力、开放的形式和诗歌语言的不断实验”以及“对诗歌当代性的关注”[②] 就成为其诗歌的重要艺术风格。在《塔》等小诗与短制中，肖开愚总是以一种近乎突兀、强悍的诗风从开头就吸引读者，从而体现他“有些时候我向往一种雄浑的诗风，事物仿佛拔地而起，令人豁然开朗”[③] 的诗歌观念。但就总体上看，肖开愚为人们所瞩目的还是他的中等长度的长诗，《国庆节》、《动物园》以及持续多年才最终完成的《向杜甫致敬》，都属于这一特点的作品。其中，《国庆

① 孙文波：《我理解的 90 年代：个人写作、叙事及其他》，《诗探索》1999 年第 2 期。
② 张曙光：《动物园的狂喜》“代序”，改革出版社 1997 年版，第 6 页。
③ 杨克主编：《90 年代实力诗人诗选》，漓江出版社 1999 年版，第 156 页。

节》《动物园》不但追求融合口语、俗语在内的叙述、语言的跳跃与动感，以及通过借用现代派手法加强诗歌的阅读效果，同时，在这些作品里，也同样印证了他在90年代提出的诗歌理念，如“中年写作”“叙事”[①] 等。

二 “民间写作”

（一）概念的解读

作为与“知识分子写作”相对应的一种写作倾向，“民间写作”或者称“口语派写作”，同样是90年代诗歌写作中的一种重要倾向。不过，由于“民间写作”在命名的过程中，曾因20世纪末的诗歌论争而明显“带有”与“知识分子写作”的强烈对立意识，所以，“民间写作”从历史发展的过程上看，往往具有某种“事后行为倾向”，它的结果往往使论述者在追述“民间写作”的“历史”时，其历史跨度则显得更为久远。不过，这似乎并不影响“民间写作”在更广阔的范畴中得到应用。

按照不断将此概念付诸文学实践的复旦大学陈思和先生的说法，“‘民间’仅仅是指20世纪中国文学史上已经出现，并且就其本身的方式得以生存、发展，并孕育了某种文学史前景的现实性文化空间”；“民间是与国家相对的一个概念，民间文化形态是指在国家权力中心控制范围的边缘区域形成的文化空间”。显然，这里的“民间”是以所谓“庙堂”为对应的，它的“多维度多层次”决定了它具备“保存了相对自由活泼的形式”“自由自在是它最基本的审美风格”等特点[②]。诗歌界按照时间的继起是否借鉴此概念并没有明显的“文字记录”，但在具体的阐释时却有许多异曲同工之处。比如，“民间写作”倡导者之一的于坚在《穿越汉语的诗歌之光》中就在强调“第三代诗歌”是“民间话语”发轫阶段的基础上，认为：“第三代诗歌使民间

---

① 肖开愚：《九十年代诗歌：抱负、特征和资料》，《学术思想评论》1997年第1辑。

② 陈思和：《民间的浮沉：从抗战到“文革”文学史的一个解释》，《上海文学》1994年第1期。

话语第一次大面积地进入中国当代文学铜墙铁壁的舌面，并且从此开始了诗歌精神的重建”，同时，于坚还在充分强调“好诗在民间，这是当代诗歌的一个不争的事实，也是汉语诗歌的一个伟大的传统”的前提下，提出“民间的意思就是一种独立的品质。民间诗歌的精神在于，它从不依附于任何庞然大物，它仅仅为诗歌本身的目的而存在”①。而作为“第三代诗歌”的另一位重要诗人韩东则将“民间写作”的历史上溯到“70 年代末 80 年代初，一本叫做《今天》的油印刊物”，进而阐释“真正的民间即是：一，放弃权力的场所，未明与喑哑之地；二，独立精神的子宫和自由创造的旋涡，崇尚的是天才、坚定的人格和敏感的心灵；三，为维护文学和艺术的生存，为其表达和写作的权力（非权力）所做的必要的不屈的斗争”②。

同样地，与“知识分子写作”密切关联的“个人写作”“叙事性”相对应的，是“民间写作”对“口语写作”或曰“口语化写作”的提倡。如在《诗歌之舌的硬与软：关于当代诗歌的两类语言向度》一文中，于坚曾对“口语写作”的概念范畴以及内在的价值进行了较为明确的确定：“口语写作实际上复苏的是以普通话为中心的当代汉语的与传统相联结的世俗方向，它软化了由于过于强调意识形态和形而上思维而变得坚硬好斗和越来越不适于表现日常人生的现时性、当下性、庸常、柔软、具体、琐屑的现代汉语，恢复了汉语与事物和常识的关系。口语写作丰富了汉语的质感，使它重新具有幽默、轻松、人间化和能指事物的成分。”③

饶有趣味的是，“民间写作”虽然是作为“知识分子写作”对立面出现的一种提法，但在事实上，“民间写作”以及与之密切相关的“口语写作”也无疑存有自身概念上的模糊性，而且，就创作者的主体身份来说，其也无疑属于知识分子的行列。当然，如果联系“第三代诗歌”的历史延续性并考察90 年代诗歌普遍指向日常生活、注重从

---

① 于坚：《穿越汉语的诗歌之光》，《1998 中国新诗年鉴》“代序”，花城出版社 1999 年版，第 5—9 页。

② 韩东：《论民间》，《芙蓉》2001 年第 1 期。

③ 于坚：《诗歌之舌的硬与软：关于当代诗歌的两类语言向度》，《诗探索》1998 年第 1 期。

小的意象中开掘诗意，那么，“口语写作”就并不是一种单纯的提法，它在实际上不仅有重要的现实基础，还会在消费文化、网络盛行的年代具有广阔的发展空间。作为“第三代诗歌”中重要的一脉，韩东、于坚在 90 年代都曾经以口语的方式写出过大量的诗歌作品。于坚的《事件系列》，长诗《0 档案》，《飞行》，韩东于 2002 年结集出版的诗集《爸爸在天上看我》中的“90 年代的作品”，如《甲乙》《爸爸在天上看我》等都可以视为这种写作的代表。

（二）伊沙等人的创作

伊沙（1966—　），原名吴文健，生于四川成都。1985 年考入北京师范大学中文系。现居西安，任教西安外国语学院。曾担任过《文友》杂志策划、主编，先后出版过诗集《饿死诗人》（1994）、《一乘三行》（1995）、《野种之歌》（1999）、《我的英雄》（2003）等。

伊沙是 90 年代“口语派”诗歌写作的重要代表人物，同时，也是 90 年代“后现代式”诗歌写作的重要代表。《饿死诗人》是伊沙 90 年代最重要的诗集，在这部受到众多读者注意的作品集中，伊沙不但以一种后现代的写作策略对以往诗歌传统进行了彻底的消解，为 90 年代诗歌创作开创了一种新的视角，而且，伊沙还以其诗歌写作形象地概括了他对 90 年代诗人、诗歌乃至生存状况的理解。被反复引用为 90 年代中国后现代诗歌代表的《车过黄河》以对传统文化中象征着“摇篮”“母亲河”等崇高形象的消解方式，让以往伟岸、庄严的历史化记忆在瞬间变轻，从而在一种近乎非崇高、非文化的诗歌观念中展现自己诗歌独特的艺术构思。具有宣言性质的《饿死诗人》以痛快淋漓的语言方式，充分表达了伊沙对在 90 年代初期曾经一度流行的闲适、无关时代创伤与生命疼痛的诗歌写作风气，以及“麦地”“乡土”等意象盛行的不满，从而实践了诗人“饿死诗人开始写作”的诗歌观念。[①] 在不可重复的文本《结结巴巴》中，伊沙不但以独特的“结巴语言”对人性的基本现实和自我真实的勇敢确认结合在一起，而且，还以特殊的“失语”方式对当时的诗歌形式、语言驾驭进行了干预与

① 伊沙：《饿死诗人》，中国华侨出版社 1994 年版，第 170 页。

挑战，而其最后两节的书写，则更是以直面人生的基本事实，将主人公敢于凸显自我和自得其乐的姿态进行了永久性的展示。而《等待戈多》则是通过对一幕荒诞戏剧演出的描写，在喜剧化的结尾处将舞台上的荒诞和现实中的荒诞交织在一起，从而引发读者对周围世界的种种思考。

综观伊沙 90 年代的诗歌创作，直白的口语、卒章见志的结尾与追求诗歌铺陈过程中的一波三折始终是其喜爱的创作手法。而且，作为一种具有个性色彩的写作，“伊沙式的写作”在 90 年代一些青年诗人那里得到了传承。当然，如果只是就写作而言，伊沙在诗歌中所寄寓的精神内涵似乎要大于他的文本形式，不过，由于伊沙的诗歌写作过于注重诗歌内容上的反叛意识，而且，其中往往夹杂着大量低级而粗鄙的诗歌意象，因而其写作往往会在失于高雅的过程中引发争议，而伊沙的作品在 90 年代常常毁誉交加的事实正说明了这些。

除伊沙外，可以划入“民间写作”的还有徐江、侯马、杨克、阿坚等。徐江，1967 年生于天津。1989 年毕业于北京师范大学中文系。1991 年创办民刊《葵》。曾先后著有诗集《哀歌 · 金别针》（与侯马合著）、《我斜视》，另有随笔集、批评集多种，曾获“天问诗歌奖”等多种诗歌奖项。侯马（1967— ），本名衡晓帆，生于山西。北京师范大学中文系学士，北京大学法学硕士。著有诗集《哀歌 · 金别针》（合著）、《顺便吻一下》、《精神病院的花园》等，现居北京。杨克，1957 年出生于广西南丹，现居广州。曾先后出版《太阳鸟》《图腾的困惑》《向日葵和夏时制》《陌生的十字路口》《笨拙的手指》《杨克短诗选》《广西当代作家丛书 · 杨克卷》等多部诗集，另主编“中国新诗年鉴”多种。阿坚，本名赵世坚，曾用笔名莫斯、伊君等，1955 年 12 月生于北京，祖籍山东崂山。70 年代末当过几年工人。1982 年毕业于北京师范学院（今首都师范大学）中文系，后靠写作及当旅行向导为生。曾出版有小说与诗合集《正在上道》《向音乐掷去》等，同时，作为一个诗人和旅行家，他长期从事搜集整理当代民谣的工作。

三 “年代”、“地域”、“代际”及其他

对于 90 年代诗歌而言，在上述两种“类型”之外，还有众多诗人与之构成“共生关系”。他们分散在自己的写作单元之中，进行着“个人写作”，在流派、宣言等都出于哑然失效的 90 年代，对其评述、气质类型划分本身都存有一定程度上的“困难”，是以，这种言说本身更多的或许只在于一种世纪后的眼光。

当然，作为一种选择的标准，所谓 90 年代重要的诗人大致以如下几种版本为依据。它们分别是：程光炜编选《岁月的遗照》，社会科学文献出版社 1998 年版；杨克主编《90 年代实力诗人诗选》，漓江出版社 1999 年版；韩东主编《年代诗丛》第一、第二辑（20 种），河北教育出版社 2002—2004 年陆续出版；安琪、远村、黄礼孩主编《中间代诗全集》上、下，海峡文艺出版社 2004 年版；吴思敬、简政珍、傅天虹主编《两岸四地中生代诗选》，作家出版社 2009 年版，等等，其中，交叉的部分不再重复。

（一）“年代”与写作的重现

韩东主编《年代诗丛》第一、第二辑（共计 20 种），在河北教育出版社 2002、2004 年出版后，对于修复诗歌的历史或者说建立“文本存档”意义起到重要的作用①。按照韩东的说法，“本诗丛为‘年代诗丛’，拟编四辑，每辑十本，为个人诗集。第一辑为‘80 年代卷’，入选者大致是活跃或写作于 80 年代的诗人。第二辑为‘90 年代卷’，入选者大致是活跃或写作于 90 年代的诗人。”② 这些诗人在以前的论述中或者曾“记录”，或者曾“提名”，而其中，对于柏桦、杨键的编选则具有重要的意义。

---

① 第一辑包括诗人以及诗集有：于小韦《火车》；吉木狼格《静悄悄的左轮》；小安《种烟叶的女人》；丁当《房子》；何小竹《6 个动词，或苹果》；鲁羊《我仍然无法深知》；杨黎《小杨和马丽》；柏桦《往事》；翟永明《终于使我周转不灵》；朱文《他们不得不从河堤上走回去》。第二辑包括：杨键《暮晚》；蓝蓝《睡梦，睡梦》；宋晓贤《马兰开花二十一》；杜马兰《合唱团》；侯马《精神病院的花园》；伊沙《我的英雄》；刘立杆《低飞》；吴晨骏《棉花小球》；普珉《光阴的梯子》；小海《必须弯腰拔草到午后》。

② 韩东：《年代诗丛》之《两点说明》，为两辑诗丛的“总序”，第 2 页。

柏桦，1956 年生于重庆，1982 年毕业于广州外国语学院英语系，大学时代开始写诗。先后在中国科学技术情报研究所重庆分所、西南农业大学、四川外语学院工作过。1988 年曾去南京农业大学教授英文，1992 年春自动辞职，现居成都，从事自由写作。曾出版诗集《表达》《望气的人》《往事》《山水手记》，以及自传性纪实文学《左边——毛泽东时代的抒情诗人》等。

柏桦一直以“抒情诗人”的形象和“身份”出现，他对写作不平凡的体悟，在认同者的笔下，有时会被看作“是公认的当代最出色的抒情诗人之一[①]。”柏桦将自己写作的起因归结为“童年的苦楚”，并将自己的创作从 1979 年开始划分为三个阶段[②]。早期的柏桦经历着“白热化”甚至“集权化的抒情时期”，其写作用诗人自己的评价即为“紧张”而“焦灼”。《表达》是这一时期柏桦的“代表作”。但就质地上看，这一时期的柏桦已经显现出某种“晚唐”“江南诗歌”的影子。写于 1988 年的《往事》，可以视为诗人在写作中“加入软弱之力”和感受写作“比较自由”的作品——

我已集中精力看到了
中午的清风
它吹拂相遇的眼神
这伤感
这坦开的仁慈
这纯属旧时代的风流韵事

这一年开始，柏桦感到自己“正式成为一名成熟的诗人”。此后，柏桦在某种程度上也被作为 90 年代的诗人，但事实上，进入 90 年代之后，柏桦的作品已经开始锐减，然而，这似乎并未影响他成为一位“难以遗忘的诗人”，“他的作品里混淆着唐后主李煜和晚唐温、李二

---

① 刘翔：《那些日子的颜色——中国当代抒情诗歌》，学林出版社 2003 年版，第 108 页。

② 柏桦：《往事》“自序”，河北教育出版社 2002 年版，第 6—7 页。

人的气味。他的诗分明透露着‘梦里不知身是客”的刻骨铭心和心灰意懒相交织的亡国之音”①。“疲倦还疲倦得不够/人在过冬”（《衰老经》），“这是温和，不是温和的修辞学/这是厌烦，厌烦本身”（《现实》）的诗句，散发着所谓的“挽歌气氛”，从而显示出一位现代旧式文人在故纸堆中，发出“惊人之笔”的想象力和艺术经验。

杨键，1967 年生于安徽，80 年代中期开始写诗，诗歌曾被编入各种选本。但“为人所知”却是 90 年代末期的事情，2003 年，由韩东主编的“年度诗选”（第二辑）收入杨键的诗集《暮晚》，诗集出版之后曾得到一片赞誉之声②。正如诗集扉页“内容简介”中描述“多年来，杨键在对中国传统伦理学、哲学、宗教的研习中，追思一种来源于古代人民的静谧智慧，在他炽热的诗行中，汉语新诗获得了前所未有的悲悯和自省的能力。这是呈现在当代的某种程度上显得古典质朴的民族诗人，以其精致沉稳的汉语的声音，唤起人们直面人生的崇高本能”。杨键的诗歌总是试图从浅显的生活中释放出诗意，并将心底的善良和同情隐藏在“怀旧”和“空寂”之中。当然，这种关联还可以从他的“宗教情怀”中得到解释——

人们已经不看月亮，
人们已经不爱劳动。
我不屈服于肉体，
我不屈服于死亡。

一个山水的教师，

---

① 程光炜：《不知所终的旅行》，程光炜编选《岁月的遗照》“导言”，社会科学文献出版社 1998 年版，第 13 页。

② 这种现象，本文主要依据洪子诚、刘登翰《中国当代新诗史》（修订版），北京大学出版社 2005 年版，第 273 页和其相应的注释。此外，还参考了刘翔《那些日子的颜色——中国当代抒情诗歌》“杨键部分”，学林出版社 2003 年版。其中，共同的部分是诗人庞培“罕见的诗人”的评价：“其作品博大恢宏，修辞质朴，常以灵魂的归宿和神秘东方为主题。对中国佛教的多年的研究赋予他的诗歌一种沉思、痛悔、甚或讥讽的调子。作品反映了一种对黎明世界的统一秩序的渴望。”

一个伦理的教师，
一个宗教的导师，
我渴盼着你们的统治。

——《命运》

而《乡村》《悲悯》《悲伤》《古别离》等作品中，常常出现的“哲理”和“古意”，在某种程度上，或许也不难侧证：“我坚信，如果我不能发现心中的无价之宝，我的语言也不会有什么价值”，是诗人常常“怀疑”自己“诗歌的价值”① 所作出的努力。《暮晚》之后，杨键还于2007年出版诗集《古桥头》，收录了1993—2003年十年的作品。

同样属于柏桦、杨键这一“类型”的或者与其具有类似倾向的“90年代诗人”还可以包括郑单衣、梁晓明、汤养宗。

郑单衣，1963年生于四川自贡。1985年毕业于西南师范大学，后曾任教于贵州农学院。80年代初开始发表作品，曾组织重庆市大学生联合诗社，主编社刊《大学生诗报》和《现代诗报》；部分作品可见黑大春编选的诗集《蔚蓝色天空的黄金》（1995年）等。是“朗诵诗歌”现场实验的杰出代表之一。1999年迁居香港，出版中英对照本诗集《夏天的翅膀》等。

阅读郑单衣的诗歌，可以明显感受到传统诗学对其诗歌创作的影响力，而这一点，集中在诗人的诗歌创作上，则突出表现为强烈的抒情。早在写于80年代中期的《一首献给亚亚的秋歌》以及稍后的《风儿》中，郑单衣便以浓郁的抒情性表现出其诗歌独特不凡的品质。进入90年代以后，诗人不但继续这种极具传统倾向的抒情，而且，还不断在具体的创作中注入个人的崭新理解。《如果你是玫瑰》《青春》《鸟》等作品不但个性强烈、情感浓郁，而且，还在言之成据的自我内心展示中，展现了一定自审与自怜的气息。而这种在创作中对于第一人称“我”的频繁使用以及对个性自我感受的强调也正是诗人常常被冠以“浪漫主义诗人”的一个重要原因。

---

① 杨键：《暮晚》“自序”，河北教育出版社2003年版，第1页。

与强烈抒情相映衬的是诗人在诗歌写作乃至阅读上的音乐性特征。由于郑单衣重视古代诗词在现代汉语中的自然转化，以及喜欢以“朗诵诗歌”的现场方式进行写作，所以，诗歌富于音乐性、节奏感。组诗《夏天的翅膀》《在我们中间》气韵流畅，好似古典的歌行，时而激情澎湃，时而婉转低回，充分展示了诗人对有声之乐和无声之乐以及希望将二者予以结合的创作思想。此外，在郑单衣的诗歌写作中，我们还较为明显地发现诗人对诗歌语言运用上的独特之处。阅读郑单衣的诗歌，会让人明显感受到他诗歌语言的清澈透明，同时，也会让人不断感受到诗人在语言使用上追求语言奇异、吸人眼目的特点。但这种特征，归根结底还是与诗人认同类似“情信辞巧”的古典诗学理论原则有关。

梁晓明，1963 年生于上海，1981 年开始诗歌写作。曾主编民刊《北回归线》，现在杭州某电视台工作。其诗作被广泛收入各种选本。梁晓明可以归属为“第三代诗人”，在 80 年代有短诗《各人》较为著名，但真正为研究者所瞩目却在 90 年代。长诗《开篇》是梁晓明 90 年代最具特色的作品，也是诗人一直想写“一种节奏缓慢的诗”[①] 的具体实践。长诗前后历时 3 年之久，定稿时 500 余行。《开篇》以海德格尔的“存在之诗刚刚开篇，它是人”为题记，并以出生、成长的方式，体现“个体”对生命、存在的理解与追问以及鲜明的哲理色彩。整部作品使用了他们、我、他以及你四个人称，但“主人公”却是一位常常以“神”的身份出现的“人”；透过“神人合一”以及语言的庄严和虔诚，梁晓明的意图或许正是他所期待的“一种节奏缓慢的诗”能够“帮助人、关心人，是绝对以善为基础，以感受为出发点的一种人类存在的记录[②]。”

汤养宗，1959 年生于闽东沙江半岛上，曾当过水兵，后毕业于福建师范大学。80 年代中期步入诗坛，并一度以“海洋题材”的系列作

① 梁晓明：《一种节奏缓慢的诗——诗歌的证明与思索》，汪剑钊编选：《中国当代先锋诗人随笔选》，中国社会科学出版社 1998 年版，第 311—313 页。

② 梁晓明：《一种节奏缓慢的诗——诗歌的证明与思索》，第 313 页。

品引起《文艺报》《文学报》等报刊的专文评论。从 90 年代起，转入自觉的诗歌写作，写作指向崇尚于向上的精神关怀。世纪之交进入更加自由的诗歌文本探索，并在读者中得到更为广泛的承认。曾先后出版诗集《水上吉普赛》《黑得无比的白》等。

汤养宗是个在诗歌艺术探索上勤于思考和不断探索的诗人。始终强调“诗歌的问题来自诗人自身的品格”信念的汤养宗对于诗歌艺术的探索是近乎苛刻的。而 90 年代的孜孜以求也恰恰是他被越来越多目光注视的重要原因。90 年代汤养宗的诗歌首先是以追求诗歌纯度而引人注目的，或许，在汤养宗看来：诗人既然能够称其为诗人，他自然就会看见闪烁于文字中的缪斯灵光，但真正抵达灵光却是无比艰难的。因而，从某种意义上说，诗歌写作也就成为诗人的宿命。由于在诗歌观念上汤养宗还坚持“从白云那么高把梦押回人间”以及“诗歌平衡术”，所以，在内容上说，诗人除了常常思考关于诗歌写作本身的问题，还在《纯银的声音》《一句判断句》《蜜蜂》《对一棵苹果树的三种描述》等作品中对人的普遍生存状态以及诸如“存在”等形而上的事物寄寓了深刻的思考。而在《返回》《向后飞翔》《返回月光》等作品中展现的“返回意识”也无疑是作者一贯追求哲学层面、灵魂感受的一种必然结果。从形式以及意象使用上看，汤养宗不但喜爱月光、葡萄、老虎、海、蚂蚁、马匹，而且，对于两行、三行、四行诗等形式化的追求以及注重每节与每节之间的张力、断裂与连接也始终是汤养宗诗歌作品非常醒目的地方。总之，在诗歌艺术上的不断自觉追求是汤养宗 90 年代诗歌最突出的地方，正如马永波在《独自担当存在的人：认识汤养宗》中所说的那样：“在汤养宗那里，写作总是意味着良知上的一种责任。这种严苛的责任感在一个崇尚欲望式消费写作的时代，有时显得有些孤独，而正是这种孤独使他能更加深入到对象当中，深入到灵魂与事象的内在之中。”[①] 21 世纪之初，汤养宗又出版了诗集《尤物》，这既可以看作对以往创作的一次总结，同时，也让我

① 见马永波为汤养宗诗集《尤物》作的“序言”：《独自担当存在的人：认识汤养宗》，重庆出版社 2004 年版。

们可以清楚地看到诗人在诗艺上的一些新的探索。

（二）“地域的视野”与“代”的可能

90 年代诗歌以“地域的视野”重新规范诗歌写作单元，这使许多诗人可以从这一角度进行阐释，而世纪后出版的以“60 年代出生”为重点收录的“中间代”以及后来的“中生代”命名，在某种程度上也可以成为二者的结合点。

森子，本名林卫东，1962 年出生于黑龙江省呼兰县，现居河南平顶山。1987 年毕业于河南周口师院艺术系美术专业。当过兵、做过教师，现供职于一家报社。著有诗集《采花盗》（《新诗》丛刊出版）、《闪电须知》，散文集《若即若离》，随笔集《戴面具的杯子》，散文集《我有一个梦》（与人合著），曾主编与人合编同人诗刊《阵地》9 卷。

森子 80 年代开始创作，但引起人们注意却在 90 年代。幼时长年迁徙于东北和河南的经历，特别是童年、少年时期的东北乡村生活，对森子后来的创作起到巨大的作用[①]，这一点，反映在森子那些与乡村记忆有关的诗中，比如组诗《乡村纪事》。不过，最能反映森子晚近诗歌变化的却是诗集《采花盗》，整部诗集以描写 20 余种花为书写对象。对于这种明显带有“不为别人写作，我认为这是自然、纯正而严肃的写作态度”[②] 色彩的创作，有的评论者曾认为是森子“藉叙事来抒情”和“淡化叙事价值判断”的结果[③]。当然，这对于森子而言，却是反省自己的写作，不断以“个人写作”进行探索的过程所致[④]。

常和森子列在一起并同为“中间代”的还可以包括桑克。桑克，1967 年生于黑龙江省 8511 农场。1980 年开始诗歌写作，1985 年 9 月考入北京师范大学中文系，同年开始发表诗歌作品。1989 年 7 月，在长春地质学院任教，后赴北京从事自由职业。1992 年 6 月迄今供职于黑龙江日报社。2004 年创办民刊《剃须刀》，曾出版诗集《桑克诗歌》、《桑克诗选》、《转台游戏》以及译诗集多种。

---

① 森子：《自述》，《诗探索》2006 年第 3 辑。

② 森子：《诗学随笔》，森子：《戴面具的杯子》，中央编译出版社 2000 年版，第 211 页。

③ 阿九：《记忆的深度：森子述评》，《采花盗》（《新诗》丛刊出版）2003 年第 3 辑。

④ 森子：《自述》，《诗探索》2006 年第 3 辑。

桑克是情感抒发与诗歌技巧并重的诗人，这一点与他反复倡导的“智慧的浪漫主义”[①] 有关。写于 90 年代的《我年幼的时候是个杰出的孩子》《圣·索非亚大教堂附近》《圣·伊维尔教堂》等大都是以流畅的语言、舒缓的节奏以及细腻的情感见长，并不乏对历史和现实等方面寄寓较为深刻的思考。其中，《圣·索非亚大教堂附近》通过细致的铺陈，以历史与现实之间的对比，折射时代的特征；《圣·伊维尔教堂》虽然同样是描写了一座具有“历史记忆”的教堂并同样进行了对比，但更侧重的是在对教堂破败的景象和历史的追忆中，体味出的一种自我式质疑。

写于 1999 年的两首短诗《走钢丝艺人》《雪的教育》可以视为桑克 90 年代最重要的作品。《走钢丝艺人》通过生动刻画一个“走钢丝艺人”在钢丝上行进过程中的遭遇以及心态，如天气的炎热，别人的议论，“刀刃上旅行”的感觉等，深刻地表现了诗人的自省意识以及对诗歌艺术的执着追求。《雪的教育》从表面上看似乎是在说明诗人创作所接受的地域性影响，而实际上，却是在展示“在东北这么多年，没见过干净的雪”的具体描述中，说明了在特定时代氛围下诗人身份的改变与自我调整，于是，在反复阅读：

> 在国防公路上，它被挤压
> 仿佛轮胎的模块儿。
> 把它的嘎吱声理解成呻吟
> 是荒谬的。它实际上
> 更像一种对强制的反抗。
> 而我，嘟嘟囔囔，也
> 正有这个意思。如果
> 这还算一种功绩，那是因为
> 我始终在雪仁慈的教育下。

---

① 桑克：《智慧的浪漫主义》，见《偏移》2000 年总第 9 期。

就会发现许多事实上隐含于诗歌语言内部的意义与价值。

潘维和哑石也是“中间代”诗人，但他们的显著特色却在于执着于故乡地域风物的描写。潘维，1964年出生于浙江长兴，现居杭州。曾出版诗集《不设防的孤寂》《诗选50首》《潘维诗选》等。

潘维在80年代中期就开始写作，并以描绘江南的农事、水乡而为人所熟识。从所谓的《第一首诗》开始（其实，这并非诗人真正的第一首），水、水乡、雨水、运河以及一切与江南水乡有关的意象就频繁展示在潘维的诗歌之中。从在《一个只有水的地方》中逐步展现自己无限的温情到在《陷进身体的雨》中非常有滋味地揭示自己在雨天的感受，再到《鼎甲桥乡》中“夜晚，是水；白天，也是水除了水，我几乎没有别处的生活”到处充满着水的湿润体验，“江南水乡”这一整体意象对于潘维而言，无疑是感受良深的。而20首短诗构成的系列组诗《太湖龙镜》与短诗《遗言》更是以可以相互指涉的方式，将“太湖”这一隐喻江南的意象联系在一起，从而在联系历史、现实、自我介入的过程中，将诗人对江南水乡的向往、炽热的情感以形式上的断裂和冷静客观的方式描绘出来。

与此同时，由于诗人的生活背景以及地域特征，也造就了潘维诗歌中的精神贵族气息。在著名的《那无限的援军从不抵达》中，诗人在结尾处的“特别我保存了最后一滴贵族的血”，既是诗人自己面对现实的一种自喻，也是诗人对自己思维的一种展现。同时，在阅读潘维诗歌的过程中，会得到语言优美，节奏、气韵流畅的感受。当然，这也与潘维早期接受何其芳、后来接受狄金森、兰波等诗歌写作的影响有关。诸多诗歌前辈在语言上的精微、妙悟，都似乎与东方文化视野中江南温柔、明丽的气息相契合。因而，在类似《追随兰波直到阴郁的天边》等诗歌作品中，青春气息、强烈的个体感受以及灵动、流畅的韵律便一目了然地展现在读者面前。在90年代以后，潘维诗歌创作中还有另外一些倾向值得注意，由于已经体会到长期进行地域性色彩写作势必要以诗意的重复为代价，所以，潘维正在经历“大胆抛弃早期的幻美，‘以批判精神不断超越美’”① 的变化。不过，就总体上说，潘维仍然是一个具有鲜明江南水乡色彩的抒情诗人，他浪漫、唯美、流畅的诗歌风格正说明了这些。

哑石，1966 年 7 月出生于四川广安。1987 年毕业于北京大学数学系，现在西南财经大学经济数学系任教。1990 年开始诗歌创作，偶有批评及理论尝试，曾出版诗集《哑石诗选》。

哑石在 90 年代的作品并不很多，而且，其大致面貌基本上也都是以组诗的方式出现，但仅仅是《青城诗章》《月相》《十首诗及其副本》等几部作品就为其赢得了诗名。这种颇有几分“孤篇横绝”的色彩或许只能通过诗人的作品具有极强的洞彻力来予以说明。而事实上，哑石的作品确实是具有独特的艺术个性的。《青城诗章》是一组充满人生玄想的组诗，这里既有对青城山的礼赞，如《进山》；也有对顽强生命挣扎的描述，如《激流与峭壁之间有一棵松树》；同时，也含有对自由自在生活的向往以及对存在、生命等问题的思考。但其最大的特点就是重点表达了悲悯意识，宗教意识以及对现实的一种个性化的指认方式，因而，情感的深沉，讲究语词组接过程中的张力也就成为组诗令人关注的地方。《月相》是一首穿越历史与现实的长诗，作者在这里先是对童年、苦难年代进行了追忆，然后引入了对一个坚强老父亲的怀念。而所谓自己的爱人阿蜜则是他在 90 年代的替身，她身上的野性、时代气息甚至是叛逆、堕落在诗中反复地出现……这一切都仿佛正向我们证明无论过去的历史是否可以被遗忘或者是被饶恕，但美与人性都是非常脆弱的，历史或者记忆正是在这种情况下深入骨髓并背负一生的。《十首诗及其副本》仍然是在历史与现实中穿梭，一面是正本中如《片断》等所展示的真实历史，是现实与肉体的，是可以触摸的；而另一方面则是副本中如《混沌》等所揭示的灵魂的律动，这是隐藏在人内心深处千变万化的世界。它在某种程度上可以被视为《月相》的续篇。为了能够进行现实与历史甚至是更多内容的多维度的对接，诗人还不惜将古今中外大量的人物（包括传说人物）如厄洛斯、

① 刘翔：《那些日子的颜色》，学林出版社 2003 年版，第 184 页。

刑天、女娲、赫耳默斯等引进副本，但即使是历史人物也似乎一样无法逃脱宿命。综观哑石在 90 年代的几部组诗，浓郁的抒情氛围，讲究节奏的激荡，隐含于冷静文字之间的炽热情感一直是其诗歌写作的重要特点。

（三）其他诗人以及现象

除上述诗人，“90 年代诗人”作为一个近乎可以无限制列举下去的名单，提到的诗人还有张执浩、余怒等诗人。张执浩，1965 年秋生于湖北荆门，现为武汉文联专业作家，主编《汉诗》。大学期间开始诗歌创作，作品散见各种选本，也涉及小说等题材的创作。

张执浩属于 90 年代诗人，初入诗坛，他的作品带有个人特有的抒情性和观看世界的角度。《糖纸》《三个小女孩和一只雏鸡》《撒落的苹果》等作品，注重在生活的原生态中提取诗意。但这种色调明朗的作品很快就在诗人的写作中“消失”了，代之而起的是某种“苍老意识”，如《回忆之诗》《少年白》等。这种“意识”的出现或许并不在于意识的本身，而只在于张执浩感受生活围困之后的感伤与幻灭，当然，这也充分反映诗人处理诗与生活之间的某种方式。世纪之交，诗人还有重要作品《美声》，它曾以“写作的转折”而受到部分评论者的赏识。

余怒，原名余敬锋，1966 年 12 月出生于安徽省安庆市，1984 年考入上海电力学院，在校期间开始写作。曾出版过诗集《守夜人》《余怒诗选集》《余怒短诗选》等。

余怒曾自言写于 1992 年的短诗《守夜人》对其个人创作有着十分重要的意义。1992 年之前的诗人注重诗歌的抒情以及内在的镜像结构。《布道者》《阅读》等总是将自我的体验融合在一个对比的结构中予以表达，但这并不是诗人 90 年代诗歌的总体特征。《守夜人》以“我”在午夜捕捉一只钻进蚊帐中“苍蝇”的描写方式，表达了诗人近乎存在主义式的体验。守夜人在生命意识中必须要通过对苍蝇的攫取才能实现，然而，不管苍蝇如何遗有嘈杂，但都干扰不了“我”的生命体验。《守夜人》之后的余怒开始进行诗歌上的新的探索，冷静、内敛、深入本质以及荒谬的书写方式，使余怒成为 90 年代真正的先锋派诗人。《猛兽》《网》《一个人》《脱轨》《履历》等大量作品都是以先锋叙事的方式完成的，在这些作品中，意象的随意撒播，叙事迷宫，意义的缺失与荒谬遍布在语言之中。与此同时，余怒也在创作中逐渐形成了自己的诗学理论。诗歌的“不言说”“拒绝完整”“创新”等都是余怒呈现给读者的独特的诗歌观念。余怒认为：“先锋性不是一个流派的写作倾向和风格，而是一种写作精神。它不是集体的，而是个人的。它的内涵是叛逆、创新和超前，意味着对权威的怀疑、对旧事物的扬弃、对循规蹈矩的不满和创造的激情。”① 这种认识可以说是其诗歌创作的一种必然结果。不过，由于余怒过分追求诗歌上的先锋色彩和强烈的自我意识，所以，他的作品往往会在读者接受的过程中产生不同的判别结果乃至歧义，因此，从总体上讲，余怒的诗歌价值还需要随时间的发展而进一步得以确认。

（四）朵渔与 70 年代出生诗人

朵渔，原名高照亮，1973 年 4 月出生于山东。1994 年毕业于北京师范大学中文系，2000 年与友人发起“下半身”运动。现居天津。曾多次获得民间奖项，出版诗集、评论集多种，2009 年《诗歌与人特刊·追蝴蝶：朵渔诗选》收录其 1998—2008 年十年的作品。

虽然，同样出生于 70 年代，但是，在朵渔身上，似乎很少能够看到那种强烈的反叛意识以及对身体和欲望的过度书写，相反，倒是总以一种表述上的深沉与抒情化的风格让读者觉得他的与众不同。对于朵渔而言，始终坚持从日常生活中开掘诗意，让诗歌本身回到生命本身和灵魂深处，并不断使用流畅的语言加强这种内敛与深沉，正是他期望达到的一种审美效果。在《宿命的熊》《西风颂》《河流的终点》这些作品之中，朵渔似乎并不计较在 90 年代许多诗人那里已经濒于摒弃的抒情，而是以忧郁的色调对这些具有象征意味的意象如熊、西风、河流等进行了低调而深度的描写。《高原上》虽然仅仅是短短的数行，但无论是隐含在作者心中的惊恐，还是来自客观对应物的“辉煌的色彩”“忧郁的眼神”都是含义十分丰富的，而诗人这种近乎莫名的惊

① 余怒：《诗观十六条》，《余怒诗选集》，华文出版社 2004 年版，第 473 页。

恐是来自对生命的体悟，还是对包括狮子在内所有事物的悲悯，其短短的句子却能让人在阅读后产生深深的思索。自然，这种随意的感受就产生了其应有的阅读价值。同时，在具体写作中，朵渔的语言感觉能力也是较为出色的，《她的苍白是一种状态》《敌人》《玻璃蜂房》等节奏紧凑，疏密相间，而这种语言驾驭方式与不断层层深入和不断超越的内容结合在一起，遂使诗人成为70 年代后出生诗人中的佼佼者之一。

以朵渔为代表的70 年代出生的诗人群体在世纪之交登上诗坛，在21 世纪初几年逐渐走向成熟。就整体而言，“口语写作”由于叙事的自由，接受空间的广阔，曾对他们的创作产生了相当程度上的影响。除朵渔之外，这一时期较有影响的 70 年代诗人还包括盛兴、轩辕轼轲、马非、李红旗、刘春等。

四 融有乡土风的城市交响

张洪波（1956— ），吉林延边人。1980 年大量发表作品，著作有诗集《独旅》《沉剑》《张洪波石油诗选》《穿越新生界》《生命状态》以及儿童诗集《野果》，诗歌随笔集《诗歌练习册上的手记》等。

纵观张洪波的诗歌创作，虽然抒情诗、儿童诗、石油诗选，都在不同时期占据诗人创作的主要空间，但一个不变的主线却是诗人对生命的不懈追求。正如诗人在《里程碑》中写道：“只要是真正跋涉而来/那石头的心也会被打动/距离如此近/只是那上面陈述的里程太远。”阅读这些平淡、沉稳、充实的句子，诗人如何将感情沉入诗歌的方式以及蕴含于其中种种提升的可能，无疑是耐人寻味的。不但如此，如果将这种写作中的经历与诗人多年来奔波的历程联系起来，那么，“独旅诗人”① 的评价是不过分的。

进入 90 年代之后，张洪波相继以“石油诗选”、长诗《穿越新生界》以及诗集《生命状态》的方式，完成了他“生活”至“生命”的旅程。其中，“石油诗选”取材于诗人在冀中华北油田的工作历程，

---

① 孟繁华：《“独旅”诗人的承诺与限度》，《诗探索》1997 年第 1 辑。

主要反映了诗人对石油事业的热爱和对石油工人的礼赞。长诗《穿越新生界》以地质名词“新生界”所包容的广阔生命内容，表达诗人将沉重的思索指向历史，并最终由历史回归现实的历程。在诗中，张洪波将众多意象组合为一种整体结构，并以冷静的叙述和象征的力度，表达诗人对诗歌文体本质的深入理解。《生命状态》是张洪波于世纪之交出版的一本诗集，也是最能体现诗人对生命理解与沉思的一部作品。经历多年诗歌创作的积淀，张洪波已经找到了一种平静、洗练的叙述方式，组诗《生命状态》、长诗《忠实生命》等，都是融合生命体验的力作，而诸如短诗《城里的麻雀和乡下的麻雀》等，更是以关注现实的方式，表达了作者在关注现实之后的家园意识。

郁葱（1956— ），原名李丛，河北深县人。1972 年开始发表作品，现为《是选刊》主编。曾出版《生存者的背影》《世界的每一个早晨》《郁葱爱情诗》《自由之梦》《郁葱抒情诗》《最爱》等多部诗集。

虽然，郁葱很早就开始了诗歌创作，但八九十年代时代的投影及其变化却很少在其诗中得到过多再现，这使郁葱的创作在某种意义上，有别于同时期的绝大多数诗人。怀着“诗是人类情感、思想的表达方式，诗歌艺术的发展，反映了人类对世界、对生命、对人类自身的探寻与把握，承担这一使命的诗人常集深邃与淡然于一体，融理性和激情于一身。诗人又大多是理想主义者，纯稚、敏锐、执拗”① 的精神追求，郁葱的诗歌一直贯穿着“理想的歌者与自由之梦”的主线，并不断随着时间的累积而呈现出独特的艺术气质。

早在写于 80 年代末的作品，如《三十岁》《生存者》等，郁葱就以“沉思”的方式，开启了他对生命的思考，这种达观、理想又略带忧郁的风格，使郁葱的创作有别于当时诗坛的“主流写作”。进入 90 年代之后，郁葱除了在《无岸之河》《无语之河》等作品中，继续其生命的感悟与追求，一个显著的变化，即为如何在关注“声音”和“语言”使用的同时，呈现出某种多元化的思维状态。比如，在《声音》一诗中，诗人就曾以“最昂奋的，未必能留下反响/最微弱的，

① 郁葱：《郁葱抒情诗》“自序”，河北教育出版社 2003 年版，第 1 页。

未必不引起回声/神发出的声音/未必神圣/有时，一声轻叹/会让无数人感慨”的叙述，表达自己对声音以及暗藏在声音中的“本质化成分”进行“质疑”与诠释。而在《语言》《说话》等作品中，郁葱对“精神”与“语言”之间“不可言说”状态的描述，也同样源于心灵与语言之间的复杂关系。因而，为了达到自我感受到的精神境界，“我一直从所有词汇中选择最明澄的字眼，并把所经历的一切都感受为美好”，“总把诗歌当成一种可以感动世界的语言，最终，它首先感动的是我自己”①，就成为郁葱不断通过弥合语言与精神的界限，展示自己写作的限度的重要有效方式，同时，也是诗人获取“一个过分的理想主义者”② 之称谓的重要原因。

柳沄（1958— ），出生于大连，后随父母到沈阳。下过乡，当过兵，现为《鸭绿江》杂志社诗歌编辑，曾出版诗集《阴谋与墙》《柳沄诗选》等。

柳沄于20世纪80年代初期开始发表作品。处女诗集《阴谋与墙》主要体现了一种生活经历的“见证”。进入90年代之后，柳沄的诗歌风格在发展变化中逐渐趋于成熟。由于在不断的写作和阅读中体验到“一个诗人已知的范围越广，他所面临的未知领域就越大。已知通常指现有经验，而诗歌的神秘性却难以被现有经验完全解说。从这个意义上讲，一个优秀诗人首先是一个思想者，其思考的内容及程度的深浅在决定着他的人生质量的同时，也决定着他的艺术水准”③。所以，在具体的诗歌写作中，柳沄总是注重诗的沉重意味和哲学品格。在《重读一遍落日》中，柳沄正是以静衬托动的方式，说出了“全部的意义大概就在这承受之中”。而《一种过程》《深入月光》《对一场大雾的六种看法》也并不仅仅是对某种嬗变过程的描述，它们总是在一种时间观念中，呈现某些纯粹的“历史存在”，至于隐含其中明快的节奏、清晰的意象以及近乎哲理化的抒情，则是柳沄诗歌日趋成熟并

① 郁葱：《郁葱抒情诗》“自序”，河北教育出版社2003年版，第1—2页。

② 郁葱：《郁葱抒情诗》“自序”，河北教育出版社2003年版，第1页。

③ 柳沄：《诗人种种》，《中国诗人》2005年秋冬卷。

不断引发读者思索的重要原因。

龙彼德（1941— ），生于湖南沅陵县，1964 年毕业于南开大学中文系。曾在黑龙江三江平原生活 10 年，后在浙江文联文艺研究室工作。著有诗集《魔船》《生命树》《与鹰对视》《年轻的海》等。

龙彼德 1958 年开始发表作品。对于早期的创作，诗人曾自言"并没有摆脱时代的局限"，只是在进入新时期之后，"随着思想的解放，自我的复归，在东西方文化的撞击下，才完成了抒情方式与语言策略的转移，开始步入诗的堂奥，领略艺术的真谛"①，这使诗人的创作在不自觉中被划分为两个阶段。龙彼德的创作由于受到特定时代观念的影响，曾经通过追求多重"体系"和"打破体系"的方式进行演变。转变之后的龙彼德注重诗歌写作的多义性和陌生化效果，在《与鹰对视》中，诗人避开了习惯思维，将生命、自然以另外一种方式表达出来。与此同时，在《殊异之逝》《脱壳之蝉》等作品中，龙彼德更多体现了一种生命化合的宇宙观和宗教意识。这种倾向，在某种程度上，似乎可以与诗人在创作认知上的"我—非我—新我"的公式相对应。而作为一种潜在的影响，对人类生存的终极关怀和哲学、文化意义的把握，以及追求现代精神和东方精神的统一，正是诗人 90 年代创作凸显出来的显著特征。

除上述一批"老诗人"之外，所谓"城市印象"还包括一批在 90 年代为人们所熟识的诗人。宋琳（1959— ），生于厦门。曾就读和任教于华东师范大学中文系，1991 年移居法国，著有诗集《城市人》（合集）、《门厅》。80 年代的宋琳，在上海期间，虽可以视为"海上诗群"的成员，但更多追求的是自我暴露的艺术风格，是以被称为"城市诗人"。90 年代移居法国之后，诗歌感觉和观念向细致的方向转变，文字之间流荡着洗练、纯净的气息。他总是选择一些海滨古堡或者孤独者的意象，表达他对人与世界、宗教关系的思考，其中，还明

---

① 龙彼德：《与鹰对视》"自序"，其中，对于时代局限，诗人认为自己的创作"紧跟中心与图解政治在相当长一段时间左右了我的诗，使我徒有火一样的激情，但却没有把握住诗的本质，经常在非诗的领域里徘徊，为平庸与浅薄而苦恼"。浙江文艺出版社 1998 年版，第 1 页。

显隐含着一种思念故国的情怀。《十只天鹅》以神秘、优雅甚至芳香的叙述，讲述了诗人的人生态度："除了这一只乔装打扮的/那另外的九只天鹅一一为我所爱"，此外，《象牙色的城堡》《门厅》等作品，也是诗人将大海、阳光、生存、传说等融为一体的作品。其间，往往有诗人对自我生命和人生处境的思考以及接受国外文化影响的痕迹。当然，在艺术的角度上，上述作品还与诗人憧憬艺术生活和某种生存理想有关。

江一郎（1962—2018），生于浙江温岭。80年代开始发表作品。曾出版诗集《风中的灯笼》、《白银书》（合集）。江一郎属于独立在群体之外的诗人，他的创作朴素而温暖，能够在日常生活特别是乡村生活以及普通事物中开掘诗意，并具有感人的力量。《老了》《要是生活是一只巨大的漏斗》《玻璃终于碎了》等作品，均是以自然、真诚和简约的方式，表达了诗人对生活的热爱和理解，而源自"乡土记忆"的诗篇正是诗人具有"独特性"的根本所在。

刘川（1975— ），辽宁阜新人，现居沈阳。刘川是一位早慧的诗人，这不但体现在他很早就显露的诗歌才华，关键还在于他能很快在确立某种诗歌观念的过程中，保持一种诗意境界的提升。面对自己的创作，刘川曾言："我注意到，在对事物的命名中，语言会产生新的分裂与增殖，事物在嵌入新语境中会改变词性与能指。这里存在着激发诗意的可能。我称之为'命名'诗学，它使被用旧了的语言洗净了能指，获得了再生。"① 显然，刘川通过自己的写作已经体验到语言本身的再生空间与再生途径。在《我愿意接受命运全部的波折》中，刘川正以一种"轻与重""大与小""个人与历史"的方式完成了自己的叙述。而在《假如这就是我的一切》《火车》《祈求》等作品中，所谓的"对比结构"和"纤夫式的"行为，总是与一种"普世的情怀"相关，这在某种程度上又使刘川的诗歌常常带有生命感和宗教意义上的"救赎意识"。

庞培（1962— ），现居江苏江阴。是一位逐步从社会底层走出

① 《首届华文青年诗人奖获奖作品》之"刘川诗观"，漓江出版社2004年版，第171页。

来的诗人，早年的生活重担、坎坷的经历为其提供了丰富的生活记忆。他的诗，从一开始就体现了江南水乡特有的忧郁气质，这种忧郁的气质使其作品特别容易缅怀逝去的生活和往事，并常常在描写自然风光的过程中体现一种和谐的氛围。《印象：春天》是庞培在 90 年代引人瞩目的作品，它“准确、恰当地把握了现代人内在的种种感受，并把它们融入了中国抒情诗歌的传统中去”①。

五　诗学文化的多重视野

（一）与宇宙心会：孔孚　忆明珠　晏明等的山水诗

孔孚（1925—1997），原名孔令桓，山东曲阜人。1947 年毕业于山东师范学院，后曾到曲阜师范学校任教。1950 年开始使用“孔孚”笔名。1957 年被错划为“右派”，下放到胶河农场。1979 年平反之后调至山东师范大学。从 1979 年开始进行山水诗歌创作，著有诗集《山水清音》《山水灵音》《孔孚集》等。

孔孚的山水诗，不是以游历行吟为结构方式，他的山水诗，更多体现的是传统文化精神的“天人合一”的境界，而在具体的篇章形式上，采取的也是近似于古体诗的小令短制。按照女诗人王尔碑《致孔孚》中的评价：“你好像永远生活在一片净土，不受外界任何干扰，真是个‘山崩于前而色不变’，名位享乐不为所诱。简直玉石之人！”② 这种“寂”的说法，不但体现出孔孚的人生境界，也同样体现出孔孚的“大宇宙性格”，一如孔孚的自言：“我要的是‘凝神’，与大宇宙心会，没有个‘默默地’，哪行？我的经验是：这种时候，诗最易受孕。”③ 孔孚的山水诗通常只有数行，讲究以“点睛”之笔，在简单的山水意象中，提升出生命的意味。比如，在《夏日青岛印象》中，孔孚就有“青岛的风/玻璃似的//人游在街道上/像鱼”；对于江南的历史名城，他更是以寥寥数笔，勾勒出古今化合的场景：“梦都老了/扬

---

① 《第六届柔刚诗歌年奖》“庞培授奖辞”（1997 年），《柔刚诗歌奖》专号（1992—2006），黄礼孩主编：《诗歌与人》2007 年第 1 期。

② 《孔孚集》，中国社会科学出版社 1996 年版，第 109 页。

③ 孔孚：《寂人，默默地》，《山东画报》1990 年第 9 期。

州仍很年轻//无可奈何/是瘦”（《扬州》），显然，作者不是以思想取胜的诗人，他的诗更多是以“兴会神到”的方式，体现一种“以虚观虚”[①] 的境界，而所谓“得意忘言”的阅读效果，或许就在于诗人将宇宙万物汇集在一些细小的具象上——

火山岩上
站一小草

似乎在听什么
思想什么

——《万佛顶一瞥》

忆明珠（1927—2017），原名赵俊瑞，山东莱阳人。1946 年入伍，转业之后曾调至江苏仪征文化馆工作。1980 年调至江苏省作家协会从事专业创作。1957 年开始发表作品，著有诗集《春风啊，带去我的问候吧》《沉吟集》《天落水》《忆明珠诗选》，另有诗文书画综合本《中国当代才子书 · 忆明珠卷》等。

忆明珠的诗，主要通过描绘具体的事物乃至咏物的方式，将个人的情感特别是对生命宇宙的认识贯注其中，这往往使其创作在充满生命意识的同时，浸润着较为浓重的主体精神。从早年作品的结集《春风啊，带去我的问候吧》大致可以看到，这种写作特点在 60 年代就已经显现出来，《唱给蕃瓜花的歌》等作品已经将作品的情感和意象结合起来。新时期以来，忆明珠的作品继续沿此路径，但更多呈现的却是“在我嬉荒的少时，/便常常感觉到/从遥远、遥远的地方，/有一双，嵌着泪花的/向我深深凝视的眼光。”（《泪水啊，慢慢地淌》）式的沉思。新时期以来忆明珠的创作，还有一类引人瞩目的作品，同时，这也是诗人生命认识和所谓宇宙境界提升的写照。在《古意》《月色》《霜林》《揽镜》《雪思》《暮春吟草》《晚花》等作

① 刘强：《与大宇宙心会——孔孚美观“以虚观虚”》，《诗探索》1997 年第 3 辑。

品中，忆明珠总是将历史、现实和生命结合在一起，从而透露出一种生命化合之后的感悟和认识。这种精神或许正是《小楼》中那种“去留无意”态度的所得。

晏明（1920—2006），原名郭灿之，湖北云梦人。1940 年开始发表作品。50 年代先后在北京日报社、北京出版社等单位任职。著有诗集《三月的夜》《收割的日子》《北京抒情诗》《春天的竖琴》《故乡的栀子花》《花的抒情诗》《东娥错那梦幻》等。

晏明的诗歌，常常体现为对自然的向往，并在关注具体自然意象的过程中，融入自己的情怀，《我又一次诞生》《东娥错那梦幻》等作品都具有这样的痕迹。晏明钟情于山水风光，期待细致的刻画揭示自然的本质，这使其更多的时候使用联想和比拟的手法，让一切生命都鲜活起来，与此同时，他也不乏一些咏物的作品，《蓝蝴蝶》《野蔷薇醒了》等，均可视为上述风格的一种延续。

（二）寻找女娲的语言：任洪渊的诗

任洪渊（1937—2020），生于四川邛崃，1961 年毕业于北京师范大学中文系。曾出版诗与诗学合集《女娲的语言》，诗学理论集《墨写的黄河——汉语文化诗学导论》。

从某种角度说，任洪渊是一位独特的诗人，这不但使其作品很难进行“类属”的定位，而且，从认识的角度，任洪渊本身的“经历”也与年龄相仿的诗人昌耀有相近之处。虽然，在 1956 年读书的时候就已经开始了诗歌创作，但是，任洪渊作为诗人和诗歌理论家被重视，却是 80 年代中期以后的事情了。那些曾经色彩浓重的历史记忆，在任洪渊诗歌中很难觅到踪影；而 80 年代几次重大的诗歌潮流，似乎也同样没有对他的诗歌观念和写作，产生明显的影响，他不属于任何流派，只是坚持自己的诗歌目标进而为汉语诗歌注入语言和生命的活力，尽管，他的诗作和理论都为数不多，但这并不影响他的“位置”和创作的质量。

在本质上，任洪渊的诗歌是一种浸润着“生命—语言—诗三位一体”的创作。而其要求包括“名词、动词、形容词”在内的语言的还原以及本质化的解构，在实际上也确实可以视为对生命问题的思索或曰对生命还原的一种要求[1]。在组诗《汉字，2000》之《没有一个汉字——抛进行星椭圆的轨道》一诗中，诗人曾写过这样的句子：

我从不把一个汉字
抛进　行星椭圆的轨道
　　　　寻找人的失落

俑
蛹
在遥远的梦中　蝶化
一个古汉字
咬穿了天空也咬穿了坟墓
飞出　轻轻扑落地球
扇着文字
　　旋转
在另一种时间
在另一种空间
我的每一个汉字　互相吸引着
　　　　　拒绝牛顿定律

这里，诗人无疑是通过"俑"和"蛹"的同音、形近的特点，将代表死亡和新生的两种象征以真正的二元对立方式排列在一起。但无论对于"俑"和"蛹"以及在实指上的"生与死"，都可以以新生和重生的方式达到"在遥远的梦中蝶化"的事实，于是，"一个古汉字/咬穿了天空也咬穿了坟墓"也就在隐喻和象征的过程中，达到了解构乃至还原的目的——"语言（尤其是汉语）运动的轨迹才呈现生命的疆界。"[2]

---

① 任洪渊：《我生命中的三个文学世纪》，《女娲的语言》"代跋"，中国友谊出版公司1993年版，第171页。

② 任洪渊：《找回女娲的语言——一个诗人的哲学导言》，《女娲的语言》"代序"，中国友谊出版公司1993年版，第24页。

任洪渊试图通过解构的方式，对汉语的生命还原使其写作成为一种“文人后现代”[①]。但这种“后现代”毕竟是在对比中西文化之后的一次“自我孕育”，它不但浸润着“东方智慧”[②]，同时，还有在“生命/文化”“时间/空间”“今天/历史”三个层面基础上包含的“生命悲剧意识”[③]。任洪渊对生命自由的执着追求以及在诗歌语言上对“自由汉语”的追求，在某种程度上，源自他对传统文化和当代中国诗歌现状的认识。为此，他的组诗《司马迁的第二创世纪》《东方智慧》《女娲11象》均是生命与时空化合的产物。他试图通过鲜活的生命拓展汉语的边界，这既是他的理论构想，同时，也是他诗歌和诗学理论总是处于相互印证状态的基本前提。不过，这种明显具有“曲高和寡”的写作方式似乎只能存在于“追忆”和“向往”之中，因此诸如在《我只想走进一个汉字——给生命和死亡反复书写》中表达的诗句，就不仅仅只是诗人的理想，或许，这正是诗人及其写作面临的现实处境。

（三）讽刺诗和寓言诗

刘征（1926—　），本名刘国正，北京市人。抗战期间就开始创作，可惜旧稿部分散佚[④]。后长期在人民教育出版社工作。出版诗集二十余种，主要包括寓言诗、讽刺诗集《海燕戒》《春风燕话》《鸮鸣集》《花神和雨神》《最后的香肠》《刘征寓言诗》等，此外还包括诗词集《流外楼诗词》《逍遥游》《画虎居诗词》，另有《刘征十年集》四卷。

刘征的讽刺新诗、寓言新诗，更多通过叙述的手法，在结构故事的过程中，将所要讽刺事物的具态以及主题在细致的感受中得以升华，

---

① 关于“文人后现代”的提法，可见伍方斐《生命与文化的诗性转换——任洪渊的诗与文人后现代主义》，出自任洪渊《墨写的黄河——汉语文化诗学导论》，北京师范大学出版社1998年版，第303—315页。

② 任洪渊：《语言相遇：汉语智慧的三度自由空间》，《墨写的黄河——汉语文化诗学导论》，北京师范大学出版社1998年版，第90页。

③ 任洪渊：《找回女娲的语言——一个诗人的哲学导言》，《女娲的语言》“代序”，中国友谊出版公司1993年版，第5—19页。

④ 刘征：《流外楼诗词》“自序”，《刘征十年集》“卷三”，文心出版社1986年版。

《海燕戒》《老鼠的对话》《烤天鹅的故事》等都以这样的方式，将骄傲自大者和官僚主义作风刻绘得一览无余。由于刘征长于旧体诗词，精于绘画，所以，在他的创作中，总会呈现这方面的影响，这集中体现在形式的整饬，甚至还可以在那些常常四行一节、回环往复的写作中看到现代诗歌某些传统的痕迹。《老虎贴告示》《最后的香肠》等大都采取这样的形式。当然，在此之外，刘征也有些近似于哲理诗的创作，比如《海涛篇》等，主要是以对比的手法，完成某种经验和智慧的提升。

黄永玉（1924— ），土家族，湖南凤凰人。青少年流浪期间曾先后接触过木刻艺术，当过瓷厂美工和戏班舞美设计。1947 年开始诗歌创作。当代的新诗创作，主要集中在 70 年代末 80 年代初这几年。曾出版《老婆呀，不要哭》等多部诗集。

黄永玉在当代主要的身份是画家，1952 年起，他就在中央美术学院任职。“文革”结束后，他的创作曾经一度一发不可收拾。《曾经有过那种时候》由于有力地揭示了“文革”时代荒诞的生存境遇而受人瞩目，然而，这并不是其诗歌写作的全部。在黄永玉的创作中，一直存在讽刺和抒情两种风格。与讽刺类作品的歌谣式笔法相比，抒情类作品往往由于真挚和纯情而带给读者一种亲切感，这些作品有《献给妻子们》《我认识的少女已经死了》等。

陈显荣（1938— ），山东昌邑人。1957 年开始发表作品。著有诗集《多彩的风》《笑影远去》《陈显荣讽刺诗选》等。新时期以来，陈显荣的诗歌创作主要集中在抒情诗和讽刺诗两个方向上，但影响更为深远的则是讽刺诗。其讽刺诗在不断探索中形成辛辣、幽默、上口、易记的艺术风格，影响广泛。写于 1979 年的《辣椒歌》是陈显荣的成名作，不但呼出了人民的心声，而且，在艺术上简洁、凝练、富有民歌味和音乐美。此外，《话说武松》《话说李魁》《三打祝家庄》等，也是陈显荣较具特色的讽刺作品。

石河（1940— ），本名李绪源，曾用笔名滨之。山东省寿光县人。童年就读于原籍和济南各地，1960 年秋天高中毕业之后来到新疆，曾在石河子一家棉纺厂工作 20 年。80 年代初期调入石河子文联，后为石河子文联副主席，《绿风》诗刊主编。

石河于1963年发表作品，1975年开始转向讽刺诗并以此闻名于世。先后出版《飞橄集》《阿弥陀集》《啄木集》《西方万花筒》《石河讽刺诗选》等多部诗集。石河的讽刺诗，继承现代文学史上讽刺诗的传统，充分借助语音双关的方式进行讽刺，《一顶“安全帽”》《“枕头”书记》等作品，均通过谐音的手法，讽刺官僚主义作风。由于诗人的创作转向是从“文革”后期开始的，这使石河的许多作品充满了对特定时代的记忆和反思，《呜呼，“四人帮”》《梦断“新天朝”》等，都以嘲讽的口气刻画了“四人帮”的反动嘴脸。将讽刺艺术和现实紧密结合之后，石河的作品呈现出强烈的社会责任感和现实精神，不过，这种书写方式，也在不断使用的过程中陷入某种重复的状态。

陈有才（1942— ），生于河南固始县，1963年开始文学创作，曾先后出版诗集《感觉再生》《蜕皮的蛇》《历练岁月》《历练人生》等多部。一般以为，陈有才的诗，大致以90年代后期为界，存在明显的沟壑①。自60年代中期就以创作民间“五句子山歌”而闻名的陈有才，一直以表现江淮大地的民情风俗为其创作的主要内容。进入90年代后期特别是遭遇车祸之后，其诗风发生了明显的变化。他以独到的批判眼光使其作品充满了对眼前现实和历史的穿透性，而由此生发的讽刺性也常常让其诗作闪烁着独特的锋芒。《从记事的那个五月端阳》《麻醉和没有麻醉之间醒着的醉话》等，均是以讽喻见长的作品。在艺术上，陈有才的诗歌注重自由自在的诗体形式选择，和幽默灵活的语言，在车祸养病期间完成的诗集《感觉再生》，可以视为陈有才诗作艺术变化和风格集中展示的一个结晶。

六 史诗精神的追求与长诗的写作

大解（1957— ），原名解文阁，河北青龙县人，1979年毕业于清华大学水利工程系。其历时四年之久，共计一万六千余行的长诗

---

① 邹建军、唐灿灿：《陈有才前后期抒情诗创作比较论》，《诗探索》2004年秋冬卷。

《悲歌》，是当代诗歌史上为数不多的长篇巨制之一，同时，也是充分体现诗人“在现实和语言的双重的虚幻背景下，人的存在变得模糊不清了，真实和虚幻混淆在一起。我的诗歌不是要去澄清它，而是去加深它的浓度，努力去展现物理的和精神世界中的全景”[①] 写作观念的作品。从总体上说，《悲歌》首先是一种集合，它不但是在“语言真实与虚幻”的过程中，对以往写作乃至写作经验的总结，而且，它还在具体行文过程中涵盖了诗人以往的部分创作。整部作品以主人公“公孙”的经历为线索，穿行于历史和现实之间。这是一次近乎文化苦旅式的跋涉，它将“历史钩沉与文化批判、现世生存与终极关怀、个人经历与群体命运扭结在一起，深刻地揭示了民族兴衰的根源”[②]，但其真实历程却来自诗人的心灵。除了在主人公身上承载诗人最钟情的事物，最古老、淳朴、美好的情感之外，《悲歌》还表达了一种精神的追求，一种“礼仪”与拯救的向往。在艺术上，《悲歌》既是一种宏大叙事结构的尝试，也是各种文体形式的一次集中实验，散文诗、骚体诗、叙事诗等各种尝试均在文本中有所体现。其中，序曲、楔子是全诗的线索，时隐时现于其他各部分诗节之间。至于诗中不断出现的作者与主人公的对话，诗人自我创作意识的暴露，以及真实情感与华美意象的使用，都使整部作品在人物、意象、情感上带有亦真亦幻的风格色彩。

梁志宏，1945年10月生于山西太原。1963年入山西大学中文系读书，同年开始发表作品。1985年之后开始涉足叙事诗创作，90年代之后开始系列神话长诗《华夏创世神歌》的创作。2002年由山西人民出版社结集出版的《梁志宏文集》5卷本，是诗人多年来创作的一次总结。80年代中期以后的叙事诗创作为梁志宏的神话史诗和90年代的长诗创作奠定了坚实的基础。怀着“中国有没有爱神”的疑惑，在大学期间就为神话故事和神话人物所吸引的基础之上。梁志宏于1992年开始着手创作“一项宏大的文化工程”——万行神话史诗《华夏创世

---

① 大解：《语言的现实》，《诗潮》2005年第1期。

② 见“《悲歌》七人谈”：“主持人语”，《诗选刊》2001年第11期。

神歌》。整部史诗共分《爱神女娲》《龙神黄帝》《神羿射日》《大禹治水》四卷，每卷 2500 行左右，总汇一起构成既单独成卷又互为关联的神话史诗系列。除上述史诗外，梁志宏在 90 年代重要的长诗创作还包括长篇叙事诗“时代三部曲”——《爱魂》《山碑》《河颂》，既体现了改革开放以来吕梁边山老区变化中的悲壮历程和激越情怀，同时，也是诗人热爱家乡、俯仰今昔的创作。

七 少数民族诗人的新姿态

少数民族诗歌，作为一种诗歌创作现象，一直是当代诗歌的重要组成部分。按照较为严格的标准，少数民族诗歌当然应当指那种由少数民族诗人创作的、生动表现本民族生活的诗歌作品。不过，鉴于民族融合一直是一个不可避免的文化现象，因此，少数民族诗歌在具体表述上也存在范围上的“出入”，这使少数民族诗歌在具体的写作上，不但会常常表现为一种地域性和民族性，同时，也会具有走向某种更为广阔的文化色彩。在 90 年代产生重要影响的少数民族诗人除这里提到的吉狄马加、高深、巴音博罗、冉冉、吉木狼格之外，还有木斧、匡文留等，由于少数民族诗人主要取决于少数民族身份，所以，其具体诗歌创作大多具有跨越多个年代的现象。

吉狄马加（1961— ），生于四川省凉山彝族自治州。1979 年开始发表作品，曾出版诗集《初恋的歌》《一个彝人的梦想》《罗马的太阳》《吉狄马加诗选》《吉狄马加的诗》等诗集。

吉狄马加的诗，大都以古老的大凉山为背景，以彝人之魂为题材，并在始终坚持对自己民族和故土的讴歌中，将对“土地、民族、祖国”的情感抒发紧密地结合在一起。作为一个充满诗意的民族，彝族本身各体诗式（如英雄史诗、哭嫁诗、爱情诗、送魂诗等）的健全、生生不息，甚至彝人历史族源的神秘，都给吉狄马加带来了巨大的创作空间和创作源泉。在类似《鹰爪杯》《失去的传统》《彝人谈火》等作品中，彝人的图腾和文化正通过一种意象的符码化，转化为对英雄的礼赞和对传统的呼唤，这使得吉狄马加的作品，不但与出现在 80 年代中期的文化寻根浪潮有着天然的契合关系，而且，还带有强烈的文化传统溯源倾向。

然而，与此同时，我们也必须看到这样一种事实：在现代文明的强烈扩张与冲击下，任何一种古老文化都势必最终要以整合的方式纳入多元共生的生存空间中，所以，历经坎坷艰辛并具有浓厚历史文化积淀的彝族文化正面临着一种必须面对的尴尬处境：一方面要始终坚守灵魂的寄居地和民族的精神家园；另一方面，又不得不在精神阵痛的蜕变过程中，接受时代语境中现代文明的转型。因此，《守望毕摩》《黑色的河流》《民歌》等作品的出现，就不仅仅是对彝人葬礼乃至神秘文化风俗的一种书写，它还包括“我写诗，是因为在现代文明和古老传统的反差中，我们灵魂中的阵痛是任何一个所谓文明人永远无法体会得到的。我们的父辈常常陷入一种从未有过的迷惘”；“我写诗，是因为我相信，忧郁的色彩是一个内向深沉民族的灵魂显象。它很早很早以前就潜藏在这个民族心灵的深处”①。这种既含有历史追忆，又明显带有对比现实后失忆色彩的写作，自然存有一种难以言表的感情，而诗人在诗篇中常常呈现出来的理性思考、理想执着、生命意识以及忧郁情怀也与此密切相关。

高深（1935—2017），原名高世森，回族，祖籍辽宁岫岩，生于辽宁营口。1946 年参加东北民主联军回民支队。1952 年开始发表文学作品，曾毕业于文学讲习所第六期。从部队转业之后，多年办报和编辑文学期刊，1957 年曾因诗被错划为“右派”。复出后继续创作，至今已出版诗集《路漫漫》《小哥俩》《大西北放歌》《大漠之恋》《苦歌》《高深诗选》等多部。

经历坎坷而丰富的高深，在写作上有着浓郁的生活底蕴和执着的精神。在《大漠之恋》的“代前言”《诗的自白》中，那种包含“彻悟生命的轮回转折”“安于自身寂寞”“对生命恋恋不舍”的心境，正是高深写作精神的写照。对于时代赋予的坎坷和人生的波折，高深总能坦然面对，并将理想和希望的目光转向未来：“我没有昨天/昨天已

---

① 吉狄马加：《一种声音——我的创作谈》，《吉狄马加诗选》“代后记”，四川文艺出版社 1992 年版，第 282 页。

经装订成册//我关注未来/未来的梦生出翅膀//在昨天和未来之间/我自己是一座桥//装订成册的昨天/仍然是昨天。"（《我没有昨天》）当然，高深最为熟识同时也是表现力最为丰富的还是那些"回族题材"的诗篇。在这些创作中，诗人将"大漠人的情""大漠人的爱""大漠人的喜""大漠人的歌"化成一首首短诗，细腻而真实地体现了大漠人即回族人民的喜怒哀乐和现实生活状态，尽管，在诗艺的角度上，这些作品缺乏即兴之后的锤炼，但诗情之情真意切却是高深作品始终散发独特魅力的重要质素。

巴音博罗（1965— ），满族，汉名崔岩。生于辽宁省桓仁县，原籍沈阳，现居鞍山。90 年代开始发表作品，著有诗集《悲怆四重奏》《龙的纪年》等。

巴音博罗是 90 年代以来身份较为独特的诗人，有关这一点，除了因为他虽流淌一身凝重而激切的旗人之血却始终坚持用汉语进行写作，还在于他的"我常常以为是在做梦，是日光和月光的双重羽毛拥抚着我的心灵"的平和心态，以及"这么多年，我一直在这个僻远而寂寥的北国小镇蛰居与写作，像一个日出而作日落而息的乡民"的自由自在[①]。在十余年的写作历程当中，巴音博罗不但学会了"倾听民间真实的声音"，也学会了"放弃许多诱惑和既得利益"[②]，而"倾听与放弃"不但使他能够保持长久卓然不群的鸣唱，也使他可以在日趋宁静致远中渐渐触摸到了"汉语之灯"的诗歌真谛。

巴音博罗首先是以满族题材的作品为诗坛所瞩目的。如果说从 1990 年 2 月发表第一首作品《莽式空齐》大致到 1995 年，巴音博罗的写作一直处于以描绘历史与民族为主的"历史抒情阶段"，那么，从"就这样，亲人们心甘情愿走上祭祀的神台，像远古的蜡烛镀亮的英雄/那些卑贱而高贵的幽灵袅袅升腾"（《吉祥女真》）开始，无论是"无法承受一个王朝的悲怆"的《悲怆女真》，还是描绘"更远枝蔓的女真是我剽悍的祖先"的《女真哀歌》，巴音博罗的诗中一直充满了

① 巴音博罗：《我在僻远的小镇写诗》，《诗选刊》2001 年第 10 期。

② 巴音博罗：《诗，汉语之灯》，《鸭绿江》2001 年第 6 期。

关于自己民族历史的想象。然而，曾经的历史毕竟已经成为一个远逝的背影。因而，执着追寻的结果就是诗人灵魂的漂泊与苍凉的无可归依感，和这些感受在向外书写时带有悲剧色彩的激情洋溢。这使得此时巴音博罗的诗中，总飘荡着某种与寂寞孤独混杂的“成分”。1995年的诗歌创作对于诗人写作的意义是十分重大的。巴音博罗从此时起开始对现实投入热情并表现出一种较为深厚的忧患意识，而这种逐渐“进入城市和必然要进入城市的感觉”使他的历史记忆开始受到冲击。此后，组诗《回望》《苍黄九章》《1995·英雄启示录》等作品，均以书写死亡，抵抗拜金主义以及表达当代社会那种特有的荒谬感、尴尬的人生处境为主题，当然，这种穿行于历史透射和现实投入的作品，也往往会在灵魂历险和精神提升中给人带来强烈的艺术震撼力。而从寒冷、孤独与黑暗中观察人生可能远比从光明进入更为充分有力的独特视角，也正是在部分论者那里出现“鉴于当代诗坛上诗歌语言的惊人的集约化，也鉴于惯性写作成为诗人们的一种批量写作手段；像巴音博罗的《回望》这种具有深沉气质与厚重人性的大气之作的出现，已向我们阐明了另一种写作方式和语言方式的可能”[①] 之论断的重要原因。

冉冉（1964— ），女，土家族，重庆酉阳人。80 年代后期开始写作，现居重庆。诗集《空隙之地》是充分反映诗人“歌唱与倾听”的作品之一。在将“歌唱与倾听”作为诗歌“两种重要的甚至是根本的特性”[②] 的观念指引下，《冬天》的“静默”，组诗《空隙之地》中“耳朵”意象的频繁出现，都以“随心之所至”的方式，折射出诗人“倾听”过程中，神思飘扬的“兴奋”感受。组诗《空隙之地》是集中体现诗人“愉快，甚至有些乐不可支”状态的作品，开篇处的《最大的雪》虽然表面上是对雪景进行了描写，然而，结尾处的“天黑了/最大的雪躺在地上/比入眠的狗还要安静”却一语道出了诗人的最

① 未然：《以死亡的名义永恒——我读〈回望〉》，《星星》诗刊 1996 年第 11 期。

② 魏人、冉冉：《对谈录》，收入诗集《空隙之地》，中国文联出版社 2002 年版，第 151—152 页。

终目的是要对宁静的倾听进行一次展示；《说不出来》《病中》均是秉承这种倾听感受的作品，但前者突出的是“得意而忘言”的状态，而后者则更多的是侧重于“听说”过程中，一种压抑状态下的痛苦宣泄。压卷之作的《呵》是组诗《空隙之地》中最为深沉的一首诗，其叙述视角从遥远的背景出发，不断推移镜头、远近结合，并不断尝试将虚景与实景相互结合，从而在空明与旷远中超越疑问者的内心的忧伤。这些特质甚至是诗集独特的编排顺序，都集中体现了冉冉以接近澄明的状态“对某种生存真相的呈现”的创作渴望。

吉木狼格（1963— ），彝族，生于四川大凉山。1983 年开始写作，曾参与“第三代”诗歌运动，系“非非主义”阵营诗人。吉木狼格在 80 年代主要的作品有《怀疑骆驼》《睡觉和做梦》《红狐狸的树》，这些作品既有一代人的历史记忆，更体现了经受“第三代”诗歌运动洗礼下，青年一代诗人的怀疑精神以及自我的生存感受。进入 90 年代之后，吉木狼格的作品更多体现为对现实生活处境的观照，2002 年出版的“年代诗丛”之《静悄悄的左轮》是诗人第一本诗集，收录了诗人近 20 年的主要诗作。

第三编

女性诗歌的世界

第十一章 1980年代以来女性诗歌发展概论

虽然也曾流星般划过几位灿烂女诗人的名字，但漫长的中国诗歌史似乎是男人的世界。古代且不必说，甚至到了五四以后，新诗出现了，男人主宰诗坛的情况也未发生根本的改观。这种局面一直延续到新时期到来之前。70年代末80年代初，伴随着思想解放的潮流，中国女性的自我意识觉醒了，舒婷的出现预示着女性诗歌春天的到来。进入80年代以后，女性诗歌创作更是呈现一派“乱花渐欲迷人眼”的景象，其中尤以翟永明、唐亚平、伊蕾等为代表的女性主义诗歌，以其对女性深层心理的开掘及对男性中心话语的反抗，在诗坛形成了强烈的冲击波。进入90年代以后，女性诗人面对世纪之交的经济与文化环境的变化，调整了写作策略，性别对抗的姿态有所改变，关注的疆域有所拓展，对女性自身的探寻有所深化。表现在创作上，思绪由浮泛转为深沉，情感由激烈转为平和，风格由张扬转为内敛，从而使女性诗歌写作出现了新的转型。

一 “女性诗歌”概念的辨析

以性别作为诗歌史的分类方式，主要是基于女性诗人在1980年代以来创作中渐成声势、取得突出成绩的事实。不过，对于“女性诗歌”概念的使用，一直是存有争议的。以最早于80年代使用“女性诗歌”概念的唐晓渡为例，“女性诗人所先天居于的这种劣势构成了其命运的一部分，而真正的‘女性诗歌’正是在反抗和应对这种命运的过程中形成的。追求个性解放以打破传统的女性道德规范，摒弃社会所长期分派的某种既定角色，只是其初步的意识形态；回到和深入女性自身，基于独特的生命体验所获具的人性深度而建立起全面的自主自立意识，才是其充分实现。真正的‘女性诗歌’不仅意味着对被男性成见所长期遮蔽的别一世界的揭示，而且意味着已成的世界秩序被重新阐释和重新创造的可能”① 的界定，就体现出一种鲜明的“权力色彩”。然而，在诗歌史的具体实践过程中，特别是鉴于对一些诗人的事后挖掘与书写必须面对的“类别归属”，以及 1980 年代以来女性诗集出版情况的考察，“女性诗歌”的使用总面临着界定和实践上的出入。即使进入女性诗歌相对繁荣的 90 年代，人们在使用“女性诗歌”时仍然常常有不同的理解。在部分论者那里，“女性诗歌”的概念并不是“无所不包的”，它应当是写作上表现女性性别经验和诗歌性别特征的结果，因此，它只有在具体指向，比如专指出现于 80 年代中期翟永明、伊蕾、唐亚平等的创作时，才能堪当此名。而在另一部分论者眼中，“女性诗歌”应当是一种较为宽泛的概念，即它就相当于女诗人创作的诗。②

相对于 80 年代女性诗歌，90 年代之后的女性诗歌写作无论在队伍和成绩上都取得了更为令人瞩目的成就，但对“女性诗歌”的使用却不时呈现出审慎甚或苛刻的标准，这种现象的出现，或许正表明“女性诗歌”本身就是一个历史化的过程。它不但需要历史的、动态的考察，同时，也需要诗学研究本身不断对其进行学理的注入。在 1997 年出版的“中国女性诗歌文库”的“总序”中，谢冕先生就曾以历史的方式提到“从一般的女性写作到我们此刻称之为的女性诗歌

---

① 唐晓渡：《女性诗歌：从黑夜到白昼——读翟永明的组诗〈女人〉》，《唐晓渡诗学论集》，中国社会科学出版社 2001 年版，第 209—210 页。

② 比如，鉴于“女性诗歌”已经取得引人瞩目的实绩同时也是为了迎接世界第四次妇女大会在北京的召开，《诗探索》就曾在 1995 年 5 月 20 日举办的“当代女性诗歌：态势与展望”座谈会上，关于“女性诗歌”的命名与界定，就呈现出上述两种明显不同的态度。其中，以刘福春、汪剑钊、陈旭光等为代表认为“女性诗歌”是有相对明确的所指对象与适用范围的概念，其具体是在翟永明、伊蕾、唐亚平等人的创作出现后才开始使用的；另外的意见则体现在吴思敬、崔卫平等人身上，其主要内容体现为女性诗歌概念应当宽泛或者用其他概念进行指涉。具体见陈旭光《凝望世纪之交的前夜——“当代女性诗歌：态势与展望”研讨会述要》，《诗探索》1995 年第 3 期。

是质的递进"[①]；而作为著名的女诗人，翟永明则在文章中较为尖锐地指出："'女性诗歌'这个提法也许会使女诗人尴尬，似乎她们的创作仅属旁支末流，始终未真正进入纯粹的诗歌领域"，"目前评论界对'女性诗歌'更多地是从社会学观点、妇女问题考察以及女性内心世界分析等方面作定向研究，很少把诗歌文本孤立出来，从纯粹的诗歌价值和艺术的基本要素上进行具体分析，因而'女性诗歌'的批评辨别标准仍然混淆不清，进而影响到女诗人的创作"[②]。上述引证都说明"女性诗歌"只有置诸历史和现实后，才能显现自身的丰富性和可能性，而在此过程中，"女性诗歌"的考察将属于一个动态的过程。

结合上述分析，本文使用的"女性诗歌"采取宽泛的含义，即它在总体上指"1980年代以来女性诗人的诗歌创作"。而这种确证主要基于如下两点原因：（一）基于1980年代以来"女性诗歌"概念在一般使用意义上的约定俗成，即在诗歌研究、诗歌史写作以及诗集出版的过程中，以性别标准对女性诗歌进行分类往往是不言而喻的；而这一点，一旦与"女性诗歌"指向的诗人数量、研究规模结合在一起的时候，往往会呈现得十分明显。（二）基于"1980年代以来女性诗歌的历史化与整体意识"。针对部分学者将"女性诗歌"概念理解为专指80年代中期之后的部分女诗人创作，可以明确看出其受到同一时期涌入本土的西方女性主义理论的影响。然而，以历史化的视野来看，这一争议却随着时间的推移而不再成为一个问题。80年代中期受到女性主义影响而出现的诗歌，显然是以80年代初期（其具体时间结合具体的创作可以提前至"文革"结束之后）女性诗歌的实践为资源和背景的，而作为一个历史化的过程，它们都可以归结到80年代以来社会、文化的现代化进程之中。与此同时，结合当下学界研究的实际情

① 谢冕：《中国女性诗歌文库》"总序"，翟永明著，唐晓渡编《称之为一切》，春风文艺出版社1997年版，第2页。《中国女性诗歌文库》共分前、后两卷，第一卷收入阎月君、王小妮、海男、唐亚平、傅天琳、林雪、翟永明、蓝蓝的作品集；第二卷于1998年出版，收入张真、李琦、张烨、李小雨、林珂、杜涯、虹影的作品集。

② 翟永明：《"女性诗歌"与诗歌中的女性意识》，《纸上建筑》，东方出版中心1997年版，第230—231页。

况可知：运用西方女性主义理论分析历史上任何一个时期的文学现象并不存在“越界”的问题。但对于1980年代以后和之前的历史而言，“女性诗歌”的出现具有其自身的整体性，中华人民共和国成立之后至“文革”结束之前，“女性诗歌”处于“空白点”恰恰从另一方面证明了这一点。当然，如果从区分的角度上考虑，将80年代中期之后出现的部分诗人、诗作称为“女性主义诗歌”，或许不失为一种有效的策略。

二 阶段划分及其内涵、依据

在以上论及的视角指向下，1978年以后的“女性诗歌”大致包含以下几个重要阶段。

（一）第一阶段（1978年—80年代中期）

主要是女性诗歌在“文革”之后的复苏，以及出现了渐成声势的创作阵容。其中，当时已届中年的诗人郑敏、陈敬容、成幼殊、灰娃、王尔碑、郑玲以及林子等都是较早进行诗歌创作，甚至具有一定诗名的[①]。曾经于40年代就开始写作的郑敏、陈敬容等，在“文革”结束后，再次拿起笔进行创作，依旧展现出高超的诗艺才华，她们的实践显然具有“归来”和“垂范”的意义；而像舒婷、李小雨、傅天琳、张烨、陆忆敏等与日后若干诗歌史命名（如“朦胧诗”的命名以及她们交叉“朦胧诗”、“后朦胧诗”的事实）具有重要关联的女诗人，也以青年诗人的身份跻身这一时期的诗坛。她们的出现堪称为80年代女性诗歌的崛起奠定了坚实的基础。

（二）第二阶段（80年代中期—1990年代）

主要表现在接受西方女性主义思潮以及女性诗歌创作之后，呈现于当代女性诗歌中对性别意识强化的写作倾向。翟永明于1984年完成的《女人》组诗，无疑在新时期诗歌史上具有重要的意义，而诗人在

---

① 关于对郑敏、陈敬容、成幼殊、灰娃、王尔碑、郑玲以及林子等“中年诗人”身份的划分，主要是依据其实际年龄和诗歌写作的年代，这里，灰娃由于写作时代较晚，或许可以作为一个例外，不过，这里从归类的角度划分，因此将其列在一起，其具体内容可参见诗人的介绍部分。

此之后先后完成的诗学论文《黑夜意识》《再谈“黑夜意识”与“女性诗歌”》，也同样在反映翟永明诗歌观念的同时，为当代中国“女性诗歌”的发展带来新的气息。而后，唐亚平的组诗《黑色沙漠》、海男的组诗《女人》以及伊蕾系列长诗《独身女人的卧室》在重大文学刊物的相继出现，都使这种惊世骇俗的写作在当时产生了重大影响。在这些作品出现的普拉斯式的“自白叙述”和极具尖锐、焦虑式的抒情方式，以及不断涌现在这些作品中的黑色、黑夜、镜子、窗帘、卧室、身体等意象，都为读者带来了一种前所未有的生命体验和独特的感受氛围。而作为某种外来文化的影响与资源，类似美国自白派女诗人西尔维亚·普拉斯等的创作，正是可以与这一时期女性诗歌叙述风格相对应的一种写作方式。于是，在被评论界指认为自觉接受外来文化影响和造成诗歌写作中性别意识得到极度强化之后，关乎“女性诗歌”的概念及其进步与缺憾的讨论，也无疑成为当时诗歌界的一个热点。当然，作为一种对诗人个体的研究视角，这一时期的女性诗歌是否完全与女性主义理论“对应”，仍旧是一个值得探索的问题。

由以上分析可以看出：出现于80年代中期的女性诗歌在借鉴外来文化思潮和写作范式的过程中，是否完全借用西方女性主义理论及创作资源，无疑是值得探讨的。当然，无论如何，以翟永明为代表的、涌现于80年代中期的女性诗歌写作，还是充分张扬了女性自我意识这一历史进步的趋势。尽管，进入90年代之后，由于诗歌艺术潮流的变迁和客观上创作的分化、转向等原因，此类写作已声势减弱，不过，作为一种业已成为“经典”的历史性记忆，其创作和“开风气之先”的事实，正在更为年轻的女诗人那里得以延传。

（三）第三阶段（90年代的女性诗歌）

主要是指世纪末10年的女性诗歌创作。随着90年代文化转型后诗歌“集体意识”的减弱，以及对女性第二阶段诗歌创作寄予的一种反拨，90年代女性诗歌更多是以一种“个人化”的方式进行着诗歌创作，崛起于这一时期的青年一代女诗人往往由于她们的“知识性”“超越性”，使90年代女性诗歌在关注日常生活场景和部分回归传统的态势中显露出一种新质，而在具体的诗歌创作中讲求对语言的关注和叙述的技巧更是进入90年代之后，女性诗歌的一种整体性态势。当然，由于诗歌写作本身存有的种种因素以及固有的代际划分观念，所谓90年代女性诗歌队伍不但包括以上两个阶段提到的女诗人，更包括很早以前就进行创作并有诗名，在这一时期显现出写作才华和诗艺成熟的女诗人，王小妮、林雪、刘虹等诗人被划分到这一阶段，则无疑与她们取得的实绩有关。

（四）第四阶段（21世纪以来的女性诗歌）

这一阶段的女性诗歌主要体现为几代诗人“集聚一堂”的态势，而以路也等为代表的在90年代开始创作、在21世纪初取得引人瞩目成绩的现象，再次印证了诗歌史研究与书写常常滞后于诗歌创作的事实。此外，在诗坛相关命名的影响下，女性诗歌在21世纪初诗坛的调整与转型也是值得关注的现象。以郑小琼为代表的女性“打工诗歌”，女性“身体写作”，“70后”“80后”女性诗歌的代际划分，等等，都构成了21世纪初诗坛的一道道风景线。当然，21世纪初十年的女性诗歌由于其切近当下的“距离”，常常在具体研究的过程中呈现出沉积尚浅的态势，这种客观存在的情况自然是需要注意的问题，不过，历史地看，女性诗歌的未来也正蕴含其中。

三 艺术演变的整体态势

（一）“个人化”的发展趋势与自我不断调整

着眼于女性意识的呈现，纵观1980年代以来女性诗歌的发展历程，“苏醒—走向极致—沉潜内化”的发展趋势，一直暗合着女性诗歌不断“个人化”和自我调整的内在线索。从“朦胧诗”时代开始，舒婷等对女性意识的开掘就已经在思想启蒙的过程中，具有了一种迥别以往集体化写作的倾向；至80年代中期，女性意识在诗歌写作中得到空前的加强后，女性个体经验以及女性“个人化写作”本身都在诗歌写作中得以集中呈现。不过，由于这一时期的女性诗歌过分倚重“自我”，因而，它的极度个性化自我便在“悬浮”和“封闭”中成为一种拒绝任何事物的“在场”与“到场”；而片面地强调女性自我又在整体阅读和接受存有障碍的前提下，使其最终沦为“非自然状态”甚至“病态”中的写作，所以，这一时期的女性诗歌中的“个人化”虽然得到了加强并在诗歌史上具有进步的意义，但若仅从女性写作主体释放的角度上看，80 年代中期的女性自我意识彰显并没有达到其应有的效果或曰高度，而真正标志女性“个人化”全面展开的却无疑是 90 年代以后的事情了。

当然，90 年代女性诗歌的“个人化”倾向又并不仅仅表现在艺术上的“超越”，在内外动因的交相作用下，90 年代女性诗歌的“个人化”首先就在于这一时期的女性诗歌在经历文化转型的冲击和洗礼后，女性诗人的心态正趋于练达与平和。与此同时，女性特有的性别意识又使其在与男性诗人们比较的时候，在商品化潮流面前显示出一种较为平和与从容的态度。她们在总体上较少那种在金钱面前和通俗文学面前的“躁动”以及在诗歌寂寞时代中表现出的坚忍，都使这一时期的女性诗歌呈现前所未有的成熟。这些都是 90 年代女性诗人告别以往“黑色风暴”，语言日趋透明、平和，性别意识淡化进而呈现出某种近乎“超性别意识”写作特点的前提。

21 世纪初的女性诗歌在延续 90 年代“个人化”发展的同时，由于“身体写作”“打工诗歌”、关注“底层”以及网络兴起等因素，越来越呈现出自觉融入社会发展的趋势。这种大致可以称为女性诗歌“自我调整”的新动向，不但使女性诗歌的空间得以不断拓展，同时，也使其拥有了广阔的写作前景。

（二）多样化格局及多元化的创作态势

多样化格局及多元化的创作态势，对于 1980 年代以来女性诗歌而言，根本在于“女性诗歌”作为一个独立的概念和女性诗歌创作作为一个独立的现象出现。在此前提下，“多样化的格局的形成”首先在于女性诗歌创作队伍的形成以及几代诗人济济一堂。新诗在 80 年代的复兴曾使搁笔多年的一批诗人重新投入创作，郑敏、陈敬容等重返诗坛以及年青一代女诗人借此契机登临诗坛，使女性诗歌在起步阶段就形成了“多元态势”。此后，女性诗歌在凸显自身特色的过程中，不断吸纳新的文化资源与创作者。80 年代中期深受西方女性主义理论及创作影响而出现的“第三代”女性诗歌，90 年代之后随着代际自然增加而出现的新一代女诗人，以及上述几代人在 21 世纪初诗坛会聚成整体性浪潮、呈现出立体化的创作图景，正是这一多元态势的明证。

其次，从主题的角度上看，自然、爱情、亲情、生活历来是女性诗歌创作的基本主题。80 年代以来的女性诗歌当然也具有上述特点，不过，在当代生活日新月异的变化中，女性诗歌的创作主题正开始发生变化：在书写自然、爱情、亲情、生活等基本主题时描绘出其繁复的一面；在前卫文化浪潮的刺激和生活多样化的影响下，面向城市、展现底层；体悟生活、讲述哲理；书写欲望、描绘身体；解读文化、关注现实……都使女性诗歌拥有了前所未有的表现空间，而女性诗歌主题的多义性、抒情主人公形象的复杂性也由此得以展开。

最后，在风格、技法上，女性诗歌顺应创作队伍、主题的演变趋势，同样展示出独特的一面。围绕女性诗歌自身在性别意识、文化经验上的固有属性，80 年代以来女性诗歌在风格上往往显示出比同时期男性诗歌更为明朗、稳重、理性的特点。当然，这样的风格定位并非说明女性诗歌在具体表现时的简单、明了，相反，这种外表不事张扬的风格在与性别意识结合之后，往往会呈现出不一样的诗质。与此同时，就技法而言，女性诗歌在写实、抒情、现代、后现代、女性主义以及对语言的经营等方面也毫不逊色。而这一点，也正是女性诗歌既可以置于诗歌史的整体角度加以考察，同时又可以作为独立现象加以研读的重要原因。

第十二章　1980 年代以来女性诗歌发展历程

一　渐成声势的女性诗歌创作阵容

所谓“渐成声势的女性诗歌创作阵容”，主要是指为八九十年代女性诗歌蓬勃发展奠定坚实基础的一批女性诗人。曾经于 40 年代就开始写作的郑敏、陈敬容等，在“文革”结束后，再度提笔创作，依旧展现出高超的诗艺才华，而舒婷（具体论述见前）、李小雨、傅天琳、张烨、陆忆敏等与 80 年代诗歌史相关命名具有密切关系的女诗人，也以青年诗人的身份跻身诗坛，她们的创作不但标志着“晚近 20 年间”女性诗歌“量与质并重而高水平的突起”，而且，也为“在诗歌领域中，女性作家的创造力和总的成果超过了，至少是毫不逊色于男性作家”① 的实绩做出了突出贡献。当然，在这一时期创作队伍当中，对成幼殊、灰娃、王尔碑、郑玲、林子等诗人的挖掘与重新关注，更多的是对“历史”进行一种真实、完整的再现，因而，对这些很早创作但成集较晚的诗人进行书写，也就具有了某种修复历史的意义。

成幼殊（1924—　），曾用笔名金沙，生于北京。20 世纪 40 年代就开始发表作品并迅速迎来自己创作生涯的高峰。成幼殊初期的创作讲究意境的清新，节奏的灵动。《轻雾》《雨天封锁歌》《桥前》《谁可曾见过悒郁的面?》等作品，不但表现了少女特有的梦般思绪，而

---

①　谢冕：《中国女性诗歌文库》“总序”，翟永明著，唐晓渡编《称之为一切》，春风文艺出版社 1997 年版，第 3 页。

且，其韵致的错落有致和词语的使用，也充分体现了传统诗学对诗人的影响。当然，如果就此时诗歌本身流露的真实感受和从不刻意营造诗境的角度看，以真挚、细腻的方式进行吟唱，已经成为成幼殊未来诗歌的整体走向。

随着年龄的增长和思想的进步，作为一位年轻有为的诗人，成幼殊不但积极置身于时代的洪流之中，而且，还自觉地将诗歌创作与时代脉搏紧密地融合在一起。《队伍》《安息吧，死难的同学》《姐妹进行曲》《女人，在红旗下》等作品，既是诗人回应时代主旋律之后的理想抒怀，又常常蕴含有战士的激情。从1945年到中华人民共和国成立之前，成幼殊一方面通过参与成立上海野火诗歌会、油印诗刊的方式进行诗歌活动；另一方面长期从事地下工作。中华人民共和国成立之后，诗人从香港返回内地，而后长期于北京外交部工作，并一直坚持写作。2003年，年逾古稀的成幼殊将绵延六十余年的创作结集为《幸存的一粟》出版，并以附加大量珍贵照片和回忆文字的形式，展现了一位女性诗人多姿多彩的创作历程。

诗集《幸存的一粟》一共包含五辑。从第四辑开始，收入的作品均为成幼殊新时期以后的诗歌创作。从带有浓郁抒情性的《怀总理》进行延伸，在《归航》《内蒙古水彩》《动物的话》《君子兰》《致秋水》等作品中，读者似乎再次感受到了诗人最初的写作风格。当然，由于诗人此时的心态已日趋沉潜、平淡，所以，在《也谈死亡》《深秋落叶》《自我评估》等作品中，诗人的反思心境和怀念意绪也不断得以扩展。而作为一位外交工作者，不断在作品中呈现各地的风物人情，正是这种身份与诗人身份兼容的必然结果。

灰娃（1927— ），原名理召，生于陕西。少年时曾在延安儿童艺术学园学习，1955年就读于北京大学。70年代开始写诗，曾先后出版过《山鬼故家》《灰娃短诗选》等。

出版于1997年的《山鬼故家》既是一种历史性的追忆，同时，也是一个时代的心灵写照。其收入的作品主要写于“文革”后期的1972年。在这些展现“深沉的寂静”中不安灵魂的诗篇里，灰娃首先记录了特定时代在诗人敏感内心的沉重投影。虽然，灰娃没有直接揭示那个时代所发生的林林总总，但人们依然可以从作品的忧患意识中窥视到诗人的情感世界。在身体患有多种疾病和精神饱受折磨的双重危机中，诗人需要的只是一种寂静的语言叙述。在《路》《只有一只鸟儿还在唱》《寂静何其深沉》《沿着云，我到处谛听》《大地从没有这样孤独》等作品中，诗人所要倾诉的都是一个共同的主题——时代在人们心灵上烙下的深刻记忆和个体灵魂在不堪忍受、惶惑不解的前提下，必须以特殊的方式与“现实”进行对话。而与此相适应的，则是古今对比后的一次次追忆历史和无限忧郁中的精神之旅。尽管，曾经的岁月与理想已经随着光阴渐行渐远，但在痛苦现实中的挣扎，却使诗人的作品出现一种回归取向。在《归——无须言说》《野土》《我怎么能说清》等作品中，诗人以现代主义的手法，如对潜意识世界的关注、神秘色彩、独特的意象甚或特殊的诗行排列方式讲述着迷茫中的忧思和不断提升的审美经验。当然，值得注意的，同时也是诗人作品具有“自为独立性”乃至“文革诗歌史”[①] 价值的，还有诗人在诗歌中展现的人格独立与历史反思。《不要玫瑰》、多首《无题》特别是其中最短促的：

没有谁
　　敢
　　　擦拭我的眼泪

它那印痕
　也
　　灼热烫人

以及“附诗二首”的《我额头青枝绿叶》《墓铭》等，不但是一个时代的见证，更是诗人崇高人格和“向死而生”的灵魂写照。自然，其文本所具有的潜在价值也值得珍视与反复探究。

---

① 阿羊：《暗夜歌者——评灰娃的诗》，《诗探索》1999 年第 3 辑。

郑玲（1931—2013），重庆人，曾长期从事文学编辑工作。1950年开始发表作品，后因下放缘故中断创作20余年。1980年重新开始创作，曾先后出版《郑玲诗选》《郑玲短诗选》《瞬息流火》《风暴蝴蝶》等诗集。

重新执笔的郑玲首先在诗中展现了以往苦难时代的记忆。《洞庭之恋》恢宏超远、境界开阔，但在与眼前抒情对象“洞庭湖”进行交流的过程中，则流露出诗人较为复杂的思想感情，其起首处的“我从何处来，/为什么和你一见面就不能离开？”的问询句式，不但为全诗定下基调，而且，也在恍若隔世的沧桑中，自然带出过去的苦难和伤痕。《小人鱼的歌》缠绵悱恻，将神话、童话、现实结合为一体，但隐含在诗歌深处的基调却是一目了然的：

表达爱的声音没有了，
而心呢，却在爱，
说不出的爱虽然压碎了我的心，
但又怎能教人理解！

从叙事的内容上看，郑玲总是喜欢选择开阔的意象并融入重大的主题进行创作。《我不愿意走》《我的嘉陵江》等作品，将个人的抒情与祖国命运紧密地结合在一起。在这些诗篇中，乡愁、记忆甚至“三十六年的郁结”，虽然可以牵动诗人的心魂，但与个人的遭遇相比，诗人则将对祖国之爱放在无可替代的位置，从而体现诗人崇高的气节和坚韧的品质。此外，郑玲还先后写下了《雨呀》《桂林的容光》《致瞬间》等可以代表诗人创作另一侧面的作品，其风格和语言叙述在总体上都显得相对开朗与纯粹。而像《叶子》《她听到梦中的声音了》《夜访亡友》等极具“个人化”色彩作品的出现，则体现了作为女性诗人之郑玲的创作素养和写作才能。

王尔碑（1926— ），生于四川盐亭县，原名王婉容。40年代开始写诗，70年代末期进入第二个创作高峰。曾先后出版《美的呼唤》《行云集》《寒溪的路》等诗集。

早期的王尔碑是以清新、自然的小诗走向诗坛的。阅读她40年代的作品，不难发现：无论就外在的形式，还是流丽真挚的诗风，都与五四冰心的“天籁式”小诗具有内在的相似性。而事实上，《无题》《窗》《你底诗》等仿佛“做着希望的梦，无边无际的绿色的梦”（《绿草》）的风格也一直贯穿着诗人写作的始终。不过，在呼唤交响宏声与情感激越的年代里，王尔碑的天籁小诗中也同样交织着时代潮流对个体灵魂的震颤。因而，在抒发温婉情感的小诗中，读者也一样可以领略到艾青、田间以及七月诗派等对其创作产生的影响。

告别“文革”浩劫之后，王尔碑虽然一如既往地在《山中》《镜子》等作品中，将美好、坚贞、积极向上的信念以清新轻柔的方式带给读者，但在《行云集》《寒溪的路》这两本诗集当中，我们更多看到的却是诗人在诗歌创作形式上的转变，即散文诗写作的比重不断增加。当然，即便如此，诗人早年形成的诗风并没有因为形式的变化而发生改变。《云》《骆驼》《莲花峰》等作品感情真挚、文笔纯净，那些常常在作品中显露的“云”的意象，更体现了这位女诗人柔和而纯净的诗歌美学。不过，曾经的生活经历毕竟给诗人留下了深刻的印记。因而，在反思和常常于诗中不自觉地展示情感起伏的过程中，读者不但可以看到《石柱》中的矛盾，同样的，也常常会发现王尔碑不断在诗歌中加入哲理思考的成分。《丹顶鹤》以近乎寓言故事的对比，将未必有头顶的“珠花”却也同样会美丽的真理刻画得委婉而生动，与其相似的还有《小鸦之歌》《蜘蛛》等作品，都是诗人以散文的形式展示诗的本质，“愿做一朵会唱歌的云”① 的结晶。

《行云集》之后，王尔碑还有散文诗集《寒溪的路》。与以往风格不尽相同的是，《寒溪的路》更多是以幽默、反讽的方式结诗。《雾中》《女人与蜘蛛》《爱神》等作品不但表达了诗人对女性命运的思考以及性格中刚毅的一面，而且，从思维模式上讲，这些诗篇表达的是

① 王尔碑：《诗和散文的对话》，《行云集》，重庆出版社1984年版，第97页。此对话主要是以诗的形式表达诗人希望将诗歌与散文结合为一体，即诗人追求的理想中的“散文诗”状态。同样在收于《行云集》的《散文诗的独白》一文中，诗人还有“是的，我跟着散文去了，无论走到哪儿，我终竟属于诗”的论述。

在传统构思的解体和单一情感逻辑的破裂后，生活现象的还原，因而，其更多体现的是一种具有解构性的思维理念。这也从另一方面揭示诗人在创作上的新动向以及对生活的新思考。

林子（1935— ），生于云南昆明，著有《给他》《诗心不了情》等诗集。在林子的爱情诗集《给他》代序“我的自白”中，诗人曾写道“真善美哟，我的诗的孪生姐妹!”从而为整部诗集定下了一种情感基调。作为一部跨越30余年的抒情长诗，《给他》共分为前后两辑，其中第一辑的时间跨度为1952—1959年，第二辑的跨度为1978—1984年，是诗人以与爱人的生活经历为原型的一次“心灵写作”。具体到文本叙述中，林子将个人的离别、思念与时代、历史化合为一体，充分抒发了平凡而真挚的爱情，而贯穿整个长诗的主线即为“真挚的感情，是诗的生命”[①]。《给他》在1980年1月号的《诗刊》上曾以部分的形式发表，引起读者的强烈共鸣和喜爱。感情深沉、细腻，爱的真诚、纯洁、热烈，正是《给他》在美好情感匮乏时代打动读者心弦的重要原因。

李小雨（1951—2015），生于湖北汉口，后随父母调回北京。曾插队、参军，复员后到《诗刊》社任编辑。自1972年发表作品以来，曾先后出版诗集《雁翎歌》《湘江夜》《红纱巾》《东方之光》《玫瑰谷》《李小雨自选集》《声音的雕像》等。

尽管，阅读李小雨的诗歌创作，总能让读者体味到社会现实、生活经历曾对诗人的创作产生的巨大影响，但如果只是以某种身份指认的方式去看待诗人自70年代以来的诗歌创作，那么，李小雨并未因为其诗歌产生的影响以及文化气质而得到本可以获取的命名。发表于1979年《人民日报》上的组诗《海南情思》以及它的第三首《夜》所确立的诗歌风格，曾因其想象力和意境描绘而与“朦胧诗”的美学风格一脉相承，透过这些“生活的碎片”以及洗练的警句，可以感受到诗人“最初的声音”，是将传统、精致、古典熔铸之后的一种写作。稍后，成诗于泰山的《我留在高山山顶》《我是一朵失控的云》则更

---

① 林子：《谈谈〈给他〉》，《给他》，上海文艺出版社1985年版，第95页。

多是以反思的情境抒发个体对生命的体验。在这些作品中，可以更多领略的是诗人的理性化思考以及由此而生的哲理深度。从1981年到80年代中期，李小雨曾先后以游历的经验为题材，写过大量诗篇。从那时开始，胜利油田、锡林郭勒草原、江南水乡、玉门油田以及陕西半坡遗址等都留下了诗人的足迹，而与此相应的是诗人在写作上不断呈现的地域色彩、文化气息以及“地域性—文化性—历史性”的序列方式。

进入90年代后，李小雨诗歌创作中的艺术新质主要体现为将以往的“外放”逐步变成“内敛”，而与这种变化相适应的是诗人逐渐将诗歌的视角介入城市，并逐步以“以小见大”的方式进行着诗意的综合。写于1991年并可以作为诗人对诗歌、生活、现实进行集中认识的《关于诗》，正是诗人抚今追昔、沧桑彻悟之后，以平易的语言完成的“在现代与非现代之间”的一次写作转换。

傅天琳（1946—2021），生于四川资中县。早年曾在一个果园劳动19年，后曾任重庆出版社编辑直至退休。已出版诗集包括《绿色的音符》《在孩子和诗界之间》《音乐岛》《红草莓》《太阳的情人》《另外的预言》《结束与诞生》《傅天琳诗选》等。

早年果园工作的经历对于傅天琳的诗歌创作曾起到过重大影响，诗人早期创作处处铭刻着劳动生活的印记。《我是果林一条河》《心音》《柠檬》《心灵的碎片》《我们》《果园姐妹》等作品中，不但大量出现果树、果实、草地、河水等意象，而且，还凝聚着诗人青年时代的情感历程。代表自然和灵动的“果树和水”，不但成为诗人“诗歌的血脉”，而且，也为日后形成诗人“单纯而丰富，清新而深刻，严谨而随意”① 的诗风，奠定了坚实的基础。

如果说从亲身经历的生活出发，将大自然与日常生活的经验予以提升，并不断在其中融进个人的情感是诗人早期的写作特点，那么，不断从个人世界走向社会，并最终将自我、自然、社会融合在一起萌

① 傅天琳：《果树的方式以及水的方向》，《傅天琳诗选》“自序”，重庆出版社1998年版，第1页。

生诗意就成为诗人后来创作的一种趋势。纵观傅天琳80年代的诗歌创作，从描写母爱与亲情的《夏夏的花》《夏夏的生日》《夏夏的眼睛》《夏夏的头发》《母爱》等，到1985年参加在当时西德举办的“地平线艺术节”而扩展自己的视野，诗人作品中爱的世界也不断得以扩展与超越。进入90年代后，随着文化转型给人们的心灵带来的巨大的冲击，傅天琳的诗歌作品中也体现了时代使命感和生命意识并重的特色。短诗《东方之子》虽然只有4节21行，但却将亲情、挚爱、生命、祖国、文化、历史融为一体。此外，出现在这一时期的长诗《结束与诞生》也同样是诗人的杰作，在这首19章600余行、前后历时近三年的作品之中，傅天琳将自然乃至万物的诞生、生命的变迁以及生存抗争的种种具态、现世的消亡与再生三个主要部分化合于文字之中，而抒情主人公前世今生的转变以及周而复始，即成了象征中的“结束与诞生”。

张烨（1948— ），生于上海，1978年考入复旦大学分校（现上海大学文学院），毕业之后留校任教至今，现为上海大学教授。60年代中期开始诗歌创作，目前已出版诗集《诗人之恋》《彩色世界》《绿色皇冠》《生命路上的歌》《鬼男》等多部。

就像诸多青春女诗人一样，最初进入诗坛的张烨也是鸣唱着爱情的谣曲和青春的希望，《迷惘之日》《初恋》《逆境》《初恋的冷》等早期作品大多寄托了这样的情思。但即使在早期作品中，张烨也通过大量描述死亡的作品如《死神的表白》《悼歌之一》《悼歌之二》《悼歌之三》《一首关于死亡的诗》展示了其日后创作的另一重要趋向。上述倾向使爱情和死亡成为张烨诗歌创作中的重要主题。进入80年代以后，由于受到当时诗界以及外来思潮的影响，逐渐进入成熟时期的张烨也开始在其诗歌中自觉关注女性命运。组诗《“大女”的心律》6首、《爱情海》5首、《过神女峰》、《自白》等作品，都强烈表达了诗人的自我性别意识以及对女性整体命运的思考；而由此延伸至《最后的青春》《“我很旧，但我存在!”》等90年代作品中的浓郁抒情性，虽然并不完全与时代诗学相一致，但却是张烨保持炽热诗心和昂扬创作激情的重要内因。

从诗歌技巧上讲，张烨的诗歌主要注重含蓄优雅的抒情方式。作为一位具有较高文化素养的女诗人，张烨的诗歌并不拒绝日常的生活语言，但讲究营造空白和常常以古今中外文化题材入诗又使其诗歌独具特色，这一点，可以与诗人自言的“对我来说，个人化写作建立在个人生命体验与生命提炼，个人文化修养、艺术修养、哲学沉思的基础上。清水出芙蓉，诗的朴素与自然永远是一门艰深的学问，无技巧的技巧是艺术的最高境界，是我执着的追求”[①] 相互印证。《鬼男》是张烨迄今为止最长的一部作品，同时也是为诗人赢得一定国际声誉的作品。在这部系列长诗中，张烨通过一个名叫“乐”的男人死后的经历以及重生的过程，将男性的权力意识、诗人“以女性意志塑造男性人格”的写作意图以及导引灵魂、澄明心境的思想刻画得淋漓尽致。同时，在诗中不断出现的东方宗教和神话传说不但使诗歌本身具有丰富的文化内涵和奇幻的色彩，而且，其融合东方古典美与西方现代美的艺术世界，也大大提升了中国当代女性诗歌写作的艺术境界。

陆忆敏（1962— ），生于上海，后毕业于上海师范大学中文系，其作品曾被选入多种诗歌选本，直到 2015 年才出版由胡亮编的《出梅入夏：陆忆敏诗集（1981—2010）》。

虽然从写作时间上看，陆忆敏属于新时期女性诗歌的“先驱者”，但由于其发表的数量少，以及个人的独特风格，陆忆敏的诗歌并没有像同期其他女诗人的诗歌那样得到广泛认可。而注重作品的精品意识以及精练、节制的风格也使其诗歌往往无法拥有众多的模仿者。长期以来，久居上海以及受地域文化的影响，使陆忆敏诗歌中呈现富有上海里弄色彩中的事物如阳台、灰尘、花园甚至天气，在诸如《老屋》《你醒在清晨》《街道朝阳的那面》《出梅入夏》《我在街上轻声叫嚷出一个诗句》以及大量以时间为标题的作品中，陆忆敏总是习惯使用克制但又晶莹剔透的语言、比例均衡的结构形式，让人感受到一种类

① 张烨：《诗是一种命运》，收入张烨诗集《生命路上的歌》“附录”部分，春风文艺出版社 1998 年版，第 286 页。

似词的句式节奏以及自我领受的独特情怀。而在《美国妇女杂志》等作品中，陆忆敏则一边描绘着多姿多彩的画面，一边浸染着女性的悲哀：一群“生动”的女士，竟然在无人领略的过程中成为孤单的流浪者，而隐含在“她们”客观化描述的背后，则是诗人于激愤的诘问中建立女性自我意识的一种希望。此外，与上述带有鲜明女性意识的作品同期出现的主题，还有在《死亡是一种球形糖果》《可以死去就死去》《温柔地死在本城》《罐头人》等之中表现的死亡意识，这些作品无论就 80 年代中期的写作时间还是风格意识上看，都与美国自白派女诗人西尔维亚・普拉斯一度在当代诗坛流行有关。当然，在陆忆敏的创作当中，古典的情怀以及隐含在生命中的光明意识，在她的整体创作中所占的比重更大。在《墨马》《避暑山庄的红色建筑》等作品当中，无论是对写作的叩问，还是对古代文明的仰慕与吟诵，都说明了对美好生命的向往正不断在诗人的思绪中流动。

李琦（1956— ），生于黑龙江省哈尔滨市。1977 年开始发表作品，曾先后出版过诗集《帆・桅杆》《芬芳的六月》《天籁》《最初的天空》《守在你梦的边缘》等，现任黑龙江省文学院院长。

李琦是以书写自己最熟悉的生活而最终为诗界所熟知的诗人。从走上诗坛伊始，亲情、爱情、友情、普通的日常生活就成为李琦主要的描写内容。在此过程中，不断融入一个女性具体而真切的生命体验，则是诗人可以从平凡事物中开掘人性深度的重要前提。与此同时，由于诗人十分喜爱美国女诗人狄金森式的轻盈、敏感和安静的创作风格，因而，与新时期其他引领潮流的一些女性诗人相比，李琦的创作是平静而内敛的。然而，由此而构筑起来的诗歌世界所具有的诗意和艺术却更为纯粹与持久。在《听你叫妈妈》《信任》《因为你》《幸福》《女儿你睡着了》等描写“母亲与女儿”的系列篇章中，李琦正是以源于人类心灵深处最美好的歌声，让读者体味到女性纯洁而善良的情感及其特有的母性话语。此外，在《帆・桅杆》《我们》《松花江唱晚》《头发》《我知道这雨是因我而下的》等描写爱情的作品当中，人们则可以通过诗人真诚的书写，见证一位从初恋到“今天我们站在那时的未来里”的情感流程，而由此所展现的“爱的扩展与提升”与抵达自然与家园的具体表象，恰恰是诗人“肩起爱的旗帜”之后所具有的情思空间。[①]

从诗歌艺术的角度上讲，李琦的诗歌主要是以吮吸古典诗歌的营养，并融入现代艺术风格而最终表现出一种知性和开放的特征。以短诗见长、讲究诗风的和谐、明澈、空灵特别是娓娓道来的叙述风格，都是李琦诗歌的艺术特质与其追求“真善美”的诗歌世界可以契合的地方。《死羽》是诗人迄今为止唯一的一首长诗。在这首创作历时一年有余，共分 11 个章节，并在整体以时间的流动和游走西部的作品中，李琦以“我”的经历和三只长着灰色羽毛的小麻雀构成全诗的两个线索，而交替浮现于其中的创作历程、情感变迁、人生感悟，则是诗歌本身既有纪实色彩，同时又具有浓郁抒情色彩的重要原因。

二　翟永明与女性性别意识的强化

翟永明于 1984 年完成的《女人》组诗，无疑在新时期诗歌史上具有重要的意义，而诗人在此之后完成的诗学论文《黑夜意识》《再谈“黑夜意识”与“女性诗歌”》，也同样在反映翟永明诗歌观念的同时，为当代中国“女性诗歌”的发展带来新的气息。而后，唐亚平的组诗《黑色沙漠》、海男的组诗《女人》以及伊蕾系列长诗《独身女人的卧室》相继在重要文学刊物上出现，都使这种具有惊世骇俗的写作在当时产生了重大影响。在这些作品出现的普拉斯式的“自白叙述”和尖锐、焦虑的抒情方式，以及不断涌现的黑夜、镜子、窗帘、黑色、卧室、身体等意象，都为读者带来了一种前所未有的生命体验和独特的艺术氛围。于是，在被评论界指认为自觉接受外来文化影响和诗歌写作中性别意识得到极度强化之后，关乎“女性诗歌”的概念及其进步与缺失的讨论，也逐渐成为当时诗歌界的一个热点。当然，无论如何，以翟永明为代表的、涌现于 80 年代中期的独特女性诗歌写作，还是充分反映了女性自我意识复苏这一历史进步的趋势。尽管，进入 90 年代之后，由于诗歌艺术潮流的变迁和客观上创作的分化、转

① 罗振亚：《雪夜风灯——李琦论》，黑龙江人民出版社 2002 年版，第 40 页。

向等原因，此类写作已声势渐弱，不过，作为一种业已成为“经典”的历史性记忆，其创作和“开风气之先”的事实，正在部分年轻的女诗人那里得以延传。

翟永明（1955— ），生于四川成都，早年曾下乡插队，后毕业于成都电讯工程学院，曾在某研究所工作多年。1981 年开始发表作品。两年后，在经历情绪波动之后，逐渐在接受后期朦胧诗和外来写作资源，如美国“自白派”女诗人西尔维亚·普拉斯、乌拉圭女诗人胡安娜·伊瓦沃罗等的影响下，创作观念和写作风格均发生了较大的变化[①]。而后，相继完成的系列组诗《女人》和《静安庄》，以及长诗《死亡的图案》《称之为一切》等作品为其带来了巨大的声誉。1990—1991 年曾赴美国，1992 年返回成都并居住至今。曾先后出版诗集《女人》《在一切玫瑰之上》《翟永明诗集》《黑夜里的素歌》《称之为一切》《终于使我周转不灵》，以及随笔集《纸上建筑》等。

翟永明是新时期以来女诗人当中坚持创作时间较长并产生过重大影响的诗人之一。写于 1984 年的组诗《女人》所包含的二十首抒情诗，不但是当代诗歌史上较早的和较为成熟的女性主义作品，而且，其独特的语言风格和强烈的性别立场，也在学界引发了所谓“女性诗歌”[②] 的话题。不但如此，组诗本身反复出现的关于“黑夜”的意象以及诗人为组诗所作的序言《黑夜的意识》所引发的“黑夜意识”或曰“黑暗意识”，也为当代诗坛提供了一个深刻而独特的阐释主题。整个组诗从一开始便以冷峻而晦涩的叙述抛开了常常出现在以往女诗人笔下的温情与感伤，并以迅速而径直的方式切入女性灵魂世界的深处。由于作者长期有感于女性所面临的历史命运和现实命运，同时，也由于来自诗人多年来自身的困惑、绝望乃至表达的渴望——正如诗人曾充满焦虑地写道：“作为人类的一半，女性从诞生起就面对着一个完全不同的世界，她对这世界最初的一瞥必然带着自己的情绪和知

① 翟永明：《阅读、写作与我的回忆》，《纸上建筑》，东方出版中心 1997 年版，第 225—227 页。

② 唐晓渡：《女性诗歌：从黑夜到白昼——读翟永明的组诗〈女人〉》，《唐晓渡诗学论集》，中国社会科学出版社 2001 年版，第 209—214 页。

觉，甚至某种私下反抗的心理。她是否竭尽全力地投射生命去创造一个黑夜？并在各种危机中把世界变形为一颗巨大的灵魂？……所以，女性的真正力量就在于既对抗自身命运的暴戾，又服从内心召唤的真实，并在充满矛盾的二者之间建立起黑夜的意识”，“女诗人面对当代混乱、焦虑的现实怎样处心积虑地建立自己的黑夜并为诗提供一个均衡的秩序？如果你不是一个囿于现状的人，你总会找到最适当的语言和形式来显示每个人身上必然存在的黑夜，并寻找黑夜深处那惟一的宁静的光明”[①]。是以，组诗《女人》在“创造一个黑夜”的同时，所隐含的关于女性自我世界的重新发现与确立，以及由此而出现的两性之间的紧张与对抗、女性抗争时的心灵的痛苦，都使作品本身取得了惊世骇俗的艺术效果。

从艺术的角度上说，《女人》组诗在试图穷尽女性所有情感、体验以及表述的过程中，首先是以个人的视角看待整个世界，并由此拉开一个“只指涉女性自身”的隐秘空间。不过，这个在外部常常为“黑夜”意象所指代的世界是具有象征意义的：“黑夜”在实际上包含的黑暗既是女性长期以来遭遇压抑与遮蔽的外在表征，同时，也是诗人企图创造出来对抗现实的世界，“我目睹了世界/因此，我创造黑夜使人类幸免于难”（《世界》）。由于作者倾心于“黑夜”中能够穷尽女性所有的情感、体验与诉说，所以，就表现方式而言，作品充满着密集的抒情描写。整部组诗完全依据个人化的视角，并以“黑夜独白”的手法揭开一个有悖于常态的隐秘空间。由二十首抒情短诗构筑起来的组诗几乎无一例外地都出现了黑夜以及黑色的意象，与此同时，诗人那种激切而又自信满满甚至充满神秘先知的宏大气魄，也使组诗本身蕴含着并非源自虚无的力量，“唯有我/在濒临破晓时听到了滴答声”（《瞬间》）；“我，一个狂想，充满深渊的魅力”（《独白》），这些叙述都意味着组诗本身对于女性自我世界的发现与确立。当然，鉴于两性本身客观存在的紧张与对抗，必然会给这一创造过程带来深深的

---

① 翟永明：《黑夜的意识》，吴思敬编选《磁场与魔方：新潮诗论卷》，北京师范大学出版社 1993 年版，第 140—141、143 页。

痛苦和巨大的背叛，因此，在整体上的非理性、矛盾性，以及语言的迷狂色彩乃至病态化倾向也是组诗的重要特征之一。

作为一个完整精神历程的体现，《女人》组诗高度的自我和主体的张扬既是“女性诗歌”具有的重要标志，同时，也会在充满预感、臆想、憧憬、噩梦中凸显一个又一个真实的细节，这种“以反抗命运始，以包容命运终”的混沌而又真实的生命体验，在部分论者那里会被看作“事实上致力于创造一个现代东方女性的神话”①。翟永明以“黑夜”的方式袒露了女性的生存焦虑和进行生命普遍联系的渴望，尽管，这种做法本身会由于“黑夜”意象的使用，负载巨大的困境和迷狂中的自虐倾向。

除此之外，美国自白派女诗人西尔维亚·普拉斯对诗人的影响在《女人》组诗中也是显而易见的：翟永明在组诗中采用的独白体表达，虽不免使诗歌在充满抒情性之余，有时会显得晦涩、艰深，但其深刻的内涵与潜在的力度特别是刻意的求新求变，都使诗歌本身达到了一种诗艺上的高度，因而，对开拓女性诗歌的新写作向度而言，组诗也必将对其后的女性诗歌产生重大的影响。

继《女人》之后，翟永明在80年代还有系列组诗《静安庄》和长诗《死亡的图案》、《称之为一切》等重要作品。其中，《静安庄》以重现诗人多年前插队劳动的地点，再度延伸“黑夜”本身。不过，由于在《女人》的结尾处，诗人已经反复通过“完成之后又怎样?”的叩问表达了对写作不可重复性的认知以及寻找创作新开端的期待，因而，《静安庄》无论就写作视角，还是氛围的营造都比《女人》显得从容、隐晦而多样，而且，其十二个月份式并与“我”的身体体验密切相关的时间顺序安排也使诗歌结构上更显意义完整，当然，这种安排方式在有些论者那里也并未当作物理学意义上的时序划分，而只是“意味着一个心理上完整的来去入出过程”②。完成于80年代后期

---

① 唐晓渡：《女性诗歌：从黑夜到白昼——读翟永明的组诗〈女人〉》，《唐晓渡诗学论集》，中国社会科学出版社2001年版，第212页。

② 唐晓渡：《从死亡的方向看》，《唐晓渡诗学论集》，中国社会科学出版社2001年版，第90页。

的长诗《死亡的图案》《称之为一切》也是这一时期翟永明的重要作品，同时，也是被许多论者视为与成长经历有关的“躯体写作”式的作品。[①] 两首诗分别以成年人的视角描述了为母亲送终和无依无靠的“我”从女婴到成年的成长历程，其中融合了大量的心理描写和成长体验。

进入 90 年代之后，由于诗歌外部环境发生了不同于以往的变化，诗歌在整体上先锋意识相对淡化，众多诗人在 90 年代的诗歌创作上都发生了与 80 年代迥然有别的状况。在这种情况下，翟永明的诗歌写作也出现了崭新的变化。在 1990 年底至 1992 年旅居美国的近两年时间里，翟永明虽然很少创作，不过，她却在对自己诗歌创作开始产生质疑的前提下，思考着一种变化的可能性。虽然，标志最终告别以往创作的诗歌作品是完成于 1992 年归国后的《咖啡馆之歌》，然而，作为一种前奏，《我策马扬鞭》所起到的过渡作用是不容忽视的。而在具有转折意义的《咖啡馆之歌》中，诗人曾自称：“我找到了我最满意的形式，一种我从前并不欣赏的方式……通过写作《咖啡馆之歌》，我完成了久已期待的语言的转换，它带走了我过去写作中受普拉斯影响而强调的自白语调，而带来一种新的细微而平淡的叙说风格。”[②] 的确，《咖啡馆之歌》语言平和、讲究韵律节奏，而且还在关注现实生活场景中加入了大量的“戏剧性”的叙事成分，因此，其极具真实性的描绘方式不但为诗人提供了一种观察世界的新角度，而且，更为重要的是，它的出现还给诗人带来了更为广阔的创作图景与范围。而在这种崭新的叙述风格下，《重逢》《莉莉和琼》《道具和场景的述说》《脸谱生涯》等的出现不但标志着翟永明已经顺利地完成了诗学意义上的转变，而且，在《道具和场景的述说》《脸谱生涯》等以传统戏曲为题材的作品中，诗人还在一定程度上出现了向传统回归的迹象。这种适应时代性的转变对于翟永明来说，明显具有进步的意义。

2002 年，翟永明曾将世纪末几年的诗歌创作结集为《终于使我周

---

① 荒林：《女性诗歌神话：翟永明诗歌及其意义》，《诗探索》1995 年第 1 期。

② 翟永明：《〈咖啡馆之歌〉以及以后》，《纸上建筑》，东方出版中心 1997 年版，第 204 页。

转不灵》出版，其中，《周末与几位忙人共饮》《潜水艇的悲哀》《终于使我周转不灵》等作品不但在对现代人繁忙处境的描述中，揭示了当下生活情境的种种具体状态，而且，还以清晰的象征方式，注重诗歌的哲理深度。而这一点，无疑是与诗人一直强调“我的诗始终是献给我心中的少数的人”“少数，然而无限”“变化才是一个永不枯竭的无限的概念”[①] 等主张密切相关的。

唐亚平（1962— ），生于四川通江县，后毕业于四川大学哲学系。80 年代初期开始发表作品，曾先后出版《荒蛮月亮》《月亮的表情》《黑色沙漠》《唐亚平诗选》等多部诗集。

一般而言，谈及 1985 年以后当代女性诗歌具有强烈女性意识倾向的创作时，唐亚平是和翟永明、伊蕾同等重要的诗人。但在最初的写作阶段，如《日出》、《小院》、《诺言》以及系列组诗《田园曲》等作品之中，诗人描绘最多的却是对童年的追忆、对自然的咏唱以及对故土生活的书写。从 1983 年 10 月开始创作组诗《顶礼高原》开始，唐亚平无论就写作层面还是生活实际，都进入了所谓的“高原时期”。高原的生活不但使诗人的胸襟变得开阔，而且，也使其诗风日益粗犷豪迈起来，在诸多描写高原的作品中，唐亚平将沉重而庄严的高原以激越的方式予以表达——她在“顶礼高原”时自称“高傲的女儿”；在《我就是瀑布》中说“我是高原女人是十万大山剽悍的妻子”，在这一时期，唐亚平的诗作和她的年龄一样年轻而富于浪漫激情。

从 1985 年创作《黑色沙漠》起，唐亚平诗歌中的性别意识得到了空前的加强。《黑色沙漠》是由 12 首短诗组成的“黑色系列”，其中包含“序诗”《黑夜》和“跋诗”《黑夜》。在作品之中，唐亚平笔下的黑色、黑夜是以整体象征的方式将欲望、陷阱、个性意识予以多层次、多角度的表达；而黑色以及黑夜那种可以融合各种颜色、悄然无声但又无所不在的氛围，甚至还包括它的神秘与不安，都使组诗本身无论对于诗人来说，还是 80 年代中期以后的女性诗歌潮流而言，具

① 翟永明：《献给无限的少数人》，《纸上建筑》，东方出版中心 1997 年版，第 193—194 页。

有重要的超越意义。此后，大致至90年代初期，不断在作品中表达鲜明的性别立场和女性意识一直是唐亚平诗歌的重要主题。但值得注意的是，无论是在诗作还是同题的诗学论文《我因为爱你而成为女人》之中，唐亚平都在明确“爱”与“情感”是她和世界建立密切联系的重要途径时，强调从“身体”出发进行写作的重要意义。这种被评论者指出的经由“怀腹”和“身体”观念而进行的写作、阅读、语言之观念[①]，使唐亚平的女性写作具有开拓的意义。历史地看，将这种在《黑色沙漠》《我因为爱你而成为女人》《我得有个儿子》等作品中的“身体性”书写，与世纪末诗坛大量的身体意象进行对照，其先驱者的地位便一目了然了。

进入90年代之后，随着诗歌日趋成熟和风格更趋稳定，唐亚平诗歌当中也出现了一些新质。在《侠女秋瑾》《才女薛涛》《美女西施》等大量关于传统的写作题材当中，唐亚平的写作显现出一定的回归趋势。但在另一方面，也必须要看到诗人沉潜与深入之后的抽象表达，在《聊天的镜子》《寻找镜子》等诸多具有镜像结构的诗作之中，唐亚平正通过对比以往写作的方式检视自己。而如何为读者营造新的阅读空间，或许正是这位已臻成熟境界的诗人需要反思的课题。

伊蕾（1951—2018），原名孙桂贞，生于天津，后相继毕业于鲁迅文学院和北京大学中文系作家班，曾先后出版诗集《爱的火焰》《爱的方式》《独身女人的卧室》《伊蕾爱情诗》等。

伊蕾自幼喜爱读诗，但真正展现诗的个性却在1979年。由于此时接触惠特曼的《草叶集》并深深为其中的抒情方式以及人生哲学所打动，所以，早期伊蕾的作品总是不自觉地留有惠特曼的痕迹[②]。以“春，我就是你的长子了！”（《春的长子》）的浪漫主义抒情方式进入诗坛的伊蕾，敏锐地感受到时代新潮赋予人们的信念和力量，而饱含激情的创作底蕴以及接受惠特曼的影响，又往往使其感情保持着永远

① 上述提及的内容除见诗作以及同题的诗学论文《我因为爱你而成为女人》外，还可见张建建的文章《女性的诗学——唐亚平论》，《诗探索》1995年第1期。

② 伊蕾：《爱的火焰》“后记”，花山文艺出版社1987年版，第137页。

热烈、永远鲜活的姿态，《火焰》《浪花致大海》《日夜飞翔的爱》等作品都是以激情和适于表达情感的长篇形式完成的。当然，在诗人早期带着灼热的情感寻觅爱和美真谛的背后，我们也必须注意到诗人感情一览无余而少变化，形象性不足而往往失于直白浅露的现象。

随着80年代中期各种文化思潮的涌入，诗人主体意识中“开始了空前激烈的反抗”、出现了“我是一个非理性人物”的倾向。具体到伊蕾的诗中，则出现了大量以挖掘潜意识层为目的的现代派手法，如意识流等，与此同时，在企图表达自然天性和冲破思想和感情封闭状态的过程中，诗人作品中的性别意识也得到了极度的增强[①]。《给一位女诗人》《情舞》《独身女人的卧室》《被围困者》《叛逆的手》等正是充分显现诗人这一时期创作趋势的重要作品。但值得指出的是，尽管，此时出现于伊蕾作品中的直抒胸臆、泼辣大胆的写作方式以及近乎“非理性”的描述，会使读者将其与女性主义以及美国“自白派”联系在一起，但在这种具有强烈女性意识的文本之中，伊蕾最终为读者展示的却是一幅幅属于当代中国女性渴望的场景。《情舞》虽然从一开始就写道“这一天我中了巫术”和生存已经被“一分为二”，但其目的指向却是希望在“流浪的生活”中体验“自由的生活”以及“我们任意选择”所带来的“释放”，因此，即使最后的结局是忘记了目的和疲惫不堪，但诗人的渴望却不是拒绝爱情，而是渴望爱情；同样的，在为诗人带来重大“诗名”的《独身女人的卧室》中，伊蕾以并不深奥的方式，从自称是“一个自由运动的独立的单子/一个具有创造力的精神实体”的起点出发，面对镜子中的“自我”偶像，抒情主人公正在灵魂上经历种种历险。然而，她在潜意识里对异性的呼唤，特别是结尾处反复出现的“你不来与我同居”又在一面表达“独身卧室”的自我封闭中否决了自我的奋斗。因而，在这一颇具女性主义色彩但最终又回归到向往男女关系的文本中，“独身女人”和“独身女人的卧室”正成为当代中国女性渴望自由与矛盾纠葛中的一种象征；

① 关于这一写作意图的表达，可见伊蕾《独身女人的卧室》之“后记”《确认自己实现自己》，漓江出版社1988年版，第173页。

而在《被围困者》中吟咏“我被围困就要疯狂地死去”之后，反复出现于诗中对人类终极性的追问——“我要到哪里去?”“我从哪里来?我为什么而来?”以及诗人妄图冲破自己、包罗万有的理想，都使作品在激切的形而上追问过程中，具有生命彻悟与哲性的色彩；而具体到既带有反讽、戏谑，又带有真情实感的《跳舞的猪》中，诗人希望“我要和你融为一体”的“呼声”更是表达了诗人期待于封闭、痛苦状态下不断超越，并最终指向未来的一种渴求。这样，在充分证明自己诗歌第一个特点：“真”的基础上，展现“情绪型、未来型、悲剧型”①，恰恰是诗人对自己写作的一种全面确认和总结。

海男（1962— ），生于云南永胜县，原名苏丽华。80年代初开始写作，曾先后出版诗集《风琴与女人》《是什么在背后》《唇色》等，同时，也涉及小说和散文，现为《大家》杂志编辑。

虽然，海男代表诗作如《女人》的出现时间同样在80年代中后期，而且，其中也隐含着强烈的女性自我意识，但与翟永明以及其同名组诗《女人》相比，海男的组诗更在于其叙述中不断出现的语言幻象、大量的抒情性描写、戏剧化成分以及叙事性倾向，而且，在海男切入身体和黑夜的描写之中，与宗教事务和神秘意象相联系也造成了她的作品具有另一层次的先锋意味。当然，如果究其原因，那么，云南之地的宗教之风盛行、传统文化的差异以及儿时的苦难记忆都是海男诗歌语言、意象以及表现方式独树一帜的地方。而在此基础上自觉接受博尔赫斯、福克纳等西方作家的影响，也无疑是其诗歌语言佶屈聱牙、晦涩难懂的重要原因之一。此外，作为一个在各式写作中都取得令人瞩目成绩的作家，往往可以在诗歌创作中从容地使用小说的笔法，如注重文本叙述上的流动性，以及与此相应的带有“自我臆想”甚至是“自动写作”色彩的想象写作，都为其创作增加了文本张力以及阅读上的难度。

然而，透过这些风格晦涩的文本，我们也必须要注意到海男诗歌

---

① 关于这一写作意图的论述，可见伊蕾《独身女人的卧室》之“后记”《确认自己实现自己》，漓江出版社1988年版，第178页。

中独特的现实性指认，以及不断在诗歌中传达的对时间的认识与存在的感受。在《今天》以及大量以时间为标题的作品当中，海男正以“语言推动着我的生活，一个诗人的活着意味着‘它把生命变成一种命运，把记忆变成一种有用的行为，把延续变成一种有意义的时间’”[①] 来强调她的诗歌所承载和表达的内容以及种种转变的可能。进入90年代以后，海男的诸多创作，如组诗《花园》中所展现的清澈澄明之境，正是诗人自觉适应时代诗歌美学的表现，不过即便如此，寄寓在海男诗歌中的独特叙述以及先锋的迷幻色彩仍是其诗歌无法为更多读者所接受的重要原因。

三　王小妮与女性诗歌的多元展开

谈及“女性诗歌的多元展开”，首先必须要明确其所处的历史时期主要是和90年代以后的诗歌写作有关。90年代社会文化背景特别是诗歌艺术潮流自身的变化，都使女性诗歌在告别集体态势的前提下，呈现出多元化的取向。注重语言的叙事、切近生活的现实场景，都使这一时期的女性诗歌在众多的“个人化写作”中表现出诗艺成熟、多样的趋势。当然，世纪末最后10年的女性诗歌写作，其创作队伍无疑是庞大的；而会聚20余年来活跃诗人于一堂的女性诗歌自然会在年龄层次上划分出三个乃至更多的代际。郑敏于90年代推出的组诗《诗人与死》，王小妮在持续十余年的写作后，终于在90年代显示出臻于成熟的创作势头，以及大批知识女性进入诗坛后的“多元化”展开，都使90年代的女性诗歌取得了丰硕的实绩。

王小妮（1955—　），生于吉林长春，少年时代曾经随父母插队，1978年考入吉林大学中文系，在校期间开始创作。1980年参加首届“青春诗会”，1985年迁居深圳至今。曾先后出版编选诗集《我的诗选》、《我的纸里包着我的火》以及小说、散文集、随笔集多部。

完成于1980年的“印象二首”即《我感到了阳光》《风在响》是代表王小妮早期诗歌成就的作品，在这两首诗中，人们可以明显感受

① 海男：《是什么在背后》“扉页”，春风文艺出版社1997年版。

到诗人朴素而真诚的心灵和清新的诗风。同年参加首届“青春诗会”对于年轻的诗人来说，无疑是创作上的一次飞跃；在而后的一段时期内，王小妮的诗歌中一直弥漫着自然而随意的挥洒以及欢愉的气质。然而，80 年代中期一个意外的事件却使诗人的诗风发生巨大的变化：大致于 1985 年迁居深圳前后，王小妮真挚的诗歌中开始出现一种疑惑与隐约的激愤，写于这一时期的作品如《爱情》《车站》《家》《告别冬夜》等，都含有切肤般的疼痛以及在重压下坚强而不屈服的灵魂。迁居深圳之后，王小妮虽然可以以游离者的身份进行创作，但是，“放逐深圳”的境遇还是使诗人在一段时期内选择了“歇笔”。1993 年，在沉默数年之后，王小妮首先是以沉郁、感伤的长诗《看望朋友》继续她的写作。在这首创作历时一年之久，共由 13 首短诗组成的系列作品中，王小妮分别以北京、深圳为诗歌的“现场”，描述久别故都之后，再度探望时的感慨与心境；而透过抒情主人公与朋友之间的友情对话，更多要表达的却是物是人非、沧海桑田似的生命体验。当然，复出之后的王小妮无论就心态还是诗艺上都趋于成熟和完善，在此之后，王小妮笔下流出的诗作均具有相当高的艺术水准——《白纸的内部》《悬空而挂》《看到土豆》《一块布的背叛》等作品都闪烁着诗人“自然与超然”的光芒，而“重新做一个诗人”二首即《工作》《晴朗》，更是选择日常生活的俗境以及坦然的心态，揭示出一位生活于城市的 90 年代诗人的生活处境以及光环消失之后的平凡状态。这种描写，对于 90 年代诗歌以及诗人的现实生活处境无疑是具有代表性和真实性的。世纪之交的王小妮已经随着步入中年而诗艺和境界越发闪烁出“超然的光芒”。虽然，其写作数量有限，但无论是经历的坎坷乃至传奇，还是几经磨炼之后认识上的不断深入，都使诗人的诗歌越来越被诗界所认可。作为新时期以来诗歌特别是女性诗歌的亲历者和见证人，王小妮意义正在于她诗歌风格上的转变与新时期诗歌本身的几次转变相契合。尽管，在具体的转变上，王小妮可能与舒婷、翟永明等几位具有时代意义的女性诗人存有不同，但在她身上，特别是在她那种融合自然与超然于一体的诗歌作品当中，读者正可以由此领略独特人格以及外部环境几经变迁后，一个诗人最终走向成熟的写作历程。相对于新时期以来特别是90年代以来的诗歌，王小妮创作生命的常青以及被越来越多的诗人、读者所认可，正说明她本身的艺术高度和作品对诗界的潜在影响。

具体到诗歌艺术上，王小妮总是将“写诗，我总希望让人们立刻就感到我的原始冲动和情绪。而这就对诗的形式有多方面的要求。总的两个字就是‘自然’”① 的“自然追求”与心境上日趋“超然”的状态结合起来，从而在一种近乎“无技巧”的状态下进行叙述，因而，在王小妮的诗歌世界里，诗歌的艺术性并不在于其技巧和语言上的过分雕琢，而只在于真情源自内心、见于笔端。《不认识的就不想再认识了》虽然写于1988年，但这首后来不断流传、广受喜爱的作品，它的成功之处就在于充分展示了一个“行路者”的真实心态和从全部经历之中超拔出来后的思想结晶——

到今天还不认识的人
就远远地敬着他。
三十年中
我的朋友和敌人都足够了。

行人一缕缕地经过
揣着简单明白的感情。
向东向西
他们都是无辜。
我要留出我的今后。
以我的方式
专心地去爱他们。

谁也不注视我。

① 王小妮：《我写诗》，《诗探索》1980年第1期。后收入王小妮诗集《我的纸里包着我的火》，春风文艺出版社1997年版，第222页。

行人不会看一眼我的表情。
望着四面八方。
他们生来
就不是单独的一个
注定向东向西地走。

一个人掏出自己的心
扔进人群
实在太真实太幼稚。

从今以后
崇高的容器都空着。
比如我
比如我荡来荡去的
后一半生命。

蓝蓝（1962— ），原名胡兰兰，生于山东烟台，在山东和河南的农村长大，1998年大学毕业。现在河南文联工作，曾出版诗集《含笑终生》《情歌》《睡梦，睡梦》等。

虽然早在1980年，十四岁的蓝蓝就发表了她的处女作《我要歌唱》，然而，如果按照诗歌史的角度来说，蓝蓝则应当是被看作90年代崛起的女性诗人。这样的结论，不但源于她在90年代已经逐渐为广大读者所熟知，而且，还在于她在90年代形成了属于自己的风格，并逐渐呈现了一位成熟诗人应具有的包容性与开放性。遵循个人记忆、以近乎自发的民间方式沉吟低唱并不断融入生活经验以及切身的感受，不但是蓝蓝诗歌的重要底色，同时，也是其诗歌的重要特征之一。在组诗《不真实的野葵花》《断想》《在我的村庄》等作品中，诗人通过类似杜鹃、油菜花、草莓、樱草、芦苇等乡土意象传达自己的“乡土记忆”，而不断在自己钟爱的自然、乡土意象中表达对世界的认识，以及洗练而纯净、朴素而深情甚或略带感伤唯美诗风，正是蓝蓝作品于单纯中见深刻的重要前提。同样地，由于蓝蓝总是期待通过借助乡土事物、乡土上的爱恋、城市与乡土的对比来展示一种整体上的“宁静中的思索”，于是，在《内心生活》《白汗褂子》《内营力》《萤火虫》《现在》《梦之轻》《祈祷》《沉思》等作品中，蓝蓝总是偏爱对秋天、静穆等氛围的选择，并逐渐将“沉思与默想”扩展为其诗歌一贯要表达与营造的情境氛围。

90 年代蓝蓝的诗歌创作始终包含着一种持续、暗藏的变化。随着诗人生活与心境的变化，同时，也是 90 年代诗歌必须面向城市生活的使然，蓝蓝的诗歌正经历个人化、日常化乃至经验化的嬗变，曾经的乡土世界正不断向更为广阔的世界开放。《在小店》《幸福生活》《柿树》《让我接受平庸的生活》《图书馆》等描写城市特别是城乡之交的独特地域性作品都无疑是标志蓝蓝转型的作品。而在记录六年生活经历的《笔记》中，作者更是以一种真实的描述，期待一种新的突破。不过，或许正是因为蓝蓝长期执着于上述两种写作倾向，因此，我们常常会在她的诗歌中感受到淳朴乡村、恬静氛围与现实城市生活碰撞后产生了一种所谓的烦恼，这一点，在新近出版的诗集《睡梦，睡梦》的许多作品中正得以真实地表达。

荣荣（1964— ），本名褚佩荣，生于浙江宁波，1984 年毕业于浙江师范大学化学系。大学时代开始写诗，曾先后出版诗集《风中的花束》《雨夜无眠》《流行传唱》《像我的亲人》等。

荣荣同样也属于 90 年代崛起的诗人，在作品中抒发对爱情的独特感受是其诗歌的突出之处。完成于 1995 年的组诗《爱情练习》共包括《数学练习》《语法练习》《造句练习》《填空练习》《作文练习》《化学练习》《物理练习》《地理练习》《英语练习》《生物练习》等 10 首短诗，皆为关乎学业练习和爱情结合的篇章。其中，《语法练习》是以重新阐释“我爱你”之完整句子的方式，说明诗歌主人公对爱情的向往；《物理练习》则以对爱情不确定的本身表达了诗人的感情疑问；而《地理练习》则是以诗人最擅长的抒情方式，表达诗人一贯的爱情立场和爱情诗的艺术特色——大胆、直露甚或泼辣但又不失真实感人。这些作品从形式上讲，则更多体现为情感的激越和文字的简单、洗练与流畅。当然，在其他一些关乎爱情的篇章如《爱情》《黎明是一下子到来的》《想象的春天》《向西》等作品中，诗人表达爱情的方式与形式是多角度与多方位的：无论是情感的超越还是执着，都使诗人常常在爱情作品中表达其对生命的追寻和向往甚至进入理性层面的探讨；而从爱情题材进入日常生活，荣荣的作品中则总是出现一种疏离感以及紧张感，但这并不是判别诗人具有强烈的女性意识的一种文本依据。事实上，荣荣总是期待通过一种文本上的喻义甚或象征而寻找一种适合表达其情感和独处式的认知方式。《日常（一）》《日常（二）》虽是在表面上描述了日常生活的场景，但其最终的情感指向却在于一种“危险意识”中的情感展示。这些既使诗人与90年代诗歌的整体潮流契合，又有自己的独特之处。

此外，在90年代的诗歌创作中，荣荣还有大量描述亲情和生活历程的诗篇。组诗《我爱我家》历时数载，不但含有大量生活意象，而且，还在展现诗人对生活的自我认识中体现了一位妻子、母亲的传统情怀；而《像我的亲人》、《祖母》和组诗《不是你疯就是我疯》等则以平和的方式展示了诗人写作的另一侧面：虽然，其中依旧延续着诗人一贯的直接表达和真情实感，但从情感的激越程度上讲，则有所缓和，而且，其中的客观化叙述成分和潜在的技巧成分也有所增加。

林雪（1962—　），生于辽宁抚顺市，后毕业于辽宁师范大学。曾先后出版诗集《淡蓝色的星》《蓝色的钟情》《在诗歌那边》等，现在天津某刊物工作。

林雪是属于接受朦胧诗影响而进行创作的诗人，这在其早期作品中表现得十分明显。《绿色的藤萝》《某个夜晚》不但意象清新、纯洁，而且充满着理想化的色彩。纵观林雪诗歌的写作历程，早期创作最值得瞩目的是确立了林雪未来诗歌创作中的几个写作向度：对爱情的书写以及对故土的怀念。对爱情的书写是林雪诗歌最显著的特征，如果联系诗人的情感历程以及创作的文本比重而言，爱情题材几乎占据了林雪诗歌的全部。在《结子木上的七月》中，林雪曾以“结子木的爱情便用了最最女人的方式/我不能仅仅像那些鸟儿/优雅地站在枝头”的叙述展现自己的爱情观和女人味，但此时的诗人在更多的情况下是不断在诗歌作品中表达自己对爱情的希望和向往。写于80年代中期的《午后的河岸》《双人肖像》《四点钟的夏季》等作品，预示着林雪爱情诗的第一次转变。在这些作品中，林雪已经告别了曾经纯净的“情感启蒙”，并迅速进入一种新的情感体验之中。《午后的河岸》等虽仍然在继续以往的爱情，但此时的爱情在林雪笔下已经成为一种无法回归、无法自拔的悸动状态。不过，即便如此，由于诗人不断在诗歌中表达对爱情神话的向往乃至痴迷，所以，在这些作品中，所呈现的某种唯美的情怀都从某些方面体现了林雪的情感境界，而由此在《重读那些信》《城市之外》《空楼》《水之阳》等作品中展现的具有清教徒似的爱情，更是诗人区别于他者，进而为丰富当代爱情诗写作所做出的贡献。进入90年代以后，随着爱情不断地现实化、具体化，诗人不但常常在诗歌写作中将往日神圣的情感逐渐聚焦于具体的形象之上，而且，在历经现实的伤痛特别是肉体的疾病上与生离死别之后，林雪诗歌中爱情正被一种现实反思甚或后现代的自我质疑所取代，而其外部表征就是非理性的成分不断在林雪的诗歌中予以浮现——在《歌之三》《忘掉他》《什么时候？是谁?》《玫瑰开在别处》等作品中，林雪正以或者质疑、或者淡然处之的方式审视她往日神圣的爱情，并在停止写作几年之后，以关注语言本身的方式开启她新世纪的诗歌创作。

《苹果上的豹》是林雪迄今为止最为引人瞩目的作品，在这首以可以触及的想象进入诗歌世界的作品中，林雪以代表“原始野性”的豹之意象和苹果的隐喻，将隐含在其中的危险和人性以象征的笔法予以刻绘，因而，无论就文本自身的艺术性，还是就诗人创作走向而言，《苹果上的豹》都以多重视角与诗意的飘忽，展示了诗人心中久藏的感动，这既是一次带有双重人格的感受，同时，也是诗人一次含有“危险意味”的爱情观的展现，它无疑是一次长期沉浸在爱情描绘之后的神来之笔，并以其特有的开放性在林雪的诗歌中占有重要的地位。

在90年代女性诗歌群落中，与上述诗人情况相似的，还包括虹影、骆晓戈等。虹影（1962—　），生于重庆，曾先后毕业于鲁迅文学院和上海复旦大学中文系。1980 年开始创作，曾出版诗集《伦敦，危险的约会》《白色海岸》《鱼教会鱼唱歌》等，自 1991 年留学英国，曾长期居住于伦敦。骆晓戈（1952— ），生于湖北武汉，长于湖南长沙。1981 年毕业于湖南师范大学中文系。曾先后出版诗集《乡村的风》《鸽子花》《挎空篮子的主妇》《骆晓戈短诗选》《桃花源之恋——骆晓戈世纪诗选》等多部。两人在创作上均不同程度具有较为鲜明的女性主义倾向。

除上述诗人外，在 90 年代女性诗歌多元展开的过程中，还包括成长于 90 年代并在世纪之交越来越显露创作实绩的女诗人。

路也（1969— ），生于济南，毕业于山东大学中文系，后执教于济南大学。曾先后出版诗集《风生来就没有家》《心是一架风车》等，同时兼及小说、散文创作。

路也早期的创作如《萧红》《梁祝》《快乐无比的庆典》《瞬间或永远》等，依旧重复着女性诗人最初从传统题材中汲取诗意以及偏重对爱情、青春的书写。但不久之后，渐次成熟和不断追求诗艺的路也就从这些青春期的焦灼中超拔出来，在《如果我有一个女儿》、《迎接》、《陪妈妈去医院》、《陪床》以及温情款款的“冬冬系列”——如《女孩冬冬一个人的生活》《今生今世》《小站》等作品中，路也正以成熟女性对生活的理解以及或者直白而大胆的抒情，或者缠绵悱恻的叙述进行着关于人生以及女性命运的思考。当然，除了深刻思考之外，路也在 90 年代的后期还有一种写作上的动向值得我们注意，而这也正是充分反映 90 年代女性诗歌整体转变上的一个重要特点——让诗与时代结合的写作意识。一般来说，顺应 90 年代诗歌充分接近生活的写作态势，女性诗歌从“铁屋子里”进入现实已经是不可避免的事情。路也在《大白菜》《两个女子谈论法国香水》《女生宿舍》《眉毛》等作品中似乎表达的也正是这些，《大白菜》的目的是要在严冬的时刻表现“挺住便意味着一切”，而谈论法国香水不过是要在一些女人的日常琐事中说明“沾着粉笔灰高谈阔论的一群女人如何成为粗糙的女人的”，这些其实和“乱七八糟”的“女生宿舍”、美容院里的“眉毛”等都是一种世俗化的情境。而这种描写对于路也这样一位一直也没有脱离校园、常常在诗歌中寄寓文化气息的诗人来说，其最终目的或许正是要通过一种反讽的追求来说明90年代文化人的尴尬处境。世纪之交的路也不但在《镜子》《尼姑庵》《单数》等作品中表达了鲜明的身体写作色彩，还在诗歌语言上出现了语言增殖、句子越来越长、叙事化成分不断加重的倾向。纵观新时期以来女性诗歌20余年的发展历程，这种近乎回归翟永明时代的写作无疑代表一种新的写作动向，而与前者相比，注重清新、明晰和指向上的具体而不悬浮，恰恰是其于“突破中敞开”[①] 的历史意义。

刘虹（1955—　），生长于北京一个军医家庭，“文革”后期随父母发配新疆几年。1982年大学毕业先后在不同省的政府调研室、广播电台、大学和报社工作。现居深圳。曾先后出版诗集《初秋的落英》《生命的情节》《刘虹短诗选》《结局与开始》《刘虹的诗》等多部。

刘虹最初的创作如早期代表作《致大海》等，是以象征的手法刻画出理想中的男性形象，而且，爱情题材的写作一直在刘虹的创作中占有主要地位。但刘虹并未把眼光仅仅局限于此；同样地，多年生活的经历、情感的漂泊无依甚至是身体上的疾病也使刘虹的创作并未局限于狭小的女性意识的表达。在组诗《女性话题》的《女人与写作》之中，刘虹曾以极其真实可信的口吻将自己的创作经历、生命体验和性别、写作等话题结合在一起，而以记录生死约会、爱情坎坷历程的写作已使诗人的创作超越一般的性别写作，因此，所谓的“女人与写作”尽管在表面上看是一种写作身份的认同，但更为重要的，这是一次明确写作者性别身份的一种精神认同，而由此产生的结果就是使刘虹成为一位精神的贵族，现实的情感坎坷甚至是疾病缠身使她越发坚韧而卓然。刘虹曾言：“诗写者最终的问题，也许不在于‘写什么’，甚至也不在于‘怎么写’，而是你自身‘是什么’……诗写的历程，首先是灵魂熔铸的历程。我始终看重作品所体现出的心灵的力量、人

① 张立群：《在突破中敞开——论路也诗歌风格的前后转变及其内在意义》，《诗探索》2005年第1辑。

格的力量，以及对价值立场的自觉坚守”①，而由此引出的关于刘虹“诗歌的根部意识”就在于“用生命写诗”以及“作为女性诗写者，我秉持‘先成为人，才可以做女人’的存在逻辑”。的确，90年代以来刘虹的诗歌越来越呈现出一种“大写于人”的艺术特征。在诸如《沙发》等寓意丰富的作品中，刘虹常常把眼光集中于现实生活中的日常事物，并在回顾历史、对比甚至反讽的情境下将诗歌文本所隐含的深度透射出来，而近期出现的《我歌颂重和大》、《打工的名字》以及曾经流传甚广的《致乳房》正是分别从广阔视野和细致的自我体验中将关注生命与人的意识表现得淋漓尽致，从而在灵魂记录的过程中展现诗歌创作的“内驱力”。

娜夜（1964— ），满族。生于辽宁兴城，后在西北长大。南京大学中文系毕业。80年代中期开始诗歌写作。曾出版诗集《回味爱情》《冰唇》《娜夜诗选》等，现居兰州。

娜夜是以短小的爱情诗篇为诗界所熟识的。然而，娜夜的“爱情诗”并不仅仅局限于狭小的个人天地里。其含义之丰富以及由文本而透射出来的浓烈抒情性和女性特有的情感气息，对于90年代以来的女性诗歌乃至90年代诗歌本身都具有相对的反叛意义和游离于中心的色彩。在《美好的日子里》《交谈》《隐喻》等作品中，娜夜总是偏爱选择一种内在的对比方式，以营造“他者”的方式进行交流，并逐步达到一种“隐喻”的目的——而事实上，所谓“隐喻”其实是诗人认识世界、接触外界事物或曰表达诗人对现实态度的一种意象中介。在《我用口红吻你》一诗中，娜夜正是通过这种方式将一幅21世纪的、双方都有所保留的爱情呈现在读者的面前：这是一首借助爱情来抒发现实生存哲理或曰现代生存状态的抒情诗。由于“口红”在我们接吻时成了一道独特的中介，于是，它也就在浅浅的阻隔中将爱情中的接吻变成了非真实化的浅触。而这一点，在当下“真情实感”正不断遭受质疑的现实场景中就变得更加突出，“口红”所具有的隐喻作用和所能起到的界限作用无疑是值得人们反思的一件事情。而在结尾处，

① 刘虹：《为根部培土》，《刘虹的诗》“代序”，重庆出版社2004年版，第1页。

诗人特有的幽默、诙谐也以形象化的方式说明了这种现象。当然，在上述作品之中，我们也大致看到了诗人一贯的艺术风格：内容与手法上具有鲜明的时代色彩、擅长短制形式、语言的生动形象感和丰富想象力、强调自我感悟能力并不断嵌入日常化的生活场景都是娜夜诗歌的重要特征，而拒绝以往女性诗人的“黑夜意识”和“悬浮性的命名”的写作方式不但使娜夜诗歌极具90年代女性诗歌的艺术色彩，同时，也是诸如《幸福不过如此》《在欲望对肉体的敬意里》《飞雪下的教堂》《一只非非主义的鼠》等作品常常可以将情感和生活紧密结合在一起的重要原因。

周瓒（1968— ），本名周亚琴，生于江苏如东，1999年获北京大学文学博士学位。曾出版诗集《梦想，或自我观察》。具有古今中外大量诗歌阅读经验的周瓒总是在她的诗歌作品中，为读者展示其知识性以及与此相关的内容；同时，在接受西方女性诗歌和中国当代女性诗歌影响后的周瓒，也常常在其作品中浸润大量与此相关的意象和主题。在既是民刊标题又具有独特指认的《翼》中，诗人运用了一种近乎宣言性的手法，将女性自身拥有的理想，以及对极具象征意味的“风”的抗拒，用陈述的方式予以刻绘，而隐含其中的“性别集体意识”以及飞翔的姿态无疑与女性主义文化思潮有关。但值得注意的是，与80年代中期出现的悬置、封闭式的“黑色书写”不同的是，于90年代渐露诗名的周瓒在自己的诗歌中更多地显现出对前者的超越。在《灵魂和她的伴侣》《长椅上的俩女生》《破碎》《相信》等作品中，虽然同样出现了女性之间的“镜像结构”和极少出现男性性别的倾向，以及在90年代诗人中较为少见的心灵与生命的疼痛感，但周瓒的疼痛式表达却更多指向了女性群体，而由此透露出来的强烈情感和较为明显的文字控制，正是周瓒引人瞩目之处。同样地，在诗人描述日常生活场景的作品中，体现于周瓒笔下的这种诗歌叙述速度和平衡感也得到了较为完整的体现。此外，在90年代的创作中，周瓒还以《影片精读》为题完成了十四行组诗的写作，而这不但再次确证了一位知识女性的创作才华，同时，也无疑是诗人对诗歌形式的一次探索。

鲁西西（1966— ），原名鲁溪，湖北天门人。曾做中学教师十余年，出版诗集《鲁西西诗歌选》等。

鲁西西是代表女性写作中渐次走向神性信仰的一位诗人，这不但使她在 90 年代女性诗人中显示出迥然有别的艺术特色，而且，也使她诗歌中较早而自然地出现所谓流行的“身体”意象。一般而言，新时期以来的女性诗歌总是由于其鲜明的个性意识以及对身体的书写为惯常的表达方式给读者印象的，因而，在此前提下，谈论鲁西西的诗歌就有了某种新鲜的意味乃至反叛的色彩。早在 80 年代创作的《雨天》《四月》中，鲁西西便以一方面寄托淡淡的哀愁；但另一方面却以没有悲观的自我减压方式彻悟生命。进入 90 年代，不断出现于诗人笔下的“伊甸园”“弥赛亚”等源自《圣经》的意象、宗教题材更加重了其诗歌中的这方面表现力度。当然，与此相应的是，在鲁西西的诗歌作品中，越发显现出对生命的泰然处之，以及对喜悦与欢愉的渴望。《喜悦》流畅而平和，诗人从“喜悦”漫过我身体的各部位的对比、惝恍迷离以及闪烁的光芒，说明这种“喜悦”并非来自尘世，而是一种来自上帝和信仰的光芒；《高贵生活》虽然表面上是在说“我从来没有高贵过”，但事实上，高贵在诗人的笔下是一种难以企及的境界，它同样无法在日常生活中得到体验，因此“高贵，是生活中没什么可怕。高贵叫我目不斜视。我自己怎么想，就怎么说”。而《创世纪》更是使用诗人熟悉的题材和最擅长的短制形式，从生活中发现感受生活的简约之美。上述作品无疑可以唤起全人类共同向往的情感，因而，它给读者带来了一种深刻的感动。

安琪（1969—　），原名黄江嫔，生于福建漳州。1988 年 7 月毕业于漳州师范学院中文系。大学期间开始诗歌写作。曾先后出版诗集《歌·水上红月》《奔跑的栅栏》《像杜拉斯一样生活》。《歌，水上红月》时期的安琪与许多初入诗坛的诗人一样，展示的是属于自我个性的感受以及对于情感的抒发，但这并不是安琪诗歌引人瞩目或曰引起诗界注意之处。或许一直对“明天将出现什么样的词”有所期待，所以，在《奔跑的栅栏》以及稍后的“任性”时期，安琪就开始了她在诗歌语言和艺术上的实践，而由此产生的对传统一维、线性延伸的诗歌美学的反叛恰恰体现了诗人要以拒绝和反抗的先锋姿态冲击诗坛的信念和决心。

不断在诗歌作品中展现“自我的真实与虚幻”是安琪诗歌先锋色彩的重要特征之一。组诗《奔跑的栅栏》是迄今为止最能体现安琪诗意先锋的作品。纵观全诗，“奔跑的栅栏”本身可以象征一种“阻隔”，并在一种镜像结构中带来距离的拉伸；由于“奔跑的栅栏”不断奔跑，并常常阻隔你我的注视，所以，在它面前，我们所能感受到的只能是“使神秘更加神秘/虚无更加虚无”，或者是“以冲突/对抗沉默，以呐喊对抗消极”。在这两种近乎截然相反的表述中，消极虚无和呐喊对抗似乎正预示着两种人生态度。

叶玉琳（1967— ），生于福建霞浦，90年代逐渐崭露诗坛，曾出版诗集《大地的女儿》《永远的花篮》等。由于自幼生长在闽东的小山村中，质朴而贫困的乡村生活以及最初阅读宋代诗词所感受到的婉约情调和流畅的节奏给其带来无限的诗意，所以，早在偏僻山村小学任教时就开始了诗歌创作的叶玉琳一开始就展现出了她清新而美好的诗风，而家乡的山川草木、父母亲情以及内心的情感体验恰恰是她最初的诗歌题材。

尹丽川（1973— ），生于重庆，后毕业于北京大学西语系，曾出版诗歌合集《再舒服一些》《大门》等，现居北京。尽管，尹丽川写作的时间较晚，但自1999年冬天开始写作的她无论就起点还是近年来的知名度都是较高的。作为从网络上为大家所熟知的年轻诗人，尹丽川诗歌语言感觉流畅，在写于2000年的《橘子》《妈妈》《爱情故事》等作品之中，尹丽川对女性自我的体验以及感受的抒发是大胆而个性张扬的，然而，从文本的显现结果上看，尹丽川的诗歌无论就表达对女性生活的关注，还是语言组接之后的技巧，都具有70年代以后出生诗人的特点甚至叛逆色彩。

除上述女诗人之外，李轻松、宋晓杰、川美、苏浅、苏兰朵、夏雨、冯晏、郑晓琼等的诗歌创作，也值得关注。

第四编

新世纪二十年诗歌

第十三章 “世纪初诗歌”的构成方式

尽管，21世纪初几年诗歌现象已经逐渐为研究者所关注，不过，鉴于其天然的“近距离感”和艺术上的“非定型化”以及不断流动的状态，都为传统的文学史梳理方式造成了一定的困难，因而，选择“在‘反思’与‘浮现’之间”为题的最终目的，或许只是希望在一种凸显“构成方式”的过程中，为世纪初几年诗歌提供一种可感知的阅读方式，至于由此而涉及的话题也同样是借助这种逻辑推演而完成的。

一 “反思”

正如这个命名本身就存有一定程度上的不确定性和模糊性，“世纪初几年诗歌”肯定不是一个独立的“文学场域”——如果单纯按照阶段性的标准划分，那么，所谓世纪初诗歌无疑是在20世纪末那场特殊的诗歌论争中就展开了它的历史情境。而从一场特殊论争的结果来看，“盘峰诗会”及其余波并不仅仅暴露了自20世纪80年代以来一直纠葛于诗歌内部的诸多矛盾，以及长期悬而未决的问题，更在于它呈现了世纪末情结下，中国诗人如何面对诗歌传统、语言资源使用等多重问题时不同的反应——在论争的过程中，我们必须注意诸多“争鸣”文章将当代诗歌创作纳入中国与西方、传统与现代的轨道当中，并进而在其中寻找资源与依据（当然，这种寻找在具体论争时，也往往成为另一方被指责的方面），这无疑是一种带有“溯本追源”倾向的行为。而在论争结束之后的相当长的一段时间里，我们又必须注意到的是：虽然论争及其余波仍然在随后几年的诗界具有不断提及的效力，但单就“知识分子写作”“民间派写作”却在接下来的实际创作中形成了一种彼此介入的状态，因此，从诗歌艺术流变的角度上说，我们无疑可以感受到这场论争在双方那里引起的潜意识状态下的反思；而从“溯本追源”到“反思”的诗意沉潜变化中看待这次论争的意义，除了隐含着诗歌业已处于边缘境地的一次“激烈状态”下的总结，更为重要的，它无疑也在不同诗歌观念与风格的公开对话以及诗人身份的焦虑中，完成了“90年代诗歌”的阶段性收束。

当然，如果从更为广阔的视野中去看，对于世纪初诗歌是在“反思”的情境下进行，还在于90年代诗歌本身所处的时代氛围为反思，以及基于反思基础上的展望提供了现实条件。即使忽略后现代语境以及后现代性本身惯常进行自我反思的经验与力度，对于发生于90年代并最终延续到世纪初的关乎“新诗有无传统”的论争，也为这种反思可以持续到世纪初的诗坛营造了预设的前提。在90年代以来诗歌创作的日趋“个人化”以及外部“冷风景”的交加下，反思当下诗歌创作以及百年新诗的发展历程不但是这一时期诗歌研究者的主题之一，同样的，也无疑是这一时期诸多诗人常常自觉或不自觉思考的主要话题之一。但与反思相对应的或曰反思的目的更在于一种展望——展望不但源于世纪末的论争在有意无意间湮没了大量年轻而卓有才能的诗人的创作实绩，更在于它其中隐含着鲜明的超拔意识。早在2000年第1期《星星》诗刊刊载的《21世纪：中国诗人的光荣与梦想》一文中，作者立人先生便以“今天，我们站在世纪之交的门槛上前瞻中国诗歌的发展方向，已经预感到五千年的大地在狡黠颤动，蔚蓝色的海潮在远方孕育，鲜红色的曙光即将莅临。在此我要衷心地希望并且祝愿所有在诗坛上徘徊不前的诗人们，赶快走出戴望舒的小巷，走出博尔赫斯的花园，走出无谓争论的沙龙，走出人云亦云的怪圈，走出顾影自怜的低谷”式的言论表达了一种展望的勇气。而事实上，类似像《星星》诗刊开辟的“世纪诗心与文本内外”的栏目，以及频频出现的创作命名和代际划分等，都无疑隐含着一种求新意识和创作契机，而不断出现于21世纪之初，并带有追求“诗歌经典化”意味的行为恰恰是这种反思与展望裹挟之后的外在表征。

一般而言，"经典"总是在实在本体论角度和关系本体论结合的角度下予以确立的"第一流的""公认的、堪称楷模的优秀文学和艺术作品，对本国和世界文化具有永恒的价值"的文本实体，以及一个随着时间的变迁而逐渐被确认的过程。然而，对于世纪初的诗歌而言，对"经典化"的追求则更侧重在兼顾艺术性的前提下，总结新诗历史发展的经验乃至由此表达一种对优秀诗篇的呼招。因此，这种"经典化"的追求与纯粹意义上的经典化追求是不尽相同的。

就具体现象而言，首先，《诗选刊》从2000年第2期开始，依次推出由苗雨时主持的包括胡适、康白情、郭沫若、冰心、闻一多、徐志摩在内的"新诗经典"栏目。并以回顾、评点等方式对其进行介绍，从而在总结诗歌经验的过程中，对诗歌历史进行回顾；其次，如果从诗歌发表和诗人推出的角度上看，《诗刊》不但以自2002年分上、下两期改版的方式加大诗歌发表和诗人推出的力度，而且，更为重要的是，自1999年开始，享誉盛名的"青春诗会"也由以前的两年一届变为一年一届；诸多诗歌刊物如《星星》诗刊《诗选刊》《诗潮》定期出现的各种专版（如"地域诗歌""年代诗选""诗歌高地""非常点击"等明确而集中的"集束式指向"）；大量年度诗选的出现并形成"传统"……这些都无疑说明世纪初诗歌正不断在反思与提升中加速了诗歌"经典化"的过程。当然，值得注意的是，这一阶段的诗歌"经典化"毕竟与具有多年历史沉积的文学经典不同，而且，由于文学史写作一向滞后于文学创作，所以，即使从文学史经典（所谓文学史经典是可以写进文学史的文本，但它未必是公认的文学经典）的角度上讲，世纪初诗歌的"经典化追求"仍然需要历史与时间的检验。

二 "浮现"

与上述内容相对应的是世纪初诗歌具有"浮现"的特点，然而，这种"浮现"是多方面、多层次的。从诗人群落上看，随着论争逐渐消歇，人们再度以审视的眼光关注略显"单调""寂寞"的诗坛，无疑会发现：其实，它一直是丰富多彩的。但本书所指的“浮现”却并不仅仅局限于世纪初诗坛本身会集的新时期以来不同年龄阶段的诗人，“浮现”在这里更指代一些颇具创作活力之“新面孔”的出现，而逐渐于20世纪末兴起的关于诗人的代际划分，如“60后”（即指60年代后出生的诗人，下同）、“70后”乃至当下的“80后”正从侧面印证了这一事实。以近年来为诗坛所瞩目的诗人路也、哑石、雷平阳为例，虽然他们的创作起步于90年代，但无论从作品发表数量还是受众层面上说，他们无疑是在世纪之初为更多读者所熟识的；而绝大部分写于90年代中后期并发表于世纪初几年的事实，如路也1998—1999年的创作、哑石、雷平阳的组诗创作等更是说明了这一“浮现”的内在流程和诗歌史惯有的现象（如写作时间与发表时间的差异常常造成诗作会从属于不同的时期）。

当然，21世纪初诗人特别是一些颇具实力的“新诗人”的涌现，还与发表媒介以及发表形式的多样化有关。如果说历史上已有的民刊，如《今天》已经在“奉献”诗人上做出了历史性的贡献，那么，世纪初民刊的数目激增特别是网络诗歌的蓬勃发展则更是一种时代的反映和发表意识的另类体现。世纪初民刊特别是网络诗歌的盛行，除了与诗歌表面的沉潜而实际上的创作者甚众，以及正式诗歌刊物并不能完全满足诗歌发表的需求之外，还与世纪初的诗歌正走向多元、评判标准不断越界有关。早在2000年第2期《星星》诗刊上，洪迪先生便在《知识经济与新诗命运》的文章中，提出“评估标准的多样化、写作意图的多极化、艺术风格的多样化、传播方式的多途化、消费需要的多级化”共五个方面的时代新诗的特征。而事实上，网络诗歌和民刊的发展不但预示了新世纪诗歌发展的多元化，关键还在于可以在后现代的视野下彰显诗歌写作者的个性自我（必须注意，诗歌写作者与诗人之间的区别），而且，随着这些“新发表版面”渐成铺天盖地之势，诸多诗歌刊物甚至是重大诗歌刊物的编辑者到网络或者民刊上选诗已经成为世纪初诗歌的“亮丽风景”，《星星》诗刊曾经出现的“内刊诗存”（如2000年第7期）、“网站论坛部分”（如2004年第3期对“第三说”“或者”“界限”“流放地”“诗生活”等的剪辑）等诗歌栏目的介绍；《诗选刊》出现的"中国网络诗歌专号"（2002 年第 4 期对 27 个大小网站的诗歌选择）、"网络诗选"（2004 年第 5 期）、"民间诗报刊诗选"（2002 年第 1 期、2004 年第 5 期）等现象都说明了民刊与网络诗歌可以向正式诗歌刊物过渡的事实。自然，随之而来的便是原本属于民刊和"网络写手"的年轻诗人为大家所熟识。而与此相对应的是，崛起于正式诗歌的诗人和编辑者甚至是研究者也不断向网络"进击"——单以著名的"诗生活"为例，其相继开辟的"诗生活论坛""诗人专栏""评论家专栏""诗观点文库""翻译专栏""诗歌专题""诗人扫描"等栏目不但详细而迅捷地洞察当下诗歌动态，而且，还为大批新老诗人、诗歌研究者开辟可以属于自己的专题栏目并进行详细介绍，而由此出现的随意点击提供了一种可供快速阅读的诗意符码。至此，我们可以清楚地看到：在世纪初几年的诗歌发展中，民刊特别是网络诗刊不断与正式诗歌出版物、年度诗选等相互融合也为推出诗人和发表诗歌的"浮现"乃至诗歌理论传播奠定了一定的基础。这是关于写作形式、发表形式多元整合后的一种推动，尽管，在这一"浮现"现象的背后还有许多问题值得探讨与关注。

三 "回归"

如果说以上的"浮现"更多是集中在世纪初诗人涌现与诗歌发表形式的话，那么，随之而来的则是世纪初几年诗歌在艺术上出现了所谓"回归"的动向，然而，这种表面上的"回归"是与其内部的发展、深入以对立融合的状态展开的。鉴于诗歌艺术总是不断超越，而世纪末的诗歌论争又为这种超越营造了一种可以区分的"临界点"，世纪初几年的诗歌除了继承 90 年代诗歌艺术趋于"综合"的特性之外，其不同于 90 年代的首要之处就在于对"抒情性"的追求。当然，为了能够进一步说明问题，在对世纪初诗歌"抒情性"追求的研讨之前，或许我们应当回顾诗歌特别是新诗"抒情性"的历史，以及与此相关的理论文章如姜涛的《从"抒情的放逐"谈起》。"抒情"或曰新诗究竟应当怎样"抒情"在诗歌史上是有过讨论的：以现代诗歌史为例，现代主义诗学的引入以及对传统诗学抒情范畴的疏离，都曾经使诗歌的抒情在追求知性乃至经验的过程中对抒情产生了“放逐”的现象。而在经历80年代至90年代诗歌内部艺术和外部环境的变迁之后，抒情本身的悬浮性、大空间性甚至是语言增殖之后浓郁的主体性正被“个人化写作”“叙事性”取代。而在更为深入的走向自我、情感内敛、抽象抒情乃至抒情本身正日益成为一种象征的过程中，当代诗歌正以一种“亚抒情”的方式呈现出某种与40年代诗歌的相通之处。然而，在这种可以被认为是进步的“新诗现代化”进程之中，自由想象力与现实写作之间的差异性特别是由此而产生的面目雷同、空前划一的场面，恰恰使原本只能承担一种诗意空间的书写情态成为诗歌历史的负担——诗人往往在期待展现自我主体情感和现实生活的表达面前不知所措并进而开始从“抒情的放逐”变为“克制抒情”。而此过程中，由于某种原因，大量造势的言论宣传乃至诗艺论争，都在某种程度上推动了这种局面走向极端，而同样可以成为诗歌写作的另外一种写作方式正被某些覆盖于诗歌之上的东西遮蔽。但萌生于回顾与展望，并不断在诗歌历史中汲取经验的世纪初诗歌正重新将抒情寻找回来——哑石、雷平阳不断在长篇组诗中的情感抒发、汤养宗诗歌文本形式上的“断裂的抒情”，等等，都使世纪初的诗歌显现出了一种前所未有的抒情气息。但在清算以往长期占据主导地位的“流水账式”写作和干瘪的“技术化写作”当中，我们也必须看到：世纪初诗歌对“抒情性”的追求，并不仅仅是所谓诗歌“言志抒情”的一种简单的“回归”，而更为重要的在于它是在诗艺变迁和走向综合，以及各式诗人真正可以发出自己声音的前提下呈现出的总体性效果，它不是诗歌历史新质的出现，而是某种隐藏下原本属于自然场景的再现，自然，这种可贵的“抒情性”表达就在其新颖和可以不断吸引读者的过程中，成为世纪初诗歌“抒情性追求”的一种“时间性的历史记录”，而其中的深意则无疑需要更多的条分缕析。

而从诗歌意象以及语词使用上，世纪初诗歌也在某种相似性的过程中，呈现出“回归”的倾向。纵观论争之后的诗坛，“身体”意象的频繁出现以及文本形式上的话语关注特别是话语增殖等现象，都使这一时期的诗歌写作再度呈现了80年代中期的某些倾向，而这一点在女性诗歌写作上又表现得尤为明显。以青年女诗人路也为例，世纪初的路也不但在《镜子》《尼姑庵》中为读者营造了阴暗、清冷的诗歌氛围，而且，最为突出的是，路也是以“身体”意象的频繁使用、临界点意识、过客意识等崭新的创作动向，来寄寓她告别早年纯情写作，逐渐进入个体哲理化思考之成熟境界的——出现于路也笔下的带有“锋芒与尖锐”色彩的“身体”意象，并不仅仅简单局限于身体本身，它在实质上还是诗人寄托情感、思想乃至人生的一种载体。的确，从《镜子》《尼姑庵》开始，到参加第十九届青春诗会的《南去》、《我的尺寸》以及稍后的《身体版图》等，在路也的诗中都明显呈现出一种“回归”于80年代中期翟永明、唐亚平、伊蕾式的写作，然而，必须注意的是：对比前后两代诗人的同类写作时，不难发现其中的差异就在于：第一，与翟永明、唐亚平、伊蕾等的“黑夜”意象、“黑色”意象以及常常选择“边缘”“预感”“围困”式的悬浮式的题目不同，路也是常常以具体的题目和具体的意象，如《蓝色电话机》《镜子》《眉毛》等指向具体的问题的；第二，如果说翟永明、唐亚平、伊蕾等女性诗人往往是在诗歌写作中承载反传统的沉重负担，而且，这种写作倾向即使是在90年代初期仍然具有一定的生长空间的话，那么，对于日益在世纪初诗坛上显示才华的新一代青年女性诗人路也而言，她的直白乃至突进到身体写作的禁区更多是源自一种自然中的自觉，走出校园（学生身份）并再次走进校园（工作身份）的现实经历以及生活经历往往使其没有“沉重的负担”，于是，在路也诗歌中所展示的敢于表达的自信、“我就是我”式的第一人称抒情以及手法上的直截了当都显得较为贴近“自我”和生活本身；第三，如果说曾经的女性写作是以自我封闭，自我独立作战的方式最终演化为读者以他种眼光予以观看的视角，那么，在路也的同类诗歌创作中，我们更多体味到的则是新一代女性在诗歌中寄寓的现实情感以及当下的生活就应当如此的意味，而近几年不断显露于路也诗歌文本上的语言增殖、句子越来越长、叙事化成分不断加重并又带有浓郁自我抒情性的言说方式，恰恰是这种变化乃至“突破性回归”的外部特征。

此外，如果从创作主旨的角度上审视世纪初几年的诗歌，我们还可以发现：相对于90年代“个人化写作”在内容上大都偏重于日常生活的空间和体验，世纪初几年诗歌也出现了某种“回归”的倾向。针对90年代以来诗坛出现的某种过分沉溺于私人情感和性别意识的感官化写作，有“当代诗坛最具血性的诗人之一”（曲近语）之称的刘虹发出了“我歌颂重和大”的《呐喊》——“我歌颂重和大/重是重大的重。大是重大的大。/在这个争先恐后做小的年代/我歌颂重大。”这种声音是极具“反叛”力度的，同时，针对当下的流行生活特别是诗歌与生俱来的那种形而上品质，这无疑是当下诗界一种久违的声音，而由此生发的关注现实社会正是诗人关注生命的重要前提。当然，作为对于某种“群体意识”和“公共倾向”的表达，在世纪初的诗歌写作中，出自诗人鲁西西笔下的那些迥别于以往并不断走向人类群体和神性信仰的作品，如《喜悦》《创世纪》等，同样也是以感受生活简约之美的方式，表达了可以唤起全人类共同向往的情感，自然，它也就给读者带来了一种深刻的感动。

总之，通过对“反思”“浮现”“回归”三个关键词及其内涵的梳理，我们大致可以看到世纪初几年诗歌的基本构成方式以及基本轨迹。不过，这种审视更多是以“非线性”的整合方式完成的，而事实上，世纪初几年诗歌在具体的流变过程中，其艺术特质、审美取向等诸多方面也往往是融为一体的。当然，作为一个不断处于流动状态的历史进程，世纪初几年诗歌还需要以一种历史化甚或本质化的眼光去予以研讨与建构。因此，从这个意义上说，所谓“反思”“浮现”“回归”虽然是以“对比”的方式展现了一种发展与变化的眼光，但它的意义与指向却最终需要未来的检验。

第十四章　诗歌的“道德伦理”现象

世纪初渐次浮现的“诗歌道德伦理”及其可能拓展的研讨空间，无疑是一个复杂而有意义的话题[①]。诸多论者对于“诗歌伦理”以及“伦理”在内涵理解上的差异性，不但从侧面确证了这一问题的复杂性，而且，也从某种态度中传达出当代诗歌创作及其理论提升上的种种指认方式。然而，对于“诗歌道德伦理”这一浮现于当下语境中的命名乃至“新批评标准”，在历经聚讼纷纭的状态之后，已逐渐因为过度的“内耗”而显露出“自我的疲态”，这使问题本身在产生自我“断层”的过程中，萌生出新的理论生长点。

一　“底层写作”的契机

随着“世纪初文学”的概念已逐渐成为一个共识性的话题，一系列新的命名和新的批评范式逐渐成为热点，置身其中，无疑可以使人感受到一种强烈的超越意识。然而，任何一次文学上的超越似乎总是无法离开文学自身的演变机制以及特定的文化语境。以本文研讨的话题为例，从浮现于世纪初文坛的“打工诗歌”“底层写作”发展成为

---

① 关于本文提到的“诗歌伦理”及其涉及的文章，可包括钱文亮《伦理与诗歌伦理》，《新诗评论》2005 年第 2 辑；《文艺争鸣》2005 年第 3 期，由主编张未民撰写的编读札记《关于“在生存中写作”》以及编发的一组文章，王小妮《张联的傍晚》、张清华《“底层生存写作”与我们时代的诗歌伦理》、柳冬妩《从乡村到城市的精神胎记——关于“打工诗歌”的白皮书》、蒋述卓《现实关怀、底层意识与新人文精神——关于“打工文学现象”》、柳冬妩《在生存中写作：“打工诗歌”的精神际遇》，《文艺争鸣》2005 年第 6 期；刘建军《当代语境下伦理批评内涵的重新阐释》，《文艺争鸣》2005 年第 6 期。

一种“诗歌道德”“诗歌伦理”，虽以不同的能指吸引过诸多驻足的目光，但究其所指，却最终都不约而同地指向了“我们时代的生存与写作”这一古老而庄严的话题。不过，回顾90年代以来的文学研究，不难发现：伦理学叠加文学的研究方式并不是一个新鲜的现象，即使对于诗歌而言，诗人西川在联系“1989年以来，我觉得我的世界观和艺术观都产生了巨变，一个是我两个朋友的去世，一个是整个社会的动荡，中国社会的道德问题迎面而来”的前提下，指出“道德问题是一个大问题。首先，任何道德都是在一定的社会等级和社会结构中产生的，任何道德都是符合某一种社会结构的，而且任何道德都滞后于时代。我们必须有这么一个前提，也就是说我们今天的道德不是今天才产生的，是古代产生的。而到今天我们依然在使用，因而我们只能使用道德中可操作的部分”①。这种前提决定了“道德伦理”的似曾相识和只能进行局部的“重述”，但事实，或许超出了这种诗歌的“想象”。

如果可以将道德看成社会的意识形态之一，并通过一定的阶级舆论对社会生活起约束作用，那么，道德以及作为其实践的行为规范即伦理，就必然要以某种“镜像结构”的映照乃至“非道德”为前提时才可能凸显出来。何谓伦理？“所谓伦理其实是以某种价值观念为经脉的生命感觉，反过来说，一种生命感觉就是一种伦理；有多少种生命感觉，就有多少种伦理。伦理学是关于生命感觉的知识，考究各种生命感觉的真实意义。”② 刘小枫的这段论述赋予了道德伦理“普遍性”与“特殊性”的双重意义——尽管，在不同时代，诗歌乃至文学本身的伦理性会由于知识谱系的生成而具有自身的独特性，但这并不能影响“诗之道德伦理”本身那些业已成为本质化的成分。因此，将一个具有普泛性的话题，呈现于当下的语境之中就容易产生一种令人意外的效果。如果说世纪之交的诗歌论争曾以激烈对峙的方式，将“写作立场”“人格精神”“品性”等久违的话语引发出来，进而成为

① 西川：《面对一架摄影机》，《深浅》，中国和平出版社2006年版，第264页。

② 刘小枫：《沉重的肉身——现代性伦理的叙事纬语》，华夏出版社2004年版，第3页。

当下诗界"底层""伦理"话题遍布之前提，那么，在梳理90年代诗歌的历史脉络之后，必然会得出这是反思90年代诗歌艺术主流以及诗人权利身份的逻辑结果。而从一个更为广阔的视野中看待问题，所谓新时期以来诗歌的演变——从80年代初期再度延续启蒙话语并由此而透露出的"集体式"理念价值，到80年代中后期"语言论转向"之后，诗歌逐渐敞开个体言说的空间；再到90年代文化转型、诗歌滑向边缘之后"个人化写作"的大行其道，新时期诗歌20余年的历史在总体上行进的轨迹正是一段从"集体"走向"个体"的进程。90年代盛行的"个人化写作"当然体现了一种进步，因为诗歌走向"个人"从诗艺的角度上往往预示着诗歌回到了自己的故乡。但必须指出的是，90年代诗歌是在"非诗的年代"里展开它的写作空间的，而诗人常常带有的历史化记忆，特别是在市场经济对人们日常生活产生强烈冲击之后，或者不肯从善如流，或者以怀旧的情绪展现无奈，或者片面以欲望化的方式揭示自我，但在骨子里却始终无法摆脱诗歌高雅气质的情怀，都是90年代诗歌讲究"技术""语言叙述"，并进而造成所谓诗歌"中产阶级"（至少是"有产阶级"）出现的重要原因。

90年代诗歌的走向从结果上说，是使其在"世纪初文学"成为一个独立概念之后，与后者在对比中形成另外一种"镜像结构"。而事实上，没有90年代诗歌作为一种"镜像"并解构"他者"，当下诗歌也不会迅速展开自己的"时空脉络"。90年代诗歌虽然可以以自我的结构方式在后现代场景下变换面孔，但这种极具存在主义色彩的写作却由于忽视丰厚的历史感而造成一种现实感和人文精神的匮乏。这样，尽管在后现代语境下的文学正不断试图通过撕裂现代性视野中的启蒙、价值等内涵，从而期待重建属于自我的理性意识，但正如任何一种裹挟在写作中的自我意识只有在阅读、交流中才会最终得到释放，以"道德伦理"这种可以容纳更多内容的写作观念去修复历史，其核心问题首先就在于当前的诗歌写作已然走向了更为广阔的历史空间和言说空间。

然而，正如"普泛"与"个人"总是处于一种相对意义的位置一样，除90年代诗歌写作本身并不匮乏这种当下流行意义的"伦理"

式诗篇之外。90 年代诗歌在“个人”日益走向封闭中，也最终产生了关于“自我”的危机。正因为如此，当有的诗人终于在近乎“忍无可忍”的情况下喊出“我歌颂重和大”（刘虹《呐喊》）的时候，人们就听到了一种让人久违的声音；于是，“打工诗歌”、“底层写作”甚至是“向下生长的枝条”等名字也不胫而走并最终发展为“诗歌道德伦理”，便显得既符合诗歌写作的走势又符合现实的情理。这一点，或许在“非典时期”群体性的自发朗诵诗歌中便已萌发契机，只不过，如果可以循此思路而看待问题，那么，对于“道德伦理”成为当下诗歌的热点，或许我们又必须坦言的是，其本身除了源于与传统文化心理进行对接之外，其间所包含的意识形态性以及社会舆论对诗歌社会功能的呼招也具有重要的作用。

二　面向诗歌的道德伦理

如果仅仅是从“诗歌道德伦理”可以引发的想象空间来审视现象本身，这必将成为一个容易遭人质疑的“伪问题”，同样的，以诗歌本身的悲天悯人来判定其作者的“伦理”也必将遭受更多人的质询——如何看待底层、关心底层即从诗人特别是诗论家本位意义上思考问题，在某种程度上虽可以构成伦理意识，但这种常常带有居高临下姿态的审视或许与“打工诗人”的身份相去甚远，是以，两者的强行扭结也就难免在人云亦云甚或聚讼纷纭的态势中，染上一种追踪过程中的“造势色彩”。因此，在诗歌写作及其作为审美意识形态的“二律背反”之间，“诗歌道德伦理”这一带有多种文化成分与功用意识的概念关键在于存有几分合理性和现实实践的可能性。

一般而言，在传统文化的历史积淀下，诗歌的道德伦理已经在“思无邪”和接受意义上的“兴观群怨”中成为一种文化传统。而后，在漫长岁月的过滤中，诗歌道德伦理的意识形态化，常常使我们无法容忍包括诗歌写作与诗人生活的“非伦理”“非道德”现象的出现。但即便如此，“道德伦理”作为一种社会文化的“原型”和“定态”，也常常使其在实际上无法得到普遍化，这一点在后现代语境下往往会得到更为强烈的凸显，正如鲍曼所言：“道德不能被普遍化。这个陈述不必赞同道德相对主义”；“在某一时间和地点被认为是道德的行为在另一个时间和地点都将要被反对；因此各种各样的道德实践行为迄今为止对于时间和地点来讲恰好都是相对的，它们被局部变化无常之行为、部落之历史和文化之发明所影响”。[①] 不但如此，伦理作为一种理性及其在现实中的相对主义倾向、不确定性，也常常使人们以一种“理性秩序”的角度介入之后，反而会得出道德伦理本身的“非理性特征”。以诗歌为例，道德伦理在理论和实践中存有的差异性以及诗歌写作、诗人生活本身常常存有的多义性评价，往往使诗歌道德伦理只有在一定层次上才具有可能性。显然的，个人活动的准则和现实生活之间的永久性张力，恰恰是我们质疑“文如其人”“道德文章”的重要原因，而有关这一点，或许在进入现代文明社会之后就变得越发清晰。在这种语境下，以常常带有自然属性的“人性”方式审视伦理道德本身就已不再是一个可行的办法。更何况，在诗歌的文本内外，诗人依靠这种写作成名前后的心态变化，从某种程度上讲，已经预示了一种外在道德伦理的不可依靠性。

所以，对“诗歌道德伦理”的探讨只能从诗歌自身的功能和实践性的影响上进行探讨。作为一种通过诗艺自身而透射出来的伦理意识，“诗歌道德伦理”当然不能仅仅通过宣言的方式重复所谓伦理的命题，或者就是以语言的方式宣布自己是一个伦理者；“诗歌道德伦理”必须要通过自我发现达到道德伦理层面并进而在捍卫道德伦理的过程中，完成诗人与诗歌本身的心灵净化。当然，对于当代诗歌最终转向了一种“道德批评”，传统视野、语言视野以及认知和批评中的心理机制，同样是一个无法绕开的话题：正如诗歌的道德伦理自身就隐含了意识形态功能那样，所谓诗歌的“底层写作”本身或许也从不乏道德的功能。只不过，“底层”作为一种社会阶层的划分，往往带有过于明显的对抗意味，仿佛在“底层”之外有一个需要颠覆的中层或者高层；而将“道德伦理”作为一种融合多元文化意识之后的提法，本身也带

① ［英］齐格蒙特·鲍曼：《后现代伦理学》，张成岗译，江苏人民出版社 2003 年版，第 14 页。

有某种提升的意味。

或许只有这样，才能够理解：所谓“诗歌道德伦理”是反思历史、正视现实并重视“责任感”的一种意识形态，而这种“责任感”不但包括“伦理哲学”意义上的“责任感”，同时，还包括一种“艺术的责任感”，它不但与诗人能否写出好诗有关，还与如何为读者奉献好诗有关。这样，作为一个巨大的能指，“诗歌的道德伦理”所涵盖的普泛意义、“人民性”倾向甚至可能潜藏的虚假情怀，都在最终可以归结为一种无法绕开的理性化真实。尽管，真实在这里至少会包含两种内涵。

首先，诗歌“真实”就写作者而言，是一种紧密结合现实之后的真实，而告别虚假的真实不但是教科书式的规范，还在于其本身就是衡量写作者自身的伦理尺度。“打工诗歌”、“底层写作”以及可以称之为“诗歌之人民性”的写作之所以会打动读者，引起共鸣，无疑与其建构在一种诗歌真实之上密切相关。然而，值得注意的是，这种往往可以与传统意义上的“现实主义”“写实主义”发生关联的诗歌真实，依然会由于某种单纯罗列、生硬表达情感的文本呈现而形成一种“概念化的真实”，因此，诗歌“真实”必然又要通过另一标准来得以补充，此即为写作完成之后的阅读“真实”。

其次，建立在融合主体观念和生命体验上的阅读“真实”，是经过读者检验之后而达到的一种诗歌“真实”，它的丰富性以及可以引起反思的力度，都使其从不与崇高、悲情以及诗歌艺术性等话题相互抵牾。但阅读“真实”作为一种外在感受，却是来自诗歌本身的真实性以及文化层面上的道德伦理意识，这是融合生命感、理性意识之后的一种现实关怀，它叩问、质询着诗歌乃至文学写作本身道德的匮乏以及孤芳自赏，而其最终的实现过程与实现方式又反过来构成一种“诗歌镜像”。

既然在诗歌“镜像”与“真实”中，“诗歌的道德伦理”可以得到一种释放，那么，“诗歌道德伦理”何以复杂多变并成为一个亟待解决的问题？对此，笔者以为：这与诗人在处理文本与现实的能力以及伦理与诗艺之间的可能存有的张力有关。面对近年来从伦理批评角度对包括诗歌在内的文学创作发出的种种呼求，我们当然会在一种沉重感的背后体验到一种欣慰。然而，当面对众多虽以解决现实为出发点但却“文字失重”的诗歌文本之后，人们或许又产生这样一种忧虑和困惑：是“生命不能承受之重”？还是中国诗人处理现实总不免重复眼高手低的诟病？而当“诗歌道德伦理”俨然上升为一种公共化的标准，“底层写作”已然拓展了写作的题材与空间之后，某种现实身份的介入或许并没有造成一种“寓乐于教”的文本效果；而那些常常因主题先行而成为浅薄说教、虚情假意的写作甚至都抵不上诗歌的彻底“载道”以及文字功能性的符号排列。因此，“诗歌道德伦理”得以进行历史的重提，实则带有一种以“乌托邦情境”修复历史和现实的策略，它从未拒绝意识形态的引导与塑造，只是在这种塑造中，如何解决“理性”与“艺术”并重的课题，又反过来成为“诗歌道德伦理”命题的一个重要关节点。

三 后现代的历史拯救及其可能

“我们时代的‘道德议程’充满了过去时代的伦理学家几乎没有或者根本没有接触到的题目，因为它们没有被清楚地表达为人类经验的一部分。”[①] 鲍曼的这句话为其“后现代伦理学”拓展了强有力的理论前提——“后现代性既是道德个人的毁灭，又是他新生的契机。后现代情况这两张面孔中哪一个最终成为它的持久的画像，这本身是一个道德问题。”[②] 诗歌道德由于孔子的“思无邪”，和柏拉图因诗歌的“不真实”而将诗人逐出“理想国”的历史虽由来已久，但在后现代语境下探讨这一话题却往往由于时代的因素而复杂许多，并且常常机遇和挑战并存。

如果说后现代语境下的道德伦理由于个人写作和观念行为而经常呈现一种“断裂感”，那么，或许这种“道德伦理”就更切近刘小枫所言的“叙事伦理”：“叙事伦理学不探究生命感觉的一般法则和人的

---

① ［英］齐格蒙特·鲍曼：《后现代伦理学》，张成岗译，江苏人民出版社 2003 年版，第 1 页。

② ［英］齐格蒙·鲍曼：《生活在碎片之中——论后现代道德》之“序言”，郁建兴、周俊、周莹译，学林出版社 2002 年版，第 9 页。

生活应遵循的基本道德观念，也不制造关于生命感觉的理则，而是讲述个人经历的生命故事，通过个人经历的叙事提出关于生命感觉的问题，营构具体的道德意识和伦理诉求。”① 不过，讲述个人命运的叙事，却会由于深刻的“个人性”和“艺术性”而极具某种原初的色彩，即不同时刻出现的它，可能彼此相互矛盾，但对于每一“关节点”确是无比的“生命真实”。在这一前提下，真实的“镜像”甚或“绝对伦理”的实现只在于柯林武德笔下的“心灵本身”②。后现代虽然使道德产生了重大的危机，而道德危机也总是以伦理危机的形式回响着。但反过来，“伦理的危机并不必然预兆着道德的危机；‘伦理时代’的终结也并不就明显地意味着道德的终结”；不但如此，“一个确实的事实能被解释为支持相反的假设：‘伦理时代的终结迎来了道德时代’——后现代可以被视为这样一个时代”③。

至此，我们终于可以在明确一些问题之后返身回顾“诗歌道德伦理”这一问题。在此，我们将此现象中的文章，比如钱文亮的《伦理与诗歌伦理》、张清华的《“底层生存写作”与我们时代的诗歌伦理》等排成一个序列：从结论的角度上看，这些文章大致包含以下几点内容：一，对于社会现实情境或曰主流文化面前出现的“底层写作”，在实际上存在主观化、简单化理解；二，以二元论的方式对诗歌技术进行“伦理化贬抑”，从结果上看，是在对诗歌艺术简单化理解的同时，对现代汉语诗歌造成的伤害；三，在此前提下，社会伦理或者说诗歌与伦理应当内化为诗歌伦理，进而以此说明诗歌艺术的合法性和正当性。讲究“诗歌道德伦理”，当然不能拒绝诗歌艺术的“镜像”与“真实”，同样地，“诗歌道德伦理”也绝不能以牺牲诗歌的艺术性为代价，但这些又似乎仅仅停留在理性的命名层面，其内化的过程自然需要通过一种语言的方式予以证明。在分析影响诗歌道德意识的各

---

① 刘小枫：《沉重的肉身——现代性伦理的叙事纬语》，华夏出版社2004年版，第3页。

② 见［英］R. G. 柯林武德《精神镜像或知识地图》“中译本导言”中的相关论述，赵志义、朱宁嘉译，广西师范大学出版社2006年版，第1—10页。

③ ［英］齐格蒙·鲍曼：《生活在碎片之中——论后现代道德》，郁建兴、周俊、周莹译，学林出版社2002年版，第41页。

种因素之后，强调语言伦理层次或许是唯一能够实现道德伦理的途径。自当代诗歌从广泛的文化场域中“溃败”与退缩下来，不再是文化实践的中心之后，诗歌所承担的道德伦理意识，也曾一度变得无关紧要，甚至进而成为被大加嘲弄与竭力消解的对象。面对诗歌写作的旧有道德规范和道德尺度被排斥与抛弃，而新的道德律令还没有建立起来的写作态势，后现代文化语境中诗歌写作可以呈现的一种新趋势，即为诗人任意放纵着由此得来的语言自由，这使今天对于诗歌“承担”“伦理与美学的合一”的要求，只有通过一种写作意义上的“语言伦理学”才能得以实现。当然，对于归结为“语言”的“诗歌道德伦理”，其标准可以通过针对语言散漫自由的“难度”和针对不断进行艺术重复的“差异”，而超越语言空洞、虚无的聒噪。

也许，在我们还未彻底深入“诗歌伦理”的时候，那些可以指认为“伦理写作”的诗人就已经发生了心态和身份上的变化。这让人不由得会想起鲍曼在《后现代伦理学》中的一段论述：“对于这种伦理困境，仅有一种可以想象的解决途径：我们承认人的自然本性将要为具有普遍约束力的伦理规范提供一个牢固的、充分的基础，但是并非此时存在的‘人的本性’，正如它们可以被察觉和被记忆的那样，能够作为这样的一种基础。这是因为，我们现在能够看到和报道的并不能表明‘真实的人的本性’。人的本性在目前只是潜在的，是一种尚未产生的可能性，它等待一位助产士来释放它，不经过长期的劳作和剧烈的产痛是不会产生的。人的自然特性是其自身的潜在性，是尚未实现的潜在性——最重要的是，没有理性和理性倡导者的帮助，靠它自身是不能实现的。要使这种潜在的可能性转变成日常生活的现实，首先要做两件事。第一，应当揭露出隐藏在人类身上的道德潜力，必须教会人们发现他们能够遇到但是没有帮助就不能发现的（道德）标准。第二，必须认真规划一种真正赞成和奖赏道德行为的环境以帮助人们遵从这些标准。”① 鲍曼的话当然是就一般意义的伦理而进行阐述

---

① ［英］齐格蒙特·鲍曼：《后现代伦理学》，张成岗译，江苏人民出版社 2003 年版，第 30 页。

的，但作为一种理论上的契合，鲍曼的伦理论述及其实现途径却说明了“道德伦理”的制约因素。所谓建构于“个体”人性基础上的当代“诗歌伦理”当然是自我和他者在相互理解、和谐之后的一种状态，在传统的伦理观已经趋于瓦解、失效之后，当代文学伦理必须认同在“反历史的写作伦理”中可以实现的事实。而作为一种外在的限制，我们已经通过种种刊物的办刊方针感受到一种新的制约机制的生成：众多刊物强调文学“干预现实”正是世纪初几年中国文学的一种走向。历史的经验和理论的经验已经证明，文学适当的公共化、意识形态化是正确的。然而，在中国现实语境展开“诗歌伦理”以及将其运用在具体的写作之中，似乎还需要平衡生命意识、道德意识与诗歌艺术之间存在的张力，这是一次带有历史化记忆的经验及其反思。

最后，我们只是想以“诗歌的道德伦理”同样符合“乌托邦情结”的结论，来结束这次诗歌“镜像”与永远无法挥别的诗歌“真实”。正如“乌托邦只不过是对集体生活的政治和社会的解决办法：它不会消除人际关系和肉体存在本身（其中包括性关系）这两者固有的紧张状态和不可解决的矛盾”①，出现于当前语境中的“诗歌道德伦理”应当是平衡诗歌与意识形态、诗歌与现实社会关系之后的结果，与此同时，“诗歌道德伦理”也无疑是一个不断需要接受时代检验的话题。不过，作为一种基本底线，或者说可以为公共接受的事实，“诗歌——应当重新找回对社会责任的担当”这一命题，或许正是“诗歌道德伦理”至少或曰必须抵达的空间。

---

① ［美］弗雷德里克·詹姆逊：《时间的种子》，王逢振译，江苏教育出版社2006年版，第97页。

第十五章　现实的担当与美学的重构

近年来诗歌发展的一个显著趋势，是对现实关注的不断提升。从世纪初“底层写作”“打工诗歌”的不胫而走，到2008年诸多“社会大事”为写作营造公共主题，诗歌在题材及艺术上的变化引发了人们对诗歌功能、诗歌与社会关系的重新思考。当然，作为新语境下一次多义性的对话，上述诗歌趋向一直包含着复杂的历史构成。就本文考察的“功能”而言，近年来诗歌对时代、社会和使命感的“倾斜”，不但为其在传播和接受层面上获得了新的评判角度，而且，更为重要地，还为诗歌艺术的内在演变以及诗人的身份与心态变化提供了历史的机遇。这是一个相似于历史又有别于以往诗歌历史的阶段，至于其经验的提供与容留正是我们认知的逻辑起点。

一　近年来诗歌关注社会现实的整体趋向

相对于90年代诗歌普遍存在的“自我”倾向，世纪初诗歌在关注社会现实的层面上得到了长足的发展。一大批面向下层民生、注重写实作品的出现，标志着诗坛已萌生新质。这一趋势，就“功能”代表“事物或方法所发挥的有利的作用”的角度来说，一方面可以理解为诗歌表现领域的自我扩张；而另一方面，则可以理解为诗歌与现实之间“对话”能力的增强。由此联想到许多诗人、批评家对21世纪诗歌的展望，近年来诗歌发生的变化无疑与其自身的扬弃密不可分。尽管，由此而生并渐成日后热点的“底层写作”、“打工诗歌”以及“诗歌道德伦理”等语汇，都不可避免地带有“追溯式”的命名效应，但作为一次历史的“回响”，上述命名又不约而同地反映了当代诗歌发展过程中的某种缺失与匮乏：“就在这样一个很长的时间里，我们的诗人深陷‘怎么写比写什么更重要’的误区，过分的强调了诗歌技术性的重要，而忽略了诗歌作为一种文学形式的社会责任和作为诗人的社会担当，忽略了我们究竟该写什么的深度思考。”①

应当说，所谓90年代以来诗歌功能的“降低”，至少包含这样一个主客观互动的过程：一方面，是文化转型时期诗歌消费程度的相对减缩；另一方面，是众多诗人对诗歌“边缘化”态势的主观认同，逐渐失去了往日守护的热情。在此前提下，诗歌的“圈子化”、“贵族化”、“技艺化”以及接受意义上的“陌生感”，都是其“干预现实”程度减弱的重要表征。然而，如果我们从诗歌艺术演变的角度上予以审视，上述趋势又包含反思80年代诗歌“众声喧哗”、集体出场以及90年代初期某种流行写作的过程。这一事实表明：对于逐步纳入文化转型轨道的90年代诗歌而言，从属于“个体”的诗歌极易与其指向现实的社会功能之间产生一种紧张的关系——或许，在物化的年代，能够检验诗人身份和把握现实能力的标准本就是如何通过写作表达与社会之间的“协调关系”?！是以，即使“底层写作”“打工诗歌”等命名始终存有复杂多义以及缺乏条分缕析后稳定的学理沉淀，但一时间的“洛阳纸贵”仍使其可以以超越表象的形式迅速崛起并从者甚众。由此可见，无论就写作上的平民倾向，还是理论层面上的呼招与认同，世纪初诗歌的现实关怀与美学重构，都体现了某种延续性与过程性，而如何思考这些内容，本身就是一个“功能”的问题。

显然地，近年来流行的“底层”“打工”“草根性”等话题就其主题与功能来说，都触及了“诗歌与社会”这一历史性的命题。诗人从身边的生活出发，书写底层、表现民生和我们时代的生存境遇，都生动地再现了时代本身在发展中衍生的种种问题。随着社会化进程的不断推进，贫富差距、城市化进程以及全球化后果等一些不可避免的矛盾都逐渐浮现出来。“外来者”城市“漂移”的渴望、经历甚或“一

① 梁平：《诗歌：重新找回对社会责任的担当》，《星星》诗刊2006年第1期。

声叹息"，都使生存本身变得如此真实而急迫。"我的诗，自始至终关注着现实，体验着我所经历的一切，感受着当下各种可能的生存状态。我过着一个平常人的生活，为大白菜能不能买到五毛钱一斤，我和菜农讨价还价。为一件换季的衣服，能不能打到两折以下，而费尽口舌。面对日常生活，我从未把自己看成诗人。从这个意义上，生活就是活着。"怀着对"现代工业文明的恐惧"，相继经历打工、商海云谲波诡的珠海诗人卢卫平的"自我解读"①，正说明了"一类诗人"的精神处境。他们或者生活于城市的底层，或者因生活而介入城市，与"体制内写作"不同的是，他们的作品往往只具有"感于哀乐，缘事而发"的写实精神……这种约略在2005年之后被纳入批评的视野并受到众多理论刊物与诗歌刊物青睐的写作趋势，既显现了当代诗歌存有的表现空间，又较为具体而明确地表达了诗歌应有的社会功能。在"告别"历史、"重建"对话的过程中，这一趋势以冲击当代诗歌固有边界的方式构建了一种新的主题范畴与美学风格。至2008年以来，雪灾、地震、奥运等诸多"社会大事"引发新一轮的创作热潮，"诗歌与社会"之间的关系在言说与指认上又获得了新的契机。但与此前写作不同的是：这次浪潮往往是以主题先行的方式带动创作的，其短暂持续的态势能够引发的思考或许也仅局限于诗歌的功用意识之上。

二　从诗歌的功能到现状的考察

谈及诗歌的功能，自古就有"诗以言志""诗可以兴，可以观，可以群，可以怨"的说法。作为一种发挥诗歌教化作用的理论依据，上述提法在具体实现上隐含着诗歌的传播、读者的接受以及接受后的潜移默化，不仅如此，诗歌的功能只有通过接受、阅读才能实现的事实也在一定程度上决定了题材层次的区分。但显然，对诗歌功能意识的强调不是缩减其自身审美品格的前提逻辑。在经历漫长的历史沉积之后，诗歌的功能早已转化为本质的成分，"一般人认为诗不应有宣传之目的……我则不以为然……如果诗不表达人类痛苦遭遇的呼喊，

① 卢卫平：《向下生长的枝条》"后记"，中国文联出版社2004年版，第189—190页。

而只以做美女圣贤的传声筒自满，那么诗便忽略了其应负的神圣任务之一了”[①]。新诗“第一人”胡适对中国诗歌的辩证性认识说明所谓“功能”是可以超越时代进行对话的。然而，当代生活经验已告诉我们：任何文学样式的功能均具有自身的相对性，从不同的观念、立场出发，诗歌的功能只能通过具体现象和写作进行具体的分析。除了诗歌潜移默化的影响必须从属于一定时代的政治文化之外，诗歌本身在社会文化中的位置特别是其消费程度的高低，也对其效能的实现起到至关重要的作用。对于近年来诗歌现实承担的倡导以及社会学因素的注入，必须在提防新一轮内容与艺术二元对立的同时，坚守文学的品格并进行具体的价值判断。而此时，功能相对于诗歌所包含的层次感，正是平衡其作为审美意识形态之内部紧张关系的重要条件。

如果可以将近年来诗歌的功能分为美学意义和社会意义两个层次，那么，其美学层次上的功能首先在于历史地、真实地呈现诗人的情感体验与生活体验，其次才是一种风格的营造。在近年来那些可以被指认为承担现实的作品中，写实的倾向、生命的质感始终占据着重要的位置。谢湘南通过《零点的搬运工》《呼吸》罗列“打工者”的生活记录；江一郎《在低处，甚至更低……》中发现：“多少庸常的事物／被我看见，又常常被我淡漠地／遗忘在生活的角落里”；而作为一类具有普遍意义的作品，“农民题材”又占有相当的比重，即使仅以连接城乡之间的“火车”为例，江一郎的《火车就要来了》《挤车的民工》，刘川的《拯救火车》以及田禾的《火车从村庄经过》等，也足以将“进城”和“返乡”的各种姿态刻画得淋漓尽致。以上作品之所以在阅读之后打动读者、引起共鸣，主要与紧密结合现实之后的真实和作者写作过程中的心灵真实有关，这种活生生的、融合生命理性的“真实”不但包含着悲天悯人的情怀，同时，其本身恰恰就是衡量诗人自身的道德伦理尺度。“叙事伦理学不探究生命感觉的一般法则和人的生活应遵循的基本道德观念，也不制造关于生命感觉的理则，而是讲述个人经历的生命故事，通过个人经历的叙事提出关于生命感觉

① 胡适：《中国诗歌中的现实信息》，英文版《中国社会政治科学》杂志 1923 年 1 月号。

的问题，营构具体的道德意识和伦理诉求。”① 近年来诗歌现实性的“转变”趋势，至少说明了社会“镜像”在诗人心灵上留下了浓重的投影。诗歌写作在文化观念和身份凸显的过程中，始终有诉诸意义和责任的本质需求。已被认可为“诗人”的写作者应当以一种诗的语言体系讲述时代和生活的真实，至于其呈现的美学风范也应当是自由而敞开的。

与美学意义相辅相成的，是诗歌如何在生产和消费中产生作用力——通过更为广泛地触及现实生活，留下一幅幅图景，进而构建某种形象化了的艺术导向。值得指出的是，诗歌功能作为一个整体性范畴，必须达到某种标准和尺度之上，并与所谓“社会契约”取得一致，才能更为明确、集中地发挥自身的影响力。近年来诗歌的发展趋势，在很大程度上体现了诗歌与人们普遍关怀的社会主题之间的一致性。尽管，在以上两者“对话”的过程中，诗歌的作用必然处于一种从属地位，但其特有的独立性或然就在于可以给主体提供某种自发的、下意识的情绪感染。而由此可以引申的则是：在写作不断走向“自我封闭”、边缘化的前提下，诗歌具有适度的“公共话语空间”不但可以使其保持积极的姿态，而且，也会相应地重塑诗歌的形象与地位。

为此，我们有必要探讨近年来诗歌与意识形态之间的契合关系。毫无疑问，“民生关怀”是近年来社会文化的关键词之一。仅从文学期刊在这一阶段的倾向性来看，“书写底层”也会因为流行趋势而波及小说、诗歌等各种文学形式。与理论倡导相比，文学期刊在发表过程中的“自然过滤”或许更能说明“关注”与“凝视”，可以给文学带来怎样的写作路向。“诗的含义与其说是一种具体的文学实践，不如说是一般意识形态的运作模式。”② 伊格尔顿的论断在很大程度上揭示了诗歌审美与功用之间的“自然地转换”。在近年来诗歌发展过程

① 刘小枫：《沉重的肉身——现代性伦理的叙事纬语》，华夏出版社2004年版，第3页。

② ［英］特里·伊格尔顿：《历史中的政治、哲学、爱欲》，马海良译，中国社会科学出版社1999年版，第9页。

中，围绕“底层写作”、“诗歌伦理”以及雪灾、地震、奥运等诸多“社会大事”而进行的创作实践和理论探讨，都以似曾相识的方式体现了意识形态有助于实现一种乌托邦的历史情境。只不过，在其修复历史和现实的策略中，如何解决“理性”与“艺术”并重的关系，始终是一个历史性的课题。

三 美学的重构及其评价

既然是时代、社会与艺术等多方的合力，造就近年来诗歌现实的担当与美学的重构，那么，如何正视其功能问题就具有相当的时效性。对近年来诗歌可以产生的影响，当然不仅仅取决于其特殊场合下集体诵读的外在表现形式，以及社会公共主题为写作获取多少心理预设。每当此刻，我们都可以联系某些业已历史化的经验和场景证明：以自发的、普遍的方式进行情感的传达与影响，才是从诗歌本体出发思考其功能的旨归。“一切东西，在诗人以为好是不够的，诗人必须把那他所认为好的东西更本质地去理解它。光写着‘我歌唱’‘我歌唱’而事实上什么也没有歌唱出来，那是一种廉价的感情的抒发。”[①] 半个世纪之前诗人艾青对写作上可能存在的不足，已在“地震诗歌浪潮”中某些“过犹不及”的作品中得到了证明。因此，在诗歌重新承担现实的过程中，警惕其可能出现的不足同样是完善其功能的重要任务之一。

事实上，在后现代文化语境和历史浓重的投影下，诗人对诗歌面向现实所持有的矜持和警惕，都源自诗歌自身可能产生的尴尬状态。面对国计民生、社会大事，或许唯有诗歌的表达是难度最大的。一得面是对非诗化、世俗化、泛意识形态化的潜意识拒绝；另一面是对诗歌艺术及其局限性的高度认可，这使社会现实乃至伦理道德在成为诗歌、获得形象认知的道路上，充满着“歧路彷徨”的心态意识。在一定程度上，近年来诗歌的现实诉求是新文化语境下对诗歌

① 艾青：《语言的贫乏与混乱——一封关于诗的信》（1941 年 12 月 20 日），《艾青全集》“第三卷”，花山文艺出版社 1991 年版，第 192 页。

精英主义、贵族意识发起了一次强有力的挑战与冲击，但其“自然流露”和鲜明的身份立场又使其在“对话”过程中持有合理、平衡、均匀的一面——

今夜，我必定也是
轻浮的，当我写下
悲伤、眼泪、尸体、血，却写不出
巨石、大地、团结和暴怒！
当我写下语言，却写不出深深的沉默。
今夜，人类的沉痛里
有轻浮的泪，悲哀中有轻浮的甜
今夜天下写诗的人是轻浮的

“70后”诗人朵渔这首写于“5·12”大地震中的《今夜，写诗是轻浮的……》，以其特有的尖锐性和疼痛感，传达出感动自我之余同样可以感动读者的精神关怀。作为一个“幽闭的天才”式的青年诗人，朵渔的感动从未与其“论诗歌作为一种自我修正之道”[①] 的主张产生抵牾。由此联系到诗人的写作在不同背景下可能存在不同的“面孔”，从断裂“历史”和所谓阶级属性的角度考察诗歌功能势必将大打折扣。“诗是人生底表现，并且还是人生向善的表现。诗底效用是在传达人间底真挚，自然，而且普遍的情感，而结合人和人底正当关系。”[②] 在新诗诞生期，俞平伯有针对性的“诗底概括”及其引发的争鸣（如与梁实秋之间），表明对诗歌功用的探讨其实是一个可以被反复“填充”的历史性命题——究竟是艺术的艺术，还是人生的艺术？是艺术的责任还是责任的艺术？这些不断浮现于不同历史阶段并可以循环往复的论题，体现着经验与语言的相互缠绕呈现的特殊性以及认

① 朵渔：《论诗歌作为一种自我修正之道，或：对常识的坚守总是很难的》，杨克主编《2006中国新诗年鉴》，花城出版社2007年版，第293—294页。

② 俞平伯：《诗底进化的还原论》，《诗》1922年第1卷第1号。

识上的见仁见智。

客观地讲，近年来在表达美学重构的过程中，对“底层”的关注以及责任意识的呼吁，比因“社会大事”而产生的暂时性诗歌热潮更具思考的价值。“底层经验”之所以具有自发意识和毫无虚假的真情实感，在很大程度上是由其生存处境造成的：这些没有“体制”可以依靠甚至没有固定职业和生活保障的“群落”，每天都生活在处理基本生存现实的问题之中。这使其在面向诗歌时自然地发出如下的声音：“诗歌应该从诗歌中解放出来了，也就是再也不能针对一种诗歌倾向去谈论另一种诗歌，只在艺术的小领域内去谈论诗歌了；诗歌所最应针对的似乎应该是它的时代和所处的历史境地。另外，诗歌应该从观念和情绪中解放出来，而不应该老是在主体的一些感情、想法上徘徊，而置促使这些想法、情绪产生的宏大历史场景于不顾，让诗歌显得自缩苍白，心有余而力不足……”① 为了更为丰富而真实地表现生活，同时，也是不断“呈现历史所带来的新生活”，一群体认日常生活境遇的“新”创作主体，对诗歌语言及其整体进行了直接的介入。他们不再使用所谓高蹈和反讽的方式来对抗现实，他们的出现既可以作为社会化整体进程中被忽略、压抑的景观，同时，也可以视为后现代零散化叙事的一种拯救与反思。

按照以往文学史的经验，新的诗歌美学形成后，批评与解读或许会在向纵深发展的过程中呈现出意见相左的态度。近年来诗歌的现实担当倾向在事实上也概莫能外。鉴于其在具体表述上大多“直接”，所以，我们就大致在“认同”与“不满”两种态度，比如围绕“诗歌道德伦理”的探讨中②，发现其优点与不足。但从另外一面，上述现象的出现又孕育着诗歌未来发展的机遇——在近年来诗歌的现实关怀与美学重构中，所谓以客观呈现的“镜像”表现存在，达到了诗歌功

---

① 江非：《记事——可能和部筐及一种新的诗歌取向有关》，《诗刊》（下半月刊）2005 年 2 月号。

② 关于本文提到的“诗歌伦理”及其涉及的文章，可包括钱文亮《伦理与诗歌伦理》，《新诗评论》2005 年第 2 辑，以及《文艺争鸣》2005 年第 3 期，由主编张未民撰写的编读札记《关于“在生存中写作”》以及编发的一组文章，等等。

能自我实现的良性趋势。应当有展现愉悦意识的诗歌，同样有体现担当意识的诗歌；不能以解释的主题作为解释的方法，而偶然性的“热潮”只能成为某一趋势的有限“亮点”，这或许是以动态的眼光把握近年来诗歌现实趋向的一个理性的尺度。

第十六章 “选本时代”的诗歌过滤与自然存档

一 现象

中国新诗进入“选本时代”俨然已成为“一道风景”：每一年，总会有冠以各种称呼的诗歌选本呈现于读者的面前，其中又尤以“年度选本”最为引人瞩目，进而波及地域、群落、性别等各个方面。尽管，上述现象从历史的角度追溯，以年度为主的“诗歌选本”在20世纪50年代便已出现，并在进入80年代之后逐步形成“历史惯例”，但无论就数量、规模还是种类上说，曾经的“历史”都无法与世纪初几年的势头相比。因而，将其命名为“选本时代”并开始受到理论的关注，也确乎是一件恰如其分的事情。

当下诗歌的发展无疑已进入信息化的时空状态，各种发表渠道和版面媒介的琳琅满目刺激着诗歌审美观和价值观的重新确立。如果借用前些年一度流行的“经典”话语，“选本方式”至少包含去粗取精、重建某种观念标准的渴望：“选本”可以以更高级别的存档形式过滤我们时代的诗歌生产，即使这一问题在实际操作的过程中始终包含更为复杂的内容，但“再次编辑”不但为读者阅读提供了视觉上的便利，而且，又以浓缩精品的形式产生相对的结晶，其时段化、标准化、集中化的特征，极有可能成为当下读者浏览一定时间内诗歌写作的重要方式之一。

也许，一年时间对于一首优秀之作来说，已经足够了，但对于绝大多数诗人而言，却还需要经历漫长的等待。“选本”以注入崭新内容的方式刻绘着诗歌的历史足迹，在时间的自然结束和开启之间，我们能否不断领略诗意转换中流动的光景？面对中国作家协会《诗刊社》主编的《中国年度诗歌》（漓江出版社）、《作家》杂志社宗仁发主编的《2007 中国最佳诗歌》（辽宁人民出版社）、北京师范大学教授张清华主编的《21 世纪中国文学大系·2007 年诗歌》（春风文艺出版社）、诗人杨克主编 10 年的《中国新诗年鉴》、首都师范大学教授王光明主编的《中国诗歌年选》（花城出版社），以及 2008 年才与广大读者见面的由梁平、韩珩主编的《中国 2007 年度诗歌精选》（四川民族出版社），还有蒋蓝、凸凹主编的《2006—2007 中国诗歌双年选》（中国戏剧出版社）等系列选本，近年来诗歌选本繁荣的景象足以让人叹为观止。诗歌选本的大面积急遽出现，从侧面反映出亟待整理的资源几近达到汗牛充栋的状态。自民刊、网络勃兴之后，当代诗歌写作的传播已达到无法估量的地步，一首诗以不同的形式“发表”于各种“版面”上已不再是什么新鲜的话题，这样，从各种“刊物”中进行一次集中的提取也就理所应当地成为诗歌的又一生存记录。

二　“原则”

“选本”应当为诗歌的历史建立一份档案，这可能是每一选本的初衷与基本原则。翻开《2007 中国最佳诗歌》，其“总序”中曾将 1998—2007 年这 10 年的时光作为“文学的历史足迹”。10 年的时间对于一个在市场时代持之以恒的“选本”来说，自然是不平凡的。即使从一个读者的“语言感受”来看，所谓近年来从“新世纪诗歌的疑与惑”到“回眸 2006 的中国诗歌”，再到最近引用博尔赫斯《诗艺》中“要把岁月的侮辱改造成一曲音乐、一声细语和一个象征”作为“序言”的名字[①]，似乎也传达着现代生活的基本事实与诗歌精神之间的“张力关系”——显然地，我们的生活和诗歌都无法使人持有那种乐

① 分别为宗仁发主编《2005 中国最佳诗歌》、《2006 中国最佳诗歌》、《2007 中国最佳诗歌》的“序言”，辽宁人民出版社出版；又曾以单篇文章的形式发表于《诗选刊》2006 年第 5 期；《诗选刊》2007 年第 4 期；《文艺争鸣》2008 年第 2 期。

观的浪漫主义精神，所幸的是，“十年之功”已经从时间的尺度上增加了“选本”的稳定性，而“选本”的存在在某种程度上也可以视为对现实生活荒诞性的批判。

由上述内容可以推断：一个选本的分量很大一部分应当依靠于选家的眼光和审美立场。相对于诗歌的原始创作，选择与取舍本身就包含着再度创作——“选本”肯定会象创作一样遭致读者的品评甚至引发争议，这种情况，无论从发生于世纪之交的诗坛论争，还是当下网络的评价中都可以清楚地看到。以现有的几本流行“选本”为例，中国作家协会《诗刊社》编选的《中国年度诗歌》所具有的“正统意识”；杨克主编《中国新诗年鉴》一贯主张的“艺术上我们秉承真正的永恒的民间立场”；张清华在主编《21 世纪中国文学大系》“年度诗歌卷”过程中“一直主张该选本的原则是‘记录诗歌的历史痕迹，而不是最大限度地搜录最美的诗篇’”，而“所谓‘大系’与‘年度最佳’的区别，应该是在这里”① 等，其实都涉及“原则”和“立场”的问题。面对诗歌不可避免的多极化时代，“选本”在不同程度上各自有所偏重既是客观现实的反映，同时，也在“时光的参照”和“精神集合”中反映其自身应有的艺术倾向。

一面是希望自我认识中好诗的出现；另一面又担心随意的增长、次序的混乱增加诗坛的紊乱，这极有可能成为“选本时代”客观存在的阅读心态。但无论怎样，主张个人选择、贯彻始终应当是“选本”实践过程中遵循的重要原则之一。在具体选择中，“选本”从来不应是面面俱到的集合体，它只需将编选者个人的审美倾向较为完整地表现出来，就足以形成“艺术的风景”——正如客观、公正、公平始终是一些观念意义上的词语，“选本”不在乎个人的偏爱甚至“遗珠之憾”，但却必须直观反映一个遴选者对于某个阶段流程的自我判断。就目前的“选本”来看，“选本时代”至少在网络时代的甄别与记录、发掘有潜质的新人，以及艺术品位这几方面为自身提供了“潜规则”，

① 张清华：《21 世纪中国文学大系 · 2007 年诗歌》“序言”，春风文艺出版社 2008 年版，第 1 页。

而在此基础上，“选本”所能抵达的“普遍程度”又是检验其存在价值的重要尺度。

三 “权利”

“选本”应当如何反映编选者和写作之间的权利关系，从而完成一次次“自然”的过滤与结晶？为此，笔者坚信：那些存在编选过程中的人情世故从不是“选本”丧失立场的根本原因。按照民刊、网络诗歌的出现可以造就“写作权利与秩序重建”的说法，“选本”进入“战国时代”也重构着当代诗歌的秩序。面对各种形式的写作，“选本”的“权利分配”或然就在于横向扫描一本本“期刊”中，完成适度的“分边过程”。

鉴于“权利”总要通过实践体现其内在原则，“选本时代”的“年度集成”主要体现在具体选择时的空间覆盖上。自民刊、网络诗歌对传统诗歌发表产生冲击以来，以往时代的写作特别是发表的“意义”正不断遭受解构与颠覆：民刊在装帧、印刷等方面均可以同正式期刊并驾齐驱的特点，以及网络粘贴的客观存在，都以为数众多、异乎寻常的方式超越种种客观因素造成的发表困难，进而获取巨大的写作愉悦和心理满足。然而，时过境迁之后，“民刊”和“网络”不可掩饰的回归趋势甚曰“招安心理”，都为其向纵深方向发展制造了“主观限制”——近年来，民刊的相对萎缩和网络诗歌的良性沉积，都说明诗歌写作特别是发表层面的应有排列；而从狭义的空间走出之后，我们又不难发现那些在不同时间区域出版的个人诗集与合集，也同样要归纳到“年度”的范畴之内。

在区别一般意义“选本”的基础上，张清华的《21世纪中国文学大系·2007年诗歌》曾以如下的方式处理诗歌的“历史痕迹”：除了选择民刊比如《桶》《第三极》《卡丘主义创刊号》之外，此“选本”还涉及了比如由太白文艺出版社2007年出版的《潘洗尘诗歌》以及诗人李辉的自印诗集《在黑夜的缝隙》等，此外，垂青于个人博客也是此“选本”的一个重要趋向。不过，即便如此，在具体的“权利”分担和赋予时，选者还是以“不由自主地把目光投向那些看起来干净和唯美的篇章；同时又深恐各种缘由会把这样一个选本彻底变成一个平庸之物，一首首单个的文本是好的，但编成一本书，就变成了一个平庸的年选。对于将来的诗歌史叙述来说，似乎并没有增加什么有意思的新材料”① 的叙述，表达了某种无可奈何的“遗憾”。由此可见，“选本”权利的实现还终将受制于“话语讲述年代”的历史限度，至于“选本”作为一种独特的“历史叙述”一直在“过滤”与“存档”中，潜藏着人为的痕迹则无疑是其“权利”的另一内容。

四 消费

当一年之末，几种崭新的“年度选本”一起呈现于读者面前，阅读消费过程也随即开始。“选本”作为一种高级别的浓缩“生产”，同样也具有自身的品牌效应和趣味上的高低差异。就目前的态势来看，各大出版社斥资编选的诗歌年选往往只是整套出版计划中的一种，这一极具商品化意识的做法，当然要最终经历市场的检验过程。而此时，“选本”的编选者、内容的排列和形式的设计均已“作足”，余者已属于“接受”对“时间”的选择性渗透。

新诗进入“选本时代”的确已印证人们阅读时间和精力，即消费空间的萎缩，当然，这一论断或许本身就与“选本”互为因果。然而，诗歌消费承受度的下降，却并不表明诗歌鉴赏水平与标准的下滑，除去那些不时闪现于网络上的人为炒作和攻讦，“选本”的审美期待其实与拨动视线的新鲜感关系密切。一般来说，在快速阅读时代，诗歌读者及品评者基本都拥有“写手身份”，这使得一本“选本”的受众程度需要相应的客观、公正特别是代表广大诗人的利益。从这一逻辑上说，“选本”对于年度正式期刊、民刊、网络的分配，以及发掘、打捞那些仍处于喑哑境地的诗人而言，既关乎机遇，也存在挑战。那些失于平庸、片面的“选本”就消费的视角来看，最终导致的只能是生命力的丧失。

---

① 张清华：《21 世纪中国文学大系·2007 年诗歌》“序言”，春风文艺出版社 2008 年版，第 2 页。

因此，"选本"在充分表达各个出版社之间争奇斗艳的同时，还涉及"选本"自身内容和形式上的多样化。在以上列举的几种"年度选本"中，或者出于一种传统的延续，或者出于一种整体布局的安排（比如：篇幅和一整套选本之间的"互见"），还有"年度"有代表性的诗学文章、观点摘编、大事记等值得"存档"的内容尚属忽略之处。为此，必须指出的是，由杨克主编坚持10年之久的《中国新诗年鉴》和最近看到的由蒋蓝、凸凹主编的《2006—2007中国诗歌双年选》，都在整体上突破了这一结构限制，而"选本"的史料价值将由此萌生，"存档"的意义也会相应地增加。

当一本本苦心孤诣凝结成的"选本"摆在面前的时候，我们或许会说：诗歌的兴旺就可能在明天发生。可以拓展的是：由正式出版的"年度选本"到各种地域、年代、性别的"亚选本"，诗歌选本的核心部分是为新诗的发展以至繁荣注入新的内容、形式与活力。但那些民刊和常常飘荡在网上的"网络选本"又何尝不是出于同样的目的？"选本"应当在平衡诗歌、思维和历史的同时过滤、组合成一本新的"历史档案"，它是艺术的、消费的，更是诗歌现存场域中一次清洁行为。而严肃认真的编写和领受，不断完善"编写"和"阅读"之间的工艺程序，本身就表达了"选本时代"诗歌的自由与独立。

第十七章　代际划分及其相关命名

以代际的方式（比如“70后”“80后”“90后”等）对诗人及其写作进行划分甚或命名，俨然成为近年来诗坛的一道风景。与上述过程相应的，是“中间代”“中生代”“中年写作”等命名虽具体着眼点不同，但在实际上仍然遵循“时间规律”的继起。在世纪初十年的时间里，竟有如此多划分与命名竞相浮世，进而形成“对峙的格局”，自然是值得思考的一件事情。不但如此，如果我们仔细考察以上相关划分与命名，那么，约略在2004—2005年之间逐步形成的这股浪潮，其持续的时间也往往小于一般想象意义上的“跨度和距离”——显然，划分特别是命名的滞后性与追溯性对于一般读者而言，会产生再造想象的印象；然而，这种源自命名本身与所指对象之间的“距离”，又恰恰为我们设置了某种时空状态。从近年来代际划分及其相关命名上溯“第三代诗歌”下至当下诗歌创作并不断呈现开放状态的倾向可知：这一现象一直涵盖着十分广阔的历史内容。而本文从现象入手，重新审视、析分上述划分与命名及其相互之间的纠缠、碰撞，正期待呈现这些问题。

一　代际划分的历史述析

按照赵金钟教授在最近一次诗歌对话中的说法，“20世纪最后几年，‘70后’诗人的概念开始流行。1996年，《黑蓝》民刊在南京成立，陈卫在《黑蓝》上发表文章提出了70后的概念。这大概是诗歌70后概念的最早提出。之后，陕西的一份民办诗报直接以《70年代》

(1999) 命名。而将这一概念推到极致的则是广东省的两份民办刊物《诗歌与人》和《诗文本》。黄礼孩主办的《诗歌与人》连续两期以大容量推出‘70 后’诗人作品（创刊号和第 2 期）。由于这份刊物宣传范围较大，诗歌 70 后概念很快得以传播。‘70 后’叫响后，‘80 后’、‘90 后’便顺势而出”①。这段话基本揭示了“70 后”诗歌的源出历史并如何衍生出其他概念的历史过程。联系“历史”以及影响的角度，“70 后”这个概念在 90 年代中后期出现其实呈现了肇始于小说并迅速过渡到诗坛的趋势，但与卫慧、棉棉、周洁茹、朱文颖等由《小说界》《芙蓉》《北京文学》《作家》等官方名刊打造，进而迅速成为一支文坛生力军、获得出版资格以及读者群不同的是，进入诗坛的“70 后”由于写作形式等原因在接受上稍显“冷清”。或许正因为如此，“70 后”诗歌自诞生之日起，便呈现出概念上的自觉与写作实绩的判定②。经历了几年的积淀与努力，“70 后”诗歌在世纪之交标志先锋诗坛裂变的论争后地位开始攀升并已然呈现出自然延伸的倾向。记得笔者 2004 年在北京读书的时候因参与课题《中国诗歌通史 · 当代卷》，已在写作中列“70 年代出生的诗人”专节。当时，“80 后”的名字已经开始出场，而“60 后”则更多是以向前延伸的命名形式指代 1990 年代以来、代表诗坛中坚力量的写作队伍。此后，散见于各式文章、谈话中对“80 后”以前诗歌阵营以“X 后”的简约方式进行划分就已不再陌生。

与“70 后”相比，“80 后”是进入 21 世纪之后逐渐在诗坛产生影响的。阅读由“80 后”诗人丁成编的《80 后诗歌档案：一代人的墓志铭和冲锋哨》（中国海洋大学出版社 2008 年版），我们大致可以领略“80 后”诗歌的出场历史。但代际划分和命名意义上的“80 后”诗歌自生成之日起就显得不那么稳定。结合网络记录，比如：百度百科“80 后诗人”词条，可知“从 2002 年起开始被学术界接受”的这个概念还可以根据年代“分为前 80 后（1980—1984），后 80 后（1985—

① 朵渔、张德明、赵金钟、张立群：《代际划分与诗歌经典——关于近年来诗歌代际划分以及相关命名的对话》，《中国诗人》2010 年第 2 卷。

② 关于这方面的文章，可参见胡续冬《作为概念股的“七十年代诗歌”》；臧棣、肖开愚、孙文波编《中国诗歌评论 · 激情与责任》，人民文学出版社 2002 年版，第 340—342 页。

1989)”的说法，“前80后承载了70后人的部分思想，然而具有自己独特的创作理念，是一个新的时期。后80后诗人是对80后诗人思想的承接与再创造。作为诗人群体，他（她）们的作品充满才气，具有极大的艺术潜力和发展空间”。无论这种“再划分”和“概括”是否可以准确描绘出“80后”诗歌的特征，“80后”诗歌都因自我的不断提升而呈现出强劲的势头。时至今日，对于常常阅读文学期刊和涉足网络的读者来说，丁成、春树、唐不遇、阿斐、郑小琼、李成恩、三米深、熊焱等，都已不再是陌生的名字。“80后有一个更为自由的成长背景，经验的积累、学习和自我启蒙的过程都比上一代诗人要短。这一代人的精神自由与生俱来，生逢其时。他们所需要的也许是一种压力吧，以免精神上过分的蓬松。”[①] 诗人朵渔的“印象点击”，似乎已道出了这一代诗人的成长优势以及所要面对的问题。

如果不是因为给“90后”诗人原筱菲诗集作序，特别是看到一份由几家文化与诗歌网站推出的“2009年度90后十大新锐诗人排行榜”[②]，笔者对于“90后”诗人还会有种居高临下、十分遥远的印象。尽管，在“90后”诗人眼中，“‘90后’一词只是一个时间的断代，它本身不具有其他任何含义。因此所谓‘90后诗人’也只不过是一个年龄的界定和群体的划分，同样不具有其他含义”[③]。但随着时间的推移以及之前命名的预设，这一说法的出场以及赋予具体诗人也是必然的过程。在仔细思考之后，我们不难发现：在21世纪第一个十年来临之际，“70后”的诗人已经开始逐步进入“不惑之年”了；“80后”诗人也开始逐步进入“而立之年”；而“90后”诗人才是年龄意义上

① 朵渔、张德明、赵金钟、张立群：《代际划分与诗歌经典——关于近年来诗歌代际划分以及相关命名的对话》，《中国诗人》2010年第2卷。

② 所谓“序言”是指笔者于2008年11月2日完成的、为黑龙江“90后”诗人原筱菲诗集《指尖的森林掌心的海》所做的短序“幸福的时光流过文字”，甘肃文化出版社2011年版；而“2009年度90后十大新锐诗人排行榜”则可参见网络版“文化中国”3月21日报道（记者/李东明）：“目前，由文化中国、沂蒙新闻网、山东在线、华语诗人网、新空气诗歌在线、都来网等权威媒体评选的2009年度‘90后’十大新锐诗人排行榜揭晓，历时六个月的市场调查，经过评委会严格评审，新的榜单于今日公布于众！本榜单不含商业目的！欢迎转载！”

③ 原筱菲、王士强、刘波、张立群：《对话：90后诗人的经验与解读》，《中国诗人》2010年第3卷。

的“八九点钟的太阳”“诗坛的希望”①。当然，任何一代诗人的登场最终只能取决于他的作品，而不是取决于自我宣言与某份榜单及炒作。但即便如此，我们或许还是应当注意刘波博士在“对话”中“据我的观察和判断，这十位诗人中有不少是属于那种家境条件都不错的‘少年诗人’，看得出刻意‘培养’的痕迹”② 的说法。比较前代诗人，“90 后”诗人个人成长环境更为优越，所处时代的文化、信息传播更为迅捷，都有可能使他们起点较高、才气十足，由其现有素质和出场的必然逻辑，再结合诸多作家年少成名的历史，人们有理由相信他们会有更为广阔的未来。

“70 后”“80 后”“90 后”诗歌的历史述析，从学理上加以分析，不难让我们思考这样一些问题。代际划分对于一代人的出场可能具有较强的现实意义，但出场之后怎么办呢？“诗歌上的代际命名是受社会学的启发而来的。社会学家把第二次世界大战以后每 10 年分成一个阶段加以研究，其好处是近距离地逼近当下历史。以 10 年一个代际命名诗歌写作，显然有其笼统性和不准确性。它将牺牲大量有价值的材料和个性，并主观性地粘贴上许多牵强的元素。”③ 赵金钟教授回答代际划分时的说法很能说明一些问题。因为“70 后”“80 后”“90 后”都可以归结为 21 世纪初十年的事情并易于在传播中约定俗成，所以，在经历泥沙俱下之后，其问题也逐渐暴露出来。其一，是过于笼统，个性注意不够，对于已经流行多年的提法，我们又能说出多少属于各自代际的诗人及其艺术特性呢？其二，是上述划分方式遵循的是简单

---

① 比如，在《代际划分与诗歌经典——关于近年来诗歌代际划分以及相关命名的对话》中，诗人朵渔曾尖锐地指出：“事实上，我们这里大部分诗人，在其三十岁之前可能就已经把一生中最好的作品都写完了。我说这话的意思是，最老的 70 后都奔四了，但在主流评论家那里，还是‘诗坛的希望’，是八九点钟的太阳。其实 90 后才是八九点钟的太阳，70 后已人近中午了。这一代诗人里，该呈现的东西都已呈现，你说他还不够成熟或不够分量，那也许只是上一代人的看法，另一种老人思维。我们这里的很多评论家其实是‘思不出第三代’，没有持续跟进的精神和胸怀。”

② 原筱菲、王士强、刘波、张立群：《对话：90 后诗人的经验与解读》，《中国诗人》2010 年第 3 卷。

③ 朵渔、张德明、赵金钟、张立群：《代际划分与诗歌经典——关于近年来诗歌代际划分以及相关命名的对话》，《中国诗人》2010 年第 2 卷。

的时间模式，即使忽视简单的机械环境决定论，其空间的广度和深度也十分有限。其三，“70后”“80后”“90后”说法的随意性，在经历暂时的可行与合理之后，还难免“入史/写史”的焦虑情绪。在主观性与简单逻辑的驱使下，人们似乎很难判定相同两个代际在具体“临界点”上的差异，这最终是使有效性在漫不经心的使用中演变为遮蔽性，并进而在自我重复的逻辑中自我解构。从长远的角度来看，上述划分当然不能成为诗坛命名的依据。

二　命名的继起与超越

在世纪初的诗坛，还有诸如“中间代”“中生代”“中年写作”的命名，鉴于这些命名在时间上晚于“70后”“80后”的提法，所以，可以称之为某种命名的继起，而作为一种结果，却在于一种认同心理，因此，其超越意识也尤为明显。

翻开两本厚厚的《中间代诗全集》，我们不难察觉到编选者为此付出的努力与艰辛。在“序言”中，为此书编撰付出巨大努力的诗人安琪曾不无动情地写道：“这一批生于上个世纪六十年代的诗人，在八十年代末登上诗坛，并且成为九十年代至今中国诗界的中坚力量。他们独具个性的诗歌写作，精彩纷呈的诗写文本，需要一个客观公正的体现，这便是我们编辑《中间代诗全集》的动因。一代人有一代人的出场方式，和诗界其他代际概念的先有运动后有命名不同，中间代的特殊性在于它的集成。”① 在安琪看来，“中间代”是介于“第三代和70后之间，承上启下，兼具两代人的诗写优势和实验意志”的一代诗人。而使用“中间”这个可以做多重理解却又是直观简约的称谓，其彰显的指认即为：“一、积淀在两代人之间；二、是当下中国诗坛最可倚重的中坚力量。它所暗含的第三种意义是：诗歌，作为呈现或披露或征服生活的一种样式，有赖于诗人们从中间团结起来，摒弃狭隘、腐朽、自杀性的围追堵截，实现诗人与诗人之间的天

① 安琪：《中间代!》（《〈中间代诗全集〉序言》），安琪、远村、黄礼孩主编《中间代诗全集》“上卷”，海峡文艺出版社2004年版，第2页。

下大同。”① 客观地说，《中间代诗全集》在“70后”提法获得认可后出场，在一定程度上有“填补”诗歌空白的意义。无论从网罗、收集、发掘，还是“作证”与“野心”的角度，编选者都有权利为此付出自己的劳动。何况，在其“封底”列举的“中国现当代诗歌史进程中的六部重要选本”中，《朦胧诗选》（阎月君等编）、《后朦胧诗全集》（万夏、潇潇主编）、《70后诗集》（康城、黄礼孩等编选）也确为诗人“当事者”所编。但显然，“中间代”的编选年代与上述几本选集有很大不同，而且，“中间代”在命名上的模糊、暧昧与集成性也隐含着自身的离心力。从诗坛内外对于“中间代”的评说特别是倡导者本人一度的“强势出击”，都使其在过度自耗中产生某种反作用力，而诗坛新一轮的“地质构造”正是在这样的背景下生成的。

与“中间代”相比，“中生代”提法的出场明显带有一种调整的策略。作为一次目的性较为明显的努力，《江汉大学学报》2005年第5期曾集中推出“关于‘中生代’诗人”专号，“这个我们命名为‘中生代’的诗人群体，以1960年代出生的诗人为主，他们的写作大多开始于1986诗歌大展前后，1990年代中期引起关注。相对于朦胧诗、第三代诗歌运动的横空出世，这代诗人的理论主张与诗歌文本更内在、驳杂，缺乏鲜明、易于概括的特点，是当代新诗潮‘后革命’期的产物；其精神背景是1980年代末和1990年代初的社会转型，与朦胧诗的文革背景，第三代的改革开放背景迥然有别”②。“中生代”的提出，与重新清理一代“诗人”及其历史发展脉络有关。不过，鉴于历史沉积的“厚度”，以及妄图陷入“表象化”命名的圈套，“中生代”的提法从一开始就存有“本质化”的理论构想，而“具有‘非代性’这种悖论性特征”的“再解读”③，又使其极容易从比照的路径中

---

① 安琪：《中间代：是时候了！——〈诗歌与人：中国大陆中间代诗人诗选〉序》，安琪、远村、黄礼孩主编《中间代诗全集》“下卷”，海峡文艺出版社2004年版，第2306—2307页。

② 《现当代诗学研究——关于“中生代”诗人》之“编者按”，《江汉大学学报》2005年第5期。

③ 《现当代诗学研究——关于“中生代”诗人》之“编者按”，《江汉大学学报》2005年第5期。

开拓自己的道路。

"中生代"概念提出之后，曾得到更为细致、明确同时也是视野更为广阔的阐述。比如，吴思敬教授曾在《当下诗歌的代际划分与"中生代"命名》一文中，将"中生代"群落的范围进行了相应的调整，并进而从诗歌史发展的角度以及联系"海峡两岸"的视野，指出"中生代"命名在"宏观描述""沟通海峡两岸""消解大陆诗坛'运动情结'"三方面的意义①。结合世纪初诗歌的发展现状，"中生代"的提法及其概念的具体生成方式无疑是敏感而睿智的。当代诗歌在"90年代诗歌"与"70后"写作之间，一直缺乏一个可以整体而系统把握的"近邻阶段"。因而，在处于"前代定型""后来挤对"的状态下，确立某一代际命名进行整体概括，进而在已有的历史材料下研讨"人到中年"的写作，就成为必要与可能。但显然，"中生代"之前已有"中间代"的提法，这样，从围绕命名本身而产生的影响来说，两者在某种意义上的不同之处就在于命名的合理性、科学性。

"中生代"的出场，很容易让我们想到"中年写作"，尽管这一命名就出现时间来看，在80年代末就由诗人肖开愚提出。"中年写作"显然是针对诗人年龄以及所谓青春期焦虑而言的。为了能够将诗歌带入成熟的境地，同时也是诗人必然要面对的成熟阶段，"中年写作"既包括写作的责任与经验的呈现，又包括诗人写作时的心态和自我意识。也许，"中年写作"会像欧阳江河所言的"与罗兰·巴尔特所说的写作的秋天状态极其相似"，但结合具体语境来看，"中年写作"自生成之日起就与90年代诗歌写作产生了纠缠不清的状态。这样，它与"中生代"再度发生"契合关系"也就不那么令人感到吃惊：60年代出生的诗人在"中生代"提出的日子里确实已经是"中年"了（这里其实还包含90年代初期与今天对中年阶段的认识区别）。"中年"的"写作"也许不会像"青年"那样速度快、数量多，充满朝气与抒情，但其稳定、深邃特别是总结、清算往日写作的姿态，却足以使其在一定程度上与"中生代"形成互文关系，并在相当一段时间内行之有效。

---

① 吴思敬：《当下诗歌的代际划分与"中生代"命名》，《文学评论》2007年第4期。

“中间代”、“中生代”以及“中年写作”的出现，使世纪初十年诗坛的代际划分及其命名呈现出相对完整的局面。应当说，在“第三代”诗歌之后，“中间代”、“中生代”以及“中年写作”的命名，和“70后”“80后”“90后”的提法，恰恰使二十年来中国诗坛的诗歌呈现出较为清楚的脉络。但值得指出的是，上述两类命名之间存有很大程度上的差异：虽然，两种命名都是从代际划分的角度，并相继呈现出时间的标准与限度，但诸如“中生代”式的命名具有较为明确的历史感以及由此而生的相应的稳定性。作为一次涵盖简单代际划分的命名，“中生代”等命名落实了“第三代”以后的诗歌，其实质是将90年代诗歌进一步经典化，而其波及范围又具有较为明显的向前延伸、向外拓展的趋势。这种在很大程度上呈现为时间与空间结合的命名，为如何使用更为周延的方式概括“70后”“80后”“90后”等新世纪诗人写作提供了较为明确的“范本”。而从历史沉积的角度来看，上述命名的顺延性、稳定性，也确然呈现出诗歌“历史化”的自然轨迹。

三 影响的焦虑与权利的分配

回顾文学的历史，我们可以看到命名其实是将复杂问题简单化的一种策略。任何一次命名的确立，都会产生随之而来的问题。一方面，是认同者为此寻找佐证、“画地为牢”；另一方面，是命名的有效性总会在当时与后来之间，形成某种认同与评价上的差异，这种现象对于晚近的历史往往表现得尤为明显。从“九叶诗派”“朦胧诗”“后朦胧诗”等命名在时间推移中不断遭遇质疑、修正、补充的现象可知，命名往往是一个由复杂因素构成并常常浸润强烈主观性的“认知范畴”。由此再度审视世纪初十年有关中国新诗的命名与代际划分，其频繁的出场、自然的逻辑、漂移的姿态，虽在表面上体现了批评与研究的漫不经心，但究其实质来看，却体现了“历史”的焦虑与批评无力之间的“裂隙”与“断层”。显然，网络诗歌的传播迅捷、波及面广，民刊的风起云涌，各代际诗人“共时性”的登场与时间上的相对“近距离”，甚至世纪初几年新诗批评与研究的骤然升温、几本颇具分量的新诗史的出版，都对各层次命名主体产生了“影响的焦虑”，并进而产生了“历史的焦虑”。

但诸种命名之间的质地和构造显然都是不同的，而且，如果我们可以倾听“他者”对于上述命名的声音，那么，就很容易从传播、接受中获得新的历史认识。对于2005年之后相继出场的命名，在历经几年的浮沉之后，所谓“权利之争”“话语权之争”“有无意义”的说法，完全可以通过网络传媒以及“当事者”本人在不同场合的谈话中得到印证。或是出于对研究的关心，或是出于对意义、价值的反思，或是发起者及其相关群落自身利益的维护，这些现象都在一定立场上存在合理性。然而，就笔者看来，这一同样可以视为“焦虑”的行为方式，或许仅就命名的策略与问题迈出了第一步，而更多的历史纵深空间则需要以历史的眼光加以视之。从历史上每一次“介入历史”的有效方式及过程不难看到：权利的生成与获取必须通过某种行为才能最终得以实践，即使这些行为都难免最终背负“炒作”“野心”等与利益密切相关之名，并可能掀起一次又一次的争鸣。如果我们可以持有这样一种视野看待新诗的历史，那么，自胡适开始的白话诗实践、新诗的概念及其合法性问题，似乎一直困扰着新诗的历史并不时出现、波及新的命题，是以，包括世纪初诗坛代际划分及其命名的问题，就在于其把握历史的方式以及历史赋予其的底部界限。在权利、话语权、利益、意义与价值等作为其整体行为必然构成的客观前提下，“宽容的心态”将无异于一次“历史化过程”，而盲目的“放手一逞”或“自我张目”，必将遭致更为强劲的历史反弹。

实际上，世纪初诗歌代际划分与诸命名自诞生之日起，就充满着自我解构的张力。从妄图把握历史的角度出发，任何一次命名都具有自身的不可重复性，但简单的代际划分及其命名却很容易在“同义反复”或曰“过度重复”中迷失自身本来的意义。只要诗歌写作还在，“70后”“80后”“90后”的说法似乎就可以在遵循自然约定中延续下去，但无论是重复带来的“审美疲劳”，还是这一说法必将在“历史化”的过程中再度面临重复，都会让我们面对它们时感到信心不足。也许，对于未来书写的诗歌史而言，世纪初十年的诗歌只用一个名字就足以涵盖一切；也许，从某种更为严格的标准来说，世纪初十年的诗歌不过是短暂的瞬间，它会因为没有某个“伟大诗人”或是某些“大诗人”而成为一段无人问津的历史。在这样的认知逻辑下，所谓“指责”“权利归属”等系列问题的答案将自然而然地落在历史的肩膀之上，而从细小、局部的问题出发或是直接对某个诗人的阶段创作进行照相式的追踪，也就自然“升格”为处理晚近时期诗歌写作及其艺术走向的“有效方式”之一。

当然，在世纪初诗歌的相关命名中，还隐含着命名者本身持有的“权利问题”。从“中间代”的提出以及“80 后”“90 后”的具体出场方式，我们已然看到诗人自身在上述过程中发挥着重要的作用。诗人的“现身说法”就历史的角度而言自然也无可厚非，毕竟诗人作为诗歌的创作主体可以为自己的写作争取认可的权利，但命名之后其接受、反映效果如何却会受到多种因素的制约。当然，在这里，笔者不赞成那种命名只是理论批评家的事情，而诗人的同类行为往往是“信史不足”的观点。面对世纪初十年代际与命名出场频次的加剧，我们应当反思的或许是“写作如何”这样较为本质化的课题。一般来说，代际划分及其相关命名在短期范围内竞相登场，在实际上反映的是超越写作之外的某种繁荣作用于写作本身，而批评的滞后性同样也可能是超前性又加剧了这种作用力。这种现象在同样归属于不同年龄段的诗人和读者眼里具有不同的印象与态度。即使忽视那些所谓的意气之争、权利游戏，作为整体意义上的诗歌特别是诗人群体，也常常会得出批评无力、批评家无所作为的结论。而在漠视“非我族类”特别是更为年长者之写作的前提下，诗坛权利的争夺不是减弱、分散，而是相应地剧烈、集中，这种命名大于写作的现象，不但会影响、遮蔽某些诗人的实践和探索，还会在人为划分诗坛单元格局的过程中，使其成为一个名利争夺的场所。

四　经典化、历史化的再思

从世纪初十年代际划分和诸多命名的出场，我们可以看到某种“经典化”的倾向。无论是出于诗人还是研究者，命名、划分都明显带有稳定一段时期的诗歌创作，进而不断提升历史价值、艺术价值的主观意愿。以“中生代”为例，站立于世纪初的立场，对于以60年代出生为主、涵盖海峡两岸的诗人进行命名，其实是对一批年逾四十的诗人进行整体概括与描述。就历史来看，“中生代”诗人是“有意”与“第三代诗人”区别开来的一代，没有像“第三代诗人”那样集体登场、形成“流派”、写下“宣言”等，是“中生代”诗人的现实生活境遇。然而，经历90年代十年的沉积，可以在“中生代”群落占有一席之地的诗人必然已积累多年、写出过可以代表自己实力的“奠基之作”。因而，尽管“中生代”诗人仍在构造着属于自己的“行走的地貌”，但以整体概括、具体演绎的方式进入晚近的当代诗歌史却反映了“诗歌史经典”自身的演变逻辑。

事实上，从当代的角度特别是晚近的历史中谈论经典，本身极容易在接受中受到质疑。当代诗歌依然处于“在路上”的姿态、时间上的近距离，往往使其很难获得“河清海晏”式的经典化程度。但显然，“经典”这一常常外化为“观念”层面的产物，也必然经历生成、发展等多个阶段，这种实际情况决定了“经典”（特别是萌生阶段）与理论家的敏锐程度、开放视野和预见性存有天然的关系，而从文学史写作中不断获得稳定陈述，从文学史意义上的“经典”逐步过渡到“文学”意义上的“经典”，也符合包括当代诗歌在内一切文学“经典”的发展过程。值得指出的是，与“诗歌史”“诗歌”意义上“经典”同步的，还包括命名的“经典化”和“被经典化的诗人”等多方面、多层次的内容。由上述逻辑看待“中生代”“中间代”“70后”“80后”“90后”等代际划分、命名及其“入史焦虑”，其大致从命名角度渐次经历的“经典化”过程，还需要作品意义上的“经典”以及经典化的诗人加以有效的支撑。这样，每一个从属于某代际、某命名的诗人的生活历史特别是在何时完成代表其“最高艺术成就”的作品，必将会对整个相关的“经典体系”产生重要的影响，并在接受的角度上呈现出类似的效果。

从上述论证可知：世纪初诗歌的代际划分以及历史命名只有置于“历史化”的视野中才能获得自身的稳定性。当然，这里所言的“历史化”并不仅仅指依靠历史的过滤生成的结论，“历史化”本身是一个动态的过程，并且在形成“文本历史”时从未如理想中那样客观。文学“历史化”的最终目的是建立起某种具有合法性的历史存在与经典体系，作为一种结果，认识到这一规律，反倒使我们不必为当下的代际划分和概念命名担心。实际上，在论述“经典化”“历史化”的过程中，当下正在流行的某些提法已经不攻自破。无论就历史，还是现实而言，是诗歌的“地质构造”产生了新的代际划分与命名，还是代际划分与命名绘制了诗歌的“地质构造”？这些疑问对于世纪初诗坛诸多现象而言，唯有在思索之余才能发现其中的耐人寻味之处。当然，对于上述命名，我们也同样不能排除“历史”的偶然性因素。在诗歌写作和接受处于相对和游移的状态下，某位诗人可以附加在某种潮流之中迅速脱颖而出，进而影响到其代际诗人群落整体位置的攀升，在世纪初诗坛也是不乏其人的。只是这种以“实名制”行为判定某些诗人的方式，已经超越了简单的、先验的代际预设，并最终为代际划分及其相关命名的出场甚至“经典化”“历史化”程度，带来了某种新的认知内容。

总之，在世纪初诗坛代际划分及其相关命名的过程中，我们既看到了历史经典化的“努力”，同时，也看到“历史”不断向前拓展的契机。应当说，无论从诗歌资源分配的重组，还是从传媒技术造成写作与传播日新月异的角度，诗歌写作固有的历史记忆都在遭至个人化及技术使用的挑战中产生了碰撞、纠缠的状态。但与停留在简单的代际划分与命名层面相比，如何深入进去探讨关于诗歌代际与命名的深层次、多义性问题，却是诗歌历史赋予诗人、研究者的任务与使命。所幸的是，历史总会为我们留下巨大的思索空间，并最终将“历史”留给未来。

第十八章 “网络诗歌”的概念、生成与发展

一 “网络诗歌”的概念

“网络诗歌”这一概念是伴随着高速发展的互联网技术而产生的。20 世纪 90 年代以来，由于互联网逐步地普及与发展，诗歌登陆网络也逐渐由星星之火呈现为燎原之势。由于思维和媒介转变等主客观原因的存在以及“只缘身在此山中”的限制，人们对于“网络诗歌”的认知也是聚讼纷纭、人言人殊。首先，部分学者和诗人对“网络诗歌”的命名持质疑的态度。如诗人桑克在 2001 年刊载于《诗探索》上的文章中就曾这样写道：“我一向不赞成网络文学这样的提法，也不赞成网络诗歌的提法，我觉得作为一个概念它还有许多问题需要解决。如果它和诗歌是平行的概念，那是违背常识的、根本不能成立的事情。不能因为到了互联网上，诗歌就成了另外的东西，标准也跟着变了。诗歌的标准还是诗歌的标准，变化的只是诗歌的形态。如果它是从属于诗歌概念的概念，那么它也是不准确的，因为网络本身是什么呢？它赋予了诗歌以什么样的新标志和新特征呢？如果把它命名为‘网络体诗歌’似乎准确了一些，它至少点出了所谓的网络诗歌只是一种形态的变化，或者说形态上的巨大变化。”① 同样的看法在其他诗人那里也得到了回应，如诗人伊沙就认为：“我以为对诗人而言，不该有‘网络诗歌’这个概念，诗歌以任何载体存在都不能降低它的至

① 桑克：《互联网时代的中文诗歌》，《诗探索》2001 年第 1—2 辑。

高标准——在此一点上，不论是作者还是读者的我，绝不妥协。”① 诗人杨炼也认为：“网络是网络，诗歌是诗歌。除非真正把网络纳入诗歌自身的语言，否则网络还只是个发表园地。”② 诗人马策则说：“网络只是诗歌发布、交流的平台，如果说什么‘网络诗歌’，这个概念目前还没准。”③ 结合上述诗人的看法，我们不难看出，网络诗歌之所以不能称为“网络诗歌”的原因归纳起来大致有如下三点：其一是网络仅是诗歌的传播媒介之一；其二是网络上的诗歌形态只是传统纸媒上诗歌的简单复制；其三是诗歌的写作和评价标准没有发生根本的改变，“网络诗歌”的内核与本质与传统诗歌并无区别。从网络诗歌初期的发展状况来看，诗人们的否定和质疑不无道理，但随着网络技术的发展以及参与者的增加，“网络诗歌”已成为世纪之交不可阻挡的景观且形成一种浪潮。网络诗歌客观发展的现状使其成为跨世纪中国诗坛不可忽视的存在，它需要人们以理性的态度去认知并进行相应的解读，即使这种认知与解读会因网络诗歌的不断发展而处于过程式的、变动式的以及被迫应对式的。

国内“网络诗歌”概念的提出最早可以追溯至诗人杨晓民。对此，张晓卉在其博士学位论文中曾作如下描述——

> 网络诗歌这一概念最早出现在诗人杨晓民于1997年12月16日发表于《中华工商时报》的《网络时代的诗歌》一文中，《当代作家》于1998年转载时，将这篇文章改名为《网络环境下的诗歌写作》，之后，《诗刊》、《星星》、《中外期刊文粹》、《中国青年报》、《北京晨报》、《文摘报》、《中华读书报》分别对此文进行了转载或选摘。诗人杨晓民以其敏锐的理论前瞻和对于诗歌

① 马铃薯兄弟编选：《中国网络诗典》，江苏文艺出版社2002年版，第295页之“伊沙观点”。

② 原文出自杨炼2005年于“万松浦论坛”的发言，本文依据张延文《网络诗歌研究》，硕士学位论文，郑州大学，2006年，第14页。

③ 马铃薯兄弟编选：《中国网络诗典》，江苏文艺出版社2002年版，第143页之“马策观点”。

> 的由衷热爱，率先在大陆将网络诗歌这一概念推到了文学评论的前沿。《网络时代的诗歌》一文是大陆最早论述互联网时代诗歌特质和发展走向的论文，是网络诗歌最初的自觉的理论建构，该文的发表在中国文艺界引起了较为强烈的反响。诗评家们称《网络时代的诗歌》一文从“理论上揭开了中国大陆网络诗歌甚至是网络文学的序幕。”
>
> 在这篇充满浓重的思辨色彩和理论激情的论文中，杨晓民解构了90年代的文本诗歌，着意建构信息时代“网络诗歌”崛起的新世纪图景，在一片废墟瓦砾中重构新诗的华美大厦。两者之间是否构成真正意义上的“对接和转换”还有待深入思考，暂且悬置一边。诗人对“网络诗歌”最初的理论思考却如空谷幽兰，是极其可贵的理论表述。杨晓民指出“网络世界的普及，特别是网络的开放性、游戏性、参与性、交互性，又为诗歌彻底打通走向大众之路开辟了一个新的视野——为现行诗歌的转换提供了可能，为大众阅读、写作、批评诗歌开辟了无限的前景。”[①]

之后，美国加州大学杜国清教授在1997年7月福建武夷山举行的“国际现代汉诗研讨会”上，提交的《网路诗学：21世纪汉诗展望》[②] 也是较早涉及中文网络诗歌的学术论文。在文中，杜国清非常有远见地提出：“由于开始席卷全球的国际网路（Internet）势将改变人类未来的生活方式和思考方式，因而可能产生出一种新的国际网路诗学（Internet Poetics）。”[③] 接着，他从创作、构思、想象、意象、象征等方面探讨了网路诗学一些特殊性格和诗的效用。虽然杜国清对互联网中文诗歌形态的探讨处于笼统和粗疏的阶段，许多方面还显得陌生，更多方面还有待深入了解和思考，但他这次探讨的起点要远远高于内地许多还处于社会学层面的关于“网络文学”的讨论，可以说这是一种新

---

① 张晓卉：《网络诗歌论纲》，博士学位论文，苏州大学，2007年，第1页。

② 该文收入此次会议论文集《现代汉诗：反思与求索》，作家出版社1998年版。而作为单篇论文，又发表于《东南学术》1998年第3期。

③ 杜国清：《网路诗学：20世纪汉诗展望》，《东南学术》1998年第3期。

的课题和研究方向的开始。[①]

鉴于杨晓民、杜国清较早阐释了“网络诗歌”或曰“网络诗”的诸多方面并引起了学界的关注，一些研究者开始介入这一领域的研究。2002年5月，于明秀在其硕士学位论文中对于“什么是网络诗歌”给出了一个角度，即以“一个策略性的概念”将其界定为“在网络中传播的诗歌”。[②] 同年，胡慧冀在其文章中“套用时贤说法”认为：“‘网络诗歌’是运用网络这个新的媒介和载体，来创作、传播、存储和阅读的新的诗歌样式，它不仅指运用网络的多媒体技术和超文本链接手段创作的诗歌，而且也包括文本诗歌的网络化形态，也就是在网上传播的文本诗歌。”[③] 2003年3月，王晓瑜在《网络诗歌：边缘处的呼喊》一文中强调：“何为网络诗歌呢？最方便和最直观的理解应为使用因特网创作、传播和阅读的诗歌。”[④] 2004年2月，《河南社会科学》于本年度第1期推出了“专题之网络诗歌研究”，依次刊发了吴思敬的《新媒体与当代诗歌创作》、王珂的《网络诗将导致现代汉诗的全方位改变——内地网络诗的散点透视》、谢向红的《网络诗歌的优势与面临的挑战》、张立群的《网络诗歌的大众文化特征分析》四篇文章。这组文章由于集中探讨了网络诗歌的概念、发生、发展、现状以及特征等方面，涉及面广、论述程度深入，在后来探讨网络诗歌的研究中曾被多次提及和援引。在《新媒体与当代诗歌创作》中，吴思敬认为：“广义的网络诗歌是从传播媒体角度来说的，一切通过网络传播的诗作都叫网络诗歌，它既包括文本诗歌的网络化，即把已写好的诗作张贴在电子布告栏上，也包括直接临屏进行的诗歌写作。狭义的网络诗歌则着眼于制作方式，指的是利用电脑的多媒体技术所创作的数字式文本。这种文本使用了网络语言，可以整合文字、图像、

① 桑克：《互联网时代的中文诗歌》，《诗探索》2001年第1—2辑。

② 于明秀：《缪斯和比特的相遇——网络、网络文学与网络诗歌》，硕士学位论文，首都师范大学，2002年，第37页。

③ 胡慧冀：《向虚拟空间绽放的“诗之花”——“网络诗歌”理论研究现状的考察和刍议》，《诗探索》2002年第1辑。

④ 王晓瑜：《网络诗歌：边缘处的呼喊》，《重庆三峡学院学报》2003年第2期。

声音，兼具声、光、色之美，也被称为超文本诗歌。”[①] 在同期发表的文章中，张立群则结合网络诗歌当时的现状指出：“网络诗歌的概念目前大致可以归纳为：在网络上创作并通过网络发表的、可以获得广泛迅速阅读与交流的网络原创性诗歌作品。”[②] 是年 3 月，霍俊明在其文章中写道：“网络诗歌，从诗歌的本体学意义上讲，它只是诗歌的形态之一，和传统的纸质诗歌相比只是传输形态的不同，其审美价值和评判标准是一致的。”[③] 5 月，王本朝在《江汉论坛》上也发表了相关文章，认为：“网络诗歌，准确地说就是以网络为载体写作、发表和传播的诗歌。网络既是诗歌的载体形式，也是诗人的生存方式，诗歌的传播方式和读者的阅读方式。”[④] 2006 年 5 月，李广玲在其硕士学位论文中以分类的方式对网络诗歌进行了描述——

> 我们可以认定，那些离开了网络便无法存在的网上原创诗歌，是最典型的网络诗歌形态；而诗歌写手们在线写作或线下完成后放到网上、并以网络作为第一传播媒介的诗歌作品，亦可称作网络诗歌；还有一种，即如果充分利用网络特有的技术和特性作为手段，对既有的诗歌作品进行再创作，比如：界面多体化，或者配上了与之相适应的各种形式的音乐或朗诵使之诉诸听觉；或者加上大量超文本链接等等，也可称作网络诗歌。因此说，网络诗歌可包括网络再创作诗歌和网络原创诗歌两类。[⑤]

同样的观点在樊蓉笔下也得到印证：“网络诗歌是以网络为平台，进行存储、创作和传播的一种诗歌样式。它有广义和狭义之分。广义的网络诗歌，包括在网上在线创作及非在线创作但存储在网上可供交流

---

① 吴思敬：《新媒体与当代诗歌创作》，《河南社会科学》2004 年第 1 期。

② 张立群：《网络诗歌的大众文化特征分析》，《河南社会科学》2004 年第 1 期。

③ 霍俊明：《塑料骑士 · 网络图腾 · 狂欢年代——论新媒质时代的网络诗歌写作》，《河南社会科学》2004 年第 2 期。

④ 王本朝：《网络诗歌的文学史意义》，《江汉论坛》2004 年第 5 期。

⑤ 李广玲：《网络诗歌论》，硕士学位论文，山东大学，2006 年，第 7 页。

与传播的一切诗作；狭义的网络诗歌则特指运用技术手段，即超链接技术制作的超文本诗歌和多媒体技术制作的多媒体诗歌。"[①] 结合以上论述，我们可以发现，关注网络诗歌的研究者主要是从三个方面来定义"网络诗歌"的：第一，是从传播媒介的角度出发，认为所有在网络上传播的诗歌都可称为"网络诗歌"（广义的网络诗歌）；第二，是从诗歌创作的角度出发，强调诗歌在网络上首次发表的原创性特质（狭义的网络诗歌）；第三，是从诗歌形态的角度出发，指运用多媒体技术而形成的超文本诗歌，可以融合视听并产生迥异于传统诗歌的阅读感受。由于网络诗歌处于持续发展状态，真正的原创网络诗歌还需要思维和技术层面的转变，所以，在界定"网络诗歌"时，研究者难免以层次和范围叠加的方式概括这一新生的诗歌样式，不过，这似乎说明"网络诗歌"还处于新生状态，还有很长的路要走。

随着2013年6月欧阳友权所著的《网络文学词典》的问世，网络诗歌被定义为——

> 广义的网络诗歌指涵盖所有以诗歌形式出现并借助网络媒体进行传播的文字，也就是说，只要在网络上存在的诗歌都可归入此范畴。狭义的网络诗歌仅为直接在网络上创作并主要或者率先以网络为渠道传播的诗歌，即由网民在电脑上创作，通过网络发表，并由其他网民进行阅读、参与评论的诗歌作品。[②]

"网络诗歌"的概念大致告一段落。对"网络诗歌"的认知虽未超出已有的认知水平，但其却真实了反映了中国当代网络诗歌的现状及发展水平。"网络诗歌"需要技术上的支持，也需要思维的转变，更需要理论的建构，这对于从传统诗歌写作一路走来的诗人们和研究者们来说，确实需要时间。真正意义上的网络诗歌同样需要在阅读、传播中获得生命力，从这个意义上说，网络诗歌的读者数量及其参与意识

① 樊蓉：《网络诗歌之我见》，《安康学院学报》2007年第2期。

② 欧阳友权主编：《网络文学词典》第2版，世界图书出版公司2014年版，第43—44页。

和程度，也会对网络诗歌的发展具有不可忽视的作用和意义。

二 网络诗歌的生成与存在形态

互联网及汉字处理软件的产生催生了华文网络文学，而作为华文网络文学的一个分支，华文网络诗歌首先兴起于美国。对于华文网络诗歌的发端，暨南大学蒙星宇在其博士学位论文《北美华文网络文学二十年研究（1988—2008）》中曾作如下介绍——

> 1991 年 12 月之前“中文诗歌网络”创建，这是全球第一个华文网络纯文学交流群。它由纽约大学布法罗分校（State University of New York at Buffalo）的王笑飞创建，这个纯文学交流群的成员来自美国、加拿大、英国、丹麦、澳大利亚、法国等国家，大家以电子邮件的形式随时随地交流诗歌和其他文学作品。“中文诗歌网络”的具体创建日期已难以考证，最早的记录为 1991 年 12 月 20 日《华夏文摘》第 38 期的介绍：“中文诗歌网络”是为诗歌爱好者分享和讨论诗歌而建立的。目前有二百多人参加。①

通过网络交流与分享诗歌，不久后第一篇华文网络原创诗歌产生，“1992 年 5 月 1 日，奥利根州立大学（University of Oregon State）的博士生图雅在《华夏文摘》第 57 期上发表的诗歌《祝愿——致友人》，是目前出现的第一篇华文网络原创诗歌。‘当你升起船帆，波涛涌起，风把你的头发搅乱……你揭开缆索，命运就在手里，未来却依旧遥远……’”② 1995 年 3 月，《橄榄树》创建，“这是北美第一个华文网络原创诗刊。诗阳、鲁鸣、亦布、秋之客、马兰、祥子、建云、梦冉、京不特、桑克等网络诗人，以该电子诗刊为核心形成了第

---

① 蒙星宇：《北美华文网络文学二十年研究（1988—2008）》，博士学位论文，暨南大学，2010 年，第 16 页。

② 蒙星宇：《北美华文网络文学二十年研究（1988—2008）》，博士学位论文，暨南大学，2010 年，第 15 页。

一个北美华人网络诗人群”[1]。对于《橄榄树》的界定，桑克认为“‘橄榄树’是个综合性的文学网站，虽然它不是单纯的诗歌网站，和我们限制的研究范围有一定的区别，但我还是有充分理由认为它是中文诗歌网站的先行者”[2]。

目光转向中国，从1987年钱天白教授向世界发出中国第一封电子邮件“越过长城，通向世界”，到1994年我国以“中国国家顶级域名”即“. cn”为域名加入国际互联网，中国的互联网技术迅猛发展，网络诗歌的网站首先出现在台湾和香港。当然，如果具体到网络诗歌的写作，欧阳友权在《网络文学词典》“网络诗歌”词条中曾有这样的记录：“狭义的中文网络诗歌诞生于1993年3月，网友诗阳首次使用电脑大量创作诗歌并在互联网发表，诗阳成为历史上第一位中国网络诗人。”[3] 诗阳是“第一位中国网络诗人”的论断曾在众多研究网络诗歌的文章中出现，只是作为一个特定范围、特定时间内的判定，还可作进一步的考证。

对于中国当代网络诗歌发展的历史，诗人桑克在《互联网时代的中文诗歌》文章中曾作如下推测——

> 我想最早的萌芽也许是诞生在某个大学教育网或者商业网络公司的一个简单的BBS诗歌讨论区。大陆各大学早期的BBS诗歌讨论区中，1995年或者是1996年创办的清华大学“水木清华”诗歌讨论区，当时在国内具有很高的名望，其他大学的“华南木棉”、“饮水思源”、“白山黑水”、“日月光华”、“逸仙时空”、“白云黄鹤”、“一塌糊涂”等，在大学生中也拥有很强的号召力，而像“新浪·读书沙龙、艺术长廊”、“网易·诗人的灵感、开卷有益”、“榕树下”、“清韵书院”等商业网站以及各省市邮电系统的信息港诗歌讨论区，也都有很多的拥趸，具有比较大的影响，

---

① 蒙星宇：《北美华文网络文学二十年研究（1988—2008）》，博士学位论文，暨南大学，2010年，第19页。

② 桑克：《互联网时代的中文诗歌》，《诗探索》2001年第1—2辑。

③ 欧阳友权主编：《网络文学词典》第2版，世界图书出版公司2014年版，第44页。

> 但是从严格意义上讲它们都还不是单纯的诗歌网站。……根据浏览的经验以及中文互联网初期的发展状况，最早的中国诗歌网站也很有可能是在台湾产生的。①

之后，桑克又在文章中列举了台湾诗人杨平主持的“双子星”网站，并指出其开通时间大致为1997年6月。此外，桑克还按照出现时间的顺序，列举了香港诗人杜家祁在1997年底或1998年初创办的诗歌网页“新诗通讯站”（http：//www. ilc. cuhk. edu. hk/chinese/poetry. html）。它共设有“前档案”、“留言版”和“发表区”等栏目，定期刊登的网主笔记提供了大陆诗歌之外的一种新观点。②

大陆的诗歌网站虽起步较晚，但就其发展规模来看，却对网络诗歌的传播起到了巨大的推动作用。通过梳理其历史、关注有影响的网站，可以了解大陆网络诗歌的发展史。

（1）“界限”（http：//www. limitpoem. com）

中国大陆第一家网上诗刊“界限”于1999年11月24日正式推出。桑克在文章中提到“他（李元胜）在1999年11月创办了诗歌网站‘界限’（http：//www. limitpoem. com），它是从久负盛名的重庆文学网站衍生出来的，它最初用的是虚拟域名，比起很多一开始只做免费论坛或者免费个人主页的站点来说，它的技术起点是比较高的，而且内容要丰富很多。其中由内地各省十几个诗人任编委的《界限诗刊》是传统媒质诗刊在网上的延续。《界限诗刊》还出了英文版这为中文诗歌的对外交流提供了新的思路。……‘界限’的开通对中文互联网诗歌的发展起了很大的推动作用，尤其他主办的‘汇银诗歌奖’和‘柔刚诗歌奖’使一向缺少扶助的诗人得到了鼓舞”③。李元胜自己在《界限：中国网络诗歌运动十年精选》序言中写道：“‘界限’网站的问世极大地刺激了关注诗歌的人们的热情。之后的2000年，是诗歌

---

① 桑克：《互联网时代的中文诗歌》，《诗探索》2001年第1—2辑。

② 桑克：《互联网时代的中文诗歌》，《诗探索》2001年第1—2辑。

③ 桑克：《互联网时代的中文诗歌》，《诗探索》2001年第1—2辑。

网站和论坛疯狂诞生的一年。'诗生活'、'灵石岛'、'或者'、'诗江湖'、'扬子鳄'等优秀诗歌网站或论坛都在 2000 年相继横空出世。中国网络诗歌运动正式拉开了序幕。"①

（2）"灵石岛"（http：//www. lingshidao. cn）

"灵石岛"创建于 1999 年 11 月 27 日，最初是个人诗歌主页。2000 年 3 月创建汉诗库，后分为新诗库和古诗库，5 月创建译诗库和外文诗库，7 月开始使用 lingshidao. cn 的国际域名，并创建诗歌理论库。2001 年 11 月吸收诗人"救护车"，后者成为灵石岛的救护分站。截至 2005 年 4 月，共收录新诗 3998 首，古诗 110205 首，译诗 3708 首，外文诗 21254 首，古今中外诗论 301 篇，专栏诗人 79 位。② 张晓卉在《网络诗歌论纲》中谈到"《灵石岛》是网上最负盛名的诗歌仓库之一，它出版有网刊《灵石岛周刊》等，每周以电子邮件的方式发送各类诗歌精品。它的创办者灵石（李永毅），灵石岛资料库全部工作由他一人负责，旨在通过扫描、输入和搜集网上资料建立一个资源相对集中的诗歌库"③。

（3）"诗生活网"（https：//www. poemlife. com）

"诗生活网"由莱耳、小西、白玉苦瓜、桑克于 2000 年 2 月 28 日创建。创建者之一的诗人桑克在文章中曾这样回忆："2000 年 2 月 28 日，我（内容总监）和莱耳（行政总监）、白玉苦瓜（总版主）、小西等创办的'诗生活'网站开通了。'诗生活'是中文互联网第一个拥有独立国际域名和独立服务器的非商业性的诗歌网站。④ "诗生活网"是中国互联网诗歌网站的先行者，第一个拥有自己独立的域名和空间，第一家拥有专业的服务器，设计了第一个基于 WEB 页面专业的新诗论坛、翻译论坛和儿童诗论坛，第一家向诗人开放的专业的自助式专栏，建立了第一家网络诗歌通讯社、第一家网络诗歌书店等。目前

① 李元胜：《界限——中国网络诗歌运动十年精选》"序"，《青年作家》2010 年第 3 期。该文也收入西叶、苏若兮编《界限：中国网络诗歌运动十年精选》，重庆大学出版社 2010 年版。

② 引自灵石岛中"关于本站"：http：//www. lingshidao. cn/guanyu. htm。

③ 张晓卉：《网络诗歌论纲》，博士学位论文，苏州大学，2007 年，第 12 页。

④ 桑克：《互联网时代的中文诗歌》，《诗探索》2001 年第 1—2 辑。

"诗生活网"包括"诗通社""诗人专栏""评论专栏""翻译专栏""诗观点文库""诗歌专题""社区"等版块，拥有汉语诗歌网站中最专业、最严格、数量最多的诗人、评论家及翻译专栏。目前有二十多位来自世界各地的汉语诗人及诗歌爱好者在为网站志愿服务。[①]"诗生活网"的版块设置决定了它的品位与特色，如胡慧冀就曾在文章中对其进行过如下的评价："诗生活"网"麾下聚集了一大批以北京大学诗人为核心的诗人群体和许多诗歌爱好者，写作上偏向于学院气息，追求艺术上的独立、平等、互动和包容。浏览'诗生活'网页，会发现它的主页设计格调高雅，清新自然，不同一般"[②]。

（4）"诗江湖"（http：//www. wenxue2000. com）

能称得上"大牌"的还有创办于2000年的"诗江湖"网站，他们打出的口号是"中国先锋诗歌论坛""诗歌民间刊物发布中心"。和"诗生活"孤高自赏的"书卷气"相比，"诗江湖"更带有野性难驯、虎虎生风的"江湖气"，广聚天下英雄、民间草莽，挑战权威、反叛传统，追求艺术上的独树一帜，先锋前卫姿态令人侧目，风格上更加倾向于口语化的创造。[③]

（5）"扬子鳄诗歌论坛"（http：//yze. clubhi. com）

刘春2006年10月在广西师范大学访谈时谈到：首先应该说明，"扬子鳄"最初不是我创办的，而是麦子等诗人在1988年创办的。当时还是铅印的诗报。我是从1995年开始介入，和麦子携手共同出资编了四期后，于1997年因经济窘迫而停刊。2000年6月，我重新创办扬子鳄网络诗歌论坛，独自承担所有工作。随后又创办了《扬子鳄》诗刊，至今已出版6期。因为"扬子鳄"不是我首创的，所以最初的命名缘由我不得而知。照我个人的理解，麦子等人把诗报作如此命名，

---

① 引自"诗生活"网站"关于诗生活"，https：//www. poemlife. com/index. php？mod = about&str = aboutus。

② 胡慧冀：《向虚拟空间绽放的"诗之花"——"网络诗歌"理论研究现状的考察和刍议》，《诗探索》2002年第1—2辑。

③ 胡慧冀：《向虚拟空间绽放的"诗之花"——"网络诗歌"理论研究现状的考察和刍议》，《诗探索》2002年第1—2辑。

应该和当时的文学环境有一定的联系。众所周知，20 世纪 80 年代的诗歌界是十分崇尚探索性的，而在人们印象中，新鲜的东西肯定具有某些“凶猛、怪异的特性”，所以，诗报命名为“扬子鳄”也就顺理成章了。而在距 1988 年 12 年之后的 2000 年，诗歌的状况有了一些变化。我认为诗歌形式上的探索虽然重要，而对支撑诗人灵魂的事物的依赖更是日益凸显，诗歌问题不能仅仅停留在“诗歌”本身，而应该扩展到更宽广的领域。诗歌可以写成传统模样，也可以不像“诗歌”，在“旧”中发现“新”同样是一种难得的能力。因此，我在上海乐趣园申请创办扬子鳄诗歌论坛（http：//yze. clubhi. com）时，在“论坛说明”一栏中写下了这样一句话：“以当代诗歌创作与研究为主，涵纳其他文体。力求具有扬子鳄般的敏锐与活力。”——请注意：我强调的不是扬子鳄的“凶猛和怪异”，而是“敏锐与活力”。①

（6）“诗歌报”（http：//www. shigebao. com）

“诗歌报”网站由网络诗人小鱼儿于 2001 年 5 月创立，前身为“中华诗歌报”，后更名为诗歌报。诗歌报网站是一个集网站、论坛、网刊、纸刊为一体的大型华语原创诗歌网站，至 2007 年约有 7000 多名注册会员，并有海量的来自全球的未注册浏览者，每日论坛帖子约 1700 篇左右，网站还举办众多网下活动（朗诵会、聚会、诗会），编辑《诗歌报》丛书等出版物，2002 年度举办了第一届“华语网络诗歌大展”，诗歌报网站还与一些高校、单位多次合办、协办了有一定影响的诗歌活动，主持评选每年的“华语网络诗歌发展 10 大功臣”和主持了“华语网络诗歌论坛风云榜”，网站还创立了“诗歌报年度诗人奖”等奖项与活动。诗歌报的基本宗旨是：向外界推荐好诗歌，让诗歌走向读者！

（7）“女子诗报”（http：//www. sunpoem. com/nzsb/）

结合资料可知：“女子诗报”就其历史可上溯至 20 世纪 80 年代。《女子诗报》1988 年 12 月创刊于四川西昌，主要发起人为晓音、钟

---

① 引自扬子鳄诗歌论坛——刘春访谈，http：//blog. sina. com. cn/s/blog_ 5252e93401009s7o. html。

音、谈诗、小林、枫子、阿曼等。它是中国当代诗歌史上第一个女性诗歌群体。刊物出版形式为铅印对开大报。“女人写、女人编”是《女子诗报》一贯的宗旨。“反女性意识写作，建立一个崭新的女性诗歌审美体系”是《女子诗报》试图抵达的终极目标。2002年6月、2002年12月、2003年11月《女子诗报》分别在互联网“千秋文学”“核心诗歌”“乐趣园”网站建立了以中国首家女性诗歌刊物《女子诗报》《女子诗报年鉴》为依托的女性诗歌主题论坛——“女子诗报论坛”。论坛会集了唐果、白地、七月的海、寒馨、西叶、施雨（美国）、施玮（美国）、虹影（英国）、王小妮、周赞、君儿、白兰、李轻松、李明月、荆溪、冰雪莲子、李见心、梦乔、上善若水、沈利、安琪、丁燕、尘埃、丹妮、赵丽华、碧青、诗琦、夏雨、兰逸尘等女诗人。该论坛以其“民间性、先锋性、包容性”为中国当代女性诗歌的创作提供了一个完整而全面的聚集地，同时也为诗歌评论界提供了最直接、最具权威性的女性诗歌文本。网站设有“论坛”“诗人专栏”“网刊阅读”“诗报相册”“诗人档案”“诗报资料库”“诗报邮箱”等栏目。

从“双子星”“新诗通讯站”“界限”“灵石岛”“诗生活”“诗江湖”“扬子鳄”“诗歌报”“女子诗报”开始，2000年前后成为中国诗歌网站迅猛发展的阶段。在2002年出版的《中国网络诗典》收录的“中国诗歌网站、诗歌论坛名录”中，各地涌现的中文诗歌网站已有63家[①]。至2004年，各地出现的中文诗歌网站已有100家[②]。随着诗歌网站如雨后春笋般生长，网络诗歌也具有相应的品牌效应，如由国内著名的社区门户网站乐趣园、《诗选刊》等机构主办的“1979—2005中国十大杰出诗人暨乐趣园首届十大网络诗人评选”活动评出十大诗歌网站论坛名单中，就分别有《他们》《诗生活》《或者》《不解》《扬子鳄》《流放地》《北京评论》《女子诗报》《诗歌报》《诗江

---

① “中国诗歌网站、诗歌论坛名录”，马铃薯兄弟编选《中国网络诗典》，江苏文艺出版社2002年版，第405—409页。

② 王本朝：《网络诗歌的文学史意义》，《江汉论坛》2004年第5期。

湖》上榜[1]。而在一些研究者那里，网络诗歌的蓬勃发展更被描述为另一番图景——

> 2001年是网络诗歌全面崛起的一年，它的标志是一批诗歌网站的创建和网络诗人的出现，以及网络诗歌美学的提出和自觉追求。也正是在这一年，围绕网络诗歌怎么写和写什么的问题，在"橡皮"、"唐"、"个"和"诗江湖"四个网站上展开了四次大争论，沈浩波与韩东，伊沙与沈浩波，徐江、萧沉与韩东、杨黎，韩东、杨黎与于坚等分别就网络诗歌的形式和意义展开了论战，从外部到内部，从关联到分裂，从此出现了一个网络诗歌的"江湖"世界，出现了各种派别与旗号，诸如民间派、"70后"、"第三代"、"下半身写作"、"物质派"，不一而足。甚而可以说，有多少诗歌网站就有多少网络诗歌派别[2]。

随着诗歌网站此起彼伏，各个"派别""主义"竞相登场，进入网络化时代的诗歌不可避免地出现关于网络诗歌创作理念、发展方向等方面的论争。其中有些属于派别的内部纷争，有些则属于外部的甚至是网站与网站之间的论争。不过，无论是哪种论争，都体现出新世纪"网络诗歌"的热闹非凡与蓬勃的生命力。

2000年初，对于"下半身"诗歌派别的形成，一部分人认为"下半身"的横空出世打破了沉寂许久的诗坛，是极具先锋性质的写作。如伊沙说："我在沈浩波们身上所看到的是：有那么几个年轻人不甘于在'70后'的商业符号下写作，不甘于与'70后'的芸芸众生走共同富裕的道路，不甘于你好我好他也好的成为'朋友们'，不甘于在'第三代'后的美学温室中成为无法辨认的花朵，他们拉出来然后跳出来，组建和创办具有鲜明追求和先锋倾向的《下半身》——对此，我不敢说我支持，就算我是他们的前辈和兄长也不敢说出这样的

---

① 张晓卉：《网络诗歌论纲》，博士学位论文，苏州大学，2007年，第14页。

② 王本朝：《网络诗歌的文学史意义》，《江汉论坛》2004年第5期。

鸟话，而‘老诗人’的反对则永远是屎——对此，我只能说我在寻求加入。”[①] 还有一部分人对“下半身”理论及这种“举旗占山”行为给予批评乃至叫骂。如诗人灵石的文章《我不能再沉默了》中写道：“名欲熏心可以使人昏聩到何种程度！口口声声说对文学史不感兴趣，却处心积虑地制造文学事件，典型的文化投机主义者。”[②] 诗人马策说：“‘下半身’的出场，徒有身体的快感，但不具备写作的社会学意义，理念和语言的建设它都无力承担。它只不过是中国诗歌领域内的恶俗的色情小段子，是展览者和察看者躯体与躯体的一次相互奔诱，一场拙劣的文化施暴，一出意外的江湖闹剧。”[③]

2001 年 1 月的韩东、沈浩波之争，起因是 2000 年 8 月在南岳衡山召开“90 年代汉语诗歌研究论坛”。沈浩波在其专题论坛“九十年代诗学建设和汉语诗歌的文本研究”的发言中谈道：“我今天的发言更多的也是批判性的。但我今天不再批判知识分子写作。我要说的是我以前经常夸奖、提及的那些诗人，包括于坚、韩东，包括后来称之为泛口语写作的徐江、侯马、阿坚、贾薇。他们是不是也应该对这个时代负一点责任?”[④] 在发言中沈浩波围绕“先锋”对诗坛上数十位诗人都展开了批评。韩东随即在 2000 年第 12 期《作家》上予以反击“最近我听说一位新的诗坛权威发明了如下公式：文学 = 先锋，先锋 = 反抒情。并且声称自己要‘先锋到死’且不说先锋到死有多么的煽情以上公式也太白痴了一些。而且误人[⑤]。”对于韩东的反击，沈浩波在 2001 年第 3 期《作家》发表文章《不仅仅说给韩东听》中回应：“韩东的这次言论是对我在衡山诗会上发言的反应，我在衡山大谈先锋，这令很多诗人受不了，在网上，对我的攻击更是铺天盖地。……我恐

---

① 伊沙：《我所理解的下半身和我》，《下半身》2000 年 7 月创刊号。

② 灵石：《我不能再沉默了》，《下半身》2000 年 7 月创刊号。

③ 马策：《诗歌之死——主要是对狂奔在“牛逼”路上的“下半身”诗歌团体的必要提醒》，《诗生活月刊》2001 年第 1 期。https：//www. poemlife. com/data/magazine/2001 – 01/pl01. htm。

④ 引自“2000 中国诗坛衡山论剑”资料——沈浩波论坛发言。http：//blog. sina. com. cn/s/blog_ 49948c0801000427. html。

⑤ 韩东：《竖和他的广州赛马场》，《作家》2000 年第 12 期。

怕也没有说你韩东的诗歌因为不再先锋了，所以就不是诗不是文学，更没有说先锋就仅仅是反抒情。但是毫无疑问，由于缺乏了先锋性，我认为你韩东在90年代的写作大部分是失效的，而缺乏先锋性的基本表现就是才子式的小吟咏……"[①] 此次论争波及范围较广，前后卷入其中的诗人、作家、评论家据伊沙统计有40余位[②]。"此次论争最终以丁龙根连续发出针对女诗人尹丽川和其他人的言辞极为下流的帖子，而被南人（"诗江湖"版主）公布了IP，遭到韩东方面以撤出并宣告今后不再登陆《诗江湖》为抗议而告结束。"[③] 此外，发生于2001年较为引人关注的网络诗歌论争还包括伊沙与沈浩波之争；徐江、萧沉与韩东、杨黎之间的论争；韩东与于坚之争。

2002年的网络诗歌论争，主要包括围绕朱子庆的《炮轰：与诗歌的庸俗和平庸斗争》、远洋的《一股浊流——从"反文化"到"下半身"》、汉上刘歌的《三足鼎立的当代中国诗坛》三篇理论文章进行的论争。2003年5月，发生于"垃圾派"内部的争论，最终又转化为"垃圾派"与"下半身"的第一次正面冲突。2004年9月，"极光"论坛上发生了围绕口语写作、身体写作等问题进行的大范围争论。2005年6月，林童、谯达摩又曾产生关于"第三条道路"的论争。2005年12月，张嘉谚和龙俊之间产生了关于"低诗歌"命名的争论。2006年8月26日，刘诚在乐趣园创建"第三极"诗歌论坛，正式提出有争议的概念"神性写作"。2006年9月13日，网上又出现了赵丽华的"梨花体"事件，等等。从上述网络诗歌发展史可以看到：关于"网络诗歌"的论争从未停歇，"网络诗歌"就是这样一边伴随着争吵、一边跟随着技术的浪潮继续向前发展。

---

① 沈浩波：《不仅仅说给韩东听》，《作家》2001年第3期

② 伊沙：《中国诗人的现场原声——2001网上论争回视》，伊沙所列的卷入论争的包括与《他们》（含前后两个时期）、非非诗人（含前后两代）以及所谓的"北师大帮"和一些"中立者"。马铃薯兄弟编选：《中国网络诗典》，江苏文艺出版社2002年版，第350页。

③ 伊沙：《中国诗人的现场原声——2001网上论争回视》，马铃薯兄弟编选《中国网络诗典》，江苏文艺出版社2002年版，第350页。

三 “网络诗歌”的发展与新形式的出现

自2005年以来，随着网络技术的不断革新与发展，互联网进入Web2.0时代。“基于社交的Web2.0以广大的互联网用户为主体，是目前互联网界最广泛的互动应用模式，它允许广大用户不受限制地创造和传播信息，使用户既是网站内容的浏览者，同时也是网站内容的制造者，这一现象打破了过去Web1.0时代只能接受信息的单一模式。由被动地接受互联网信息向主动创造互联网信息的转变，标志着互联网时代的一次重大变革，从此Web2.0取代Web1.0，成为互联网世界的主流模式。”[①] 喻国明先生在总结其特征时指出“作为一个新的传播技术，Web2.0以个性化、去中心化和信息自主权为其三个主要特征，给了人们一种极大的自主性[②]。”网络技术的不断更新，标志着互联网发展已进入一个新阶段——“自媒体时代”[③]。相较于第一阶段以诗歌网站为中心的局面，这一时期的网络诗歌开始呈现出去中心化发展的趋势，每个人都可以借助博客、微博、微信等平台成为诗歌的创作者与传播者，网络诗歌由此出现了新的写作和发表园地。这可以视为前一阶段“网站诗歌”“论坛诗歌”的进一步发展与扩张。

(1) 博客

据博客中国网站介绍：“2002年8月19日，博客中国开通，blog首次在中国被翻译为‘博客’。”[④]“方兴东先生在博客中国网站开通之日写了一篇名为‘博客中国的由来：感谢微软’来纪念博客中国的成立。方兴东先生希望能够将自己多年来积累的IT知识和经验，毫无保留地体现在网页上。并把自己平时看到的，认为最有价值的东西，随时提炼书写，能够与更多的人一起分享。也能够为朋友们提供一块

---

① 肖亚翠、曹三省、张斌：《移动互联：从Web1.0到Web3.0》，第21届中国数字广播电视与网络发展年会暨第12届全国互联网与音视频广播发展研讨会论文集，2013年，第308页。

② 喻国明：《关注Web2.0：新传播时代的实践图景》，《新闻与写作》2007年第1期。

③ 根据维基百科的定义，“自媒体”是指在Web2.0的环境下，由于博客、微博、共享协作平台、社交网络的兴起，使每个人都具有媒体、传媒的功能，当前被广泛运用的博客、微博、微信等是其主要表现形式。

④ 引自博客中国“发展历程”：http：//tuijian. blogchina. com/footr/fzlc。

‘没有任何商业利益，没有任何先入之见’，展示独立思想的园地。同时，也使自己至少能够拥有一块不会被人扼杀的阵地。”[①] 2004 年“木子美事件”让博客走入大众视野。2005 年新浪和 2006 年网易的加盟，让博客用户井喷式增长，博客瞬间成为网络主流。博客形式的出现很快也波及诗歌写作，进而产生“博客诗歌”或曰“诗歌博客”。对于“博客诗歌”或曰“诗歌博客”，马春光曾这样进行分类——

> 目前存在的诗歌博客按照其运作方式的不同，大致可以分为两种类型：第一种可以称之为“个人非原创”诗歌博客，这些诗歌博客的博主多为一些年龄稍长、在纸质媒介环境中孕育的诗人，他们并不习惯于在线写作，但也不抗拒网络，所以会把早期或新近在纸媒上发表的诗歌粘贴在自己的博客上，可以称之为“二次发表”。以著名诗人翟永明、王家新为例，他们都有自己的诗歌博客，但在他们的诗歌博客里，基本上都是他们以前的诗作，即便有新作，也是在纸媒发表之后粘贴上去的。……第二种可称之为“个人原创”诗歌博客，它们的博主更为年轻，是网络环境孕育出的一代，他们区别于前一类“网络移民诗人”而被称之为“网络土著诗人”。他们在线写作、发表，网络是他们作品的主要流通载体，这是一种崭新的方式，是网络时代的特殊产物。……80 后诗人中的佼佼者李成恩、丁成、王东东、肖水、唐不遇等，都是充分依赖诗歌博客走进诗坛的。诗人李少君和诗评家张德明于 2010 年提出“新红颜写作”这一概念，指出大量以前不曾闻名的女诗人通过诗歌博客发表了大量优秀作品。[②]

（2）微博

“2009 年 8 月新浪推出‘新浪微博’内测版，成为门户网站中第一家提供微博服务的网站。此外微博还包括腾讯微博，网易微博，搜

---

① 引自博客中国“历史由来”：http：//tuijian. blogchina. com/footr/lsyl。

② 马春光：《“自媒体”时代的诗歌形态》，《海南师范大学学报》2016 年第 5 期。

狐微博等。”[①] 微博即微型博客，每篇微博字数被限制在 140 字以内，因此“微诗歌”和“微诗接力”是继诗歌博客后又风靡一时的诗歌形态。“2011 年的端午节，由 70 后诗人高世现在腾讯微博上发起的‘首届微博中国诗歌节’，短短的三天时间就有过万条关乎诗歌的广播，其进行的‘微诗接力’活动为中国诗界贡献出了一个新概念——‘微体诗’，进而开启了一个全民微写作的时代。”[②] 对于“微博诗歌”或曰“微诗歌”，国内首部微博诗集《白天或黑夜》的作者荆和平曾谈道：“我原悲观地想着：微博生命力不会太长，不是被关掉，就是被其他新平台所取代。就像当初论坛、博客红火一时，随后落得渐冷渐远的命运。未曾想，微博现在还“活”得好好的呢。……在微博上我写下 300 多首微博诗歌。微博诗歌是一种创新，也是顺应一种潮流。现在，微小说、微童话等微文学形式方兴未艾，都说文学受冷落，其实贴近时代的文学不会受冷落。”[③] “微博诗歌”或曰“微诗歌”作为网络诗歌的另一表现形式，其产生的影响同样不可忽视。2010 年曾轰动一时的“羊羔体事件”便肇始于新浪微博。“2010 年 10 月 19 日下午 7 时，中国作协在官方网站公布了第五届鲁迅文学奖获奖名单，时任武汉市委常委、纪委书记的车延高凭借诗集《向往温暖》摘得诗歌奖桂冠。当晚 11 点 16 分，诗人陈维建在其新浪微博发表了《“梨花体”后“羊羔体”?》，转载了车延高的旧作《徐帆》；八分钟后又发表了《车延高的“羊羔体”诗会红》，转载了车延高另一篇旧作《刘亦菲》的部分内容。令人们始料未及的是，这两条内容简单的微博‘一石激起千层浪’，在互联网界、学界甚至整个中国文坛都产生了不可估量的影响。第一篇微博被转发 5540 次，拥有 2491 条评论，而车延高的名字和以其名字谐音命名的‘羊羔体’也因此火遍了大江南北。”[④] 人们对“羊羔体”事件褒贬不一，甚至扩大到质疑鲁迅文学奖是否公平、公正，此后有众多网友开始模仿“羊羔体”进行创作，成

---

① 来自百度百科“微博”词条：https：//baike. baidu. com/item/微博/79614。

② 马春光：《“自媒体”时代的诗歌形态》，《海南师范大学学报》2016 年第 5 期。

③ 荆和平：《微博时代》，《前进论坛》2014 年第 10 期。

④ 史长源、庄桂成：《“羊羔体”文化事件还原》，《名作欣赏》2017 年第 26 期。

为又一网络现象。

（3）微信

2011 年 1 月 12 日腾讯公司推出微信应用程序，能够提供公众平台、朋友圈、消息推送等功能，同样也迅速和网络诗歌结合起来。对于通过微信传送的诗歌，马春光在其文章中指出：诗歌微信公众平台按照创办主体的不同，主要有两种类型。第一种是传统诗歌刊物创建的公众平台，《诗刊》《诗歌月刊》《星星》等传统诗歌刊物都有自己的诗歌公众平台。这些平台一方面“推送”纸质版上的诗歌作品；另一方面又会灵活地推送一些与诗歌相关的内容。……另外一种类型，则是以“为你读诗”“读首诗再睡觉”等为代表的公众读诗微信平台。这些微信平台的创办者不是专业的诗歌刊物和诗人，它们侧重于通过公益传播，使诗歌和当下的日常生活建立某种关联，以重建诗歌在日常生活中的秩序。[①] 微信作为一种新的载体，同样对网络诗歌的发展和传播起到重要的推动作用。2014 年末，余秀华的悄然走红就与微信有较为密切的关系。“2014 年《诗刊》9 月号，以《在打谷场上赶鸡》为主标题，重点推出了余秀华的 9 首诗歌作品，并配发了她的创作谈《摇摇晃晃的人间》和编辑评论文章。2014 年 11 月 10 日，编辑彭敏把余秀华的诗和随笔搬到了《诗刊》的微信公众号上，冠之以《摇摇晃晃的人间——一位脑瘫患者的诗》。几天内，《摇摇晃晃的人间》的点击量逾 5 万次。这是《诗刊》从未有过的热闹。[②] 这场意外成名的神话背后，离不开新媒介的功劳，正是微信朋友圈的疯转，才让本来小众的诗歌在大众中传播开来。[③] 此外，值得一提的是，《中国微信诗歌年鉴》从 2015 年开始至今已连续出版四年，是国内目前唯一一本微信诗歌年鉴，选稿方面特别说明只接受在微信公众号上的诗歌，古典诗歌暂不受理。

---

① 马春光：《“自媒体”时代的诗歌形态》，《海南师范大学学报》2016 年第 5 期。

② 王泽龙、袁琳：《诗人“余秀华媒介景观”与话语博弈研究》，《华中学术》2018 年第 2 期。

③ 周南焱：《诗歌借新媒介焕发新活力——再谈余秀华走红事件》，《北京日报》2015 年 1 月 30 日第 11 版。

可以看出，在网络诗歌由网站为平台过渡到以博客、微博、微信为平台的发展过程中，媒介或曰机器背后的创作主体依然和传统诗歌一样都是人，不论是低俗抑或高雅的网络诗歌都蕴含着创作者的思维与情感。然而随着人工智能技术的发展与运用，2017 年 5 月微软小冰出版了史上首部由人工智能创作的诗集《阳光失了玻璃窗》，顿时引起一片热议。（其实，机器写诗向前可以追溯到 19 世纪 60 年代初期美国“爱比”写诗计算机，到了 1984 年前后中国也出现了诗歌创作软件，2006 年 9 月 25 日猎户星免费写诗软件由名为“猎户”的创作者所建立）2017 年 8 月 20 日中国新闻网发表的文章《机器人写诗出诗集首开专栏 人工智能挑战人类情感》中所列举了部分人士对此的看法和评论，如——

> 诗人沈浩波在微博上直接亮出他的观点，“机器人永远也写不好诗，诗是人的灵魂层面的事，被人类操纵的小机器人们不配写诗，也不可能写好。除非机器人推翻人类，变成真正的人。”
>
> 现居成都的 90 后诗人余幼幼认为，“写诗毕竟还是需要人类的情感，而不能只是程序上的冷冰冰设置。毕竟艺术创作，不只是数据运算的事情。”
>
> ……
>
> ……
>
> 诗人周瑟瑟表示，“在现代理性文明高度发达的当下，小冰作为技术理性高度进化的产物，反而写起了诗。这对诗意流失的时代状况下，算对诗意恢复的一种努力。一个现代理性文明逻辑文明数学文明高度发展的产物，试图挽留正在消失的诗意，本身值得赞赏。”
>
> ……
>
> ……
>
> 刘慈欣说：“已经有人做过实验，把小冰的诗歌匿名与人类诗人的诗作放在一起，大部分读者并不能明显区别出来哪是小冰写的。既然她已经能写出可以与人类诗人相混淆而分辨不出

> 来的还不错的诗作，那通过进一步完善，她为什么就没有可能写出更好的诗呢？以后计算机改善得更好，会更接近人类创作型的思维。"①

对待人工智能写诗软件的出现，有人认为人工智能创作出来的诗歌只是词语的简单堆砌，诗歌缺少灵魂；也有人认为不应以对诗人的要求来评价机器人写诗；还有人认为机器人写诗为当今的理性时代注入了些许诗意精神。

不管如何评价，作为时代浪潮下的产物，我们不知"网络诗歌"将会发展到怎样的程度，但通过梳理我们可以大致清晰地看到"网络诗歌"的发生与发展。若将1990年至今的时间看成一个闭锁的时间段，从互联网的产生就预示着文学的发展将不可避免地与它产生"剪不断，理还乱"的关系，从美国诞生的第一篇华文网络诗歌到中国香港、中国台湾的诗歌网站再到大陆诗歌网站的建立，可以看作"网络诗歌"的发生阶段；从2000年前后大量诗歌网站的出现与诗歌派别的诞生与论争，可以看作"网络诗歌"发展的第一次高潮；从博客到微博再到微信等社交媒体的出现，"网络诗歌"突破前一阶段自由中的桎梏，更加大众化与娱乐化，可以看作"网络诗歌"发展的第二次高潮，至于由人工智能技术的发展而带来写诗主体的颠覆，显然也是网络技术不断提升，"网络诗歌"发展的一个必然的过程。

---

① https：//news. china. com/news100/11038989/20170820/31134354. html.

第五编

新世纪诗歌理论问题

第十九章　新诗“传统”的自我呈现

自20世纪90年代以来出现的新诗自身有无传统的论争①并非历史的偶然。90年代诗歌处境的日趋艰难，诗歌创作、诗歌市场、读者接受与时代语境等多方面因素的纠葛都使关心诗歌的人往往在一种近乎不自觉的“世纪末情结”下进行反思；同时，20世纪文学的内在“发展速度”也慢慢地在往日激进的状态中逐渐缓慢下来，所谓针对“文化激进主义”的“文化保守主义”适时而发，于是，在文学渐渐丧失轰动效应的年代里，产生类似“新诗从何处来，最终又要到何处去?”的疑问也就在所难免。

但是，必须承认的是，“新诗有无传统”特别是“无传统”的出现还是令人触目的：即如果百年新诗的历史最终要被“无传统”而一言以蔽之，那么，所谓新诗史势必会显得很可笑，而所谓的新诗研究者乃至诗人也势必会处境尴尬——毕竟，“作为一个拥有千年诗歌传统的国度，瞬息间，要抛弃传统，忘掉诗国的辉煌，这无论怎么说，都是让人深感底气不足的事②。”但传统的含义毕竟是多层次的，站在不同的理解层面上进行言说其结论也往往会不尽相同；何况，百年新

① 关于“新诗有无传统的论争”主要是指由2001年第1期《粤海风》上发表的《新诗究竟有没有传统？——对话者：郑敏、吴思敬》而引起的论争。在此次论争中，笔者曾在2004年第3期《文艺争鸣》上发表过《从一场对话开始——关于“新诗究竟有没有传统”的解析》，在2004年第8期《艺术广角》上发表过《目前诗坛的四大困境》；谢向红则在2004年第3期的《江海学刊》上发表了《中国新诗的八大传统》，在2004年第4期《江汉大学学报》发表了《我们是否夸大了“裂变”?》。

② 任天石主编：《中国现代文学史学发展史》，江苏文艺出版社2002年版，第353页。

诗崎岖坎坷的历史进程又往往会在不同的发展阶段与情势下对“传统”的界定与解读产生歧义。因此，对于中性色彩的词语“传统”而言，它不是通过简单定义或是借助词典的力量就能轻易解决的（比如最近讨论，就有引用《辞海》的现象），同样地，它也不是通过简单认同一方并列举出几条理由而可以“敷衍塞责”的。所以，对传统、新诗传统等问题进行“自我呈现”的清理方式就成了一种必要的前提和可行的思路。

一 关于新诗“传统”的概念辨析

首先，必须明确的是，在对待“传统”这样一个涵盖广泛、跨越古今的概念时，研讨其话语的构成方式往往会比研讨其内容本身更能说明问题自身。

在古典的语境下，传统是通过一种规训的方式产生的，而规训的结果就是不但使传统具有鲜明的意识形态色彩，同时，也使其可以作为一种知识习惯为当时的人们所熟习。在这种情况下，传统由于外部宣传和内部的自我接受已经成为人们的共识并形成了一种具有政治文化意味上的“传统”。因此，这种语境下的传统往往会作为一种无意识的状态覆盖和浸润在人们的日常生活之中，传统不必被时刻提及，但却以一种无形的力量时刻规范着人们的日常生活。相反地，作为对面临“异端”命名而要付出沉重代价的经验汲取，任何一种具有“反传统”意味的行为都会标举“传统”的旗帜而进行实质上的权力争夺，而当一切过去之后，不变的依旧是具有超强稳定性的“传统”自身。而在这种语境下，当我们把目光具体到诗歌写作的“传统”之上时，就不难发现：它自生成或者说被人们认识之日起，就一直如悬浮的空气一样在写作者的意识中弥漫，它可以不断被丰富、填充，也可以“一时代有一时代之传统”，但其自身的流动性、潜在的意识形态修辞功能、诗人隐含在创作中的制度化焦虑以及诗歌艺术的整体外部表象却是十分稳固的。

对于现代新诗的历史而言，现代性的扩充张力使诗歌以断裂“传统”的方式萌生，此时“传统”常常作为一种被反叛的标准而不断遭到质疑与挑战。因而，整个新诗的历史从总体上说也就是一部“反传统”的历史：无论是新诗的诞生还是向前发展，现代性的动力总使得新诗在传承（诸如文体形式、艺术主张等方面）处于一种取代而少融合、对抗而少借鉴的状态。当然，在这个过程中，我们又必须注意到20世纪特定的历史环境（如历次战争、革命、运动等）给诗歌带来的影响。于是，我们在承认新诗的历史是“反传统”的历史同时，又不得不认同新诗的历史基本上与革命史同步的历史事实。因而，当这样一种“反传统”的历史本身要成为“传统”的时候，我们所面临的事实就是：“当‘反传统’自身成为‘传统’时，‘传统’本身通常不会被赋予正面价值，大规模地从正面讨论‘传统’问题也将是不伦不类的。”①

由此可见，任何一种对于“传统丧失”以及“新诗的无传统”的判断都不是正确认识新诗传统问题的关键或根本的解决办法。新诗的“认识型”是如何展开它的历史情境？如何研讨“传统”这个发展到新诗时的知识谱系？这其中隐含的必然性和偶然性都是非常有必要进行细致研究的。正如王富仁在李怡《中国现代新诗与古典诗歌传统》一书的序言中所言：“任何一个诗人的创造都离不开自己的传统，但在我们过去的理解中，传统似乎仅指中国古典诗歌的传统，实际上，传统是一个浑融的整体，是诗人所赖以创造的全部基础。对于中国现代诗人，中国古代的诗歌和西方的诗歌都是他赖以起步的诗歌传统，只是它们在各个不同的历史时期所起的作用有所不同，诗人自身对它们的意识有所不同。”② 的确，或许提及传统我们总会自然不自然地将耳熟能详的李杜诗篇作为一种判断的依据与标准，所以，白话新诗也就在某种程度上成了所谓的“不肖子孙”，并在其诞生之日起就屡屡遭受责难；同样地，正是由于“五四反传统主义者认为中国传统为一有机体。因此，根据五四式反传统主义的理路思辨下去，他们的反传

---

① 张大为：《新诗“传统”的话语谱系与当代论争》，《文艺争鸣》2004年第3期。

② 李怡：《中国现代新诗与古典诗歌传统》（增订版）“序言”，中国人民大学出版社2015年版，第2页。

统运动，若有任何意义，就必须是整体性（全盘式）的……由于他们认为中国最基本的思想影响及于传统中每一成分，所以，不打倒传统则已，要打倒传统，就非把它全部打倒不可。”① 于是，在新诗初建的时候，新诗作者就在同时也只能在西方诗歌的创作中看到发展中国新诗的契机，于是，他们提倡向西方诗歌学习，介绍西方诗人的创作和理论，努力把西方诗歌的经验和理论运用于自己的诗歌创作，但他们这样做的时候，并不能完全彻底摆脱固有的传统，同样也不能完全摆脱传统思想和中国语言特点的“束缚”，而西方的诗歌传统介入中国的诗歌之后，同样也在发生变异后衍生为新的传统。

因此，在回顾传统的基础上综观新诗的历史，我们就不难发现：一向被视为“反传统”的新诗恰恰最终要担当起一个近乎“暧昧”的角色，即它仍然没有摆脱以“反传统”为名却最终又丰富了中国诗歌“传统”内涵的身份。新诗虽然在很大的程度上进行了一次书写工具和艺术手法的革命，但作为诗歌本身的实质功能却依然被保留了下来。传统依旧作为一个“浑融的整体”安然地悬浮在场，没有发生本体的丧失和内部的彻底断裂。而有关这一点，又并不仅仅因为旧体诗一直在进行，以及所谓要求给新诗重新加上枷锁的“二次革命”，而更为重要的是在于“一部生动而又丰富的中国新诗发展史是我们熟悉的。它的创造与冲突，它的挫折和异变，它的漫长路途的探索和跋涉，特别是当它自然地或人为地陷入困境的时候，那一个悠长而又浓重的阴影便成为一种启示，神灵示威地出现在我们的头顶。它仍然活在新诗的肌体中。仍然活在中国新文学的命运里，它并没有在七十多年前死去。这个阴影便是中国古典诗歌。”② 同时，我们对于在革命话语中诞生的新诗，也可以通过借用的方式解释为：所谓“新文学运动的使命，就在于告别古典的形态从而确立起新的形式，这决定了新诗以艺术的现代化为自己的起点，基本按照西方诗歌的样式来建立自己的规模。这对于古典诗歌发达到极致的中国文学，既是历史的必然，又难

① 林毓生：《中国传统的创造性转化》，生活·读书·新知三联书店 1988 年版，第 154 页。
② 谢冕：《新世纪的太阳——二十世纪中国诗潮》，中国人民大学出版社 2009 年版，第 1 页。

逃一种割裂的依恋与惶然心情。中国新诗发展历史中出现的反复与曲折，都似乎在印证这一点"①。

二 新诗"传统"的内涵梳理

如果说以上的论述是通过研讨传统的形成与建构的方式证明了任何一种"传统"的存在性和不可轻言灭亡的话，那么，以下要具体揭示新诗究竟具有哪些传统就显得是顺理成章的一件事了。当然，这是一个可能在实际处理时更为复杂的问题——一旦要把时刻都会悬浮在场的"传统"细化为新诗的"传统"时，我们不但必然要以古典诗歌的传统作为参照系统进而研讨两者的关系，同时也必然要言说新诗自身形成了哪些传统并最终要重新审视新诗的历史和新诗的实绩，而且，我们还需要将关于"新诗有无传统"的论争本身纳入视野里，从而置身于聚讼纷纭的氛围之中。

1993 年第 3 期《文学评论》以头版头条的形式刊发了著名诗人、学者郑敏先生长达三万余字的论文《世纪末的回顾：汉语语言变革与中国新诗创作》，在这篇具有全面"清算"新诗历史的文章里，郑敏先生以拥有几千年历史的古典汉语和古典诗歌传统为背景，联系百年新诗的发展，从结构主义和解构主义的理论出发，认为百年汉语即白话文的发展存在"语言的一次断裂与两次转变"，并对其中的第一次语言变革即五四时期由胡适、陈独秀所倡导的"白话文运动"以及新诗运动从盲目割裂传统，否定继承，产生巨大的负面影响等方面进行了重点的阐述，进而叩问"古典汉语在中华文化中究竟占什么地位？作为民族母语的文言文对今天的汉语有没有影响？在古典文学与白话文学中有没有继承问题？从今天语言理论的高度来看'五四'时代所提的要从中华语言中完全抹去古典汉语、文言文的说法是否合乎语言本身的性质和规律？"等一系列问题，进而挑起了"关于新诗有无传统"的长时期的诗歌论争。而且，在近来的诗学论争和多次的诗歌讨论中我们总能看到郑敏先生对此观点的重复。郑敏先生的观点无疑是

① 任天石主编：《中国现代文学史学发展史》，江苏文艺出版社 2002 年版，第 353 页。

具有偏颇性的，至少她在对待新诗的态度上明显存有过分强调审美标准的普遍性、客观性而忽视其特殊性、主观性的问题。但问题的关键就在于这是由一个著名诗人提出的，于是乎这种发问方式以及发问本身就不得不引起大家的重视。

同样地，对于郑敏先生的回答也是非常值得研讨的一件事情。事实上，除了像当时的范钦林和后来的野曼等直接撰文进行交锋外，还有一些文章也涉及这个问题。比如，著名诗人臧棣在《现代性与新诗的评价》一文中曾以“在我看来，新诗对现代性的追求——这一宏大的现象本身已自足地构成一种新的诗歌传统的历史。而这种追求也典型地反映出现代性的一个特点：它的评判标准是其自身的历史提供的”以及“新诗的诞生不是反叛古典诗歌的必然结果，而是在中西文化冲突中不断拓展的一个新的审美空间自身发展的必然结果。并且，这个新的审美空间的自身发展，还与中国的不可逆转的现代化进程紧密联系在一起”的观点[①]将新诗的现代性追求进行了“实体化”的描述；美籍华人奚密女士则在《中国式的后现代？——现代汉诗的文化政治》一文中通过“文化认同”和“诗歌语言与文化政治之间的复杂关系”[②]，认为不能将古典诗歌自身形成的“传统”简单地用在新诗的评价上的论断，对郑敏先生的观点进行了较为尖锐的批评……由以上的引用并综观这场论争，我们似乎可以看到：对所谓“诗歌传统”的不同理解或者说站在不同立场上对“新诗”进行判别恰恰是论争的焦点所在：一方面坚持以诗学审美标准的普遍性、纯粹性、客观性来衡量新诗（郑敏先生）；另一方面以诗学审美的特殊性、个别性、主观性来维护新诗（如后者），于是，在一个对象上坚持“双重标准”的判别就势必要发生真正属于诗学意义上的交锋。但新诗的历史究竟是怎样的呢？

新诗是随着“白话文运动”而最终诞生的，这常常会给人一种新诗与以往的历史似乎存在一条界线的印象。而以往的新诗史写作也恰

① 臧棣：《现代性与新诗的评价》，《文艺争鸣》1998 年第 3 期。

② 奚密：《中国式的后现代？——现代汉诗的文化政治》，香港《中国研究》1998 年 9 月号。

恰就是将“新文化运动”作为20世纪诗歌史的开端，即许多研究者总是认为新诗之所以称为“新”就在于它彻底与所谓旧诗进行了“决裂行为”，而自五四“新文化运动”之后的诗歌写作就一直在所谓“反传统”的现代化进程中不再与旧体诗发生关联。然而，事实上，新诗的诞生肯定是需要一个长期的过程，并在量变的程度可以达到质变的时候才能浮出历史的地表的：晚清以黄遵宪为代表的“新派诗”和以夏曾佑、谭嗣同为代表的“新诗”，以及梁启超著名的“诗界革命”、南社诗歌等一直与五四有着密切的关系，而学界颇为流行的那句“没有晚清，何来‘五四’?”的论断也恰恰说明了这种事实；同时，“新文化运动”的历史背景，如北洋军阀的没落统治，近代历次思想革命运动已经动摇了传统文化思想的根基，以及知识分子在强大西方文化面前的焦虑等，都赋予了一代知识分子以强烈的历史使命感。当年类似傅斯年、罗家伦等青年知识分子总结历史的经验教训，认为单纯改革政治之无用，而应当从社会思想的整体改革出发才能达到除旧布新的效果，都使一种新“革命话语”的出现不可避免①；而新诗作为各种文学形式变革的先导，诞生于五四文学革命的发轫阶段，还在于“神州文学久枯馁，百年未有健者起。新潮之来不可止，文学革命其时矣”（胡适：《送梅觐庄往哈佛大学》）必须要选择一个“突破口”的问题——即选择新诗作为开路先锋，“这在当时是含有深刻的战斗意义的。因为小说还有《水浒传》《红楼梦》等古典作品可以借鉴，而韵文又是旧文学自以为瑰宝的，因此文学革命一定要在新诗的提倡上得到胜利，才可以使新文学取得正宗的地位，而不仅只是‘开发民智’和‘通俗教育’的改良主义的主张”②。于是，新诗的倡导者就必须以矫枉过正的决裂方式宣告与过去的历史进行“告别”，并进而采取“求于异邦之声”的方式从翻译体中找寻新诗创作的逻辑起点。但即使如此，对于这些中国身份的引导者而言，要找出他们与传

① 傅斯年：《白话文学与心理的改革》，《新潮》1919年第1卷第5期；罗家伦：《近代中国文学思想之变迁》，《新潮》1920年第2卷第5期。

② 王瑶：《新诗·上》，《王瑶全集》卷二，河北教育出版社2000年版，第232页。

统的关系也并非一件难事：从胡适倡导“宋诗运动”和寻找历史的遗迹作为“白话的正宗”到李大钊的“故余之掊击孔子，非掊击孔子之本身，乃掊击孔子为历代君主所雕塑之偶像的权威也；非掊击孔子，乃掊击专制政治之灵魂也”①。再有新诗发展史上的三次重要的回归古典现象——“新月派”的格律化追求、抗战时期朗诵诗运动、“大跃进时期”对“古典”与“民歌”的提倡直到“天安门诗歌运动”的“街头政治”，“传统”一直在人们的头脑中作为徘徊的潜流，并适时而发。当然，与古典诗学传统相比，新诗的传统常常由于其时间短、“反叛性”以及过多接受外来文化的影响而显得的“身份特殊”，不过，正如郭沫若所说的：“新诗的历史只有三十多年，而旧诗的历史却有三千多年。把三十多年的成绩和三千多年的成绩相比，应该说是最大的不公平。如果客观一点，实事求是地来看问题，那就不大容易断定：‘五四’以来的新诗毫无成就。新诗中也有一些好诗”。②

至此，“新诗是否具有自身的传统？”以及“新诗究竟是反一般观念意义上的传统还是真正的传统本身？”已经可以予以回答了；同时，在强调历史必然性与偶然性相互交织的前提下，关于“新诗有无传统”的论争最终在我们的眼里也就成了：这场论争虽然意义重大，但我们应当将视野放宽，即我们应当从简单的“有与无”的现象中超拔出来，而将问题最终上升为如何反思百年新诗的创作成绩并由此思考诗歌的未来发展上来。

三　新诗“传统”的当代辨识

当我们从论争的现象进入其内部时，我们必须承认的是，对于新诗的成绩以及新诗的传统问题而言，任何的偏袒回护或盲目指责都是不冷静客观的做法。即我们必须承认：对于那么多诗人以及新诗爱好

---

① 李大钊：《自然的伦理观与孔子》，《李大钊文集》上卷，人民出版社 1984 年版，第 264 页。

② 吴奔星：《沫若诗话》，四川人民出版社 1984 年版，第 366 页。

者来说，他们在近百年的时间里付出巨大的艰辛，而且至今仍然有为数众多的人要进入或正准备进入诗的环境之中，轻易的贬损，实在是于心不忍和不合情理的事情；但与此同时，对于一个著名诗人能够对自己终生心仪的事业进行公开的质疑，我们也必须对这种行为表示敬佩，这种质疑不但会让许多人从另外一个方面去认识新诗的历史和现状，而且，如果再联系郑敏先生其他一些常常被人“忽视”的论述[①]，我们得出的结论则是前辈诗人在深切关怀新诗和不满当前诗歌创作（比如“后新诗潮”以降的诗歌创作）的矛盾冲突下期望古今诗学能够打通融合。

回首百年新诗，在客观上必须要承认其整体水平“不佳”的事实。当然，这个问题是非常复杂的，因此，我们只选择与这次论争有关的两个主要方面进行阐述。这一点就具体内容来说可以包括如下两个方面。

首先，是新诗整体水平“不佳”的原因，而这个问题又大致包括以下几个方面。第一，从外部环境方面上讲。20 世纪中国是一个风云际会的特定历史时期，战争的频繁、社会的不稳定、意识形态的多次变迁等，可以说并未给包括诗歌在内的文学营造安定的氛围。整个一部新诗史在某种程度上几乎与革命史同步的事实，也恰恰证明了诗歌必然要与时代语境和政治文化紧密地纠缠在一起并接受其影响。时代语境和政治文化不但造成了类似“纯诗”不“纯”、诗人创作心理在整体上常常陷于一种运动式的激进状态等现象，而且，更为重要的是，常常会使诗歌在意识形态的衡量标准下压制了正常的艺术探索，并进而使诗歌常常带有一种“工具化”的倾向。综观 20 世纪新诗的发展历程，历次的诗歌运动、诗学论争即使是在新时期关于“朦胧诗”的讨论中也莫不如此。本来，新诗自五四发展到 40 年代的“九叶派”时代，新诗的艺术已经在接纳古今中外的基础上达到了相当的

① 见《回顾中国现代主义新诗的发展，并谈当前先锋派新诗创作》《新诗百年探索与后新诗潮》等文章，收入郑敏《诗歌与哲学是近邻——结构—解构诗论》，北京大学出版社 1999 年版。

高度，但随着新的标准如“文学要为政治服务”“现代派是资本主义腐朽没落的东西”的出现，以穆旦为代表的“九叶派”就很快陷入了一种长期隐匿的状态；同样地，新诗历史的坎坷也造成了诗歌理论建设的薄弱，即要么缺少良好的理论研讨空间，要么就是正确的艺术主张遭遇压抑，因而，新诗的整体发展水平受到限制也就在所难免。

第二，从新诗自身的艺术发展上看。由于新诗最初所承载的使命更多是集中于对社会进行思想启蒙和新文化精神的传播，因此，初期新诗就不可避免地带有简单化、工具化、缺少锤炼的倾向——“由于诗质的丰富性被‘时代精神’大而化之，诗歌语言的‘言外之意’、‘弦外之音’被‘白话’的透明性所替代，‘自由诗’几乎成了‘新诗’的基本符码，诗的美学要求已被降到最低，形式与语言艺术的考虑变得微不足道了。”① 的确，初期新诗在技巧水准上浅显直白、认识盲目不但造成了新诗发展的起点不高，而且，也造成其内容大于形式、手法单一、视野狭窄的问题，因此，初期的绝大部分作品在今天看来似乎仅具有文学史价值而缺乏艺术美学的价值。与此同时，由于初期新诗在气势上“破除一切”的潜在影响，特别是20世纪新诗本身的外部环境给诗人心理留下了巨大的“投影”，因而，综观百年新诗，我们不难发现，在更多的时候，百年新诗在创作主张乃至创作本身都是在一种非整合的方式——对抗而非融合、排斥而非借鉴的方式中向前发展的。而这些一旦再与理论建设上的非个人化状态、运动多、沉潜少等结合在一起，就使新诗在艺术性上失去了充分的沉淀与打磨。以形式为例，在现代诗歌史上，新诗的发展虽然历经自由化、格律化、纯粹化、朗诵化、民间化、散文化到戏剧化的演进过程，但这种演进过程往往是通过历时性的排拒和取代而完成的，于是，诗歌的形式也就无法在“自由”与“规范”的交替中达到前后统一、融会贯通的境界；历经国统、抗战、内战和新中国成立等多个历史时期的何其芳、卞之琳等虽说一直保持着“诗歌艺术上的清醒头脑”，但在

① 王光明：《现代汉诗的百年演变》，河北人民出版社2003年版，第5页。

“新民歌讨论”中，他们颇有建设意义的“现代格律诗”构想还是在口诛笔伐后被“湮没”，而他们本人也在此后很长的一段时间里只能变成所谓的“沉默不语”；而且，这种常常近乎各自为战、片面对抗的倾向即使在80年代的“PASS”口号和90年代的诗歌论争中依然可以找到依据。这不能不说是一件值得人们颇为深思的事情，而在这种前提下，新诗的艺术究竟会如何也似乎就成了可以“窥见一斑”的事实了。

其次，是反思新时期特别是“后新诗潮”以来的诗歌创作。本来，“后新诗潮”以降的诗歌创作作为新诗整体发展脉络中的一个阶段，一样可以纳入新诗成绩“不佳”的范围中去讨论。不过，由于“后新诗潮”以降的诗歌创作具有的“天然近距离”会使其涵盖持续至今的诗歌创作，以及它所面临的社会文化环境也与以往的有很大的不同，特别是它还是这次论争中一个常常被人忽视的“潜在”问题，因此，将其单独进行讨论就显得非常重要了。

郑敏先生曾在《新诗百年探索与后新诗潮》中说：“后新诗潮出现的最大问题是语言问题。‘后’派所要表达的是后现代主义的观念，简单地说就是将事物和谐完整的外表击碎，以显露其不和谐的碎裂内核。”[①] 而在《写在诗歌转折点之前》（1998）一文中指出“当前诗歌确存在危机”以及“不好的现象”。[②] 可见，郑敏先生对于“后新诗潮”以及当前的诗歌状况是不满的，而这种“不满”与“后新诗潮”以降的诗歌生存状况又在某种程度上加重了郑敏先生在感受“切肤之痛”中对当前诗歌产生了种种质疑：“我所感叹的是，现在很多人，特别是年轻人，完全把诗的形式放弃了，诗写得越来越自由、越来越散文化……”[③] 而事实上，“后新诗潮”以降的诗歌也确实存有这样的问题：自“后新诗潮”以“两报大展”的方式出现之后，当代诗歌就

---

① 郑敏：《新诗百年探索与后新诗潮》，收入郑敏《诗歌与哲学是近邻——结构—解构诗论》，北京大学出版社1999年版，第342页。

② 见郑敏《写在诗歌转折点之前》，收入郑敏《诗歌与哲学是近邻——结构—解构诗论》，北京大学出版社1999年版，第374页。

③ 见《新诗究竟有没有传统？——对话者：郑敏、吴思敬》，《粤海风》2001年第1期。

在对待外来的事物（如类似后现代主义理论与诗歌创作等）还处于一种误读或是庸俗化理解的状态下就匆匆上阵，而这种冲动的结果就是诗歌创作的极度散文化、情感的弱化、语言的粗鄙化以及叫喊式写作的出现。进入90年代以后，虽说历经海子自杀和所谓的“89的‘中断’与‘结束’”（欧阳江河语），90年代的诗歌在人文精神、艺术技巧上都取得了长足的进步。但仍然有一些诗人一直在一种极度浮躁状态下进行创作——忙于争位子或是急于与国际诗坛进行对接，进而拼命地模仿、拼贴……而转型期的文化氛围特别是艺术商品化又无疑在外部加剧了这种“行为程度”。以常常被论者提及的“个人化写作”和“诗歌叙事性”为例，“个人化写作”本来是要诗歌真正回归诗歌和诗人的自身，然而，在90年代它确有明显的掩饰诗人无法对抗消费时代，自甘沦为边缘的倾向；而“叙事性”本来是要抵制“青春期”的肤浅写作，进而以一种“亚抒情”和“及物性”的方式适应90年代各体文学既多元又不断兼容的趋势，但却有一些诗人将其作为诗歌可以任意散文化、流水账式的处理，于是“非诗”成为许多论者指责的口实也就不可避免。自然，在这样一种混乱状态下，希望以诗歌全部和诗人整体进行对抗乃至复兴是让人感到模糊不清的，因而，在亲历并参与这一时期诗歌创作和原本就深刻反思过新诗激进倾向的郑敏先生，再提新诗的传统也就并非“空穴来风”的一件事情了。

总之，在关于“新诗有无传统之讨论”的本质呈现之后，我们可以发现：这场讨论所能给我们带来的其实似乎并不在于讨论的本身，而更在于它可以引导我们去反思新诗的历史和重估新诗的创作实绩，因此，在不断努力建构我们汉语新诗的理论的同时，加强诗人自身人格素质的修养并不断提高诗歌创作的质量就成为我们的结论，并进而成为新诗未来发展过程中的主要方向。正如著名诗人闻一多先生在1923年对《女神》评价时所说的那样：“我总以为新诗径直是‘新’的，不但新于中国固有的诗，而且新于西方固有的诗；换言之，他不要做纯粹的本地诗，但还要保存本地的色彩，他不要做纯粹的外洋诗，但又尽量的呼吸外洋诗的长处；他要做中西艺术结婚后产生的宁馨儿。"[1] 这既是人们研究继承和吸纳问题的最后归宿，同时，也无疑是新诗要正常发展的根本趋势。而我们梳理论争的意义，或许也正在于此。

① 闻一多:《〈女神〉之地方色彩》,《创造周报》1923 年第 5 号。

第二十章　书写“身体”与身体的诗学

进入90年代以后的中国文学，由于市场经济确立，社会环境的发展以及文化价值的转型，文学也发生相应的变化。“文学边缘化”在一定程度上虽使文学丧失了往日的地位，但又在另一层面使文学获得了自由的空间。在反思以往文学特别是80年代文学经验的基础上，90年代中国文学在文学表现空间、生命体验以及理性深入上，都获得了前所未有的“机遇”。文学的个人化、私语空间以及表现鲜活的生命体验，都可以在启蒙意识、精英意识远遁以及意识形态功能相对弱化的过程中，逐渐浮出历史的地表。在此过程中，“身体”在文学中出现并俨然形成一道风景，为当代文学注入了诸多新的元素。

一　重审文学的“身体书写”

“身体书写”作为一种接受外来文学影响的产物，与文化交流和全球化视域存在密不可分的关系。当然，如果联系中国文学的传统，“身体书写”也在一定程度上存有经验和言说的“限度”。“身体书写”从一批年轻的女性作家中凸显，曾为女性主义思潮的当代传播起到相当程度的影响。但“身体书写”显然是一个关乎文学、道德、伦理、生命、存在等多维度的命题，如何处理和认识其过程，本身就具有实际意义和前卫意识。90年代文学发展的经验告诉我们：仅将身体禁锢在狭窄的空间和女性写作的范畴，并不能全面理解“身体写作”以及“身体文学”在文学中的渗透。

作为消费时代的一个产物，“身体写作”包容着极为鲜明的现实意义。除了文学上可以凸显主体意识，个人性和隐秘性，身体意象的出现同样体现了与消费时代文化之间的互动关系。“身体书写”就广义范围来看，其实标志着文化本身的新动向。消费时代的审美眼光、出版、阅读消费、性别意识等，都是构成“身体书写”的总体性原因，因而，如何从一个更为广阔的空间认识并阐释，本身就带有深刻的文化价值和现实性意义。

在一本名为《后身体：文化、权力和生命政治学》的书中，编者在历史梳理的过程中，揭示了“身体”在不同时期的“认识”，以及进入消费时代文化后，“身体”的重新历史化：“今天的历史，是身体处在消费主义中的历史，是身体被纳入消费计划和消费目的中的历史，是权力让身体成为消费对象的历史，是身体受到赞美、欣赏和把玩的历史。身体从它的生产主义牢笼中解放出来，但是，今天，它不可自制地陷入了消费主义的陷阱。”① 上述关于“身体”的符号性认识以及消费历史对“身体”权利的重新赋予，已超越了简单的生理、肉体阶段的理解，这表明“身体”其实已成为消费时代社会文化的一部分。

从上述论证可知：广义的“身体文化”并不能仅仅局限在女性的群落之上，“身体写作”应当包括更为广阔多样的空间以及琳琅满目的“命名”。随着近年来理论界和翻译界逐渐介入这一领域，《身体的文化政治学》《后身体：文化、权力和生命政治学》《女权主义文论》等大量关于身体理论的译著、专著的出版，“身体”研究也逐渐拓展并超越往日狭窄的视域，而这一态势恰恰表明：消费文化与文学“身体书写”的互动还具有相当程度上探索的空间。

二 “身体现象”的历史考察

“身体写作”或“身体现象”是 90 年代以来批评界对“女性写作”的一种流行提法，其中又交叉涵盖诗歌、小说等多种文本写作上

① 汪民安、陈永国编：《后身体：文化、权力和生命政治学》，吉林人民出版社 2003 年版，第 21 页。

的种种理解及诸多歧义。即使不把这种描写身体的写作当作一道欲望化“风景”，进而引发商业的动机；仅从字面上理解，这种命名的表述也似乎深刻地暗示了这种写作有明显游离历史和社会集体生活的倾向。

然而，文学史上的许多现象往往总要等到时间流逝后才能渐渐显露其本来的面貌。一般来说，将热点现象和理论追溯结合的多种文学史版本已经做出如下判断：“身体写作”是专指90年代一部分表现女性私人生活和自我欲望的创作，而且，以此闻名并最终崛起于90年代的女性作家如林白、陈染，以及后来的“70年代出生作家群”等作品已确然给长期以来一直波澜不兴的女性写作注入了新鲜的支流。但这一判定如果置于更为广阔的文学视野，那么，常常为论者所忽视的诗歌文体无疑会将这一提法推到80年代中期。当时，一些女性诗人如翟永明、唐亚平、伊蕾、海男等的创作不但会因专注躯体，封闭自我，大胆展露欲望而被归入“身体写作”之列，而且，从流变的角度上，上述现象还可以被视为一种开端。不但如此，这种通过回溯历史后的“定位”所能揭示的问题至少包括如下三点：（一）新时期以来的诗歌创作依然重复着“诗歌一直走在20世纪其他文学创作前面”的命题；（二）“身体写作”经过20余年的写作实践已经发生了一定程度的转变；（三）本文所要探讨的“新时期以来诗歌创作中的‘身体写作’现象”既有较为深远的“历史传统”，同时，也无愧于探讨这一现象的个案典范，只不过在以往关于90年代的同类现象研究中，我们在更多情况下，人为地忽视了从诗歌的角度去探讨这一客观存在的命题。

“身体写作”的出现首先是一种历史的进步。作为一个常常濒于历史客观化的话题，身体在特定场景的复苏无疑是以一种鲜明的主体意识将欲望、满足、压抑和盘托出，而在此之外，则是社会文明程度的提升和容纳程度的加深。新时期诗歌创作中出现的“描写身体”现象不是偶然的，它有自己独特的历史境遇。在我们反复考察自80年代中期开始于诗歌中的“身体意象”“黑色风暴”式的写作，到90年代中期女性诗歌“身体书写”中性别意识的淡化，再到世纪末性别身份的转变，如大量涌现于男性诗人笔下的“身体意象”，虽说其中一直隐藏着复杂的因素，但有一点无疑是应当肯定的：即诗歌创作中出现"身体意象"是意识形态松动的结果，同时，也是以往历史长期压制文学表现"个人"的必然反拨。从当代文学在相当长一段时间内强调身体的"纯度"和"集体状态"，演变到当下可以属于"个人"真正的身体，尽管"身体的可变性是某种身体史和惩罚史的前提"，但"如果身体稳如磐石，固定不变，那还存在着一种丰富而多变的身体史吗?"因而，从某种意义上说，"身体的可变性预示了历史的可变性"①。

然而，随之而来的问题则是如何条分缕析地看待这一极具多义性、分层式的现象，进而将其提升为某种认知的标准。按照上述20世纪80年代中期出现，直至持续到世纪之交"身体风暴"的再起波澜，人们不愿触及或更多以排斥的眼光看待诗歌乃至全部文学在内的"身体修辞"，除了因为我们在使用这一外来语词进行批评时，总不免存在"强加"、横向移植以及误读的行为，即借用理论、不加甄别地选择后殖民倾向以及策略上的后现代批评，更为重要的，则是进入90年代文化转型期之后"文化范畴"异常活跃、西方文化的迅速涌入并与本土传统进行强势碰撞，直至个人炒作、出版商业竞争等一系列问题瞬间全部摆在操作的平台上，这不但以立体的方式为批评对象营造了复杂的维度，而且，也使我们在具体解读时往往陷入顾此失彼的尴尬局面。

三　面向"身体的诗学"

关于新时期以来诗歌的"身体现象"，一个潜在的话题即为八九十年代性别意识强化的泾渭分明和世纪之交的混乱无序，这一内在的流脉为我们审视这一历史现象提供了如下前提：首先，是所谓诗歌中的"身体写作"必须要以双性视角进行考察的问题。纵观新时期以来诗歌创作的实际，从早期翟永明式的"黑夜意识"到90年代性别在"现实中敞开"，再到世纪末作者性别的易位直至凸显原欲本能，新时期诗歌创作中的"身体写作"大致经历的轨迹已经充分地展示了"身

① 汪民安：《身体的文化政治学》"导言"，河南大学出版社2004年版，第5页。

体写作”并非女性诗歌的专利，而在另一面，那种完全丧失历史记忆的“描述身体”也同样无法长期维系在一种状态里。“身体现象”虽然可以同时用来批评中西方的女性写作，并在权利启蒙和身份赋予中具有重大的意义，但中西方文化之间的实质差异无疑成为理论实践和现实指向的逻辑起点，这一问题归根结底是西方文化传统历来重视“个人主体”与中国文化传统历来重视“集体倾向”之间的历史性差异。对于中国女性诗歌来说，一方面，它虽然“没有西方女性诗歌的那种咄咄逼人的气势和锐利的锋芒”，从而“容易导致对虚假的封建文化传统的麻木和认同”，但另一方面，由于中国女性不会为生存、选举等权利担忧乃至斗争的现实生活境遇，也常常使“中国女性诗人又多了一份坦然的心态，她们可以从容地面对世界、走进诗歌，而不像许多西方女诗人那样时时不忘女权，以至丢掉了作为女性的更宽阔的主体意识[①]。”从非性别对抗的前提出发，当代中国女性诗歌从来就没有像西方女性写作那样彻底地拒绝男性到场进而怀着对抗的目的孤独地“飞翔”，而这一点，不但是新时期诗歌写作中“身体现象”历史演进轨迹的内在依据，同时，也是当代中国女性诗人不从性别差异上审视“女性诗歌”批评出现的前提条件，上述内容是新时期诗歌写作的“身体现象”最终要纳入“双性视角”进行区别对待的重要前提。

其次，是90年代诗歌中“身体写作”的现状、出路与未来。进入90年代以后，以“个人化”的方式言说历史已经成为一种不可遏制的潮流，这不但是“身体现象”成为“显学”的前提条件，也生动地反映了诸如《废都》《上海宝贝》等可以真正代表描写身体与欲望书写之作品出现的历史场景。然而，这样一种日趋“合法化”的“叙事文本”在特定的生存环境里，势必也要面临自我泛滥后的“危机”。颇具进步意义的“身体写作”是否沾染了商业炒作的气息，或者就是一种不折不扣的写作行为策略？在个体狂欢与欲望反叛逻辑的驱使下，“身体写作”无疑是一种最新同时也是最为真实的叙述方式，但它是

---

① 李蓉：《现代性视角的中西女性诗歌女性主体意识比较》，《诗探索》1999年第4辑。

否考虑到读者的阅读习惯？“描述身体”明显是一种带有颠覆、拆解历史的写作，但身体解放后新的“生长点”究竟身在何方？主体意识觉醒之后的出路何在、是否很快就随历史的风尘而去？这些问题鞭辟入里地构成了诗歌“身体现象”的发展轨迹和前途命运。事实上，世纪末诗歌中的“身体写作”也确实出现了令人担心的问题：既然所谓的“下半身写作”是世纪之交先锋诗坛论争后“应运而生”的一种写作方式，那么，其充满欲望的口号就不能不让人们联想到对80年代第三代诗歌“到语言为止”的仿拟策略，以及从身体策略出发会对以“知识和智性”为外部表征的90年代以来中国新诗产生怎样无情的解构。与此同时，出于对以往“忽视身体”“直奔文化”进而产生“非真实感受文学”的“矫枉过正”，“下半身”式的写作和剑走偏锋的理论姿态，也逐渐从蔑视身体发展到身体崇拜，这种彻底忘却“超我”甚至“自我”而只专注“本我”的诗歌“革命”过程也显得过于简短而迅速了：“年轻的写作者们还来不及作更深入的思考、反省，就急忙把身体神化、肉体化，从而忽视了身体本身的丰富性以及它内在的残缺、不足和局限。从一个极端走向另一个极端”,① 而其结果就是造成了诗歌创作中“肉体乌托邦”现象的出现，从而使整个诗歌界直至批评界都为此无所适从。

四 “身体诗学”的历史再思

围绕新时期诗歌创作中的“身体写作”现象无疑是转型期适时而生的文化现象，它与消费社会有着密切的联系，但却无法成为消费社会这一视点可以逆向解答的话题。就目前的发展态势而言，所谓新时期以来诗歌创作中的“身体现象”，已由于其不断历史化而上升到命题阶段，它虽然在多重因素影响下从不乏批评的误区，但其首要解决的就是伦理道德底线的问题。

或许，无论何种“身体书写”，都必然与道德伦理发生抵牾，但

① 谢有顺：《文学身体学》，汪民安《身体的文化政治学》，河南大学出版社2004年版，第207页。

此处的道德伦理从不是简单出自伦理学的基本概念。“身体写作”由于紧密联结灵魂的能指与文字的所指，只能在接受者的眼中和诗人写作瞬间的心灵真实上，提出写作的道德伦理问题。这一前提必须在进行诗歌批评时悬置诗人的个人生活以及那些极具感官效果的口号与主张。如果说海子的写作已经将诗歌的界限提升到了天空，而世纪之交的“身体写作”是将海子的形而上转化成了身体崇拜的形而下，从而造就了当代诗歌创作的两个边界，那么，这种相对于海子的“后起先锋”究竟要发展到何时、何种地步才能为止呢？在完全抛弃灵魂的身体意象扑面而来、所谓肉体乌托邦的负面价值已经变得越来越清楚的今天，“身体写作”必须要与灵魂牵手似乎已经是刻不容缓的一件事。这不但是文学创作中“身体写作”正常发展的未来方向，同时，也是其适应传统文化、读者阅读习惯以及“中国话语场”的必经之路。正如崔卫平于《在诗歌中灵魂用什么语言说话》一文中所论述的：“诗歌扎根于灵魂之中，也是扎根于这种普通人的身份之中，扎根于这个肉体、由这个肉体所提供的观察世界的具体位置上。即便这个灵魂偶尔也会从它所属的肉体中飞出，穿越不同的时空，但归根结底，它和它的肉体不能被随便地置换，它紧紧粘附于它的肉体。哪怕是不易察觉，在每一个灵魂的故事背后，总有一个肉体的故事。灵魂企图无视肉体，同时也就削弱了它自身。”① 的确，身体作为一个中性词，它的复杂性与重要性一直是以共时与历时的方式并存的。其实，身体从不可怕，身体书写也不应成为当代诗人忽视的一域。描绘身体的最终价值取向在于灵魂是否已经解除了污垢的“魔咒”。在以往文化专制的年代里，其实被专制的不但有文学，还有人们的身体，因此，那时候的作家、诗人往往是一群没有身体的人——主动地将自己的身体和躯体意识的细节隐匿起来，从而使自己的创作演化成今天通常意义上所说的“传声筒”与“留声机”。这种戕害不但有悖于历史，同时，更有悖于文学内在的本质属性。但这不是说身体自其复苏之日起就丧失了界限和标准，包括诗歌在内的写作如果到最后把“身体”简化为性

① 崔卫平：《在诗歌中灵魂用什么语言说话》，《诗探索》1995 年第 3 辑。

与欲望的代名词直至本能的宣泄渠道，正有悖于伦理意义上的“沉重的肉身”。所以，“蔑视身体固然是对身体的遗忘，但把身体简化成肉体，同样是对身体的践踏”，肉体乌托邦所表达的“其实是写作者在想象力上的贫乏——它牢牢地被身体中的欲望细节所控制，最终把广阔的文学身体学缩减成了文学欲望学和肉体乌托邦。肉体乌托邦实际上就是新一轮的身体专制——如同政治和革命是一种权力，能够阉割和取消身体，肉体中的性和欲望也同样可能是一种权力，能够扭曲和简化身体[①]。”对于诗歌写作而言，身体只有经历从纯物质与纯生理到伦理道德与哲学意义上的诗学转换，即紧紧拉住灵魂的衣角，它才最终成为真正文学意义上的“身体意象”。

正如布莱恩·肖特曾论述的那样：“身体在社会理论中的缺席这一缺陷并非无足轻重。缺席的身体对于那些思考人的表现、动机和人体形象的社会学观点的构想提出了也暗示了一些关键问题。如果我们将社会学思想视作为对行为的科学研究，那么我们就要求存在着某种有关身体的社会理论。”[②] 既然包括诗歌创作在内的“身体写作”现象已经是随处可见，既然建设此在的“身体理论”已经不可避免，那么，对“身体”这一“凡事都有的‘能指’”给予关注就势在必行。事实上，90 年代诗歌特别是女性诗歌创作的某些意识转变，比如关注日常化生活和目光投向社会，已经为我们提供了一定意义上的范本，至于经历“性别演变与主体回归之后”的诗歌写作将如何更好地面对这一课题，不仅是一个时间问题，还是一个理论认知的问题，而在此之前我们可以肯定的则是：“身体”若要想在未来的诗歌写作中得到长足的发展，就必须立足于一个较高的层面上进行诗学意义上的转换。因为只有这样，融入灵魂的“身体”才会在诗歌文字的海洋中自由地徜徉。

---

① 谢有顺：《文学身体学》，汪民安《身体的文化政治学》，河南大学出版社 2004 年版，第 208 页。

② 布莱恩·特纳：《身体问题：社会理论的新近发展》，汪民安、陈永国《后身体文化、权力和生命政治学》，吉林人民出版社 2003 年版，第 3—34 页。

第二十一章　新诗“概念问题”的反思与世纪初的现象争鸣

世纪初几年关于新诗传统的争鸣以及一系列诗歌文化事件，都不约而同地指向了新诗历史的本原问题。作为一种更为直接的回应，《海南师范大学学报》2008 年也逐步展开了长达一年之久的“新诗标准问题”讨论的专栏。就目前已发表的文章来看，“新诗标准问题”的研讨更多由于研究者的学院身份、关切之心而成为一种“历史整体性”的言说和良好的愿望，不过，如果以更为客观的心态进行冷静的“换位思考”，上述行为在那些一贯“我行我素”的诗人、一贯质疑新诗乃至呼喊“新诗死亡论”者眼里，究竟会存有几分价值呢？或许，在遭遇这样的“质询”之下，对于新诗抱有热情的人只有沉默不语，退避三舍?!

由世纪初诗歌现象的争鸣，回顾新诗的历史，不难发觉：所谓质疑的声音事实上由来已久。新诗的“历史问题”一直由于其传统、标准及其多义性而具有自身的复杂性和层次感。不但如此，这一“历史问题”不断在某一时期的自然呈现，也决定它一直与新诗的历史相伴相生并极易产生自我缠绕的“圈套效果”。鉴于这样的历史前提，本文选择从“新诗概念”这一最为本质的内容出发，并期待在“今天化”的立场上，回应一些问题。

一　新诗概念的“历史化”

在当代文化视野内谈及“诗歌”（而不是“古诗”或某某朝代的

诗歌）总会遇到这样的问题：我们所说的“诗歌”其实就是指新诗。在这一视点下，新诗的历史总被先验地“认可”，然而，随之而来的问题则是同一时期仍在进行的旧体诗、词创作究竟处于怎样的地位？同样可以被纳入“诗”范畴的歌词创作又将获得怎样的认识？毋庸置疑地，在上述实际含有二元对立模式的认知下，“对抗”旧体诗、词被人为地赋予了新诗的实践者和支持者，但面对几岁孩子常常能将李白等诗篇脱口而出的事实，或许，那些以诗歌研究为己任的人会感叹良深。“如何正确地对待新诗”？在诗歌“生存”步履维艰的年代，早已不仅仅是一个写作的问题，它在具体实践的过程中至少还应当包含传播与接受的过程。以这样的眼光审视新诗，所谓“危机论”“死亡论”，或许从来就不在新诗的外部环境，而只来自新诗内部的环境构造。

“诗歌”当下的“身份模糊”，使新诗概念问题即“何为新诗”必将以历史的形式呈现出来。由此联想到1998年，王光明先生曾提出的以“现代汉诗”取代含混的“新诗”概念的“尝试性”主张——

> 现代汉诗作为一种区别于古典诗歌的文学型态，意味着正视中国现代经验与现代汉语互相吸收、互相纠缠、互相生成诗歌语境，反思“白话诗”运动、“新诗”运动的成就与局限，从自发走向自觉的诗歌建构活动。它与现代中国小说、现代中国散文等文学型态学概念相近，但为了避免将现代诗等同现代主义诗歌的习惯所指，又略有区别。这不是一个具体的诗歌文类概念，或许它仍然是一个过渡性、临时性的概念，但这个诗歌型态学概念有利于我们面对经验与语言的真实，纠正“新诗”发展中的历史偏颇，以诗的本体自觉和语言自觉，走向成熟的现代诗歌美学和形式美学建设。①

对新诗概念特别是其所指部分的确认，必将成为一种“历史化”的“合力行为”。或许，约定俗成的“新诗”已不再是问题的关键，新诗

① 王光明：《中国新诗的本体反思》，《中国社会科学》1998年第4期。

需要的只是在日新月异的时代面前完成一个“自足的过程”——在这个颇具几分“认识型”①倾向的“过程”中，新诗必须要至少回答如下两个问题：其一，是自身存在的合理性；其二，是如何从更为具体的诗歌内部元素出发，建构并证明其合理性。

如果只是从字面来看，“新诗”一词的出现会早于今天观念上的“历史”。比如，在回顾历史的过程中，梁启超在《饮冰室诗话》中就曾指出：“当时所谓新诗者，颇喜挦扯新名词以自表异。丙申（1896年）、丁酉（1897年）间，吾党数子皆好此体。”② 这种提法将“新诗”追溯到19世纪末，然而，此时的“新诗”不外乎加入大量新译的名词，却并未彻底地摆脱形式的束缚。因此，无论是黄遵宪倡导的“我手写我口，古岂能拘牵”（《杂感》）、“废君一月官书力，读我连篇新派诗”（《酬曾重伯编修兼示兰史》），还是梁启超在《汗漫录》（即《夏威夷游记》）中以更为引人瞩目的“三长”，即“新意境”“新语句”“古风格”而提出的“诗界革命”主张，都仅仅局限于“旧瓶装新酒”的层面上。在没有从根本上触及诗歌的形式与语言等元素的前提下，上述内容只是更为醒目地表现了古典诗歌体制的危机，并昭示着真正之“诗界革命”的到来。

作为白话诗创作与倡导的第一人，胡适的功绩当然远远超过“尝试”二字。但与其终生坚持的实验主义精神相比，胡适其实并未给身体力行的白话诗以明确的界定。结合胡适《尝试集》“自序”的主张，即“我们认定文学革命须有先后的程序：先要做到文字体裁的大解放，方才可以用来做新思想新精神的运输品”③，和其多年后回忆时强调的“白话文学的作战，十仗之中，已胜了七八仗。现在只剩一座诗

① 本文使用的“认识型”，主要参考了［澳］J. 丹纳赫 T. 斯奇拉托 J. 韦伯《理解福柯》一书中的说法，即“认识型”可以指代“围绕特定的世界观和话语组织起来的历史时期，而且这些历史时期只能通过这些世界观和话语得以解释”。见该书刘瑾译，百花文艺出版社2002年版，第193页。

② 梁启超：《饮冰室诗话》，《饮冰室合集》“文集之四十五”，中华书局1989年重印版，第40页。

③ 胡适：《尝试集》“自序”，欧阳哲生编《胡适文集》“9卷”，北京大学出版社1998年版，第82页。

的壁垒，还须用全力去抢夺。待到白话征服这个诗国时，白话文学的胜利就可说是十足了，所以我当时打定主意，要作先锋去打这座未投降的壁垒：就是要用全力去试做白话诗[①]。"胡适的"白话诗"实践更多应当作为白话文运动的重要组成部分而出现的。在"工具论"与"审美论"之间，胡适明显是选择了前者。由此联系到胡适在早年一篇关于"什么是文学"的文章中，指出"文学有三个要件：第一要明白清楚，第二要有力能动人，第三要美"[②] 的说法，就可以明白：胡适的文学主张其实并不能解读中国古代那些优美、含蓄的作品，同时，也无法涵盖风行于20世纪世界范围内的现代主义文学现象，这种长于浅白、说理，"作诗如作文"的主张，不但在《尝试集》的艺术性方面得到证明，而且，也在后起的现代派诗人那里得到了"是最大的罪人"[③]，即诗与散文界限不甚明了的指责。

很难说，胡适的身份及其如上的主张对于后来的白话诗写作产生了怎样的影响，但在其初期，刘半农《我之文学改良观》、康白情《新诗底我见》等著名文章，都更多倾向在改变形式和如何作法上提出建设性的意见，却着实体现出一种建设性的眼光。不过，在"解构传统"的年代为破坏的"形式"设定几条规则，显然无法遏制写作即是创新的浪潮。新诗的概念早已被先验地认同为打破语言和形式后的一个必然过程，胡适开创和奠定的新诗革命的新传统和规模至今仍属于一个持续的过程，或许是新诗常常呈现"非诗化"倾向的重要原因。新诗"散乱无纪"的局面在20世纪20年代，遭遇来自诗歌同行的挑战，"新月派"之"三美"主张，象征主义直接以"朦胧"和"暗示"向前辈诗人的"发难"，都暗含着新诗建设的内在需求。然而，正如新诗的"唯新情结"本身也是一柄"双刃剑"一样：新诗在解构古典走向现代的同时，也以现代性的焦虑解构了自身作为一种文

---

① 胡适：《逼上梁山》，《中国新文学大系》"建设理论卷"（影印本），上海文艺出版社2003年版，第19页。

② 胡适：《什么是文学——答钱玄同》（其写作时间考证为1920年10月14日），欧阳哲生编《胡适文集》"2卷"，北京大学出版社1998年版，第149页。

③ 穆木天：《谭诗——寄沫若的一封信》，《创造月刊》1926年第1卷第1期。

体所固有的完整性尺度和判断，所以，这一“唯新情结”就极有可能造成对传统同时也是对自身的“双重伤害”。

在著名的《三叶集》中，郭沫若曾提出“诗 = （直觉 + 情调 + 想象） + （适当的文字）”的公式，这种强调生命律动和浪漫情感的写作方式既是诗人泛神论观念的体现，也是诗人想象诗歌应当不受任何桎梏，从形式上彻底摆脱旧诗精神和诗体束缚的必然结果。从某种意义上说，在几千年旧体诗物化后的状态即律诗、绝句成为人们观念意义上的“诗”之后，郭沫若的提法丰富了胡适以来的诗歌理论建设，但主观的抒情毕竟不能使新诗在认知意义上显现“自身的特殊性”，这一点，一旦将郭沫若激情雄浑的《凤凰涅槃》和韵致平缓的《天上的街市》两相比照之后，便不难发现：“古典”（意境、节奏、韵律上的）潜在的力量仍然是新诗挥之不去的传统。郭沫若之后，部分创造社诗人在接受象征主义的基础上，曾提出“（情 + 力） + （音 + 色） = 诗”[①] 的公式。这一现象的出现，可以说明外来文化的启示，同样是新诗写作、新诗概念问题的另一重要资源。20 年代中期以后日趋革命化的趋势，使包括诗歌在内的一切文学都逐渐从审美的自然属性中剥离出来，诗歌日益彰显的功用意识、革命倾向，不但淹没了艺术上亦步亦趋的探索，同时，也同化了多少诗人和理论者安于探索的心境。不但如此，那种在特定时代的“二元对立”和“阶级属性”的标准也造成了一种人为的“压抑感”。此后，也就是传统文学史意义上的“从文学革命到革命文学”的转变完成之后，新诗的探索尤其是概念的定位总是为“喜闻乐见”“大众化”等关于诗歌接受的内容所取代。进入当代以来，唯一可以从概念角度研讨新诗的或许只能举何其芳的“诗是一种最集中地反映社会生活的文学样式，它饱和着丰富的想象和感情，常常以直接抒情的方式来表现，而且在精炼与和谐的程度上，特别是在节奏的鲜明上，它的语言有别于散文的语言。”[②] 但以区别的

---

① 王独清：《再谭诗——寄给木天、伯奇》，《创造月刊》1926 年第 1 卷第 1 期。

② 何其芳：《关于写诗和读诗》，《何其芳全集》“第四卷”，河北人民出版社 2000 年版，第 267 页。

角度拓展新诗的"范畴"，同样无法揭示属于诗歌本体的特质。而此后的历史，不断修订出版的文艺理论教程也仅局限在从"诗"的角度给予定义，这一概括显然无法获取时代性的认同①。

二　面向新诗的历史与现实

世纪初关于新诗传统的再度争鸣②，"新诗标准问题"的讨论，必然极易回到传统、语言、形式的"窠臼"中去，而其最终本质的呈现又必将是"传统/现代""东方/西方""文言/白话"等古老的命题。在进行大约一个世纪的写作实践之后，我们在所谓晚近诗歌文化事件和"好诗主义"的呼求中，终于能够体味的东西其实一直与"他者的眼光"，即传播、接受等因素密不可分。这表明：新诗的概念以及对新诗的理解一直处于模糊的状态。由于迟迟无法建立起相对的认识标准，自然也无法形成长期稳定的创作心态和一大批鉴赏有素、数量相对稳定的接受群落。所以，对诗歌的创作与鉴赏始终无法达到本体和美学层次的境界，这种完全源于内心随意冲动特别是直接经验的写作与阅读，在很大程度上连创作主体的历史性认同都无从获取，自然也无法获得大众的广泛阅读与接受。

"新诗的概念"在经过历史的梳理之后，不难发现：在"写作"与"命名"之间，20 世纪中国诗人无疑是选择了前者。时至今日，对于一个多年在诗歌领域从事研究的人来说，如果直接问询"什么是诗?"或许会是一件让人感到尴尬的事情。显然，举例的方式并不是概念新诗的办法；同样地，"分行的自由体"也依旧停留在诗歌的外

---

① 比如，陶东风在联系文艺学学科研究现状基础上，就曾尖锐地指出："以群的《文学的基本原理》把诗歌的特征概括为'饱含着丰富的想象和感情'、'集中地反映社会生活'、'语言精练而形象、有鲜明的节奏和韵律"。十四院校的《文学理论基础》把诗歌的特征概括为'最集中地反映现实生活'、'具有强烈的感情和丰富的想象'、'语言精练准确'、'有强烈的音乐性'。在 1990 年代出版的其他文艺学教材中，关于诗歌的'特征'依然还是这几句话。可见这些教科书对于诗歌的特征的概括可以说是'高度一致'、如出一辙。而稍稍书写一点诗歌史的人都知道，诗歌的特点已经并正在发生极大的变化。"见陶东风《当代中国的文化批评》"导论"，北京大学出版社 2006 年版，第 6 页。

② 关于"新诗有无传统的论争"，主要是指由 2001 年第 1 期《粤海风》上发表的《新诗究竟有没有传统？——对话者：郑敏、吴思敬》而引起的论争。

在层次上。尽管，经过一个世纪的沉积，“新诗”是否为诗，可否继续存在，已经在符合“自然”逻辑的前提下，无须争辩了，但是，对新诗的概念问题进行有目的性的确定，却需要给予历史的反思。即使这一行为本身仍旧处于相对的状态。中国新诗必须在自己的生存语境中进行有效的阐释和“画地为牢”，其现代想象、现代经验的传达也必须在相对于古典诗词的前提下，另建属于自己的交流体系，才能获取生存的合理性。由此再次回顾历史，胡适在《逼上梁山》一文中援引中国文学体式的流变和杜甫、白居易等大诗人白话作诗，虽然为新诗找到了使用白话媒介的依据，但其白话诗实践却由于时间和个体的客观限制，而并未给白话诗在诞生瞬间获得更多合理性、合法性的有效支撑。因此，如果仅就新诗概念和艺术的角度着眼，我们可能会更倾向于当时与胡适通信的朱经农、任叔永的说法①，同样也会在今天诗人兼理论家身份的叶维廉、郑敏等对胡适的指责面前思忖良久②……而新诗在胡适手中诞生的必然性与偶然性相结合的“历史诡计”，就在于只有将属于艺术层面的新诗置于思想史和文化史的脉络中，才能凸显其豁然开朗的历史意义和价值。

新诗写作的现状，要求我们必须同意这样一个较为苛刻的判断：新诗在相当程度上是以白话的通俗取代了文人高雅的形式诗，这在事实上生动地表征着新诗“存在的权利”。新诗概念层次的问题，正如同其历史的发生、发展一样，从初期白话诗就遭遇“卫道士”的攻击，到50年代以政治的形式自上而下的“新民歌运动”进行历史的“重写”，再到世纪初“新诗传统论争”中“你能确切地说出汉语新诗与散文、小说本质性的不同吗?”、“你认为汉语新诗在语言和艺术上，内容和形式上如何传承中国几千年的古典诗歌的传统?”③ 直接的质

---

① 见《新文学问题之讨论》中胡适的《答朱经农》、《答任叔永》，《新青年》1918年第5卷第2号。

② 见叶维廉《文化错位：中国现代诗的美学议程》，《中国诗学》（增订版），人民文学出版社2006年版；郑敏的《世纪末的回顾：汉语语言的变革与中国新诗创作》《中国诗歌的古典与现代》，《文学评论》1993年第3期，1995年第6期。

③ 郑敏：《关于诗歌传统》，《文艺争鸣》2004年第3期。

问，都反映出新诗本身在无法为自身正名之前面临的历史性困惑。新诗创作的历史，甚至还包括新诗一直缺乏体制、型态的持续性，都构成了新诗自身的历史传统。只不过，面对体制无法相对确立起来的历史，特别是文学迅速泛化、不断为文化兼容的今天，新诗概念问题同时也是接受过程中的确定性指数，会人为地降低与流于表面。

难道重返古典或者一味指责五四文学革命的历史真的能够解决当前的问题？这种在世纪初"新诗有无传统"争鸣中作为"问方"一面的态度，或许只能被理解为关切之深而产生的切肤之痛。当然，承认新诗的合理性进而确定其概念自然不能仅仅停留在仍在进行的历史。同样地，新诗历史的合理性也绝非否定、对立古典诗歌及其现时创作的原因。文学进化论自然有力地推动了包括新诗在内一切文学革命的发展，但文学进化论未必可以证明后来的文学一定高于前代文学。"夫文体递变，非必如物体之有新陈代谢，后继则须前仆。譬之六朝俪体大行，取散体而代之，至唐则古文复盛，大手笔多舍骈取散。然俪体曾未中绝，一线绵延，虽极衰于明，而忽盛于清；骈散并峙，各放光明，阳湖、扬州文家，至有倡奇偶错综者。几见彼作则此亡耶。"① 钱钟书这段对文学进化论的清醒认识，说明新诗一切问题思考的起点只能是新诗自身特别是今天的现实和立场。对于当下势头迅猛、早已告别沉重历史记忆的"70年代"、"80年代"甚至"90年代"出生的一代诗人而言，其创作在可以进行的一刻起就宣告了其主观认知上的合理性或曰"这就是新诗"；即使由此向前推演，所谓"图像诗"以及90年代出现的一些近乎反写作式的文本，也很难被业已历史化的、教科书式的概念进行规范。面对铺天盖地的网络写作和各行其是，"卡通诗"和文字游戏都可以在称其为新诗的过程中强行进入诗坛和读者的视野。这一切只能说明：当代文学的日新月异以及后现代式的生命还原已经使许多问题无法在纯粹的学术层面上得到解决，挽救新诗和设定其概念的只能是此刻的时空状态，再者就是今天之前已然沉积的历史。

---

① 钱钟书：《谈艺录》（补订本），中华书局1984年版，第28—29页。

新诗独有的历史决定对新诗一切内涵的认识都必须从主体认识的角度上展开，这一点，对于今天重建新诗的标准和概念尤为重要。新诗的历史是必然的，但新诗的历史是坎坷的。面对新生事物不断填充和文学革命的浪潮，包括诗歌固有的一切僵化的、自然审美的层面都将在涨破中体现为一种功用意识，因此，附着于20世纪中国新诗中的现代性追求就是我们过去的历史存在。以诗人李金发在1934年答复杜格灵问题时指出的："诗是一种观感灵敏的将所感到所想象用美丽或雄壮之字句将刹那间的意象抓住，使人人可传观的东西；它能言人之所不能言，或言人之所欲言而未言的事物"[①]，以及穆木天背负国仇家恨后所言的"形相→语言→诗歌。这可以说是一个诗歌的公式"，"对于我们，诗歌，就是一种表现感情思想的，极直接的，极紧缩的形式。它要在我们的生活经验的断片中，用极紧缩的力量，把主题，表示出来，它要把我们生活中的情绪，极直接地，传达出来，它要政治的，时事的问题，极敏感地，反应出来，它要是能成为可以朗读的，可以歌诵的。这样的文艺体裁，我们就可以称之为'诗歌'"[②] 为例，新诗只有在确定立于艺术真实、心灵真实和意识形态等特定的背景下，才可以完成自身的想象边界。而在这个极富变动性和相对性的背景下，对写作进行适当的分类、加以定语和明确基本的创作方法、抒情方式、风格特征并反之亦然，依然是感受新诗这一文体的重要内容。

三　当下语境的概念再识

在关于世纪初诗歌道德伦理的争鸣中，"真实"曾作为一个"关键词"涉及诗人的创作和读者的接受。可以肯定的是，以纯粹的道德伦理内容与诗歌进行叠加，并不能为诗歌意义上的"道德伦理"带来多少有效的"因子"。"诗歌的道德伦理"而非"诗人的道德伦理"，归根结底只能从作品自身得出。反思百年新诗走过的道路，能够感人的诗作，无论从属于何种创作手法，都必将以"真实"为出发点，而

① 转引自潘颂德《中国现代新诗理论批评史》，学林出版社2002年版，第209页。
② 穆木天：《怎样学习诗歌》，生活书店1938年版，第43、54—55页。

后达到传统美学意义上的善、美层次。由这一点审视新诗的创作以及如何上升为一种变动性、时代性俱存的"历史概念"，语言、形式不断转换和"称之为诗"的前提，就在于诗人写作时的心灵镜像以及读者接受过程中的共鸣为诗。唯于此，新诗才能获得一种道德标准并由此找到概念化、理念化的依据。

想来，在多年处于模糊状态的认知模式下，新诗"概念问题"的反思应当在属于新诗内部质素规范下引入观念和想象的成分。作为一个真正意义上的诗人、鉴赏者，我们自然承认同时也必然承认每一人的写作权利，但这并不等于我们承认每一个人的写作都是诗，进而轻易承认一个诗人的身份。1985 年之后的当代中国新诗，轻易成为一个诗人并以此身份而自居，将俗不可耐的语句进行分行排列就称其为诗，确实是一个普遍的现象。反思已有的写作，一些诸如"流水账"、毫无艺术提升以及不加审视的"身体书写"，都在连基本的散文随笔写作都够不上的前提下进入诗坛，这在进入 90 年代直至当下，文体的兼类越来越明显的时代，自然十分不利于新诗的体式、标准特别是概念问题的建构。上述内容为作为主观意义上的"读者"提出的要求，实质是学养、难度层次的问题，同时，也是对那种片面理解后现代时期写作基本底限和盲目因袭的一种自然回应。一般来说，进入 90 年代以来"转型期"和"文学边缘时代"之后，文学的边缘化和不景气会使诗歌这类高雅写作在队伍自然分化、整合以及生存焦虑面前，走入艺术的"清醒"和"自觉"的阶段，但在文学认知年代早已发生变化的时代，文学观念依旧局限在小说、散文、诗歌、戏剧的传统分法阶段，无疑会和进入网络时期后的当代中国诗歌"泛滥成灾"具有同样的效果。在妄图通过制造一个又一个热点而掩饰自身"失势"的情势下，从诗歌本体和审美层面进行探讨，本身就是一件难以想象或至少是不合时宜的事情。

至此，新诗的概念问题终于在"历史"（新诗传统）、"时代"（变动性）和"观念"（写作主体和接受主体）层面上获得了可供参考的内容。在完成现代性意义上的认识和评判基础上，新诗的概念问题以及标准必然是一个相对的、主观层面的观念。但仅仅以填充而非整理、提升的方式进行所谓的“取道救诗”和不可确信的流派宣言，结果只能使新诗的本质内容日趋渺茫和虚无。也许，在这样一个前提下，新诗究竟取名为何必将是一个不断历史化甚至无关紧要的问题，它只要坚守几个基本层次就足以实现自己的生存权利。为此，我们能够完成的或许只能是颇具几分“现代”意义的再审视与再建构。

新诗的概念问题应当是在“具有内在结构、节奏”的基础上，实现“阅读时获取潜在境界和情感想象”的一种不断处于变动性状态的文体形式。这在实际上涉及新诗写作的客观性和主观性两个层次，至于其目的则是传达现代生活的真实和经验的复杂。为何形式灵活多变的骚体诗和后来的宋词会被认为是中国古典诗歌的源头和流变的结果？除了历史的原因之外，关键还在于其诗歌的结构以及可以吟唱的节奏、韵律。当代新诗应有的音乐性已经由于现代汉语的变化很难完全从所谓押韵的角度进行调整，至少，在更多的时候，这种音乐性的追求已经为现代流行歌词所取代，不过，这一点，倒从侧面证明了诗歌本身可以从“内在的结构和节奏”[①] 方面考虑诗歌本身的形式问题。新诗必须在完满情感上、语词美感和富有时代气息的基础上，从属于“诗”的层面上建构自己的形式。而在这个基础之上，新诗的书写者必须通过词语和意象的组合，适应整体性结构的过程中实现自身的文体结构。现代诗歌的发展，已经使诗歌最终退守于“语言、形式”的领域中。新诗必须可以让读者在反复阅读后可以找到其“内在的结构”，而此时所谓“内在的结构”至少应当是在从属于诗的基本条件下达到内容与形式的统一。

与“内在的结构”相对应的，是新诗在阅读上获得某种凝练的、境界般的阅读感受。无论怎样兼容各式文体，诗歌的特殊性仍然要区别于其他体裁。在这一逻辑下，审视后现代以来文学的零散化特征，

---

① 关于这种说法，作为一种传统资源，可以参阅郭沫若在《论诗三札》中提出的“自然流露说”和“内在韵律说”；郑敏的《诗的内在结构——兼论诗与散文的区别》。而作为先期的研究，也参考了笔者的文章如《反思与重建——论百年新诗文体建设中存在的问题与重构的可能》，《社会科学研究》2006 年第 3 期；张立群、张桃洲《关于新诗格律化和音乐性问题的对话》，《中国诗人》2007 年第 3 期。

最终的目的不是解构一切，而是在符号化的过程中切近此时此刻，并由此完成近乎文学源出时代的“无言的逍遥”。那种毫无功利意识、目的意识的堆砌也许最符合“生命之诗”的范畴，但“无言”的诗意却始终应当以“希声”和“无形”的面目出现，并在其具体程度的表现上审视艺术层次的高低（对于历史上以及现在仍在进行的由于重大主题进行的诗歌集体创作、集体朗诵，只能以现实主义、朗诵的方式予以审视，而其主题性却从不掩饰其真实性）。

在基本廓清新诗概念的基本问题之后，可以引申的是：世纪初越发引人瞩目的网络诗歌，必须要经过甄别才能以诗歌的层次予以界定。网络诗歌当然有优秀的篇章，而在具体发表的过程中，所谓纸面正式出版刊物也存在人为的问题，但无论从网络写手的心态，还是实际效果，从网络“皈依”到纸面正式发表，无疑是网络诗歌发展的现时途径。这一现象说明，事实上本身就包含着写作权利如何实现以及写作从萌芽逐渐走向成熟的过程。由此可以推导的则是：任何一种文学形式的概念始终是源自那些艺术层次较高作品的再提升，而那些本身已然加上定语的诗歌写作，是否也可以和严肃意义上的“散文诗”一样，在具体纳入新诗范畴中得到条分缕析和层次排列呢？

总之，在文化泛化和所谓后现代的形式实践中，新诗的概念只能以知识谱系的方式完成自己的“认识型”——新诗需要在不断比较和延伸中完成自身及其概念的历史建构，尽管，现代性的评价本身也同样是一种历史的限制。唯有从多义性、多层次、多角度等方面认识新诗，才能解决具体语境下闪现的暂时性问题。或许，在我们此刻明确新诗模糊概念的时刻，此刻的新诗已经发生了新的变化，这本身使一切关于新诗的确定性解读都变成“在路上行走”的过程。当然，作为一个“历史性”的话题，新诗概念问题本身的开放性也决定可以从多侧面去阐释。本文只是在世纪初诗歌现象争鸣和反思新诗历史的基础上，提出了一些想法，而作为更有说服性的论证，必将证诸更为广阔的历史！

第二十二章　中国新诗经典化问题论析

作为21世纪中国诗坛一道重要的风景，“新诗经典化”论题自生成之日起，便引起了研究界和创作界的关注。时至今日，仍有为数众多的诗人、研究者以不同形式致力于其研究、实践与推广，不断推出冠以经典字样的年选、年鉴等选本与合集。“新诗经典化”不仅是一个课题，还隐含新诗研究视域拓展的契机与文学史的焦虑，而围绕此展开的新诗评价、认同与发展，则是一个整体性的问题。

一　新诗经典化的发端

如果仅按照严格的字面起源角度看待“新诗经典化”问题，较早以此为论题进行的研究可从2006年算起。是年7月，笔者的《缪斯的熔铸——关于新诗经典化的几点思考》一文发表于《艺术广角》第4期；9月，《江汉论坛》发表“‘新诗经典化’研究”笔谈，刊载吴思敬《一切尚在路上——新诗经典化刍议》、王珂《新诗应该适度经典化》、张大为《新诗经典化：后经典时代的经典建构》共三篇文章，围绕新诗经典化问题展开的探讨由此拉开了帷幕。之后，围绕新诗经典化的探索集中于学术论文、诗歌选本、诗歌研讨会和纪念活动三个主要方向且彼此之间时常处于相互交融的状态，并在某些特定的年份如2017是新诗诞辰一百年得到凸显。新诗经典化问题虽为新诗研究带来了新的角度和场域，但就知识发生和观念演变的角度看待，却是中国文学特别是中国现代文学经典问题整体发展的结果。新诗经典化是中国文学经典研究的一个具体分支，是现代中国文学经典问题的重要组成部分，同时也是其不断深化，由整体走向局部的结果。其意识的萌生与若隐若现可以追溯到20世纪90年代甚至更早的时间。在此过程中，西方经典理论的引入、传播和接受，本土研究者的回应、转化以及如何为我所用，都对新诗经典化论题的诞生，有着重要的意义和推动作用。

结合已有的文献，可以看到新诗经典化问题的发生与发展，主要沿着两条主线发展。其一，是裹挟于西方文学经典研究观点的引入与本土的回应与转化的进程之中。自1993年9、10月间，荷兰著名学者佛克马应邀到北京大学进行为期一个多月的讲学，提出文学的“经典”以及西方和现代中国文学“经典”构成的历史发展等论题之后，文学“经典”的概念便与汉语中的同一词语（汉语义多指“传统的具有权威性的著作”）在相互比照的过程中逐渐开始为本土一批敏锐的批评家所使用，并集中体现在中国现当代文学的视野之中[①]。1996年10月，谢冕主编的《中国百年文学经典》（10卷本）在海天出版社出版；同年12月，谢冕、钱理群主编的《百年中国文学经典》（8卷本）在北京大学出版社出版，这两套丛书（均有诗歌卷）进一步引发了学界对于“经典”的关注。1997年8月至10月间，《文艺报》相继刊发了一系列关于文学经典的文章，推进了关于文学经典问题的讨论。是年底，人民文学出版社开始陆续出版10卷本的“红色经典”丛书，重印五六十年代一批革命历史题材小说（包括《保卫延安》《林海雪原》《暴风骤雨》《太阳照在桑乾河上》《山乡巨变》《风云初记》《平原枪声》《新儿女英雄传》《吕梁英雄传》《野火春风斗古城》），该丛书在此后数年间曾多次再版重印并使“红色经典”一词得到广泛的传播。其后，童庆炳、黄曼君、陶东风等一批知名专家学者在重要学术期刊上发表关于文学经典研究的文章，使之成为学界共同关注的课题。2005年5月27日至30日，由首都师范大学文学院文艺学学科、北京

---

① 此次讲学的内容，后列入“北大学术讲演丛书”（第3种），以佛克马、蚁布思讲演《文学研究与文化参与》，俞国强译的形式，于1996年6月在北京大学出版社出版第一版。值得指出的是，该书曾于1997年12月第二次印刷。此外，从日后文学经典研究参考文献可知：“北大学术讲演丛书·7”即斯蒂文·托托西讲演《文学研究的合法化》（马瑞琦译，北京大学出版社1997年版）一书，也因涉及文学经典而被学界多次援引。

师范大学文艺学研究中心和《文艺研究》编辑部联合主办的“文化研究语境中文学经典的建构与重构国际学术会议”［International Conference on Canon (Re-) Formation in the Context of Cultural Studies］在北京召开，来自中国、美国、德国、新西兰、澳大利亚、英国、新加坡、荷兰等国家和地区的专家学者70多人，就共同关注的“文学经典”问题展开了热烈而富有建设性的讨论。2006年4月26—28日，由中国社会科学院文学研究所、《文学评论》编辑部和陕西师范大学文学院共同主办的“文学经典的承传与重构”学术研讨会在陕西师范大学隆重举行；同年10月28—30日，由中国社会科学院文学研究所、《外国文学评论》杂志社和厦门大学文学院共同主办了“与经典对话”的全国学术研讨会，与上述三次会议相一致的，是《文艺研究》《文学评论》《文艺争鸣》《天津社会科学》等重要学术刊物以专题的形式刊发会议有代表性的论文，进而推进“文学经典”的研究……在世纪初数年间，“文学经典”迅速成为学界研究的“热点”和共同关注的话题，不仅推动了文学经典理论问题的探讨，而且还逐渐呈现出向各体文学、各个时期文学创作与文学现象拓展的趋势，而有关新诗经典化问题的研究也正是在这一背景下出现的。

其二，是缓释新诗本身的文学史焦虑、落实新诗自身的经典作品。新诗经典化问题研究显然还与新诗本身的处境密切相关。随着90年代文学市场化时代的兴起，诗歌逐渐从往日文学精英的地位滑向边缘，诗坛也开始在反思过往之余呈现出一种焦虑意识：从1993年第3期《文学评论》刊载诗人郑敏3万余字的长文《世纪末的回顾：汉语语言变革与中国新诗创作》，进而掀起了一场“关于传统与现代”和“文化激进主义和文化保守主义”的论争①，到《星星》诗刊于1999

① 郑敏文章发表后，在1994年《文学评论》上，先后刊登一批文章，围绕此文展开争鸣。这些文章包括：范钦林：《如何评价“五四”白话文运动——与郑敏先生商榷》，《文学评论》1994年第2期；郑敏：《关于〈如何评价“五四”白话文运动〉商榷之商榷》，《文学评论》1994年第2期；张颐武：《重估“现代性”与汉语书面语论争——一个九十年代文学的新命题》，《文学评论》1994年第4期；许明：《文化激进主义历史维度——从郑敏、范钦林的争论说开去》，《文学评论》1994年第4期；沉风、志忠：《跨世纪之交：文学的困惑与选择》，《文学评论》1994年第6期。

年1月发起、持续一年的“下世纪学生读什么诗？——关于中国诗歌教材的讨论”，再到2001年第1期《粤海风》刊登郑敏和吴思敬的对话《新诗究竟有没有传统?》，掀起“新诗有无传统”的论争，人们可以明显感受到一个世纪文学的结束和年代的整体感给诗界同人带来的影响，而在其背后，则是新诗面向辉煌古典诗歌时名家力作匮乏以及难以掩饰的底气不足。是以，当“经典”成为学界共识性话题之后，新诗似乎更加期待借助其建构自己的结构序列：《诗刊》编辑部选编的《中华诗歌百年精华》（人民文学出版社2002年版）、杨晓民编著的《百年百首经典诗歌》（长江文艺出版社2003年版）、王富仁主编的《20世纪中国诗歌经典》（北京师范大学出版社2004年版），等等，均显示了自身在编选过程中的经典意识和物化追求。新诗需要经典之作来确证自己的身份、地位、成就以及合法性，尽管结合具体的历史、秉持客观的立场，这样的渴望与实践有些操之过急，但一旦从主体角度和来自诗歌内部的危机意识加以考虑，则不难发现这种焦虑又是合乎情理的。

综合以上所述，我们不难得出所谓新诗经典化是文学经典理论话题与中国文学结合和逐步深化的结果。它既隐含着当代人对于文学历史最高认知、获得稳定性评价的理想，同时也不可避免地在呈现古今之异和进行肯定式指认的过程中带有个性化色彩。它虽为中国现代文学经典研究的一个具体维度，但一经形成，便和自身独特的历史紧紧地结合起来并由此开辟出一个新的领域，而其与中国现代文学经典之间的互文和张力也由此表现出来。

二　面向新诗的“经典”

尽管在新诗经典化问题研究的过程中，研究者都不同程度同时也是不可避免地谈到“经典”“新诗经典”之类的话题，而确定新诗经典也是新诗经典化问题研究的重要目的，但从研究的整体情况来看，无论从标题还是具体内容，论及“新诗经典化”的比重高于“新诗经典”的结论是成立的。如果将以上所述的现象归纳为使用“如何经典”比“何为经典”的方式或曰思路更适合目前新诗经典研究的实际，那么，我们是否会更为深刻地理解课题本身乃至21世纪以来诗歌批评的发展呢?

在多年前书写的《缪斯的熔铸——关于新诗经典化的几点思考》一文中，笔者就曾在第一部分“关于新诗经典的一般标准”中借用已有的成果对新诗经典进行过界定。不过，即使时至今日，也仍清晰地记得当时界定过程中的力不从心——

> 一般而言，经典总是通过这样两种方式予以确立的：即从实在本体论角度来看待经典，经典就会被视为因其内部固有的崇高特性而衍生出来的“第一流的”、“公认的、堪称楷模的优秀文学和艺术作品，对本国和世界文化具有永恒的价值”的一种文本实体；而从关系本体论的角度来看待经典，那么，经典则常常被视为是一个随着时间的变迁而逐渐被确认的过程，是一种需要不断在阐释中获得生命价值的存在……
>
> 当然，将经典置于不同的文学视野和文学体裁之后，又会产生更为细致的确定标准。以本文所要讨论的新诗为例，作为一种文学体裁，新诗经典的确立无疑同样是一个历史化的过程。同时，从广义的角度上讲，它也无疑应当具有“思、诗、史”的经典特征，即“第一，在精神意蕴上，文学经典闪耀着思想的光芒。它往往既植根于时代，展示出鲜明的时代精神，具有历史的现实的品格，又概括、揭示了深远丰厚的文化内涵和人性的意蕴，具有超越的开放的品格。第二，从艺术审美来看，文学经典应该有着‘诗性’内涵。它是在作家个人独特的世界渗透下不可重复的艺术世界的创造，能够提供某种前人未曾提供过的审美经验。第三，从民族特色来看，文学经典还往往在民族文学史上翻开了新篇章，具有‘史’的价值。”[①]然而，新诗乃至诗歌本身毕竟是一种独特的文学体裁，而在这方面，“诗人”与“作家”在概念上的既可相互联系，又可并行不悖的历史事实似乎也正在说明诗歌本身可以具有的独树一帜的地方。于是，我们在充分确认广义文学经典的标准之外，还应当注意到：诗歌特别是新诗的经典还应当具有

自己的一些特征，而这些特征往往是其他文学体裁所不具备的。

首先，从接受美学和新诗自身形式而言，新诗还应当具有适合阅读，能够为广大读者所接受的特点。……其次，新诗必须在充分反映时代气息，现代汉民族语言发展现状的基础上成为经典。①

通过“文学经典”推导“20世纪中国文学经典”，再到“新诗经典”并进行适度的补充，“新诗经典”是一个借助相关理论、以解说形式完成、在参考和比照中得到的概念，它并不具有原发性和原创性。而从更深层次去看待这种归纳，则缺乏历史的积淀、没有更多公认的经典作品予以支撑以及由此产生的自我存疑。相比较而言，新诗“经典化”的提法就没有这样的负担。“经典化”不必过分纠结于概念，而只强调一个过程、一种状态。一个“化”字意味着可以将理想中的“经典”交给时间和历史，与经典之“性”源于某种内在的本质不同的是，前者是流动的、变化的、在历史进程中完成的；而后者则是具体的、固定的、稳定的。通过文本呈现出来的“经典”需要充分的历史化，而经典与经典化的意义正是在这样的比较中显现出来，“经典化”的提法和角度更适合新诗的历史，由此进入问题会更加自由、从容和灵活。

也许只有如此，我们才可以真正理解洪子诚的判断：“于我们来说，对新诗史，特别是在处理当前的诗歌现象上，最紧要的倒不是急迫的‘经典化’，而是尽可能地呈现杂多的情景，发现新诗创造的更多的可能性；拿一句诗人最近常说的话是，一切尚在路上。”② 鉴于新诗历史时间短，公认的经典需要历史的积淀，我们不必非要以产生经典的方式看待其历史，同时，也不必非要以经典化的标准要求新诗。是以，做些具体的研究、呈现复杂的内容，有助于我们深刻了解新诗

---

① 张立群：《缪斯的熔铸——关于新诗经典化的几点思考》，《艺术广角》2006年第4期。其中，文中的注释①的出处为：黄曼君：《回到经典重释经典——关于20世纪中国新文学经典化问题》，《文学评论》2004年第4期。

② 洪子诚：《〈新诗三百首〉中的诗歌史问题》，《新诗评论》2005年第1期。

的历史。不过，从长远的眼光来看，上述行为同样可以归结到历史化与经典化的逻辑之中。无论怎样，在历史化的进程中，以经典化的方式认知和记录历史是必然的，也是必要的。经典化追求反映了人们对于文学历史的基本期待和认知态度，在此过程中，与之相关的追求与建构从来都是相辅相成的。

考虑新诗经典的特殊性和经典化的流动性，在探讨新诗相关话题时，以动态描述显然远比概念的界定更具说服力。鉴于在已有的研究中，许多论者曾借助西方文论以“恒态经典”和“动态经典”论述中国新诗经典化，或以“诗歌经典”和“诗歌史经典”（或曰“时代经典”）加以考察可以取得同样的效果[①]。笔者以为：在新诗经典化研究过程中，以层级和状态的方式区分两种经典是必要的，也是可行的。“恒态经典”（static canon）与“动态经典”（dynamic canon）源于加拿大学者斯蒂文·托托西于90年代中期到北大讲演后整理出的《文学研究的合法化》。其中，“恒态经典”主要指“神圣化的文本，教学机构课程表上的高雅文学”；“动态经典”主要指“试图通过文学体系的保留节目，将自己确立为创作原则的某种文学模式”[②]，两者均针对英语加拿大文学的实际并具有普遍意义。与之相比，“诗歌经典”和“诗歌史经典”虽不具有很强的理论性，但却更为直观地指向了新诗：“诗歌经典与诗歌史经典是作为百年新诗经典的一个较为突出的现象而提出的”，“诗歌经典”的“经典”取意于文学经典，强调的是经典的本义；而“诗歌史经典”则指任何一部中国新诗史在书写过程中出于对历史真实的记录，无法回避的诗歌作品。“诗歌经典”在艺术成就上高于“诗歌史经典”，“诗歌史经典”寄托着向“诗歌经典”过渡的趋势，是两者之间的内在规律之一[③]。

---

① 使用“恒态经典”和“动态经典”的文章，可以吴思敬《一切尚在路上——新诗经典化刍议》，《江汉论坛》2006 年第 9 期；罗振亚《百年新诗经典及其焦虑》，《文艺争鸣》2017 年第 8 期为例。使用“诗歌经典”和“诗歌史经典”的文章，可以张立群《缪斯的熔铸——关于新诗经典化的几点思考》，《艺术广角》2006 年第 4 期为例。

② 斯蒂文·托托西讲演：《文学研究的合法化》，马瑞琦译，北京大学出版社 1997 年版，第 43 页。

③ 张立群：《缪斯的熔铸——关于新诗经典化的几点思考》，《艺术广角》2006 年第 4 期。

无论是“恒态经典”与“动态经典”，还是“诗歌经典”和“诗歌史经典”，其出场和有效性显然只能依据新诗的历史。在谈论新诗经典问题时，我们必须要将其和中国诗歌的历史联系起来，而在此之前，古典诗歌辉煌的成就和悠久的历史早已使之拥有了大量的经典作品并形成了文化传统。在古典诗歌强大的身影之前，新诗作为中国诗歌的晚近阶段，在存在时间和历史沉积方面均难以相提并论。这是谈论新诗经典化问题必须要面对的客观存在，同时也可以成为探讨所有晚近文学经典必须要面对的事实。它不仅再次证明了使用“经典化”作为论题的意义，而且还充分说明历史长短以及参照系统在经典生成中的作用。新诗经典化是一个复杂而又特殊的问题，其必然要面对古典的事实和正在进行的特性，决定其只能依据自身业已完成的历史，而无法过多依靠理论的助力和概念的涵盖与归纳。

三　理解新诗的经典化

何谓新诗经典化？就主观来说，新诗经典化是在时间发展过程中人们渴望凝结出经典的意愿，寄托着人们对于诗歌艺术恒久的、稳定的和最高的追求，而在其背后则是人们对于审美艺术和历史的尊崇以及个体生命的“短促且姗姗来迟”[①]。就客观来说，经典化是一种实现，借用斯蒂文·托托西讲演中的说法，即为“‘经典化’（canonized）意味着那些文学形式和作品，被一种文化的主流圈子接受而合法化，并且其引人瞩目的作品，被此共同体保存为历史传统的一部分”。而进一步解释即为经典以及经典性是由多个因素共同作用而成的。作为一个复杂的过程，“经典化产生在一个累积形成的模式里，包括了文本、它的阅读、读者、文学史、批评、出版手段（例如，书籍销量，图书馆使用等等），政治等等。”[②] 当然，在具体生产和实现中，新诗经典化实现的方式是多样的。以文学史无法绕开的1919年、

① ［美国］哈罗德·布鲁姆：《西方正典：伟大作家和不朽作品》，江宁康译，译林出版社2005年版，第21页。

② 斯蒂文·托托西讲演：《文学研究的合法化》，马瑞琦译，北京大学出版社1997年版，第43—44页。

1949 年、1958 年、1978 年等特定年份为例，诸如白话诗的诞生、“新民歌运动”、“朦胧诗”等，显然与文学历史新阶段的开启有关，而其背后则是社会、政治、文化因素为主导。以郭沫若的《凤凰涅槃》、徐志摩《再别康桥》、戴望舒《雨巷》、卞之琳《断章》等耳熟能详的篇章为例，文本艺术性、时代语境、阅读与传播以及课堂教学等因素又起到重要作用。而以近年来颇受诗界关注的穆旦的诗作为例，研究的深入、批评的推动与“再发现”又扮演了重要作用……经典的生成是多个因素合力的结果并在具体实现过程中有一到两个因素的作用凸显与突出，经典化的程度则取决于传播的深度和广度，这使经典必须要最终经过读者阅读、传播才能实现自身的经典性。

结合新诗历史可知，今日之经典作品在特定时代语境下由于种种原因不仅无法成为经典，还成为批判的对象；而还有一些作品则是特定时代的经典，而在今日早已不再被视为经典作品。上述现象表明新诗经典由于文化语境等原因具有鲜明的时代性和可变性的特征。“经典的确立从来就不是一个纯粹的文化问题，与之相关的还有对经典确立的历史环境及其需要。”[①] 世纪初数年关于“新诗经典化”问题的研究，由于视点晚近的原因，难免带有当下语境的色彩。在消费文化语境下，“新诗经典化”一方面由于大众参与意识很容易泛化、很难完全从纯粹的艺术性角度去衡量和界定；另一方面，则是许多诗歌以外的成分如媒介、趣味、文化政策以及传播方式等对于诗歌标准、写作和鉴赏产生影响，使经典在人云亦云的评价和认知中难以稳定、标准模糊，而新诗公共话语空间的日益萎缩又加重诗歌界对于诗歌经典的焦虑，进而使经典化问题在动态化过程中不够稳定，呈现“流动”甚至是被解构的状态。

这样的语境在某种程度上与“经典化追求”形成了反比逻辑：经典需要时间的沉淀和认知的历史，这使得在晚近的历史谈论经典难免常常会厚古非今。与此同时，谈论当代经典就变成了一件带有危险性的事情，但越是没有标准、价值多元的时代就越容易使人产生关于经

① 孟繁华：《新世纪：文学经典的终结》，《文艺争鸣》2005 年第 5 期。

典的焦虑。但无论怎样，经典肯定是具有原创性和陌生性的，这是其成为经典的前提，同时也是其实现经典化过程的资本。“一部文学作品能够赢得经典地位的原创性标志是某种陌生性”；“经典的陌生性并不依赖大胆创新带来的冲击而存在，但是，任何一部要与传统做必胜的竞赛并加入经典的作品首先应该具有原创魅力”①。当然，在正向肯定经典和经典化的逻辑之余，我们也必须对此做复杂化的考量。在新世纪“新诗经典化”研究中，还有一种观点值得关注，此即为关于新诗的“去经典化”的论断。在结合徐志摩《再别康桥》、戴望舒《雨巷》评价之命运沉浮的同时，吴思敬就曾在文章中指出——

> 实际上，就新诗而言，一部分经典的生成过程往往伴随着另一部分经典的“去经典化”（Decanonization）过程。经典的意义是相对的，经典的权威性、典范性在一定阶段内是稳定的，但放在一个较长的历史阶段中，也处于变动不居之中。从读者来说，不同时代的读者的艺术眼光与审美趣味会有变化，评判诗歌的标准也可能发生偏移，这自然会影响到他们对经典的认同与选择。从批评家来说，他们的阐释也往往受到社会权力和时代的制约，在不同的历史语境中，随着权力的更替和时代的变迁，文本中的曾被遮蔽的意义可能会被重新发现，而原来充分彰显的意义则可能变得隐晦起来，于是一些未被前人看好的作品成了经典，而原先被目为经典的作品则消褪了光环。有些经典文本甚至经历了发掘——埋没——再发掘的曲折过程。②

“去经典化”作为一个相对的过程，虽从另外的角度呈现新诗经典的时代性与可变性，但如果换个角度思考，它却更为复杂地反映了“经

---

① ［美］哈罗德·布鲁姆：《西方正典：伟大作家和不朽作品》，江宁康译，译林出版社2005年版，第3、5页。

② 吴思敬：《一切尚在路上——新诗经典化刍议》，《江汉论坛》2006年第9期。值得指出的是，在多年后接受《姑苏晚报》记者刘放采访时，吴思敬再次重申类似的观点，见《新诗经典化的过程崎岖而漫长——吴思敬访谈录》，《吴思敬诗学思想研讨会论文集》，2012年。

典”与“诗歌史经典”之间的关系。当我们确认何为经典的同时，也就确认了关于经典的标准，并由此将许多作品排除在经典的范畴之列。而一旦如此，我们极有可能会忽视掉一部分作品，因为个体的阅读时间和阅读量毕竟有限，而不能让人反复阅读、体味直至称颂的作品永远无法成为经典，是以，“去经典化”虽是一个“淘汰的过程”，但它却告诉我们新诗经典化建构过程同样是一个解构的过程，在此过程中，发现和解读并由此获得更多人的认可同样是至关重要的。

四 新诗经典化的实现之可能

在2019年6月完成的博士学位论文《中国当代新诗经典化问题研究》中，著者吉林大学博士王文静曾这样写道——

> 文学经典及其经典化问题是学术界始终关注的热点。中国新诗尽管已走过百余年，但是相较历史悠久的古体诗歌，中国新诗面对的价值低估和经典性质疑是无法回避的事实。特别是在中国当代文学发展的波峰浪谷之中，新诗的价值更是受到学理和“非学理”的质疑和否定。就百年中国新诗来说，现代新诗经典的确立及其经典性的合理性在近年来的研究中逐步获得认可，而当代新诗的经典性问题则仍颇具争议。正因如此，当代新诗经典化问题讨论的深入地展开，一方面是对目前新诗研究的一种深化和补充；另一方面，当代新诗“经典性”问题的提出，也是确认当代新诗价值、接续中国诗歌美学传统的一条路径。深入新诗经典化问题的研究既考察我们对诗歌传统和经典传统的认同与借鉴，同时也对新诗未来的发展道路具有指引意义。①

这是目前就新诗经典化研究问题意义和价值最直接同时也是最全面的概述，其将古典诗歌、现代诗歌、当代诗歌的经典性置于一个序列之

---

① 王文静：《中国当代新诗经典化问题研究“摘要”》，博士学位论文，吉林大学，2019年，第1页。

中，也有利于新诗经典化特别是当代诗歌经典化研究的展开。“新诗经典化问题”是文化研究语境或曰后经典时代下对于文学经典问题的一次重新思考，在其背后，是文学尤其是当代文学尚未（其实是永远）充分经典化和文学标准多重性的重组与重构以及现实可能性的探求：“经典”如何进入各级教科书和文学教育秉持何种标准选择“经典”；现当代文学史对于自身经典如何书写与评价；通俗文学与畅销书可否成为经典并由此实现经典的重构；还有大众审美趣味如何影响经典以及经典作品改编成影视后如何“再经典”等，应当说，今日探讨的经典以及为此采取的类别和层级划分其实是“退缩”的结果，它隐含着对传统经典或曰纯粹经典的解构，但这种行为或曰策略又是我们今日探讨经典必须要面对的事实。

究竟怎样才能实现新诗经典化？这个远比以归纳新诗经典具有怎样特性更有意义的问题，客观上要求我们必须从新诗的实际出发并凸显某种责任感。首先，从诗歌研究的角度，研究者应当有发现的眼光和能力，通过重新发掘、拣拾诗歌历史上有价值的作品为新诗经典化注入新的内容。同时，新诗研究者必须对新诗历史化有充分的认识，历史化意味着许多有价值的作品会随着历史的发展显现其价值并拥有新的阐释空间。新诗研究者当然还对新诗各级教材的篇目选择、文学史书写和教学负责，经典需要反复阅读，而反复阅读的前提在于新诗教学的引导并形成口耳相传的趋势。其次，是诗人的自我提升与理想建构。没有对真、善、美的追求，对生活和生命的深刻理解，是无法写成好诗的，自然无法达到经典化的程度。鉴于谈及诗人创作总无法回避当代的话题，后经典消费时代的诗人更应当坚守一种关于诗歌的道德伦理，在处理时代、生活、艺术、人性与诗歌的关系中，实现诗歌动态经典向恒态经典的转化，见证历史、叩问生命。再次，建构一种公共交流空间，推动诗歌的良性传播。回顾新诗的历史，各时代的选本、诸如“青春诗会”的诗歌活动、各类诗歌评奖和学术会议，都对诗歌经典化产生推动作用。当代诗歌应当在拓展公共交流空间中强化自身与时代的对话能力，在突破圈子固有界限中增加自身的阅读空间，形成经典化的趋势。最后，新诗经典化还应当同文献史料整理结合起来，并将自己的视域扩展到华语诗坛。这样的思路和实践不仅有助于诗歌的经典化，更有助于扩容诗歌经典化的区域和受众度，并将不同地域背景读者的接受充分纳入进来。

“没有经典的时代”并不意味着我们时代的诗歌一无是处，同样，“没有经典的时代”也并不意味我们时代诗歌艺术的退步。相反地，“没有经典的时代”恰恰为经典破土而出铺平着道路。回顾中国诗歌的历史，未产生经典的时代远远超过新诗的历史其实并不少见。正视这样的前提有助于人们不必过于为新诗经典作品少和新诗经典化过程而焦虑，并以平静舒缓的心态专注于诗歌本身。事实上，我们对于诗歌正在进行的每一项工作都在建构新诗历史化和新诗经典化的图景、编织着关于新诗的艺术秩序，在此前提下，正视新诗的经典化问题，对其做客观、全面、复杂的思考，会使我们以一种动态的、宽容的眼光认识这一恒久的命题，并最终做出合理的判断与行为实践。

第二十三章　中国当代诗歌史写作现状考察

由于本章的目的是在描述近30年间中国当代诗歌史书写现状同时，考察其观念演变、成就及不足等相关问题，所以，在具体个案选择时仅以较为标准的“中国当代诗歌史”文本为主①。作为文体意义上的一类中国当代文学史书写，业已成书出版的中国当代诗歌史已接近20部。对比当代小说、散文、戏剧和影视，当代诗歌的文学史书写在数量上遥遥领先，确实会出乎很多人的意料。是源于专业研究的渴望，还是源自记录历史的冲动？中国当代诗歌史以其具体实践，为我们提供了相应的课题，而如何以客观、合理的方式梳理其进程，呈现“写史之必要”，本身就是一个值得探索的问题。

一　“史”的追溯

如果按照时间对中国当代诗歌史进行分期，那么，20世纪90年代的中国当代诗歌史共有6部。自1991年2月，吴开晋主编的《新时期诗潮论》于济南出版社出版后，中国当代诗歌史写作便拉开了自己的帷幕。之后，李新宇的《中国当代诗歌潮流》（山东大学出版社1993年版），洪子诚、刘登翰合著的《中国当代新诗史》（人民文学出版社1993年版），黄子建、佘德银、周晓风合著的《中国当代新诗发展史》（成都科技大学出版社1993年版），张德厚的《新时期诗歌

---

① 所谓“标准的‘中国当代诗歌史’”，主要指置于中国当代文学史之内的诗歌部分，不在本章的考察之内。

美学考察》（北京大学出版社 1995 年版）以及张德厚、张福贵、章亚昕合著的《中国当代诗歌史论》（吉林人民出版社 1999 年版）相继出版，构成了 90 年代中国当代诗歌史的基本格局。在短短的数年间，就有多部中国当代诗歌史诞生，充分显示了这项工作拥有的坚实的“物质基础”。除了稳定的写作队伍之外，作为一个需要长期积累才能完成的工作，中国当代诗歌史写作显然经历了多年的准备，才逐渐进入人们的视野。从李新宇《中国当代诗歌潮流》和洪子诚、刘登翰的《中国当代新诗史》的“后记”中，我们可以清楚地看到两部诗歌史的写作在 80 年代中后期就已经基本完工，而从写作到出版，一些外在的因素如出版等，对中国当代诗歌史会产生影响同样是我们在考察其进程时需要注意的。

与 90 年代相比，21 世纪第一个十年堪称 30 年中国当代诗歌史写作的“成熟期”。这一时期诞生的诗歌史主要包括李新宇的《中国当代诗歌艺术演变史》（浙江大学出版社 2000 年版）、於可训的《当代诗学》（湖南人民出版社 2000 年版）、程光炜的《中国当代诗歌史》（中国人民大学出版社 2003 年版）、刘福春撰《新诗纪事》（1949—2000 年部分，学苑出版社 2004 年版）、吴尚华的《中国当代诗歌艺术转型论》（安徽教育出版社 2004 年版）、洪子诚、刘登翰的《中国当代新诗史（修订版）》（北京大学出版社 2005 年版）、刘福春的《中国当代新诗编年史：1966—1976》（河南大学出版社 2005 年版）共七部。经历 90 年代的初步探索，21 世纪第一个十年的中国当代诗歌史写作随着时间的延伸，治史观念发生了很大变化，研究对象更为明确、集中。而像李新宇、洪子诚与刘登翰在多年后“重修”诗歌史，自是有很多新的体验和感受。“确定修订的范围是：一、补写 80 年代后期以来，中国大陆和台湾诗歌的状况，包括诗歌现象，艺术发展趋向，重要诗人的写作等。二、增写香港诗歌和澳门诗歌的有关章节，这是原来计划中却没能完成的部分。三、根据我们目前的认识，调整、压缩、修订原来不当、冗赘的部分，改正资料上的错讹。”[①] 洪子诚、刘

① 洪子诚、刘登翰：《中国当代新诗史》“修订版序”，北京大学出版社 2005 年版，第 1 页。

登翰在《中国当代新诗史》“修订版序”中所言的内容，可作为“成熟期”中国当代诗歌史写作进步的写照。

2010年之后的中国当代诗歌史写作作为“第三阶段”，主要包括林贤治的《中国新诗五十年》（漓江出版社2011年版）、张立群的《阐释的笔记：30年来中国新诗的发展（1978—2010）》（辽宁大学出版社2011年版）、吴思敬主编的《中国诗歌通史·当代卷》（人民文学出版社2012年版）、刘福春主编的《中国新诗编年史》（上、下两卷中的1949—2000年部分，人民文学出版社2013年版）、吴思敬主编的《20世纪中国新诗理论史》下卷（即当代卷，人民文学出版社2015年版）、张桃洲的《中国当代诗歌简史：1968—2003》（中国青年出版社2018年版）、谢冕的《中国新诗史略》的“当代部分”（北京大学出版社2018年版）以及程光炜的《中国当代诗歌史》（中国人民大学出版社2019年版）、李润霞与薛媛元编著的《中国当代诗歌史编年纪事（2005—2015）》（南京大学出版社2020年版）等。这一阶段的中国当代诗歌史写作可称为“深化期”。其主要表现是诞生了更为丰富、具体和个性化的当代诗歌史；众多诗歌史家更关注从更为广阔的文学视野去探索中国当代诗歌史写作的可能与进路；当代诗歌史的写作下限已抵达21世纪第一个十年，诗歌创作与诗歌史之间书写与被书写的关系较为紧密，诗歌史写作的经验积累也更为丰厚。

除上述中国当代诗歌史之外，从20世纪90年代至今，还有罗振亚的《中国现代主义诗歌史论》（社会科学文献出版社2002年版）、王光明的《现代汉诗的百年演变》（河北人民出版社2003年版）、罗振亚的《20世纪中国先锋诗潮》（人民出版社2008年版）、张新的《20世纪中国新诗史》（复旦大学出版社2009年版）值得关注。这些诗歌史中的“当代部分”在整体上可以作为中国当代诗歌史进行考察，但由于著述本身侧重点不同，其涉及当代诗歌时史的脉络并不完整，因此可视为较为特殊类型的文本。值得补充的是，在30年间，还有诸如苗雨时的《河北当代诗歌史》（中国戏剧出版社2003年版）式的“区域性当代诗歌史”，这类著述同样是中国当代诗歌史的重要组成部分，只是从整体范围考察时，其典型性程度需要进一步甄别。

二 相对繁荣的原因

结合绝大多数读者的印象，当代诗歌在进入90年代之后似乎正逐渐滑向边缘，沦为小众化、圈子化的文学活动，其影响力也由于阅读和接受等原因正日益减弱。但在另一方面，我们必须看到的是：当代诗歌史的写作数量却远远超过同时期其他文体的文学史，并在文本质量上同样取得令人瞩目的成就，这种呈现于创作与文学史书写之间的矛盾或曰非同步倾向，自是有其耐人寻味之处。至少，它提示我们必须要思考当代诗歌史写作相对繁荣的原因。

在笔者看来，中国当代诗歌史之所以取得了相对突出的成绩，主要与以下四个方面有关。这四个方面虽有主次和先后之分，但当诗歌史写作进入相对成熟阶段，其历时性特点正逐渐为共时性所取代。其一，就研究主体来说，是拥有一批有激情、有理想、有传统的研究队伍。“在我们这个以诗神为尊的国度里，历史上曾出现过许多诗的繁荣时期，为我们留下了丰厚的诗的遗产。这是我们古老而伟大的中华民族所创造的灿烂文化的一部分，它引起了全世界的瞩目。它使我们倾倒和陶醉，为我们提供了若干诗美的享受和诗艺上的借鉴。新时期诗歌，从总体上看，正是继承了我国古老诗歌特别是‘五四’新诗的优良传统而发展起来的，同时，它又是对我国古典诗歌和‘五四’新诗的一种超越。那震惊中外的天安门诗歌运动，挽救了中国新诗，曾使我们激动万分……”① 吴开晋在其主编的《新时期诗潮论》“后记”中的这段话，很能说明诗歌史书写与其写作主体之间的情感与认知关系。应当说，诗歌在中国各体文学创作中享有的地位，是许多研究者对其保持持续热情的重要原因之一。当然，对于不同研究者，其个体经验表现也有所不同。以洪子诚、刘登翰的《中国当代新诗史》的写作为例，早在1958年大学二年级时候，因接受“编写一部中国新诗史的任务”，使其后来大半人生里，“几乎都和诗、和中国新诗史的研究结下不解之缘”，“但这也是我们一块耿耿于怀的心病。年轻时候感染

---

① 吴开晋主编：《新时期诗潮论》，济南出版社1991年版，第367页。

着时代风潮的冲冲撞撞，所知不多却偏要褒贬臧否的作为，在使我们惭愧之余，常常渴望能有所弥补、纠正。于是，重写一部新诗史便成为我们旧埋心中的愿望[①]。”弥补过往的遗憾、面向当下，也是中国当代诗歌史具体写作的内因之一，只不过，在缓释情结之余，多年前的实践和多年来的夙愿，也同样形成一种“传统”。

其二，就思维方式而言，研究者的整体性思维和内在超越机制在一定程度上对诗歌史写作起到了促进作用。尽管运用诸如细读的方法进行作品分析也是诗歌研究的一个方面，但诗歌篇幅相对短小、精悍决定了诗歌研究者习惯使用整体性思维展开进路。此时，诗人论、作品论往往是通过融入大量“史”的内容，才更易成为一篇厚重之作，至于现象论、潮流论则更是如此。整体化思维就本质来说，可理解为追求一种稳定的评判，并和“时间的神话”和研究内在的“唯新意识”“当代情结”保持的一致性。“也就是说，刚刚翻过去的新时期诗歌史，对于我们来说，只能是我们这些在90年代的‘当代’人眼中的历史，是为了我们‘当代’和未来才具有了活的价值的历史，才值得我们开动脑筋去思索。因此，本身虽然不是严格意义上的历史写作，却首先应是对近十几年新诗史的严肃考察。目的不是为了单纯复述历史，而是为了展示，预测新诗在90年代乃至21世纪的动向。”[②] 张德厚在《新时期诗歌美学考察》“导言”中的这段话向我们揭示了中国当代诗歌史写作的“另一种可能”。这种有别于小说以叙事为核心的分析方式，很容易和诗歌史写作方式相契合，进而在相互比较、印证中诞生了各种类型的中国当代诗歌史。

其三，史料发掘的意义和价值。此处所言的史料不是广义的、随着当代诗歌写作而积累的史料，而是指具有发现和填补意义上的史料。“朦胧诗”前史即“文革地下诗歌”一直是晚近40年来中国当代诗歌的一个重要源头。对其探索，不仅涉及诗人食指的发现与地位的确认、知青文艺沙龙的影响、“白洋淀诗群”的创作，还包括《今天》的诞

① 洪子诚、刘登翰：《中国当代新诗史》，人民文学出版社1993年版，第546页。

② 张德厚：《新时期诗歌美学考察》“导言”，北京大学出版社1995年版，第1页。

生以及贵州诗人群的活动。从诞生于90年代与21世纪第一个十年几部中国当代诗歌史的写作情况来看，“地下诗歌”史料的发掘和整理显然影响了中国当代诗歌史的书写。以今天广为诗坛所熟悉的刘禾编的《持灯的使者》（该书曾于2001年由香港牛津大学出版社出版，后于2009年在广西师范大学出版社出版）、廖亦武编的《沉沦的圣 殿——中国20世纪70年代地下诗歌遗照》（新疆青少年出版社1999年版）为例：刘禾曾认为《持灯的使者》的编写“代表的倾向是另一类的历史叙事，一种边缘化的文学史写作”，“迫使我们重新思考现代文学史一贯的前提和假设”。此外，刘禾还指出了《持灯的使者》在“强调细节和资料性”[①] 方面的特点。《持灯的使者》呈现出来的特殊性曾受到当代诗歌研究者的关注。洪子诚在《当代诗歌史的书写问题》一文中，概括指出“一些看起来像是文学史料的出版物其实展开的却是‘另一类的历史叙事’，因为它们确立了对文学的另一种历史叙事的规则”[②]。应当说，以《持灯的使者》《沉沦的圣殿》为代表的回忆性史料确然提供了一种特殊的诗歌史叙述，它们的出现与认定，不仅为中国当代诗歌史写作提供了丰富的史料，而且还在填补具体诗歌史写作的同时，以愿景的形式适度改变了当代诗歌史写作。

其四，就当代诗歌本身而言，20世纪80年代转型期诗歌的影响力和当代诗人的“入史情结”或曰“入史焦虑”也在一定程度上影响了中国当代诗歌史写作。20世纪80年代作为中国当代文学的“新时期”，显然对其走向产生了深远的影响。回归文学本身、回到“人的文学”、接续文学现代性传统……这些评价都从不同角度揭示了“新时期”文学的意义。在此过程中，“朦胧诗”引发的启蒙和现代文学浪潮、“第三代诗歌”之于“中国后现代”、女性诗歌的启示与率先垂范、“新边塞诗”之于当代西部文学等，都充分显示了转型时代的诗歌始终走在文学的前列，并对其他形式文体创作的引领。这种巨大的

---

① 刘禾：《持灯的使者》“序言”，广西师范大学出版社2009年版，第5、7页。

② 洪子诚：《当代诗歌史的书写问题——以〈持灯的使者〉、〈沉沦的圣殿〉为例》，《郑州大学学报》2005年第5期。

影响对于诗歌研究者也是一样的。李新宇在《中国当代诗歌潮流》"后记"中的一段话，即"当年猛然崛起的诗歌新潮使正在大学二年级的我异常兴奋，同时也使我非常沮丧。兴奋者一代人的声音已破土而出，沮丧者自己以诗歌做那一代人的代言人的梦想已经破灭。因此，我放弃诗歌创作而转向学术研究，并决定立即撰写一部《中国新诗史》"①。其实很能说明包括"朦胧诗""第三代诗歌"对一代学人的影响。与上述可概括为"诗人"的情况相比，当代诗人往往具有强烈的入史"情结"甚至"焦虑"：当代诗人往往习惯在修改自己旧作同时修改其写作时间，当代诗人更习惯于以争鸣的方式解决诗歌写作的问题，都凝结着较为深远的"历史意识"，而这些问题的提出，也只有放到历史中才能解决。

三　观念的演绎

任何一部文学史都有自己的观念和时代性，任何一部历史都是相对于写作者本人的"当代史"。纵观 30 年来中国当代诗歌史的发展，其治史观念一直随着诗歌创作和自然时间的延展而变化，其写作经验也在不断总结中提升。中国当代诗歌史写作正是在这样的汲取、融合的过程中向前发展，诞生一部又一部属于自己年代的"当代史"，进而显现其创作实绩。

首先，从观念演变的角度上说，30 年来中国当代诗歌史写作明显呈现了告别简单的线性叙述方式和一维决定论，日渐重视中国当代诗歌史的生成与构造方式，以研究的姿态呈现中国当代诗歌发展的复杂性、辩证性与立体感。这一总体概括在具体展开时可从以下三个方面加以论说。第一，从单纯的作家作品分析到诗歌潮流、现象整体把握的转变。对比 90 年代当代诗歌史写作注重作家作品分析甚至将诗人在不同年代的创作，分到不同年代中去书写的"散点模式"，21 世纪之后的当代诗歌史写作越来越强调诗歌潮流的把握和诗歌史叙述的整体性。这种情况的出现固然与随着时间的延展，诗歌史出于自身容量和

① 李新宇：《中国当代诗歌潮流》，山东大学出版社 1993 年版，第 361 页。

叙述的考量，而越写越“精”、对具体现象和创作越写越“薄”有关。但在另一方面，必须看到的是：诗人创作及其地位的评价、年代归属的再确认；新一代诗人的发现与入史；诗歌史结构框架的重新安排等，都是影响史家不断调整文学史叙述策略的因素。为了弥补、掩饰治史者资料掌握和理解力的有限性，同时也是适应当代诗歌越来越长的历史，写作者必然要提炼一些观点，将风格相近的诗人创作进行归类，以论代史。这种策略虽省略了大量具体的细节甚至与真实的历史有不一致之处，但它却能最大限度合理有序地“安排”历史，在整体、有机地呈现当代诗歌历史主流、主要现象的过程中展示史家的主体性，从而为读者留下一个又一个有价值的“文本档案”。

第二，关注诗歌与时代之间的复杂关系，开掘历史讲述多重性与可能性。“在评述这半个多世纪的中国新诗时，本书作者承认有各种不同的诗，各种不同的艺术追求，承认不同的美学风格各有其价值。虽然不赞成诗成为社会政治、伦理道德、文化观念的简单、粗糙的图解‘工具’，却肯定社会政治和现实生活对诗，对诗人有无法回避的影响、制约，诗同样可以表现现实人生中所包容的社会政治内容。也重视诗人把人与社会，人与自然，以及人自身生命的各种因素综合把握、体验的追求。”[①] 洪子诚、刘登翰在2005年修订版的《中国当代新诗史》“引言”中的这段话，是以精简的方式对1993年版《中国当代新诗史》“引言”进行了“修订”，这说明在十余年的时间里，著者一直试图以这样的方式考察中国当代诗歌的历史。同样地，在程光炜的《中国当代诗歌史》中，作者更是开宗明义地申明：“21世纪四五十年代，中国新诗进入了一个特殊时期：它不仅成为文化调整政策的对象，更承担了在这一调整中歌唱与礼赞的使命。政治与文学的关系从没有如此的密切过，文学也从没有如此得心应手地配合着政治的发展。如果离开了对当代中国这一政治、经济和文化现状的深入考察，就不能说真正‘进入’了当代文学；如果忽略了对各种文艺运动思想

① 洪子诚、刘登翰：《中国当代新诗史》（修订版）“引言”，北京大学出版社2005年版，第2—3页。

准则和价值观念的认识，很难说能够透彻了解这一时期诗歌的主题、题材、艺术形式和审美情趣，以及它的历史发展面貌。”① 以上两种迥别于传统意识形态批评方式的介入方式，自是有助于还原历史场景和诗人的生存状态，进而丰富对一首诗、一个诗人及至一段历史诞生的多样性解读与可能性讲述。

第三，弱化使用概念概括的方式、弱化简单的历史分期模式，让诗歌史在回归艺术本位的过程中呈现开放的、发展的姿态。考察 30 年间中国当代诗歌史写作，以诸如“现实主义”“浪漫主义”等术语概括写作并将其置于标题位置；和受到线性时间思维的影响，将 1949 年以来中国当代诗歌划分为若干阶段分开讲述，在中国当代诗歌史初期写作中是时有出现的现象。这一现象的出现，既与治史者观念未及时更新有关，同时也与当代诗歌史还未充分展开有关。随着中国当代诗歌史写作不断深入，这样简单的做法正被逐渐弱化。中国当代诗歌史作为距离今天最近、不断处于变化状态的一类文学史书写，在依靠时间建构自己基本架构的同时也承受着来自时间和持续更新之经验的巨大压力。是以，每一次书写都不可避免地要重新面对历史分期、观点重释等问题。从中国当代诗歌史写作现有演变轨迹看，一些诗歌史从一开始就有意“回避”这一问题。至于像洪子诚、刘登翰的《中国当代新诗史》很早就以“五十年代—七十年代中期”“七十年代后期—八十年代”的分期有意弱化具体的分期时段；程光炜的《中国当代诗歌史》、洪子诚、刘登翰的《中国当代新诗史》（修订版），更是以“当代诗歌的萌生”和“新诗道路的转折”，揭示了当代诗歌史的“源流”、“前史”与起承转合（其分期也是如此）。通过格局和视野的放大，将当代诗歌置于整部新诗史中进行考察，相对弱化具体的文学史分期和僵化的概念，可以以开放的姿态容纳当下的历史并向未来敞开，而诗歌史的写作也由此获得了相对增长的空间。

---

① 程光炜：《中国当代诗歌史》，中国人民大学出版社 2003 年版，第 3 页。

四 “当代”的实绩

在不断融合已有观念和经验的前提下，中国当代诗歌史写作在历史化过程中自是取得了多方面的成绩。其一，是提供了形式多样的诗歌史文本。中国当代诗歌史就其直观上看，已有正史、史论、发展史、通史、诗学史、思潮论、理论史、编年史等形式，但在这些多样化形式的文本后，其实潜含着中国当代诗歌史书写从发生、发展到成熟的过程。如果初期诞生的中国当代诗歌史由于处于起步阶段，多以传统的正史形式为主，那么，21 世纪之后诗学史、通史、理论史、编年史的频繁出场则在形式更迭之余，反映诗歌史研究的内在超越意识。与学术研究不断在求新中寻找增长点一样，写出与众不同的诗歌史显然是每一位撰写者的梦想。而这种想法汇集在一起，自是凸显了中国当代诗歌史的厚度。从张德厚、张福贵、章亚昕合著的《中国当代诗歌史论（1949—1989）》侧重“本书与其说是新诗的一部当代史，莫如说是一部新诗的美学论著，一部当代诗学。为此，我们从历史、文化、美学等多种角度论述，力避以偏概全[①]。”到於可训的《当代诗学》将“当代诗学定位在当代人对于当代诗歌的思考方面，认为当代诗学是当代人对当代诗歌问题思考、探索的理论结晶”的前提下，将“搜集、整理（同时也是阐释、评价）当代人对于当代诗歌问题的思考和探索”作为该书的“基本内容”[②]。再到刘福春的《新诗纪事》、《中国当代新诗编年史：1966—1976》、《中国新诗编年史》（上、下）以传统的“年月日”编年形式、记录所辖时间范围有关新诗创作、评价、出版、活动等史事，注重第一手文献资料的可靠性，客观记述、不做主观评价。中国当代诗歌史在形式方面的探索既反映了其内在演变的轨迹，同时又为当代文学史写作提供了生动的个案、积累了宝贵的经验。

其二，实践了许多具有新意的诗歌史写作方法。诗歌史的写作是

---

① 张德厚、张福贵、章亚昕：《中国当代诗歌史论（1949—1989）》，吉林人民出版社 1999 年版，第 5 页。

② 於可训：《当代诗学》，湖南人民出版社 2000 年版，第 2 页。

在史料搜集和整理的基础上，对特定时代诗歌潮流、现象、有代表的诗人与诗作等予以呈现。这种被普遍接受的写作模式，自是会“形成关于历史骨骼”式叙述结构、完成一种“有用的假设”[①]。但与此同时，我们必须看到的是：研究意义的诗歌史同样也呼唤着新角度、新方法的融入，以促新写作并适应“当代”这一不断处于变化状态的历史。从30年间中国当代诗歌史写作的具体实践来看，确实有几部诗歌史在写法上颇有新意。以程光炜的《中国当代诗歌史》为例，在处理50—70年代“老诗人”写作时就以“不同命运”的思路：“迈入新时代的门槛应该是人生的幸运，但新时代却给他们提出了难以回答的创作命题。而且，有些‘选择’几乎是不容回避的：在新的艺术范式中改变自己的创作风格，让习惯呆在书斋里的心灵，去时代的风云中磨炼摔打；如果无法适应，那只有停止创作。所以，对这些老诗人解放后创作心态和不同选择的研究，不能离开当时的历史环境。尤其应该注意到，在‘革命’与‘创作’之间的矛盾。”[②] 这种可以归纳为心态史的写作方法确然在有别于以往诗歌史泛泛而论的同时，更加生动地走向历史深处。而在洪子诚、刘登翰的《中国当代新诗史》（修订版）中，著者在书写90年代诗歌这一晚近诗歌历史时，为了能够更加全面地呈现诗歌的多样性并不为“知识分子写作”“民间派”写作的概括所束缚，以“诗歌民刊与‘活跃诗人’”的主线推进写作。比如，在具体进入时，著者就通过“《倾向》与《南方诗志》”“《反对》与《象罔》”“《北回归线》与《阵地》”“实验者与《发现》”“‘游离’与‘偏移’”[③] 的补充，尽力全面展示90年代诗歌创作的实绩。上述处理方式虽不完美，却为如何描述晚近诗歌史提供了实践经验。

其三，诞生了“良史”和具有个性化的诗歌史。中国当代诗歌史书写作为一个渐进的过程，在成熟期诞生了程光炜的《中国当代诗歌

---

① ［英］罗宾·科林伍德：《历史哲学的性质和目的》，［英］汤因比等著，张文杰编：《历史的话语：现代西方历史哲学译文集》，广西师范大学出版社2002年版，第182页。

② 程光炜：《中国当代诗歌史》，中国人民大学出版社2003年版，第27页。

③ 洪子诚、刘登翰：《中国当代新诗史》（修订版），北京大学出版社2005年版，第251—274页。

史》和洪子诚、刘登翰的《中国当代新诗史》（修订版）两部公认的“良史”，这一点从两部书出版后学界的评价就可以看到，不必过多赘言。值得指出的是，这里所言的“良史”是一个带有肯定判断的词，同时也是具有相对含义的“概念”。“良史”是比较之后得出的结论，必然会受到时代的制约和检验，正如我们着眼于30年其实会发现每个阶段都有“良史”一样。中国当代诗歌史虽然记录当代诗歌的历史、距离今天很近，但既然是“史”就必然是一个事后行为，就会因为记录的内容而成为一件落后于时代的作品，并有可能被之后的同类书写所超越。从近年来中国当代诗歌史的写作情况来看，如此多文本的诞生在一定程度上使其已处于相对饱和状态，加之进入网络化时代的当代诗歌，按照传统学院派的知识理念也似乎很难找到合适的“抓手”，唯有观念的更新才能应对网络技术对于当代诗歌的“冲击”。当然，这样的背景也使“良史”的程度化更高，具有相对的典型性和代表性，即它们确然在观念与治史方法上达到了一定的水准。除“良史”之外，还有具有个性化的诗歌史。以产生争议的林贤治的《中国新诗五十年》为例：这是一部没有太多史料和注释的非典型的“当代诗歌史”，但其却按照作者主观判断描绘了中国当代诗歌五十年；这是缺少历史脉络、以点带面的随笔式的著述，但又是一部有思想、有个性的“历史”。秉持自己的文化立场，参照俄苏诗歌，林贤治写下了自己理解的历史，它的优点和缺点并存，但从非纯粹学院派写史和探索的意义上，笔者以为《中国新诗五十年》为中国当代诗歌史书写提供了一种前所未有的经验，因此可视为一种独特的收获。

五　问题及其他

中国当代诗歌史在取得实绩的同时，同样也存在一些问题，而思考这些问题或者说总结某些经验，会有利于未来的当代诗歌史写作和研究。

首先，这个问题可从诗歌史的命名谈起。中国当代诗歌史写作目前有“中国当代诗歌史”“中国当代新诗史”两种流行提法，虽仅有一字之差，但内容还是有一定的区别。“新诗史”主要是以新诗为对象，而“诗歌史”则有所不同，因为后者可以将这一时期全部诗歌创作包括在内。一旦涉及这一点，也就触及了中国现当代诗歌史写作的一个症结性问题，即是否将现当代视野内的旧体诗创作包括其中的问题。从约定俗成的意义上说，“新诗史”或是“诗歌史”，一般都不会考虑到旧体诗创作，这是因为作为一个大前提，“新诗史”或是“诗歌史”都是进入现代语境之后的中国诗歌历史，而此时，诗歌等同于新诗是不言而喻的。但这个问题还是值得说明的，如果我们在“新诗史”或是“诗歌史”前言中对此进行说明，可能更有助于我们理解当代诗歌写作及其历史。同时，也更容易处理一些新旧交叉、界限模糊的问题，比如在对于50—70年代的诗歌史写作中，写作者都要面对1958年“新民歌运动”包含的“古典与民歌”和“新诗格律”的问题；而像必然要提及的“天安门诗歌”其实也是一个现代汉语加古体形式的问题。以上问题应当作为写作的背景和内在的资源加以明确，因为它可以深化传统与现实、资源与现状以及内涵与外延的认识。

其次，中国当代诗歌史在写作上还须拓展视野。在已有的诗歌史中，港澳台诗歌书写一直有所欠缺。除洪子诚、刘登翰合著的《中国当代新诗史》，黄子建、佘德银、周晓风合著的《中国当代新诗发展史》，张德厚、张福贵、章亚昕合著的《中国当代诗歌史论》，洪子诚、刘登翰的《中国当代新诗史（修订版）》，吴思敬主编的《中国诗歌通史·当代卷》，刘福春的《新诗纪事》和《中国新诗编年史》以及谢冕的《中国新诗史略》外，绝大多数诗歌史还停留在中国大陆当代诗歌史的层次，这一点，显然有待提升。此外，在已有的诗歌史中，如何处理一些特殊的诗群如“少数民族诗人写作”也是一个问题。以吴开晋主编的《新时期诗潮论》、吴思敬主编的《中国诗歌通史·当代卷》为例，设计“少数民族诗歌”专节，虽有利于突出其写作的特殊性，但如何显示其身份和独特性又随即成为一个问题；将少数民族诗人融入当代诗歌整体视野自是可以作为一种处理方式，但这样又极易将一些写作上有特点的少数民族诗人排拒在外，因此，如何平衡这种紧张感、进行合理有效的安排也是未来写作需要思考的课题。

最后，中国当代诗歌史的叙述还存在倾向单一，不够及时、全面的问题。中国当代诗歌史叙述由于秉持现代性的理路、强调艺术本位立场，往往关注先锋诗潮。以 80 年代以来的诗歌为例：从“朦胧诗”到“第三代诗歌”再到 90 年代尤其以后称之为“知识分子写作”“民间派”写作，历来是写作的主线。这样的思路就客观实际情况来说自是没有太大问题，因为诗歌史本身就是要交代一个时代诗歌的主潮。但在另外一方面，我们必须看到的是：还有一大批卓有成就的诗人，因为写作风格、年龄等原因，会由于过分强调先锋性而被排斥在诗歌史之外。作为一个亲历同时也进行过当代诗歌史研究的人，我觉得像蔡其矫、彭燕郊、任洪渊等一批老诗人，其 80 年代创作上的实绩还凸显得不够；而对于 90 年代诗歌来说，还有很多有思想、有深度、在艺术上有独特追求的诗人，还未进入诗歌史。除此之外，中国当代诗歌史写作还须在还原历史现象时不断拓展视野。依笔者所见：80、90 年代之交的“席慕蓉现象”“汪国真现象”，至 90 年代图书市场对于诗歌的制约与影响，以及“网络诗歌”的书写，一直是 30 年来特别是 21 世纪以来中国当代诗歌史写作“欠缺之处”。这样的判断不是要求我们对这些现象大书特书，而是需要如何处理这些现象甚至是内在的逻辑。应当说，从以“席慕蓉现象”“汪国真现象”为代表的诗歌进入市场化时代，到 90 年代当代诗歌走向市场、位置悄然变化，再到网络诗歌的兴起，中国当代诗歌发生了前所未有的变化，这些变化需要写作者更新思维观念、知识储备，以适应日新月异的诗歌演进史。从未来的角度上说，当代诗歌与社会转型、网络诗歌肯定是我们要面对的问题，因此，如何以一种客观的态度看待当代诗歌的发展和变化，同样是我们需要准备并实践的课题。

从 90 年代中国当代诗歌史处于“并不是重写，而是写”[1]，到 21 世纪以来写作的繁荣直至饱和，中国当代诗歌史展现了文学史书写近乎本质的宿命历程——“文学史的论述极容易过时，过一阵时期就必须重新编写，而且每次重新编写之间的间隔不仅是由研究工作的内在

---

① 子诚：《“重写诗歌史”?》，《诗探索》1996 年第 1 辑。

发展，而且还由现实历史过程中的变化所决定。”① 中国当代诗歌史是一个不断处于变化状态的历史流程，同时又是一个永远充满诱惑的领域。在不断需要有人记录行进历史的同时，治史的观念以及历史的“结构”也在不断发生变化，而优秀的史家也势必要接受这种无形的挑战。在总结中国当代诗歌史写作的实绩与问题时，我们已经看到它还有许多进路值得探索，而其未来的起点也正蕴含其中。

① ［德］瑙曼：《作品与文学史》，瑙曼等著，范大灿编：《作品、文学史与读者》，文化艺术出版社 1997 年版，第 187—188 页。

第二十四章 “诗歌地理”：从命名、批评到理论的建构

就一般情况而言，当代诗歌批评要以发现新话题、命名新事物来维持自身的活力、完成相应的使命，进而为日后的诗歌史研究提供一份具有时代性的文献资料。是以，当新的命名或命题产生之后，如何从学理上落实往往并不是批评本身所关心的，或者说很难在批评的领域中解决。以这里所言的“诗歌地理”为例：自2005年通过一个偶然的契机诞生，十余年间虽不时有研究者提及，且在以各类区域为“界限”或“标准”的多种选本，和各种诗歌刊物（包括民刊）陆续推出的“某某地区诗歌专辑”“某某地区诗人小辑”“某某地区诗歌高地”中此起彼伏。但究其实质来看，仍处于就现象谈现象的阶段，并未得到深入、系统的阐述，呈现理论建构的态势。不仅如此，“诗歌地理”时常“原地踏步”、反复出现，已使其日益局限在狭窄的视野之中。有鉴于此，本文拟采用一种学案式的读法，通过梳理“诗歌地理”及其相关话题的发展史，总结经验、反思过往，进而在丰富这一话题认知的同时，促进其深化与发展。

一 “诗歌地理”的出场

当时为责任编辑的诗人安琪在《诗歌月刊》（下半月刊）在2006年8月推出“诗歌地理特大号”时，她肯定没有想到这期刊物会在日后成为“诗歌地理”话题的重要发端：经过3个月的策划与网络征稿，安琪等从“下半月论坛”的跟帖投稿中选择出以地域为题材的诗

近200首设立“诗歌地理”专栏。随着编辑工作的展开，安琪逐渐意识到“如果没有相关理论支撑的话，本期地理号就是为地理而地理，为诗而诗了”，于是她又临时特约赵思运、北塔、林童、杨四平和张立群，分别撰写关于“诗歌地理”的评论文章，另辟“诗歌地理五人谈”专栏①。这样，本期出刊时创作与理论并存。与之相应的，是中国诗歌学会于同一年主办以“诗与人”为共同理论主题的“2006中国诗歌学术论坛”，此次论坛设定自2006年9月开始相继在长春、兰州、成都举办关于东北、西北、西南三场大型学术研讨会，其内容由于举办地的地域性以及对人的社会性、文化性、审美理性、心理结构等方面的关注，而必然涉及诗歌与地理的命题，因此可作为“诗歌地理”话题诞生的另一背景资源②。

出于对上述两次诗歌活动的“回应”以及对以往相关经验的“总结”③，笔者于2006年年底除了撰写《论“诗歌地理学”及其可能的理论建构》一文外，还曾邀约东北诗人桑克和安琪以访谈的形式进行了“关于‘诗歌与地理’”的“诗对话”（后发表于笔者兼任责编的《中国诗人》2007年第1期）。其中，前者在2007年第1期《星星》诗刊（下半月刊·理论版）刊出后，曾引起南方某位学者的“共鸣”，

---

① 关于这一期《诗歌月刊》（下半月）的诞生过程，本文主要参考了桑克、安琪和笔者进行的“诗对话”《关于“诗歌与地理”》（2006年11月14日），后刊于《中国诗人》2007年第1期。其中，2006年8月号《诗歌月刊》（下半月刊）刊载的“诗歌地理五人谈”专栏中的五篇文章，依次为赵思运的《诗歌中地理文化意象的建构与疏离》、北塔的《天文地理与人文心理的同构与互文》、林童的《诗歌地理与诗人的命运》、杨四平的《21世纪新诗地理学与什么有关》以及笔者的《历史文化与时代心理——略谈“诗歌与地理”的关系》。

② 在笔者《论“诗歌地理学”及其可能的理论建构》[《星星》诗刊（下半月刊·理论版）2007年第1期]和后来罗小凤的文章《“诗歌地理”作为一种传播方式——论新媒体时代的诗歌地理》（《文艺争鸣》2017年第11期）中，都将这次大型学术论坛作为“诗歌地理”乃至“诗歌地理学”出现的重要契机。值得指出的是，在《关于“诗歌与地理”》的对话中，安琪指出策划“诗歌地理专号”时并不知道“2006中国诗歌学术论坛”的召开，因此，“诗歌地理”话题的诞生便具有“共同意识”的倾向。

③ 所谓“相关经验”，主要指笔者于2006年7月开始参与《中国诗人》（办刊地为沈阳）的编辑工作。在2007年前围绕此开展的工作主要有“诗对话”《从北方到南方——与杨克对话》，《中国诗人》2006年第4期；“诗对话”《从诗歌的底层出发》（卢卫平、张立群），《中国诗人》2006年第5—6期。此外，笔者还于2005年担任了《东三省诗歌年鉴（2005年卷）》的编委工作，该书于2005年12月在作家出版社出版。

他认为这是一个值得深入的课题并期待有机会合作、共同完成。然而，许多年过去了，提出所谓“构想”的笔者却迟迟没有找到令人满意的学术进路。尽管在2015年2月，在主客观多方原因的促动下，笔者曾匆促之间编辑了一本名为《新诗地理学》的专著（辽宁大学出版社2015年版）。然而回想起来，《新诗地理学》虽标题新颖、颇富新意，但实际上却是一次煞有介事的行为：将以往写的有关诗歌与地理的文章辑录在一起分为“五编和附论”以至于拼凑痕迹明显；仍然处于就现象谈现象而缺乏理论化的思考，都使其仅停留在“量”的增长阶段，而在十年之后，笔者在思索再三之后仍将《论“诗歌地理学”及其可能的理论建构》一文作为该书的“代序”①，似乎也可以从侧面反映笔者在“诗歌地理”研究上仍处于踟蹰不前的状态。

如果说上述自我经历是受限于个体思维方式和学术积累的结果，那么，“诗歌地理”作为一个全新的话题，在当时还是很快就引起了学界的关注。在发表于2008年第6期《文艺争鸣》上的《经验转移·诗歌地理·底层问题——观察当前诗歌的三个角度》文章中，张清华就将“诗歌中的文化地理”作为观察当前诗歌的一个重要角度。2009年秋，张清华完成了《中国当代民间诗歌地理》初稿的编校工作后，将该书的“序言”稍加修改后以《当代诗歌的地方美学与地域意识形态——从文化地理视角的考察》为题发表于《文艺研究》2010年第10期上。此后数年间，较有代表性的文章可列举梁笑梅的《台港澳及海外华文诗歌的地理学关系思考》（《南京社会科学》2012年第7期）和《当代诗歌有效传播范式中地域文化元素的优势效应》（《暨南学报》2015年第3期），两篇文章分别以空间拓展和传播的角度为“诗歌地理”研究提供了新的内容和角度。较有代表性的编辑实践则主要包括王桂林、赵逋主编的《中国诗歌地理·东营卷》（漓江出版社2014年版）；张清华主编《中国当代民间诗歌地理》（上、下卷，东方出版社2015年版）；李永才、陶春、易杉主编的《四川诗歌地理》

① 该文收录在《新诗地理学》，作为该书“代序”时名为《“诗歌地理学”及其可能的理论建构》。

(四川文艺出版社 2017 年版)；钟世华主编的《广西诗歌地理》(广西师范大学出版社 2017 年版)；北魏主编《新时期中国诗歌地理·安徽卷》(分北卷、南卷，安徽师范大学出版社 2019 年版)，等等。2017 年 1 月 14 日至 16 日，由《文艺争鸣》杂志社与北京师范大学文学院共同主办的“当代诗歌的文化地理与地方美学”研讨会在长春召开。张清华和著名诗人欧阳江河、西川、安琪以及二十余名专家学者参与了此次研讨会①。会后，《文艺争鸣》于 2017 年第 9 期刊发“新诗地理研究专辑”，刊发了欧阳江河的《诗歌地理的逻辑、结构与线索》、西川的《全球化视野中的“诗歌地理”问题》、张清华的《为何要谈论当代诗歌的民间文化地理——关于〈中国当代民间诗歌地理〉所引发的话题》、何言宏的《当代中国民间诗刊的文学文化意义》、何平的《重建诗江湖》、张定浩的《〈中国当代民间诗歌地理〉读后》、傅元峰的《新诗地理学：一种诗学启示》共 7 篇文章，以及张涛撰写的《诗歌文化地理与当代诗歌线性历史的终结——“当代诗歌的文化地理与地方美学”研讨会综述》，此后还有罗小凤的文章《“诗歌地理”作为一种传播方 式——论新媒体时代的诗歌地理》在《文艺争鸣》(2017 年第 11 期) 上刊载。此次会议及其成果拓展了“诗歌地理”研究的视野，深化了一些具体问题，可视为多年“诗歌地理”研究上的一次集中展示。

但在更多情况下，研究意义上的“诗歌地理”仍处于“只见树木，不见森林”的状态；或是为了介绍一个地区诗歌选本的特色，或是评述一个地区诗歌大展的规模与实绩，许多评述性文字只是借助了“诗歌地理”的概念，将其局限于孤立的、狭窄的视域之中，进而简化理解了“诗歌地理”的丰富性、结构性和立体感。是以，在回顾历史之余，我们大致可以作出如下结论：“诗歌地理”作为一个全新的称谓从诞生之日起至今已有 15 年的历史；它已受到诗歌研究界的关注并初步形成了“诗歌地理学”和“新诗地理学”的理论构想。但其存在的问题是至今尚未出现一本较为完备的文献资料整理和一部系统化、

① 关于会议的具体内容，可参见张涛的文章《诗歌文化地理与当代诗歌线性历史的终结——“当代诗歌的文化地理与地方美学”研讨会综述》，《文艺争鸣》2017 年第 9 期。

整体化的理论著述。因此，“诗歌地理”以及“诗歌地理学”、“新诗地理学”研究就存在较大的探索空间，亟待有识之士在充分把握现状、总结经验的基础上深入、整合与完善。

二　内在的逻辑：从资源到现象

“诗歌地理”显然不是一个新话题。正如安琪在回答“为什么想到做‘地理号’？”时曾指出：“原因很简单，从古至今，名山大川、人文景致与诗人关系之密切无须多言，几乎可以说，每个诗人都写过或多或少的地理诗。”[①] “地理”是任何一位诗人成长和生存的环境，是诗人创作的重要经验之源，同时也堪称诗人个体生命与自然交融的重要中介。无论对于中国古代的《诗经》《楚辞》、南北朝民歌、盛唐的“边塞诗派”“山水田园诗”，还是现代诗歌史上的“歌谣化追求”、中华人民共和国成立初期盛行的“行吟诗”以及20世纪80年代一度引人瞩目的“新边塞诗派”和后来所谓的“西部诗”“乡土诗”“城市诗”，等等，从诗歌与地理（地域）关系的角度分析上述现象都不会让人感到意外。“诗歌与地理”的关系是一个常识、一个客观的存在，无须在逻辑上做过多的证明。正因为如此，当这种关系在21世纪初中国诗歌界以“诗歌地理”的面貌出现时，才会让人感到有些出乎意料——“诗歌地理”适时而发肯定有其特定的文化语境和时代背景，才使本不是问题的问题上升至一个话题——明确这样的前提条件，显然对认知“诗歌地理”话题的源流沿革、具体问题研究以及确定其未来发展方向有着重要的意义和价值。

作为一种整体性的描述，“诗歌地理”首先是当代诗歌研究持续向前发展、不断寻找新范式和新领域之内在需要的结果。在此过程中，“诗歌”与“地理”的特定结合，则反映了“地理”及其相关话题可以为诗歌批评与研究提供新的角度进而满足后者持续发展的需要。遵循这样的逻辑，“诗歌地理”的出现可从“盘峰论争”谈起。有标志着世纪之交中国先锋诗坛裂变之称的“盘峰论争”（具体包括1999年

---

① 桑克、安琪、张立群：《关于“诗歌与地理”》，《中国诗人》2007年第1期。

4月的"盘峰诗会"和1999年11月的"龙脉诗会"两个主要阶段)，不仅让人们看到诗歌意义上的"民间"及所谓写作资源和权利上的分野，更为重要的是让很多人深刻体味到当代诗歌创作群体有着"中心"和"外省"的区分并由此营造了某种心理预设。"盘峰论争"之后，一个十分明显的变化是诗歌研究者和爱好者们越来越习惯以非整体化的方式考察、谈论当代诗歌的格局与发展，同时也越来越倾向于以局部的、结构单元化的思路考察某一省份或某一地区的创作实绩，而谈论该省份或该地区的诗歌创作时常常以该地有哪些代表诗人特别是仍处于创作状态的诗人为言说起点，正是这一思路的外化。其次，是网络诗歌的影响。随着网络技术的日新月异，网络诗歌开始出现并为当代诗歌写作开辟出一片广阔无垠的天地。中国本土的网络诗歌与广义的网络文学一样，最初是通过诗歌网站的建立而逐渐形成规模并流布开来。"界限""灵石岛""诗生活""诗江湖""扬子鳄诗歌论坛""诗歌报""女子诗报"等在当时颇有影响的诗歌网站均成立于1999—2002年间。诗歌网站作为一种"民间"的自发行为，不仅可以集中发表、交流诗歌，而且还逐渐团聚出一批较为稳定的诗歌写手和读者群。考虑到当时的网络诗歌写手绝大多数兼有纸媒时期知名诗人的身份，网络诗歌在具体创作过程中从未纯粹、绝对，所以，网络诗歌才更易以一种新的思维方式影响当代诗歌的发展并对"盘峰论争"营造的"心理预设"给予一种技术上的呼应和思维上的强化。再次，"民刊"的意义。"民刊"作为非官方正式出版的"同人刊物"，就其生成过程来看，最易体现一种地方性并聚焦于特定区域的诗歌。无独有偶的是，诗歌"民刊"在"盘峰论争"之后和网络诗歌一样得到了迅速的发展并常有合作之势。"民刊"的地域属性在很大程度上凸显了"诗歌地理"并对官方刊物产生了某种"压力"，从21世纪之后《诗刊》《诗选刊》《星星》诗刊《诗歌月刊》《诗潮》等刊物以及各种年度选本都在不同程度上从民刊上选发作品，恰恰是实现了"诗歌地理"的有效传播。又次，若干诗歌命名与现象的资源提供。世纪初诗坛曾相继流行"打工诗歌""底层写作"以及诸如"70后""80后"等命名，这些借助社会学而得出的命名及现象，是从写作者的身份、地位以及代际、年龄的角度对当代诗歌进行了新一轮的“描述”。相对于“诗歌地理”，其虽是以形象的表达和近乎修辞的手法展现了写作的结构层次、类似的主题以及可能的序列分布，但其强调诗坛构造的特质显然是以结构形态的方式推动了“诗歌地理”并最终成为其研究领域的某个方面。最后，是理论的启示与介入。至少有空间理论、都市文化理论、后现代地理学、文化地理学共四种密切相关的西方现代理论或直接或间接地为“诗歌地理”的发生提供了启示并成为其重要的文论支撑①。这四种理论以“空间转向”为共同点，深刻体现了全球化时代或曰后现代社会阶段“最终的、最一般的特征”，即“把一切都彻底空间化了，把思维、存在的经验和文化的产品都空间化了”②。在此之后，本土学者杨义、梅新林、邹建军、曾大兴等的“文学地理学”③ 研究也为“诗歌地理”研究给予了或隐或显的助力，而

---

① 这四种理论在2003年至2009年之间都有中译本出版，其中，英国学者迈克·克朗的《文化地理学》（杨淑华、宋慧敏译，南京大学出版社2003年版）、美国学者爱德华·W. 苏贾的《后现代地理学——重申批判社会理论中的空间》（王文斌译，商务印书馆2004年版），是已有“诗歌地理”研究文章中援引频率较高的两部。2004年年底，由包亚明主编的“都市与文化研究译丛”开始于上海教育出版社陆续出版，其中有Michael J. Dear（迪尔）的《后现代都市状况》（李小科等译，2004）、Edward W. Soja（爱德华·W. 苏贾）的《第三空间》（陆杨等译，2005）、Edward W. Soja（爱德华·W. 苏贾）的《后大都市：城市和区域的批判性研究》（李钧等译，2006）等多种著述。2007年，由孙逊主编的“都市文化研究译丛”开始于上海人民出版社陆续出版，其中有［法］亨利·勒菲弗的《空间与政治（第二版）》（李春译，2008）、［美］理查德·利罕的《文学中的城市：知识与文化的历史》（吴子枫译，2009）等多种著述。结合这些中译本，不难看出空间理论、后现代地理学、都市文化理论与文化地理学之间的交叉、互通关系。应当说，对于所谓的后现代地理，空间、都市以及文化研究本就紧密地结合在一起。对于具有一定程度理论常识的研究者来说，从亨利·列夫菲尔（即前文提到的亨利·勒菲弗）开启的“空间理论”本就是当代“都市文化研究理论”的源头，从本文在以上所列的具体中译本出版情况来看，也可以证明这一点。

② 詹明信：《晚期资本主义的文化逻辑》，张旭东编，陈清侨等译，生活·读书·新知三联书店1997年版，第293页。

③ 杨义的相关研究主要包括《重绘中国文学地图》，《文学遗产》2003年第5期；《重绘中国文学地图与中国文学的民族学、地理学问题》，《文学评论》2005年第3期；《文学地理学会通》，中国社会科学出版社2013年版等。梅新林的研究主要包括《中国文学地理学导论》，《文艺报》2006年6月1日；《中国文学地理形态与演变》，复旦大学出版社2006年版；梅新林、葛永海《文学地理学原理》，中国社会科学出版社2017年版。邹建军的研究主要包括《江山之助——邹建军教授讲文学地理学》，中央编译出版社2014年版。曾大兴的研究主要以《文学地理学研究》，商务印书馆2012年版为代表。

从线性时间到多维度的空间，由平面走向立体，也正是"诗歌地理"努力追求的重要方向。

以上几方面在具体展开时是以历时性和共时性共同作用的方式促进"诗歌地理"的产生，决定其面貌与走向的。值得指出的是，如果对其进行具体分类，完全属于诗歌层面的内容并未占有很高的比重。之所以呈现这样的局面，是因为"诗歌地理"本身就不是一个单一性话题，它至少包含了诗歌与地理的双向演进、促新和历史的"遇合"。同样地，也正因为如此，"诗歌地理"自生成之日起就具有难以掩饰的"当代性"（实则是流动的现代性）倾向，除了言说者本身具有的当代视野和必然从诗歌现状出发的特点之外，唯有现代语境中的诗歌即新诗，才能从理论到实践上成为其典型例证，并由此顺势产生更为具体详细的"新诗地理学"之类的命名。

三 "诗歌地理"的内涵

与"诗歌地理"的诞生是多重合力共构的结果相比，其诞生之后如何实现自身的良性发展则是另一层面的问题。纵观"诗歌地理"发展历程，新话题的诞生确实在一定程度上丰富了当代诗歌批评并由此拓展出一块新的领地，但如何有效掘进、持续开采却始终是限制其向纵深发展的"瓶颈"。结合已有的实践，我们不难看到在发现"诗歌地理"之后，诗歌界一直存有不求甚解、只是简单制造话题直至望文生义的现象。当然，相对于一些编选者和多家刊物纷纷以"诗歌地理"为标题，或博取眼球，或人云亦云，诗歌理论界应负的责任显然更大些。事实上，"诗歌地理"在登场之际，就呈现了概念先行、界定模糊的态势。除了如上文所述的"诗歌地理"出现的原因至今很少有人进行系统的梳理、总结之外，缺乏积淀和渴望言说的主体心态和批评的诉求，也使其很少在具体使用过程中经过合理性、可行性和准确性的辩证思考，而"诗歌地理"层次不清、所指混乱，不断泛化及至沦为空洞的符号也正是这些问题累积后的必然结果。

综合已有"诗歌地理"研究中涉及的对象，不难看到已有的所谓"诗歌地理"在具体展开时无外乎以下三种主要形态：（一）地理诗，即以地理题材为主题的诗歌；（二）空间上可以划分出来的地域分布，主要是利用现有的地理空间、方位如东部、西部、南部、北部等，表达诗歌具有地理意义上的自然属性和人文意识；（三）地域诗歌群落（含民刊和网刊），指某一地域（空间）的诗人群及创作。其中，“地理诗”是最直观契合“诗歌地理”应有之义的表现形态，其从主题、题材、意象甚至形式等方面着眼也最容易将诗歌中的地理落于实处。与之相比，“空间上可以划分出来的地域分布”和“地域诗歌群落”其实都在不同程度上反映了诗歌具有地理的自然属性和社会属性。只不过前者常常作为一种可感知的观念和理路体现于相关的文论批评中；而后者则更侧重于某一地域有哪些诗歌创作人员与队伍，其以城市或省份为单位展示不同地区诗人创作概况与实绩的初衷，最终呈现的往往不是地理诗而只是诗人的代表作以及人为制造出来的“地理印象”。鉴于人文学科术语在使用上历来无法完全精确，以上所述三方面（尤其是后两方面）在具体运用的过程中常常呈现互换、借用甚至似是而非的现象。除此之外，就“诗歌地理”现有的研究情况，还包括或因书写城乡差别、都市漂泊以及生活迁徙，或因形成一种新的“写作景观”及“地质构造”而得到的某种“诗歌地理”的命名，以上文提到的“打工诗歌”“底层写作”“代际划分”为例，由于其本身已有明确的命名和指向，只是利用了写作本身与地理之间存在某种相关性而实现了一次形象的表达和意义的引申，故此可视为“诗歌地理”的边缘形态，需要在使用过程中作进一步的甄别与选择后举证。

明确“诗歌地理”的表现形态，有助于我们找到合理阐释这一话题的路径。显而易见地，呈现于写作中的地理诗应当是“诗歌地理”研究中的基础同时也是占有比重最高的部分。然而，或许是考虑到新诗史上的相关现象都已被多次言说而略显陈旧，地理诗在已有的研究中往往是一笔带过，并未大力开掘。比较而言，倒是“某某地域”中或“某某空间视域”下的“诗歌地理”成为被提及次数最多的现象，这种平面滑动、各自为营的讲述方式最终造就了“诗歌地理”在不断“分散”的状态中停滞不前、流于表面。

任何一个命名的产生都离不开相应的年代，因为它的产生凝结着特定年代对于命名本身的全新解读。“诗歌地理”作为一个拥有深远历史背景的概念，在21世纪初中国诗坛出现同样也符合这样的规律。它是当代诗歌进入网络时代和“空间转向”之后的一次资源重组和理论重建。之所以强调这些是想说明“诗歌地理”的阐释要始终保持着一种“当代的眼光”，进而完成一种从思维到理论实践的真正转换。唯其如此，“诗歌地理”才不会成为他者眼中的空穴来风和“伪命题”。以“地理诗”为例，依据主题和题材而得出的地理诗至少可以有“城市诗”“乡土诗”“西部诗”“行吟诗”等多个类型；依据形式而得的地理诗则包括各类“民歌体”……上述“地理诗”就命名来看虽然并无新意、都属于过去式的，但这并不影响研究者以新的视点去重释其内涵。应当说，20世纪90年代以来的诗歌由于强调“个体化”、重视“生存倾向”，日益走向独立的空间结构和生活结构，都使人们在分析其“诗歌地理”时拥有不同以往的资源和信息。不仅如此，因为时代语境的变化，诗歌在展现抒情主人公内心世界时肯定也有多方面的新质，由此联系诗歌终究要表达个体情感与生命体验，通过“地理景观→人与诗”与“人与诗→地理景观”的有效、辩证融合，肯定会为“诗歌地理”赋予新的生活意识和情感意识。

“地理诗”还可以包括那些以某一地理名词或地理意象为标题的诗，但作为文学创作，这类作品不宜作绝对化、静止化的理解。正如20世纪90年代以来的“空间转向”催生了文学空间研究的产生，而21世纪之后的“流动性研究”又为“空间转向”带来了新的机遇——“从空间转向中孕育、萌芽、成长起来的流动性转向强调空间的关系性和动态性以及流动性在空间生产中的重要作用。”① 从“空间”和“流动”的角度看待珠海诗人卢卫平的《在水果街碰见一群苹果》《站在48楼看一棵大树》《抛弃城市》《挂念一座城市》；深圳诗人谢湘南的《零点的搬运工》《久病成医的人，心里藏着自己的一幅深圳地图》《写给“边缘客栈”和它的主人》；还有如安琪从福建迁移到北京发现自己前后两种“地理诗”的变化……“流动”不是简单的行吟，而应

① 刘英：《流动性研究：文学空间研究的新方向》，《外国文学研究》2020年第2期。

当是穿越不同空间地理之后的心灵体验和经验变迁。同样地，只有充分意识到“空间”的“流动”，才可能与当代诗歌及其地理都处于变动的状态之间实现一种“视点的重合”，这种认知的建构显然也有利于从“某某地区诗歌地理”的封闭视野中突围出来，改变已经僵化的“诗歌地理”理解方式，走向更为广阔的诗意空间。

四 “诗歌地理学”建构的可能

“诗歌地理”研究就发展方向来看，可以指向“诗歌地理学”的理论建构，而实际上，在上述相关文章中，确实已有人提到“诗歌地理学”以及“新诗地理学”的话题。尽管，这并不是一个建立学说的年代，但并不妨碍人们产生建立学说的渴望。也许，以一种客观、舒缓的姿态，使用“诗歌地理问题研究”会减弱一些压力，但鉴于在以往的“诗歌地理”研究过程中，一些论者已提及“诗歌地理学”或“新诗地理学”的概念，所以与其强调如何命名，不如更好地言说，方是问题研究的关键。

既然是系统的问题研究且隐含着建构某种学说的渴望，那么，仅停留在若干现象的“对应”和分析显然是不够的。为此，在结合笔者相关研究经验的前提下，“诗歌地理学”（此处借用这个名字）首先应当知悉自己的理论价值和理论限度。“诗歌地理学”是当代诗歌研究一次探索性的尝试，同时也是适应当代诗歌发展趋势的一次理论尝试。“诗歌地理学”取自“诗歌”与“地理”，但不是诗歌与地理的简单叠加，而是作为“诗歌地理”一个词语出现的，汲取诸如“文化地理学”和“文学地理学”的研究方法，“诗歌地理学”是以“诗歌的地理分布、组合与变迁”；“诗歌整体形态的地域特性和地域差异”；“诗歌与地理环境之间的相关关系”为对象的“集合式研究”①。它出现的前提是20世纪90年代以来文学研究观念的持续更新，同时也基于诗

---

① 对此，本文主要参考了［英］迈克·克朗的《文化地理学》（杨淑华、宋慧敏译，南京大学出版社2003年版）、曾大兴的《文学地理学研究》（商务印书馆2012年版）和梅新林、葛永海《文学地理学原理》（中国社会科学出版社2017年版）的相关论述。

歌随时代的变化而变化。而其意义和价值则在于丰富诗歌的研究领域、重构诗歌的研究图景。

从具体研究上说，"诗歌地理学"首先亟须落实自身的内涵界定。针对以往研究的实际情况，"诗歌地理学"的概念可以采用复合形态即"整体—局部"的形式加以描述。整体意义上的"诗歌地理学"是有机融合诗歌与地理学研究，以新诗为主、以文学阐释为本位、以文学空间研究为重点的新兴交叉领域，其发展方向是成为一个新的综合性课题。具体的"诗歌地理学"可包括"题材和意象研究""地域性研究""空间研究""边缘形态"至少四个"亚概念"，四者各自独立又彼此交叉，在时间上跨越诗歌的历史与现实，在目的上是呈现"人/诗与时代和生存语境"之间复杂的关系。其次，"诗歌地理学"研究需要以文献搜集和整理工作夯实基础，在阅读大量作品、充分了解诗歌地理及其相关内容整体发展趋势的过程中总结经验、发现问题。如果说"诗歌地理"的诞生带有几分偶然，其最初的阐释也难免为评论的目的而寻找现象加以佐证的倾向，但上升为"诗歌地理学"的研究必然是具有内在的逻辑线索的，即它不仅要揭示"诗歌地理学"出现的来龙去脉，还要揭示"诗歌地理学"有哪些新的话题，进而使其成为一种有建设性的、可持续发展的研究领域。再次，"诗歌地理学"应当避免"机械决定论"的言说模式。谈及"诗歌"与"地理"的关系，人们很容易联系到法国实证主义大师泰纳在《艺术哲学》中所言的"种族、环境、时代"之三要素。三要素肯定与"诗歌地理"的论题关系密切，但仍然有较为明显的"环境决定论"倾向。"诗歌地理学"应当汲取其合理内容，同时更应当关注诗人的主体意识，进而为"诗歌地理"阐释带来更多人的情怀和情感意识。又次，"诗歌地理学"必须要对自己的限度保持清醒。"诗歌地理"是诗歌研究范围内的一次拓展，这使其根本依据在于诗歌文本而非其他。也许，从一般评论的角度看诗人，我们常常会潜在地存有"从地方到全国"或是"全国到地方"的认知模式，但从诗人的角度来说，一切并非如此，他更多考虑的是写作如何表达自己的内心，此时写自己熟悉的生活也许不过是一种手段、一种必要的角度。正因为如此，"诗歌地理学"

不能将全部诗歌活动纳入其中，在过度阐释中呈现泛化的趋势。为此，“诗歌地理学”的建构与阐释者必须要有认知和辨析的能力，同时也要有自知和反省的能力，因为只有这样，“诗歌地理学”才会获得充分阐释且避免过度阐释的现象。

建构过程中的“诗歌地理学”应当包括理论和实践两个主要方面。其中，理论部分主要包括诗歌与地理关系的一般探索，而实践则主要包括诗歌如何从时间到空间、历史到现实的转化。“诗歌地理学”不是抽象的研究，它应当建立在全球化的背景之下，而全球化的视野虽因技术、信息和通信等原因使人们的生活空间在某种程度上实现了“趋同”，但更为重要的是，全球化凸显了地方个性和每一个区域生活和文化的地质构造。是以，当代语境下的“诗歌地理学”从不应避讳空间的广阔。“诗歌地理”是中国诗歌的地理，不仅涵盖海峡两岸的诗歌，还可以在全球化背景下和华文诗歌、华语诗歌等联系在一起，是一个立体的、丰富的阐释空间，唯其如此，它才会具有面向未来的可能性和现实性。

后　记

记得2011年11月在辽宁大学出版社出版《阐释的笔记——30年来中国新诗的发展（1978—2010）》后，有位朋友曾经和我开玩笑，言说到2020年的时候，是否会写一部《40年来中国新诗的发展》，记得当时我的回答是“看看情况再说”。如今，由于种种主客观的原因，我还是以实际行动“回答”了他当年的提问。但必须要补充的是：如果还有类似的提问，我想再过十年，我肯定很难会再写一本名为《50年来中国新诗的发展》的书了。之所以如此没有信心，主要是因为随着年龄越来越大，自己已越来越感觉很难跟得上网络化时代的诗歌发展并把握其趋势。好在对于过往的诗歌历史，总会有更为年轻的朋友去书写且并不急于一时，是以，“未来的事情未来再说”倒是一句很合乎情理的期许与判断。

像《阐释的笔记》一样，这本书我依然没有将其称为“40年来中国新诗发展史”。尽管，我在修改旧作、增补内容时力求将其呈现为“诗歌史”的面貌。在写作之余，“诗歌史写作”是个很严肃的课题，晚近的诗歌历史可否成史？一直是困扰我的问题。由于多年来个人的学术思维已经形成；我对自己的判断能力始终保持某种怀疑，所以，不用“史”会让我在面对已有的资源时从容许多。至于在成书之后，如何评价应当交给阅读的人，他们的评价见仁见智，自会为这本书赋予新的价值。

谈及“资源”，我必须要感谢我的博士导师吴思敬先生。他在我读博期间曾让我参与首都师范大学中国诗歌研究中心的国家社科基金重点项目《中国诗歌通史》“当代卷·80至90年代”的写作，如今的这本书很多内容均来自于此或者说受到之前写作的启发。2017年，吴先生在主持教育部高校人文社会科学重点研究基地重大项目“百年新诗学案”时，又将我作为子课题负责人吸纳其中、负责“第五卷：1990—2017年”的写作，这次参与同样也为本书带来许多新的内容。此外，我还要向我的二站博士后合作导师四川大学文学与新闻学院李怡教授致谢，正是他的信任和肯定，才使我在2015—2019年川大博士后期间获批中国博士后科学基金第10批特别资助，为此书最终出版提供了经费支持。

感谢中国社会科学出版社郭晓鸿老师为此书付出的辛劳！这是我们第二次合作，非常愉快！最后，还要感谢每一位阅读此书的读者……

是为后记。

张立群

2022年6月于青岛乐水居